WESTEND

Shalom Weiss

»Wie konntest du Mensch sein in Auschwitz?«

Drei Generationen versuchen zu verstehen

Aus dem Hebräischen übersetzt
von Abraham Melzer

WESTEND

Mehr über unsere Autoren und Bücher:
www.westendverlag.de

Die Deutsche Nationalbibliothek verzeichnet diese Publikation in
der Deutschen Nationalbibliografie; detaillierte bibliografische Daten
sind im Internet über http://dnb.d-nb.de abrufbar.

ISBN 978-3-86489-158-8
© Westend Verlag GmbH, Frankfurt/Main 2017
Ganz besonderer Dank ergeht an Philipp Müller für seine redaktionelle Tätigkeit
Umschlaggestaltung: Buchgut, Berlin
Satz: Publikations Atelier, Dreieich
Druck und Bindung: CPI – Clausen & Bosse, Leck
Printed in Germany

Inhalt

Vorwort 10
Einleitung zum Büchlein ›Einer aus jeder Stadt‹ aus dem Jahr 1988 11

Erster Teil: Kindheit 13
Ein auserwähltes Volk 15 • Das Kommen des Messias 19 • Tante Katiza 24 •
Reb Leibisch 26 • Kinder 33 • So kommen die Kinder auf die Welt 36 • Bei
der Patin 39 • Die Reinheit der Mikwe und die Unreinheit des Hasses 45 • In
der Schule 48 • Reb Schlomo Oberländer 54 • Doktor Eisenberg 58 •
Unruhen in der Welt 63 • Gastfreundschaft 66 • Der Rat der
Gemeindevorsteher 71 • Mit den Gojim 73 • Geld, Geld 77 • Das Zelt der
Thora 87 • Brot mit Salz 92 • Pogrome 96 • Unter Nichtjuden 99 • Dieses
Pessachfest 105 • Ghetto 109 • Mutter 113 • Vater 121 • Falsche
Propheten 125 • Konzentration 129 • Ein Waggon voller Schafe
und Vieh 133 • Bella gebiert 135

Zweiter Teil: Shoa 139
Am Ende des Gleises 141 • Der Rauch aus dem Schornstein 145 • Das Lager
der Zigeuner 148 • Und die Zigeuner sind verschwunden 152 • Wie isst
man? 154 • Ein Samstag in Birkenau 159 • Ein Lied über die Latrinen 162 •
Eine Unterhaltung unter Jungen 165 • Zusammen 167 • Transporte 169 •
Seife 172 • Auf einer grünen Aue 175 • Jungs unter Belagerung 178 •
Trzebinia 181 • Essen oder Sterben 184 • Onkel Miklosch 187 •
Zwangsarbeit 191 • Todesmarsch 197 • Durst 199 • Sachsenhausen 202 •
Bergen-Belsen 205 • Bremen-Farge 208 • Die Rache eines Juden 211 •
Bergen-Belsen zum zweiten Mal 215 • Viehfutter 217 • Phantasien 220 •
Akiva 222 • Letzte Stunden 224 • Befreiung 227 • Trauerfeier 230 •
Avraham, Avraham 233

Dritter Teil: Auferstehung 237

Jugoslawen 239 • Nachrichten 246 • Seefahrt 248 • Auf dem Weg ›nach Hause‹ 252 • Die Zerstörung des Tempels 255 • Überlebende 257 • Bei Tante und Onkel 259 • Die Tante macht sich Sorgen 263 • Vorbereitungsbrigaden 266 • Vor der Einwanderung 273 • Alija – Einwanderung 278 • Erster Tag im Land 281 • Ein Lied zum Frühstück 285 • Givati 288 • Ein israelischer Soldat 291 • Bunker und Vergnügen 293 • Ein angenehmer Urlaub 298 • Zur Ausbildung 301 • Schön ist das Leben in der Armee 305 • Man fährt nach Amerika 309 • In den Grenzgebieten 312 • Die Geschichte von Lea 315 • Eine eigene Wohnung 320 • Man heiratet 325 • Ruhe und Besitz 329

Vierter Teil: Versuch zu verstehen –
Drei Generationen: Fragen und Antworten 335

Fragen zur Einleitung 337

Fünfter Teil: Mit den Überlebenden aufwachsen –
Zweite und dritte Generation: Persönliche Eindrücke 447

Sechster Teil: Die Enkel 489

Anmerkungen 505

Für Lea

Vater, Großvater,
wir, deine Töchter und Enkel, fragen dich,
wir bitten dich, dass du uns erklärst:
Wie konntest du dort sein?
Wie konntest du Mensch bleiben?
Wie konntest du deinen Verstand bewahren?
Wie konntest du den Schrecken entkommen?
Und was gab dir die Kraft, weiterzukämpfen, nicht einfach aufzugeben?
Wozu?
Wir wollen verstehen. Wir wollen versuchen zu verstehen.
Wie bist du zu dem geworden, der du heute bist? Ein kluger Vater und Großvater, stark, neugierig, gebildet, aufgeklärt, lustig und traurig – und voller Liebe für uns.
Schone uns nicht. Halte dich nicht zurück und schütze uns nicht. Wir sind schon erwachsen und alt, also bitte, erzähle alles, von Anfang an.
Auch wir werden dich nicht schützen, werden die Fragen, die aus dem Kopf und aus dem Herzen kommen, offen stellen, und so werden wir vielleicht die Bruchstücke zu einer Antwort auf die gewaltige und beängstigende Frage zusammenfügen können, die uns unser Leben lang begleitet:
»Wie?«
Shalom widmete sich also dem Schreiben seiner Lebensgeschichte. Nachdem er geendet hatte, gab er jedes Kapitel seinen Töchtern und Enkeln. Sie sogen jedes Wort in sich auf und stellten ihm Fragen, teils zu den Tatsachen, teils zu seinen Gefühlen.
Shalom las sie und begann wieder, in den verborgenen Tiefen seiner Erinnerung und seiner Seele zu forschen. Dann antwortete er ihnen, so gut er konnte.
Am Ende fragte sich auch Shalom:
»Wie es war mit uns, den Überlebenden, aufzuwachsen, ohne Familie, im Schatten der Shoa? Wie ist es, die zweite und dritte Generation zu sein?«
Danach schrieben seine Töchter, Ilana und Rivka, und seine Enkel und Enkelinnen Eran, Noa, Tamar und Daniela ihre Erinnerungen auf. Die zweite und dritte Generation versuchen zu verstehen.
Und wir versuchen es immer noch.

Vorwort

1988, etwa 40 Jahre nach dem Ende des Zweiten Weltkrieges, erschien mein Büchlein *Einer aus jeder Stadt*. Es war mir ein inneres Bedürfnis, das Schreckliche aufzuschreiben, das mir und meiner Familie in der Shoa passiert ist. Inzwischen ist mir klargeworden, dass mein Leben aus drei Abschnitten besteht, die miteinander verbunden sind. Es beginnt mit einer Jugend, voller Lebensfreude, in einer Diaspora-Gemeinde, die typisch war für das orthodoxe Judentum in Osteuropa. Es setzte sich fort in der Shoa und im Überleben, und es endet in dem Erlebnis der Auferstehung in der alten-neuen Heimat.

Ich wage zu behaupten, dass diese Abschnitte im Großen und Ganzen auch die Geschichte unseres Volkes in den letzten Jahrzehnten widerspiegeln. Deshalb wird durch die Beschreibung meiner Erlebnisse auch ein besonderer (natürlich subjektiver) Aspekt der Ereignisse der ersten Jahre unseres Staates geschildert, indem ich die wundervolle Integration der Diaspora-Juden betrachte. In diesem Buch habe ich meine Erlebnisse in der Jugend und während der Shoa ausführlich ausgebreitet, in meinem Gedächtnis wurden sie im Detail immer klarer, und ich habe die Plagen meiner Wanderungen im Nachkriegseuropa und meine Integration in Israel hinzugefügt, die ebenfalls, wie gesagt, durch die Erlebnisse meiner Jugend und die Schrecken der Shoa beeinflusst sind.

Besonders interessant, so hoffe ich, wird der Leser das Gespräch zwischen mir und meinen Töchtern der zweiten Generation, Ilana und Rivka, finden und das Gespräch mit meinen erwachsenen Enkeln Eran und Noa, die der dritten Generation angehören, sowie ihre Texte über ihre Erlebnisse und Gefühle als zweite und dritte Generation.

Shalom Weiss, Haifa, 2010

Einleitung zum Büchlein ›Einer aus jeder Stadt‹ aus dem Jahr 1988

Wie ist das geschehen, wie konnte es sich ereignen? Je weiter die Jahre vergehen, desto stärker gehen mir diese Fragen durch den Kopf. Mich interessiert vor allem, wie ich – oder wie einer wie ich, der die Shoa überstanden hat – die Ereignisse erlebte und was meine Gedanken in jener Zeit waren. Man kann selbstverständlich fragen, warum dies erst jetzt, nach etwa 40 Jahren, geschieht, und mit Sicherheit werden die Erforscher der menschlichen Seele die darauf passende Antwort finden.

Tatsache ist, dass während all dieser Jahre zwei entgegengesetzte Bestrebungen in meinem Inneren miteinander rangen: die eine, zu verdrängen und zu vergessen, die zweite, zu klären und zu verstehen. Je mehr Jahre vergingen, desto schwächer wurde nach und nach die eine Tendenz, während die zweite in nicht geringem Maße stärker wurde. Daher versuche ich nach besten Kräften, die Ereignisse von Beginn an zu rekonstruieren, Erinnerungen auch aus den schattigen Ecken meines Bewusstseins hervorzukramen und sie in irgendeiner – nicht immer logischen – Ordnung auf diese Seiten zu bringen. Meine Worte habe ich also an erster Stelle und vor allem für mich selbst aufgeschrieben, aus dem inneren Bedürfnis heraus, eine unerträgliche Last abzuladen. Dennoch hoffe ich, dass meine Kinder daran ein Interesse finden, und wenn darüber hinaus noch jemand anderer sich dafür interessieren sollte, so möge er dies nach eigenem Gutdünken und auf eigene Verantwortung tun.

Weiterhin: Es möge niemand versuchen, hier auf neue Informationen oder geprüfte historische Daten zu stoßen, da doch alle Dinge auf subjektiver Erinnerung und subjektiven Eindrücken basieren, wobei das von mir Geschilderte wahrhaftig so geschehen ist, wie ich es mit meinen eigenen Augen gesehen habe. Ich habe es am eigenen Leib erlebt, und alles Erlebte wurde tief in mein Gedächtnis eingraviert. Es gibt so viele Narben, die in meiner Seele zurückgeblieben sind.

ERSTER TEIL

Kindheit

Ein auserwähltes Volk

Denn du bist ein heiliges Volk dem Herrn, deinem Gott,
und der Herr hat dich erwählt, dass du sein Eigentum seist,
aus allen Völkern, die auf Erden sind.

Deuteronomium 14:2

Auch heute Morgen habe ich eine Sünde begangen auf dem Weg zum Cheder.[1] Die Schultasche drückt schwer auf meinen Rücken, wenn ich nach dem Morgengebet im Cheder gleich weitergehe zur ersten Klasse der staatlichen Schule unserer jüdisch-orthodoxen Gemeinde. Ich sündigte, als ich an der Reformsynagoge der Neologen[2] vorbeiging. Ich schaute rein in die Synagoge und betrachtete in der Morgendämmerung gründlich das prachtvolle Innere. Dies aber ist nicht erlaubt, ja sogar streng verboten, und diese ernste Sünde ist so, als würde man in das ›Unreine‹ der Lutheraner, Evangelisten oder Katholiken blicken. Zwar sind die Neologen auch Juden, Söhne Abrahams, Itzchaks und Jakobs, und Opa Frischmann, der 101 Jahre alt ist, erinnert sich sogar noch an die Eltern, Großeltern und Urgroßeltern der Neologen, die alle koschere Juden waren, aber wie tief sind ihre Nachfahren gesunken! Sie verließen unsere Gemeinde und gründeten für sich eine neue. Die meisten von ihnen sind wohlhabend, benehmen sich wie Gojim[3] und tummeln sich auch noch ausgerechnet in den höchsten Kreisen. Sie achten auf ihre Kleidung und reden leise. Dies alles ist schwer zu verstehen. Warum haben sie sich eine prachtvolle Synagoge gebaut, mit gepflasterten Steinen auf dem Vorplatz, und haben sie Bäume drum herum gepflanzt? Mehr noch: An der Front der Synagoge, zwischen beiden prachtvollen Türmen, steht in großen hebräischen Buchstaben geschrieben: »Macht mir ein Heiligtum! Dann werde ich in ihrer Mitte wohnen.«[4]

Und mit welchem Recht weisen sie darauf hin, dass in dieser Synagoge, deren Bau, wie gesagt, auch an Samstagen und Feiertagen fortgeführt wurde (natürlich durch nichtjüdische Bauarbeiter), angeblich der Herr wohnt? Das heißt, der Allmächtige, gepriesen sei sein Name, weilt innerhalb der neologischen Gemeinde oder etwa tatsächlich in ihren Herzen und Seelen? Die Sache ist wirklich verworren, denn wie kann man sie ›Israels Verbrecher‹ nennen, wie man in unseren Kreisen sagt, wenn sie mit ihrer Synagoge prahlen und sie mit dem Wohnsitz Gottes vergleichen und nicht mit einer Höhle von Götzenbildern. Und ihr Friedhof ähnelt ganz gewiss einem Friedhof der Gojim, nur dass statt der Kreuze Davidsterne gezeichnet sind und der Name des Verstorbenen in hebräischen Buchstaben eingraviert ist.

Alles ist so gepflegt und voll mit Sträuchern und Blumen, was doch streng verboten ist, wo schon die Lehrer erklärt haben, dass, wenn wir uns, Gott behüte, anstecken an den Sitten der Gojim und an der Art ihres Kultes und wir das Geschriebene übertreten würden – »Ihre Bräuche sollt ihr nicht befolgen«[5] – wir nicht ein auserwähltes Volk sein können, erhaben über alle Gojim und heilig.[6] Und warum empfinde ich trotzdem Neugier und eine seltsame Anziehung zu allem, was mit ihnen zusammenhängt? Warum verfolge ich ihre Taten und beobachte ihre Schritte? Es ziehen mich wohl ihre angenehmen Sitten und ihre Strenge bei der Erfüllung der Gebote und Pflichten zwischen einem Menschen und seinen Mitmenschen an.

Hier ein Beispiel: Einmal im Jahr, am letzten Chanukka-Festtag, treffen sich alle bei *Malbisch Arumim*.[7] An diesem Tag kommen alle Kinder, deren Eltern mit diesem gemischten und ›gefährlichen‹ Treffen einverstanden sind, in die große Halle in der neologischen Schule, und dort werden Kuchen, verschiedene Süßigkeiten und sogar warme Schokolade verteilt, alles auf Kosten der neologischen Gemeinde, sicher auch unter Kontrolle der koscheren Orthodoxie. Bei dieser Gelegenheit bekommen die Kinder der Bedürftigen (die meisten sind orthodox) Pakete mit neuen Kleidern, die, wenn man sie berührt, grob und rau sind, aber ihr Geruch ist gut und angenehm.

Bei dieser Gelegenheit sehe ich sein Bild zum ersten Mal, gelehnt an die Brüstung der Terrasse und blickend auf die bergische Landschaft, als prüfe er die Zukunft. Man hört viel über ihn, aber immer nur in Andeutungen und unter strenger Geheimhaltung. Die Erwachsenen dämpfen ihre Stimme, wenn sie über ihn sprechen, damit die Kinder nicht verstehen. Offensichtlich hat er Mut, wenn er so gefährlich ist, und man muss ihn mit allen Bannen belegen. Es ist verboten mit allen Verboten, sich mit ihm zu beschäftigen: beim Zuhören, Zusehen und Nachdenken, Gott behüte. Und dennoch sehe ich sein Bild in natürlicher Größe in der neologischen Schule und sehe ihn mir heimlich, aber gründlich an. Wie schön und vornehm ist er in seinem Frack und mit seinem gepflegten viereckigen Bart. Und wie kann ein solcher Mann ein »Hetzer und Anstifter und ein Beispiel für die andere Seite sein, ein Feind unseres gerechten Messias«, wo doch sein Blick so traurig ist.[8] Diese Frage beschäftigt mich schon lange, aber ich wage es nicht, meinem Vater eine solche Frage zu stellen. Meine Frage, warum es das ganze Jahr verboten ist, die Neologen zu besuchen, aber es erlaubt ist, wenn *Malbisch Arumim* (»Er kleidet die Nackten«) in der Stadt ist, beantwortet mein Vater damit, dass es die Rabbiner so entschieden haben. Diese endgültige Antwort befriedigt mich nicht und lässt mir keine Ruhe. Aber ich soll nicht darüber nachdenken, sagt Vater. Die Rabbiner werden doch wissen, was die Thora von uns verlangt.

Und es sagte doch der Beisitzer im Rabbinergericht:

»In letzter Zeit lassen bestimmte Frauen Reste von Haar auf ihrem Kopf. Es ist bekannt, dass dies Unzucht ist, es grenzt an Taufe und es ist eine Sünde, sei das Haar noch so kurz – man darf in einem jüdischen Haus nicht essen, es sei denn die Haare der Hausfrau sind bis zum Ende geschoren und die Gesetze des Verhaltens während ihrer Blutung werden in allen Einzelheiten eingehalten.« Und er fügt noch hinzu:

»Man darf jungen Männern nicht erlauben im selben Minjan[9] zu beten, wie die Burschen von ›Ruhm der Jugend‹, denn es besteht die Gefahr, dass sie sich, Gott behüte, am Zionismus anstecken.«

Das Kommen des Messias

Mein Herz ängstet sich in meinem Leibe, und Todesfurcht ist
auf mich gefallen. Furcht und Zittern ist über mich gekommen,
und Grauen hat mich überfallen.
... Du bist es, mein Gefährte, mein Freund und mein
Vertrauter, die wir freundlich miteinander waren,
die wir in Gottes Haus gingen inmitten der Menge!

Psalmen 55:5-6; 14-15

»Erzähl noch eine Geschichte«, bedränge ich Herschel. »Aber keine so gruselige.« »Alle Geschichten sind am Anfang furchterregend, bis der Gerechte kommt und die Chassidim rettet«, sagt Herschel, der, da er der Sohn des großen Beisitzers im Rabbinatsgericht und ein Jahr älter ist als ich, als Fachmann für weibliche Dämonen, Teufel, böse Geister und allem, was mit der Unterwelt verbunden ist, angesehen wird.

»Und du musst wissen«, so flüstert mir Herschel zu, »dass die Geister Hühnerbeine haben, und wenn du mir nicht glaubst, frag meinen großen Bruder Nachum, der in einer Vollmondnacht um sein Bett Asche gestreut und der am Morgen Fußspuren mit drei Hühnerkrallen gefunden hat, und er hat auch versprochen, eine schwarze Katze zu verbrennen, deren Mutter und Großmutter auch schwarz waren, und dann, wenn er die Asche über ihren Darm streut, könnte er alle Teufel und Geister auf der ganzen Welt sehen.«

So sprechen wir in der Synagoge am Samstag, in der Stunde der dritten Mahlzeit, während die einfachen Bürger gedrängt beieinander am verlängerten Tisch im Hintergrund des Saales sitzen, wegen der Richtung gen Westen, und Herschel und ich verstecken uns unter den prächtigen Sitzen gen Osten, die reserviert sind für die Honoratioren der Gemeinde.

Dunkelheit umschließt uns schon, da doch die Gesänge der dritten Mahlzeit sich weit über die Stunde des Sonnenuntergangs hinziehen, und derweil brennt nichts außer der Dauerkerze in einer rötlich blassen Flamme, die wie vom Irrsinn befallen tanzt und dafür sorgt, dass sich alle Schatten bewegen und unschuldige Tische zu schrecklichen Gestalten werden.

Hinzu kommen die dunklen, sich bewegenden Gestalten der Gemeindevorsteher vor dem Hintergrund der blassen Tischdecke. Die Schatten ihrer spitzen Bärte zeigen nach oben, wenn sie die Hände zum Himmel ausbreiten und seltsame Worte murmeln – all das lässt meine Haut frösteln, und an wen von den Heiligen willst du dich wenden,[10] und wer wird dir zur Hilfe eilen in dieser schrecklichen Finsternis, wo doch bei den Gesängen der dritten Mahlzeit gesagt wird: »Gott versteckt sich in der Dunkelheit, dem Verstand bleibt jede Idee verborgen.«

Ich sehe in meinem Geiste, wie Gott selbst, geheiligt werde sein Name, sich einschrumpft und sich in irgendeiner Ecke versteckt. Sein gewaltiger und schrecklich weißer Bart klebt an seiner Brust, seine Augenbrauen rücken zusammen, und seine Augen versprühen Feuerblitze, während die Geister, die Teufel und das Heer der Schädlinge vorbeistolzieren, hüpfend und tanzend, und Laute von sich geben, die die Haare zu Berge stehen und das Blut in den Adern gefrieren lassen.

Deshalb verstecken sich Herschel und ich in einer dunklen Ecke, wo uns kein Mensch finden kann, und die schrecklichen Geschichten sind für uns eine Quelle der Ermutigung und des Trostes.

In solchen Momenten erinnere ich mich an ein Sehnen, als ich noch ein Baby war und meine Haare noch nicht geschnitten wurden: Mein Vater und meine älteren Brüder gehen in die Synagoge zur dritten Mahlzeit, und ich, der Kleine, verstecke mich vor der Dunkelheit der Dämmerung an der Brust meiner Mutter, die mich an ihr Herz drückt und traurige Lieder von sich gibt, die geheimnisvoll und voller Sehnsucht sind, Lieder, die in fremder Sprache noch aus dem Mund des Gerechten gesungen wurden, so wie sie ihm übertragen wurden durch einen alten Bauern, »er trug einen Mantel aus Ziegenhaaren und hatte einen ledernen Gurt um die Hüften«.[11]

Szól a kakas már
Majd megvirrad már
Zöld erdöben, sik mezöben
Sétál egy madár

De micsoda madár
De micsoda madár
Zöld a lába kék a szárnya
Engem oda vár

Várj madár várj
Te csak mindég várj
Ha az Isten néked rendelt
Tied leszek már

De mikor lesz az már
De mikor lesz as már
Jibone hamikkdosh ir Tsijajn remale
Akkor lessz az már

De miert nincs az már
De niert nincs az már
Mipne chatoenu golinu mearzenu
Azért nincs az már

Der Hahn ruft schon
Die Sonne steigt schon auf
In einem dunklen Wald – Ebene ohne Schatten
Verirrt sich ein einsamer Vogel

Wie geheimnisvoll seine Erscheinung
Sein Aussehen, seine Gestalt
Golden sein Glied, seine Flügel befleckt
Meine Seele sehnt sich nach seiner Liebe

Ein Flügel für meine Gebete
Warte auf mich, nur auf mich
Wenn Gott mich für dich vorgesehen hat
Dir gehört meine Seele

Wann, wann endlich
Wann und bis wann
»wird der Tempel gebaut und die Stadt Zion bevölkert«
Dann wird er kommen

Warum verzögert er sein Kommen
Unser Herz sehnt sich so sehr
»wegen unserer Sünden wurden wir aus unserem Land vertrieben«
Deshalb ist uns fremd die Fremde

Szól a kakas

Folk

Tante Katiza

… der die Unfruchtbare im Hause wohnen lässt,
dass sie eine fröhliche Kindermutter wird.

Psalmen 113:9

Diese Katiza ist gar keine Tante und nicht einmal eine Verwandte der Familie, Gott behüte, da sie eine Christin ist, wenn auch von einer Sekte, die den Schabbat ehrt, und sie hilft uns ab und zu beim Haushalt.

Katiza kennt sich aus mit den Sitten des Judentums, sie achtet darauf, dass unser Haus koscher bleibt, und warnt die Kinder vor leichten und ernsten Sünden. Es ist die Tante Katiza, die uns fragt, wenn wir aufwachen:»Und hast du schon dein Morgengebet aufgesagt?« Und dann deklamiert sie mit einem betont ungarischen Akzent, und die Kleinen sagen ihr nach:»Ich danke dir, lebendiger und existierender König, dass du mir gnädig meine Seele zurückgegeben hast. Reichlich ist dein Vertrauen. Sela.« [12]

Die Tante kommt regelmäßig alle zwei Wochen montags (wenn die Arbeiten nach dem Schabbat schon beendet sind und der nächste Schabbat noch fern ist), denn dann findet der ›große Wäschetag‹ statt, den eine Frau unmöglich alleine bewältigen kann. Man muss weiches Regenwasser sammeln, und wenn es fehlt, muss man Wasser in Eimern tragen von einem Brunnen, zwei Straßen entfernt, aus dem warmes Wasser von selbst aufsteigt. Man muss Zweige sammeln und im Hof ein Feuer machen, die Wäsche im Kupferkessel zum Kochen bringen, die Parasiten mitsamt ihren Eiern entfernen (falls man, Gott behüte, welche gefunden hat) und jedes Stück Stoff mit Waschseife und einer groben Bürste reiben. Das Schwierigste ist das Auspressen der Tischdecken oder Laken, da sie aus grobem Leinen gemacht sind. Dabei müssen zwei

Frauen die schweren Stoffe an beiden Enden halten und in entgegengesetzte Richtungen drehen. Man muss sie auch in bläulichem Wasser bleichen, Stärke aus Kartoffelmehl kochen, sie von Klumpen befreien und sieben und noch viel, viel mehr, und am Ende, vor dem Aufhängen zum Trocknen, muss man die ganze Wäsche strecken und ordentlich ziehen, damit sie ihre Form behält.

Abgesehen von den Wäschetagen kommt Tante Katiza nach Bedarf vorbei, wie zum Beispiel vor Pessach, dem Osterfest, und anderen großen Feiertagen, und je nach der finanziellen Lage des Haushalts. Denn trotz aller Freundschaft muss man Tante Katiza für ihre Arbeit bezahlen, auch wenn der Lohn gering ist, da man, wie man bei uns sagt, »aus einem durchlöcherten Bündel nicht einmal eine abgenutzte Münze holen kann«.

Tante Katiza, die für uns eine »alte Jungfer« war, mindestens 28 Jahre alt, heiratete am Ende einen dunkelhäutigen Herrn namens Pekete. Sein bescheidenes Auskommen bezog er durch die Reinigung von Schornsteinen im Sommer und mit Schneeräumen von den Dächern der Häuser und den Bürgersteigen im Winter und auch durch den Verkauf von Baigel[13] von Haus zu Haus, an den großen Plätzen und an Schulen. Und siehe, was für ein Wunder: Am Tag nach der Hochzeit brachte Tante Katiza einen Sohn zur Welt, Mazel tov! Und wir hatten ihre Schwangerschaft gar nicht bemerkt.

Katiza kommt nun mit dem Baby zu uns. Die Freundschaft zwischen Mutter und Katiza wird noch enger, wenn sie nebeneinandersitzen und jede ihr Neugeborenes stillt.

Allerdings sagte Tante Katiza eines Tages etwas, was meine Mutter so richtig aus der Bahn warf, sodass sie auf Jiddisch zwischen ihren Zähnen zischte: »Wie kann sie nur ihren Bastard mit meinem reinen Engel vergleichen!«

Reb Leibisch

Dem Gerechten muss das Licht immer wieder aufgehen
und Freude den aufrichtigen Herzen.

Psalmen 97:11

Klein und bescheiden ist unsere orthodoxe Gemeinde und in zwei Lager gespalten, die sich beide nicht grün sind. Auf der einen Seite die alten Einwohner, die Aschkenasim,[14] die aus ganzem Herzen Gegner der Chassidim sind, vereint in großen, meist vermögenden Familien. Nicht umsonst wurde ihretwegen im ganzen Land der Ruf unserer Gemeinde verbreitet als verschlossen, gefühllos und überaus materialistisch. All das, so die Spötter, als Ergebnis vom Genuss von gemästeten Gänsen, vom Fett der Erde, viel Korn und Most.[15] In der Art, wie »Jeschurun fett wurde und bockte«.[16]

Ihnen gegenüber stehen die Sephardim,[17] die erst vor kurzem als vereinzelte Familien aus Galizien und anderen östlichen Gegenden kamen, um hier ihr Auskommen zu finden, und ihre Beziehung zum Chassidismus blieb so wie in den Orten, aus denen sie kamen.

Das Zusammensein zweier entgegengesetzter Welten in einer Gemeinde (allerdings in getrennten Synagogen) hängt am Nichts[18] und ist gefüllt von Zwietracht, Streit[19] und sogar Hass. Sie sind sich in fast jeder Angelegenheit uneinig, wobei in den meisten Fällen die Aschkenasim obsiegen, weil sie in der Mehrzahl sind und das meiste Geld in die Kasse der Gemeinde geben.

Hinzu kommen die Einstellung und die Urteile des Gemeinderabbiners Reb Itzchak Eisik, der seine unversöhnliche Feindschaft und Abneigung für die Wege des Chassidismus nicht verbirgt.

Ihm gegenüber steht Reb Leibisch, der Richter, der für die Bedürfnisse der chassidischen Gemeindemitglieder kämpft. Aber weil er schwach ist mit seiner Bescheidenheit, seiner Nachgiebigkeit und Kompromissbereitschaft, vermeidet er jede Auseinandersetzung mit dem aggressiven Reb Eisik. Man hat von diesem Reb Leibisch keinen großen Nutzen. Sogar als Vorleser oder Vorbeter, und bei Trauungen taugt er wegen seines Lampenfiebers nichts. Er traut sich nicht mal, die Neugeborenen zu beschneiden. Er beschäftigt sich hauptsächlich mit der Reinheit von Lebensmitteln nach der Lehre Hillels[20] sowie der Festlegung der Gebetszeiten an Feiertagen.

Dennoch: In Fällen von finanziellen Katastrophen, von Hausunfrieden, bei Krankheiten und bei jedem Unglück, das Gott verhindern möge, wendet man sich an ihn (auch Neologen und sogar Gojim) um Rat und Gebet. Und überhaupt ein ›seltsamer Vogel‹ (so sagt Mutter) ist Reb Leibisch aus Galizien. Ein empfindsamer Mensch, bescheiden und demütig, ein echter Chassid im wahrsten Sinne des Wortes. Er versucht, freilich ohne großen Erfolg, mit aller Kraft, in der Kleidung und in der täglichen Sprache sich und seine Familie an die Gegebenheiten in unserer anzupassen, obwohl ihn das oft in ein ziemlich lächerliches Licht stellt. Aber bei sich zu Hause ist er frei, so als ob er sich in seinem Geburtsort, im galizischen Schtetl befände. Einige sagen, dass der Reb der Einzige in unserer Stadt ist, der Schtreimel[21] trägt, aber nur bei sich zu Hause.

Von Zeit zu Zeit versucht Reb Leibisch, eine ›kleine Schule‹ zu leiten, doch scheitert er immer wieder wegen seiner Zurückhaltung vor den Schülern unserer Gemeinde, die nur dem Stock gehorchen. »Wer die Rute spart, hasst seinen Sohn.«[22]

Vor einem Jahr war mein großer Bruder Avraham in der kleinen Schule, und ich saß als kleiner Junge auf der letzten Bank als unangemeldeter Schüler. Avraham erlaubte mir, ihn zu begleiten, wohin er auch ging, und seine Freunde, die anfangs dagegen waren, akzeptierten schließlich diese ›unanständige Sitte‹, mich überallhin mitzunehmen. Mitten in der Unterrichtsstunde kam ein nichtjüdisches Mädchen, eine Schickse, herein, die Gehilfin der Frau des Rebben Faige, und reichte Reb Leibisch den großen Schlüssel des Hauses. Da es nicht erlaubt ist, einen Gegenstand von einem Weib anzunehmen, entwickelte sich folgender Dialog:

1. Reb Leibisch (in gebrochenem Ungarisch): »Hinlegen auf den Tisch.«

2. Die Schickse:»Die Hochwohlgeborene hat mir aufgesagt, es dem Herrn zu geben.«

3. Reb Leibisch:»Gut, leg es auf den Tisch.«

4. Die Schickse:»Aber die Hochwohlgeborene sagte, es dem Herren zu geben.«

5. Reb Leibisch:»Gut, leg es auf den Tisch.«

6. Die Schickse:»Aber die Hochwohlgeborene …«

Dieses Zwiegespräch wiederholte sich unzählige Male zur Freude der Schüler und zum Vergnügen des Mädchens, das sich plötzlich im Mittelpunkt des Geschehens wiederfand. Das Schauspiel dauerte und dauerte, und am Ende sprang plötzlich mein Bruder Avraham auf, schlug mit seiner Faust auf den Tisch und rief:»Leg endlich den Schlüssel auf den Tisch, bei allen sieben Heiligtümern deiner Mutter!«

»Gut, wenn der junge Herr es sagt«, murmelte das Mädchen, legte den Schlüssel hin und verschwand eilig.

Wir, meine Brüder und ich, sind stets willkommen in Reb Leibischs Wohnung wegen der gesellschaftlichen Nähe zwischen unserer Mutter, die rabbinisch-aschkenasischen Ursprungs ist, und der Frau des Rabbiners Faige, auch sie Sprössling einer Rabbinerfamilie, aber mit chassidischen Wurzeln. Wir lieben es, dort zu sein, besonders an Regentagen in der Winterzeit, wegen der Freiheit, die man hat, in den Räumen wilde Spiele zu spielen und für ein Durcheinander zu sorgen, indem man die Möbel auf den Kopf stellt, was bei meiner Mutter, die sehr auf Ordnung und Sauberkeit achtet, nicht sein darf.

Wenn ich dort bin, verfolge ich mit Bewunderung (und Neid) die Art der ruhigen und zarten Bindung zwischen den Brüdern und besonders zwischen den Eltern und Kindern. Geradezu bezaubert bin ich von der zarten und ruhigen Beziehung zwischen Reb Leibisch und seinen Söhnen (und sein Benehmen gegenüber meinen Brüdern und mir ist übrigens nicht anders). Ihre Unterhaltung schließt nicht nur die regelmäßigen Unterrichtsstunden ein, für die er großes Interesse zeigt, ihre Leistungen überprüft und sie lobt, obwohl geschrieben steht:»Nur wenig lobt man den Menschen direkt.« Die meisten Lehren des Reb Leibisch beschäftigen sich mit den Pflichten der Menschen untereinander. Er stellt uns ruhig und sanft Fragen über die Moral und lehrt sie uns, indem er Geschichten von Gerechten erzählt.

Reb Leibisch begnügt sich nicht mit dem Lehren von Gesetzen und Vorschriften, sondern sorgt auch dafür, dass sie eingehalten werden. Und tatsächlich beteiligte ich mich auch nicht selten mit seinen Söhnen bei Wohltätigkeitsveranstaltungen und Krankenbesuchen und half kinderlosen Alten, Trauernden und vielen mehr.

Da gibt es die Geschichte mit dem Kirschbaum im Hof des Reb Leibisch, dessen Blätter im Frühling blühten, dessen Blüten aufgingen, aber, oh weh, er wird nicht Früchte tragen können, weil Würmer, die jetzt erst zu Tausenden ausgeschlüpft sind, angefangen haben, an ihm zu nagen, und jedes Blatt und jede Frucht zu fressen drohen. Das ist keine seltene Erscheinung, sie passiert in den meisten Höfen in der Stadt, aber statt, wie es erforderlich ist, Gift zu spritzen, bat Reb Leibisch seine fünf Söhne und alle meine Brüder, die Würmer mit zarten Händen aus den Blättern einzusammeln und sie gesund und ganz in Kartonbüchsen aus der Stadt zu bringen, an den Rand des Sumpfes, wo sie sich vermehren können, ohne einem Menschen zu schaden.

So etwas hat sein Ansehen natürlich nicht vermehrt und nur betont, wie schwach Reb Leibisch die Interessen der Gemeinde gegenüber dem aschkenasischen Rabbiner der Gemeinde vertrat. Von Zeit zu Zeit tauchte der Gedanke auf, Reb Leibisch gegen jemanden mit passenden Eigenschaften auszuwechseln, aber angesichts seiner Ehrlichkeit, seiner Bescheidenheit, seiner Gelehrsamkeit und Gottesfurcht – und da er Vater von fünf Söhnen war – kam es nicht einmal zu einer ersten Beratung.

Die Spaßmacher der Gemeinde aber, und davon gibt es unberufen viele, verpassen keine Gelegenheit, über ihn zu spotten und ihm mit ihren lächerlichen Fragen zuzusetzen.

An einem Samstagabend saß Reb Leibisch völlig nackt auf der Bank im Ankleidezimmer der Mikwe[23] und störte dadurch Herrn Bremer, den Textilvertreter, beim Ankleiden. Dieser Bremer, der für seine Grobheit bekannt ist, wandte sich an Reb Leibisch mit erhobener Stimme, sodass alle Anwesenden es hören konnten, und sagte in der Sprache der Gojim und in abfälligem Ton: »Seine Heiligkeit möge Ihren fetten und weißen Hintern von hier entfernen!« Diese Geschichte bekam Flügel und amüsierte die ganze Gemeinde – Männer, Frauen und Kinder – den ganzen Samstag über und lange Zeit danach, bis sie durch eine neue Gemeinheit zur Seite verdrängt wurde.

Aber einmal im Jahr ändert sich das radikal – und zwar in der Nacht des Kol Nidre[24] am Versöhnungstag. Schon in den zehn Tagen der Umkehr[25] und besonders am Abend des heiligen Tages ändert sich alles aus Furcht vor dem »Tag des Gerichts«, der auf die ganze Gemeinde drückt. Alle sind wie Engel (die ja auch vor Gericht stehen), Zittern und Beben erfasst sie, und sie sagen (in ihrem Herzen): Jetzt ist der Tag des Gerichts da.

Eine heilige Atmosphäre legt sich schon seit Beginn des Monats Elul über unsere Gemeinde, wenn man in den Schofar, das Blashorn, bläst und mit großer Inbrunst das Lied singt: »Der Herr ist mein Licht und mein Heil.«[26]

Es hat mich immer fasziniert, wie man einem so kleinen Instrument einen so großen und starken Ton entlocken kann. In meiner ungebremsten Neugier beschloss ich, zu lernen, den Schofar wie die Erwachsenen zu blasen. Die Gewissheit, dass man mir nicht einmal erlauben würde, den Schofar zu halten, erst recht nicht, hineinzublasen, hat mich nicht zurückgehalten, sondern im Gegenteil noch stärker angespornt, meinen Plan durchzuführen. Ich wartete (natürlich an einem Wochentag), bis alle Anwesenden die Synagoge verließen (und kam deshalb zu spät in die Schule – halb so schlimm, mir wird schon etwas einfallen), näherte mich mit Ehrfurcht und Hingabe dem Thoraschrein, schob den Vorhang beiseite, öffnete die Tür und griff schnell nach dem Schofar, um nicht den Gedanken an die schreckliche Sünde der vergeblichen Öffnung des Thoraschreins in mir aufkommen zu lassen. Anfangs gab es schwache, weinerliche und abgehackte Töne, aber ich habe nicht lockergelassen, bis ich einen langen Ton, drei kurze Töne und neun sehr kurze Töne, die wie Weinen klangen, spielen konnte.

Und noch eine Sünde, sogar eine noch schlimmere, beging ich einige Tage später. Es war Sitte in unserer Synagoge, am Ende des Gebets ein Gläschen Branntwein zu trinken, um unserer verstorbenen Lieben zu gedenken. Damit es alle bequem haben, bringt der Synagogendiener Reb Scharul eine Flasche und einige Gläser, aus denen man sowohl beim Kidusch[27] wie auch bei der Hawdala[28] Wein trinkt.

Die Familienväter scheinen den Schluck zu genießen, da sie ein langes »Haaa!« von sich geben. Auch ich will genießen, sagte ich zu mir, auch ich will »Haaa!« sagen. Ich wartete, bis alle die Synagoge verließen, öffnete das Schränkchen, spülte ein Glas gründlich in fließendem Wasser und schluckte.

Ich kann nicht sagen, wie viel ich getrunken habe, da ich mich sofort schlecht fühlte und nach Hause ging. Die Straße vor mir samt den Häusern krümmte sich wie eine betrunkene Schlange, und ich glaubte, meinen Vater zu sehen, wie er auf der anderen Straßenseite auf mich zuläuft.

Gegen Mittag wachte ich in meinem Bett auf. Nur Mutter war zu Hause und mit dem Essen beschäftigt. Sofort erinnerte ich mich an das, was ich getan hatte, und ich wollte weiter schlafen auf ewig, aber wie lange kann man das? Als ich Zeichen des Aufwachens von mir gab, kam Mutter zu mir und fragte zärtlich, ob ich Hunger hätte. Nicht ein Wort über mein Tun von gestern oder vielleicht vorgestern. Ist es möglich, dass sie nichts gemerkt haben? Auch Vater kam zurück von seiner Arbeit, meine Brüder kamen zurück aus der Schule und dem Cheder, keiner sagte ein Wort, und die Sache wurde nicht einmal auch nur angedeutet. Vielleicht dachten sie, ich wäre einfach nur krank gewesen – solche Gedanken gingen die ganze Woche durch meinen Kopf. Aber in der Synagoge, sofort nach dem Ausgang des Schabbat, rief mich der Synagogendiener Reb Scharul mit einem Fingerzeig zu sich und streckte mir wortlos seine Hand hin. Sofort verstand ich, dass er von meiner Tat wusste. Ich nahm seine Hand, küsste sie, bat um Vergebung und entfernte mich leise, ein wenig beschämt, aber sehr erleichtert.

Nach so schrecklichen Sünden war es kein Wunder, dass auch ich mit großer Inbrunst und Hingabe Kappores[29] schlug. Ich stand neben meinem Vater, der dabei war, den ärgerlichen Hahn zu schwenken, dessen blutroter Kamm und seine wie Schwerter gekrümmten Krallen meinem Gesicht zugewandt waren, und ich wurde aufgefordert, laut den Text aus dem Gebetbuch zu sagen, und nicht einmal, sondern drei Mal hintereinander. Es versteht sich von selbst, dass ich Fehler mache, da ich erst vor kurzem im Cheder angefangen habe, Hebräisch zu lernen. Mein Vater beugt sich nahe an mein Ohr, tadelt mich heftig, und ich weine vor lauter Frust. Mutter, die mit der Vorbereitung des Essens beschäftigt ist, eilt zu meiner Verteidigung. Zumindest glaube ich das, da sie eine fremde Sprache spricht, damit ich sie nicht verstehe, aber mein Vater antwortet ihr in einer Sprache, die ich verstehe, und erklärt, dass er mich absichtlich zum Weinen gebracht hat, da bekannt ist, dass die Tränen eines Kindes alle sieben Himmel aufreißen. Deshalb hat er seine Bitten zu meinem Weinen hinzugefügt. Diese Erklärung hat meine

Mutter nicht befriedigt, mich hingegen beruhigt, da ich der Träger des Gebets meines Vaters an Gott, geheiligt werde sein Name, sein durfte.

Zu meiner Frage, warum Mutter sowohl mit einem Hahn wie auch mit einer Henne Kappores schlägt, antwortete Vater, dass man nicht im Voraus weiß, ob der Storch einen Sohn oder eine Tochter bringen wird. Wir kommen gegen Abend ehrfurchtsvoll zum Kol Nidre in die Synagoge, wo Furcht und Respekt herrschen.

Und siehe da, mit festen Schritten, heldenhaft wie ein Löwe und mutig wie ein Tiger, steigt der Richter Reb Leibisch zum offenen Thoraschrein, entnimmt ihm mit Mühe und Zittern die größte Thorarolle, küsst sie, drückt sie an sein Herz, schreitet damit in der Synagoge umher und verkündet mit immer lauterer Stimme in der traditionellen Melodie, die die Seelen erzittern lässt:

»Mit Einverständnis des Ortes und Einverständnis der Gemeinde
In einer Sitzung oben und einer Sitzung unten
Erlauben wir das Beten mit den Sündern.«

Und er fährt fort mit einer gewaltigen, jetzt starken und großen Stimme:

»Ein Licht erstrahlt den Gerechten, und Freude den Menschen mit redlichen Herzen.[30] Tränenbäche strömen aus meinen Augen, weil man dein Gesetz nicht befolgt.«[31]

Reb Leibischs Tränen kullern auf seinen prächtigen Bart und von dort auf den Mantel[32] der Thorarolle. Stimmen der Erleichterung und schluchzende Geräusche kommen von den Frauen, und auch die Männer können ihre Tränen nicht zurückhalten – ihr Stöhnen ist unter ihren Gebetsmänteln und Kitteln hörbar.

Auch ich weine bitterlich und denke in meinem Herzen: Gott, geheiligt werde sein Name, sieht sein Leiden und hört das reine Gebet von Reb Leibisch, einem der Gerechten dieser Welt. Die Erlösung ist nahe, und Davids Sohn, der Messias, wird kommen und uns noch dieses Jahr erlösen.

Und als wir zu einer unbeleuchteten Wohnung nach Hause kommen (es brennen nur die Kerzen für die Seelen der Verstorbenen), sagt mein Bruder Avraham mit seinem unscheinbaren Lächeln: »Reb Leibischs Gebet an diesem Abend wird all seine ›Schwächen‹ wiedergutmachen, von diesem bis zum nächsten Versöhnungstag.«

Kinder

Herr, unser Herrscher, wie herrlich ist dein Name
in allen Landen, der du zeigst deine Hoheit am Himmel!
Aus dem Munde der jungen Kinder und Säuglinge hast du
eine Macht zugerichtet um deiner Feinde willen, dass du
vertilgest den Feind und den Rachgierigen.

Psalmen 8:2-3

Wann werde ich endlich mit den Großen im Cheder des Lehrers Oberländer sein!

Man sagt, dass dieser Oberländer die Kinder fast nie schlägt, nur hier und da zieht er an den Ohren, kneift an den Wangen, zwickt die Nase und schlägt einem mit seiner Kippa auf den Kopf, was ganz und gar unangenehm ist, da seine Kippa ekelhaft schlecht riecht, weil sie so alt ist und viel fetten Schmutz angesammelt hat.

Im Cheder von Oberländer zu lernen ist fast schon wie in der Jeschiwa,[33] der Talmudschule, zu studieren. Die fortgeschrittenen Schüler lernen selbstständig die Gemara[34] auswendig und nicht nur die leichten Traktate wie ›Betza‹ oder ›Bava Mezia‹, sondern Traktate wie ›Schabbat‹, ›Pesachim‹ und ›Qidduschin‹. All das lernt man mit den Kommentaren und verschiedenen Interpretationen, und man studiert verschiedene Abschnitte aus dünnen Heften, die speziell dafür gemacht wurden.

Auch das Lernen im Cheder von Altschloss ist keine einfache Sache, da man auch hier die Gemara mit Ergänzungen und den gesamten Wochenabschnitt mit den Kommentaren von Raschi[35] lernt, im Gegensatz zu den kleinen Kindern im Cheder von Lehrer Reicher, die nur das Pentateuch[36] lesen und Raschi lediglich bis zum zweiten und manchmal bis zum dritten Teil behandeln.

Am ärgerlichsten ist der Unterricht bei David Grün. Er übersetzt nicht wie die anderen Lehrer, die Sprache der Bibel in Jiddisch, sondern er lehrt reines Deutsch, das bei ihm ›Hochdeutsch‹ heißt. David Grün ist allerdings ein sehr interessanter Mensch. Bei ihm besteht die Hälfte der Unterrichtszeit aus abfälligen Bemerkungen über die Sephardim und Lobpreisungen der Aschkenasim, die die Mehrheit der orthodoxen Gemeinde ausmachen. Im Gegensatz zu den anderen Lehrern, die ihre Bärte wild wachsen lassen und nicht auf ihre Kleidung achten, pflegt David Grün ein schönes spitzes Bärtchen und achtet sehr auf seine Kleidung, obwohl er mit vielen Kindern gesegnet ist, hauptsächlich Mädchen in allen Altersstufen, bei denen es sich gehört, vom Tage ihrer Geburt an für ihre Mitgift zu sorgen.

Dieser David Grün ist ein schwerer Raucher, aber da er immer knapp bei Kasse ist, benutzt er billige Zigaretten, und selbst diese teilt er fachmännisch in drei Teile und raucht sie in einem Holzmundstück bis zum Ende. Wenn ihm die Zigaretten ausgehen, schickt er einen der Schüler, den er protegiert, um ihm drei Zigaretten für zwei Groschen zu kaufen, und verkündet laut, damit alle Schüler es hören, dass man trotz der großen Entfernung die Zigaretten im Kiosk der Brüder Schön kaufen soll, die ja aus unserer Gemeinde sind.

Streichhölzer wird David Grün niemals kaufen, und in der Sommerzeit, wenn die Heizöfen nicht befeuert sind, geht er von Klasse zu Klasse und wendet sich direkt an die Kinder (da er nicht mit den sephardischen Lehrern spricht) und fragt in reinem Deutsch nach Streichhölzern. Es versteht sich von selbst, dass diese Streichhölzer irrtümlich ihren Weg in seine Tasche finden und dass er ihre Rückgabe auf ewig vergisst.

Danach lernt er mit seinen Kindern das sehr lange ›Wehu rachum‹-Traktat im aschkenasischen Stil auswendig und schläft in seinem Sessel ein wie einer, dessen Gewissen rein und dessen Sieg über die Sephardim vollkommen ist.

Und die Lehrer sagen:»Wehe dem, der in die kleinen Romane blickt, da sein Ende in der Hölle sein wird.«

Und weiter sagen sie:»Denkt daran, Kinder, der Messias wird erst kommen, wenn alle Juden gottesfürchtig sind, heimlich oder offen.«

Und die Kinder sagen:»Kommt, lass uns ans Kreuz pinkeln, dann wird sicher irgendein Böser sterben.«

Und weiter sagen sie:»Vielleicht verschwinden wir am Samstag nach dem Abendgebet und spielen Lumpenball am Fluss.«

So kommen die Kinder
auf die Welt

Wer mit den Weisen umgeht, der wird weise ...

Sprüche 13:20

»Nun, Itzchak, was machen wir mit diesem Kind?«, fragte Mutter besorgt meinen Vater, weil ich am Beginn des Schuljahres sechseinhalb Jahre alt sein werde und die erste Klasse für Siebenjährige aufwärts vorgesehen ist. Es wäre schade, ein ganzes Schuljahr zu vergeuden.

»Mach dir keine Sorgen, Rivka, ich habe schon mit Stein gesprochen« – dem Direktor der jüdisch-orthodoxen staatlichen Schule –, »er wird sich beim Lehrer des Bürschchens erkundigen, der sicherlich feststellen wird, dass unser ›Schulem‹³⁷ unbedingt für die erste Klasse geeignet ist.«

Und in der Tat, an einem bestimmten Herbsttag steckte mir Mutter ein Schreibset in die Hand, das eine schwarze Schiefertafel, einen schiefernen Griffel und einen Schwamm enthält (eine abgenutzte ›Erbschaft‹ meiner großen Brüder), und ich bin auf dem Weg in unsere Volksschule im Hof der religiösen Schule, einem Weg, der meinen Füßen schon seit Jahren bekannt ist. Und wer begleitet mich, nachdem ich das Haus verlassen habe? Soltan, der Nachbarsknabe, dessen Weg auch in die erste Klasse führt, zu der er nach der dritten oder vierten Ehrenrunde zurückkehrt.

Dieser Soli wohnt in unserer Nachbarschaft und ist ein Sprössling der Familie Schatz, die aus zwei Großeltern und vier Enkeln besteht, die als Waisen betrachtet werden. Warum sie keine Eltern mehr haben, ist ein strengstes Geheimnis, und es gelang mir bis heute nicht, es zu lösen. Während Opa Schatz sich fromm gibt und in der chassidischen Synagoge betet, beten die Enkel überhaupt nicht und wachsen wild auf, ohne Furcht vor Eltern und ohne Rücksicht auf die Sitten. Sie benehmen sich wie eine einzige Krafteinheit, sind mutig und ziemlich klug, sodass auch die nichtjüdischen Jugendlichen sie nicht besiegen können. Der jüngste von ihnen, Soli, ist drei oder vier Jahre älter als ich, und wir spielen miteinander – sehr zum Verdruss meiner Eltern.

Soli freute sich sehr, mich zu sehen, und schlug sofort vor, dass wir zusammen im Fluss baden gehen –»das macht viel mehr Spaß als Schule«. Tatsächlich haben wir uns gut amüsiert, wie wir da nackt im kalten Flusswasser badeten, und Soli hat mit Hilfe eines Schilfrohrs Frösche aufgeblasen, von denen einige das nicht ausgehalten haben, und der weichherzige Soli hat sie in den Fluss geworfen »als Futter für die armen Fische«. Zusätzlich trat er unbeabsichtigt auf meine neue alte Schiffertafel, die in unzählige Splitter zerbrach.

Als ich hungrig nach Hause kam, wussten die Eltern natürlich von meinem Wegbleiben von der Schule, da es nichts gibt, was sich vor den Augen unserer Bürgerschaft länger als wenige Minuten verbirgt. Und tatsächlich versuchten meine Eltern mir sanft zu erklären und mich davon abzuhalten, mit Soli dessen sündige Wege zu gehen, und ich habe es feierlich versprochen, ohne völlig überzeugt zu sein, dass sie recht haben, denn dieser Soli wusste in meinen Augen ziemlich viel. Am nächsten Tag begleitete mich zur Sicherheit meine Mutter, um festzustellen, dass kein Soli auf mich wartete, und so kam ich rechtzeitig in die erste Klasse, wo mich kein anderer als Soltan höchstpersönlich mit einem strahlenden Grinsen erwartete. Er zeigte auf ein frisches Brötchen, das auf einem Stuhl lag, und fragte mich, ob ich daran interessiert wäre. Sofort griff ich danach und fing an, es mit großer Gier zu verschlingen (wann bekomme ich einen solchen Leckerbissen und ganz besonders an einem gewöhnlichen Wochentag!), als Bondy Klein, ein Riese, zum dritten Mal in der ersten Klasse, auftauchte und zornig mit seiner tiefen Stimme schrie: »Wer hat mein Brötchen genommen?« Mein guter Freund Soli zeigte mit dem Lächeln eines Bastards sofort auf mich, und die Reaktion von Bondy Klein, mir mit aller Kraft eins zu verpassen, ließ nicht lange auf sich warten. Den Leckerbissen konnte ich aber vollständig aufessen, und so lernte ich auf dem harten Weg, wie die Empfehlungen meines guten Freundes Soli zu verstehen waren.

Am nächsten Tag wartet er auf mich an der Straßenecke, von dort gehen wir gemeinsam zur Schule. Soli ist besonders freundlich, offensichtlich voller Schuldgefühle wegen des Vorfalls von gestern mit dem Brötchen. Auf unserem Weg, an der Ecke einer der Straßen, bückt sich Soli plötzlich und hebt eine Goldmünze auf. »Sieh, was ich gefunden habe!«, rühmt sich dieser Glückspilz, und als ob das nicht genug wäre, findet der Freund nach wenigen Schritten eine weitere Münze und dann noch eine! Ich bin verzweifelt und traurig, denn trotz meiner hartnäckigen Bemühungen habe ich nicht eine einzige abgegriffene Münze gefunden. Soli hat Mitleid mit mir, als er sieht, wie niedergeschlagen ich bin, und verrät mir, dass er nur eine Münze hat, die er jedes Mal neu aufhebt, als ob er sie eben erst gefunden hätte. Meine Stimmung ändert sich sofort und verwandelt sich in Ärger auf Soli und seine Späße und, nicht weniger, auf meine eigene Naivität und Dummheit. Um die Stimmung zu heben, beschließt Soli, meinen Frust zu beseitigen und mir stattdessen etwas beizubringen. Daher fragt er mich, ob ich weiß, wie Kinder in die Welt kommen.

Ich muss zugeben, dass ich die Geschichten vom Storch nicht mehr glaube, aber die richtige Antwort nicht kenne. Da fand sich Soli bereit, mir mit Hilfe des Gliedes von Pferden, die vorbeitrabten, zu erklären, was Vater und Mutter Pferd miteinander veranstalten und wie als Ergebnis ein Fohlen aus dem Bauch der Mutter kommt.

So lernte ich auf dem harten Weg, wie Fohlen (und Kinder) zur Welt kommen.

Bei der Patin

... so wird dich der Herr, dein Gott,
zum höchsten über alle Völker auf Erden machen.
Gesegnet wirst du sein in der Stadt, gesegnet auf dem Acker.
Gesegnet wirst du sein bei deinem Eingang und gesegnet
bei deinem Ausgang.

Deuteronomium 28:1-6

»Bald werde ich zu meiner Mutter, deiner Großmutter, und meinen Schwestern, deinen Tanten, fahren.« Aber diesmal ist Tante ›Ruche‹, Rachel Perla, die Ehefrau meines Paten, »damit einverstanden, dass du mitkommst, unter der Bedingung, dass du mir versprichst, dich gut zu benehmen und ihr Haus nicht ohne Erlaubnis zu verlassen«. Das sagte mir Mutter, indem sie mein Kinn mit ihrer Hand anhob und den Zeigefinger der anderen Hand vor meinem Gesicht hielt, während sie mir tief in die Augen sah. Ich habe nichts gesagt und nichts versprochen, aber mich von Herzen gefreut, nicht in die peinliche Lage von damals zu geraten ...

Die peinliche Situation ereignete sich vor zwei Jahren, noch vor meiner Schulzeit. Auch damals hatte meine Mutter vor, ihre Familie zu besuchen. Wie üblich bei solchen Gelegenheiten und anderen längeren Abwesenheiten ›verteilen‹ die Hausfrauen ihre Kinder unter den Frauen der Familie, unter Nachbarinnen und Freundinnen, wobei auch sie wiederum bereit sind, eine solche Pflicht zu übernehmen, wenn sie darum gebeten werden. Und so tat es auch Mutter, indem sie meine Brüder mühelos verteilte, gute Kinder, alle gehorsam und beispielhaft. Als aber ich an der Reihe war (ich galt als ›schlechter Junge‹ wegen meines stürmischen Temperaments, meiner Neugier und meiner unkontrollierbaren Unternehmungslust), nahm mich Mutter an der Hand und schleppte mich hin und her zwischen ihren Freundinnen, die eine nach der anderen höflich absagten:»Sieh mal, Rivka: Ich bin bereit, zwei deiner anderen Kinder zu nehmen, aber den bitte nicht.« So ging es fort, bis Tante Rozsika, die Schwester meiner Mutter, mich am Ende beherbergen musste. Die Tante war in meinen Augen eine alte Frau, ihre Kinder hatten schon das Haus verlassen, und auch ihr Ehemann, Onkel Aden, war wegen seiner Geschäfte fast nie da, sodass ich allein mit der Tante blieb, die sich nicht groß um mich kümmerte. Die meiste Zeit verbrachte sie mit dem Lesen von Groschenromanen. Alle Türen der Wohnung waren verschlossen, um eine mögliche Flucht meinerseits zu verhindern. Deshalb überlegte ich, durch eines der Fenster abzuhauen, aber ich ließ es sein, um meine Mutter nicht zu enttäuschen. Und als sie endlich kam, konnte ich meine Tränen nicht zurückhalten, während sie mich in ihren warmen Schoß drückte.

»Letztes Mal, vor zwei Jahren, als ich deine Oma besuchte«, sagte meine Mutter jetzt, »warst du noch ein Baby und hast noch nicht die Schule besucht, aber jetzt, wo du ein großer Junge bist und die erste Klasse besuchst, kannst du versprechen, dass du dich schön benimmst.« Als ich nicht reagierte, fuhr sie fort und erklärte:»Tante Ruche erwartet ein Baby, und sie weiß, dass sie, wenn sie in deiner Nähe ist und du sie lange ansehen wirst, dann sicher einen Jungen bekommen wird, einen guten Jungen, schön und klug wie du, und den wird man Scholem nennen, nach seinem Großvater.« Ich zog es vor, diese unbegründeten Komplimente nicht zu beachten, aber ich fragte, ob das Baby sich schon im Bauch der Tante befinde.

Als der Tag kam, nahm mich Vater mit in das rote Backsteinhaus des Paten in der Hauptstraße. Vater warf mich in die Höhe, und ich zog die Glocke, die an der Eingangstür befestigt war, neben dem Tor aus Schnitzwerk, das für die Pferdekutschen vorgesehen war.

Nach kurzem Warten kommt jetzt ein höflicher Diener (ein Goj), erkundigt sich nach dem Grund unseres Besuches, und schon sind wir im geräumigen Vorzimmer. Sofort öffnen sich staunend meine Augen vor einer riesigen hebräischen Schrift vor dem Eingang zum Hof:»Gesegnet seist du, wenn du kommst …« Da ich dieses Sprichwort aus dem Pentateuch kenne und aus dem Gebet»Und er gibt dir« am Ausgang des

Schabbat, entdecke ich sofort die Fortsetzung des Sprichworts über dem Ausgangstor:»Und gesegnet seist du, wenn du gehst.«Ich bin beeindruckt vom Mut meines Paten, eine hebräische Schrift so offen darzustellen, eine Sache, die unabhängig von der Betonung der Pracht des Hauses auch überflüssige Aufmerksamkeit auf sich ziehen und die Gojim reizen könnte.

Der Pate Reb Jecheskehl Perla verschwendet seine kostbare Zeit nicht und verschwindet gleich mit Vater in Richtung des Kontors und seines Federlagers. Ich bleibe bei Tante Ruche, die unaufhörlich mein Benehmen beobachtet. Auch ich beobachte ihr Tun als Hausfrau und vergleiche es mit dem meiner Mutter.

Wir befinden uns jetzt am ›Ende der Tage‹, den Schulferien vor dem Pessachfest und den ›Hohen Feiertagen‹, und ich nehme mir vor, mich nach Herzenslust im Haus herumzutreiben – aber nicht außerhalb. Bei meinem heimlichen Rundgang in der großen Wohnung betrete ich das Lesezimmer und bin überrascht von einem riesengroßen verglasten Bücherschrank, voll mit Büchern über das Judentum, antike Philosophen und rabbinische Autoritäten, allesamt in Leder gebunden und mit vergoldeten Buchstaben geschmückt, geordnet wie Soldaten in neuer Dienstkleidung. Der Bücherschrank meines Vaters ist viel kleiner, und seine Bücher sind gebraucht, ziemlich abgenutzt und nachlässig geordnet. Dieser Unterschied sagt alles!

Mein Hauptinteresse wendet sich gleich den wesentlichen Punkten der Hausordnung zu, die ganz und gar anders sind als bei uns zu Hause. Zum Beispiel die Sache mit dem Wasser. Bei uns zu Hause gibt es drei Wasserquellen: erstens das ›schlechte‹ Wasser, das mit der Hand aus einem Brunnen geschöpft wird, der sich am Rande des Hofes befindet. Dieses Wasser aus der Tiefe ist besonders hart und ungeeignet zum Trinken, Kochen oder Wäschewaschen und eignet sich nur für grobe Arbeiten, wie zum Beispiel zum Bodenwischen oder zum Einlegen von Fleisch in Salzwasser. Wasser zum Trinken, Kochen, Baden, Händewaschen und Ähnlichem wird in besonderen Gefäßen gebracht, aus einem artesischen Brunnen,[38] der sich in einer Entfernung von etwa zwölf Häusern befindet. Eine weitere Quelle ist das weiche Regenwasser, das aus den Dächern in Holzfässern gesammelt und hauptsächlich für die Wäsche benutzt wird. Im Haus meines Paten beobachtete ich aber eine wunderbare Sache! Mitten im Hof, der mit Steinplatten bedeckt ist, befindet sich ein tiefer Brunnen mit gutem Wasser, aus dem ein Metallrohr heraufsteigt und bis zum Dachboden reicht, wo es in einem riesengroßen Holzfass endet, bedeckt mit Holzplatten, um das Eindringen von Mäusen und Ungeziefer zu verhindern, die das Wasser unrein machen könnten. Einer der Arbeiter (der auch im Federlager arbeitet) schöpft von Zeit zu Zeit mit der Hand Wasser aus dem Brunnen direkt in das Fass, aus dem es mit einem dünnen Rohr in die Küche von Tante Ruche strömt. Diese wiederum lässt, falls sie will, das Wasser in das Geschirr- oder Spülbecken fließen, indem sie einen Griff am Hahn bewegt. Da der Boden des Spülbeckens durchlässig ist, wird Wasser oder jede Flüssigkeit, die sich darin befindet, in eine Grube im Hof geleitet, wo es nach und nach von der Erde aufgesaugt wird. Das ist auch der Grund für die Anwesenheit und das Quaken von Fröschen im Hof der Tante, Nacht für Nacht.

Während ich das Wunder des fließenden Wassers im Haus des Paten beobachtete, fiel mir eine weitere wunderbare Sache auf. Anfangs fragte ich mich, woher der Diener weiß, wann das Wasser in dem Fass auf dem Dachboden zur Neige geht, da er doch nicht ununterbrochen auf den Dachboden geht. Und siehe da, nachdem ich heimlich auf den Dachboden gestiegen war, entdeckte ich, zusätzlich zu den Möbeln, dem Geschirr und anderen interessanten Kleinigkeiten, in deren Studium ich mich vertiefte, dass auf der Oberfläche des Wassers im Fass eine leere Flasche schwamm, an die ein Faden gebunden war. Dieser Faden reichte durch ein Fenster im Dachboden entlang der Hauswand nach draußen. Und wenn das Wasser im Fass fällt, dann geht auch die Flasche runter und der Faden steigt, und je mehr das Wasser steigt, fällt der Faden runter! Durch dieses ausgeklügelte Verfahren konnte man jederzeit die Menge des Wassers im Fass beobachten und bei Bedarf nachfüllen, ohne dass einer auf dem Dachboden steigen musste.

Ein weiteres Wunder war der große Eiskasten in Tante Ruches Speisekammer. Da ich mir nicht erklären konnte, wo das Eis am Ende des Sommers herkam, wurde ich über die große Eisgrube an einer Ecke des Hofes aufgeklärt, die mit einer großen Schicht Stroh zugedeckt wurde. Gewaltige Tafeln von Eis wurden im Winter aus dem Fluss herausgebrochen und mit Ochsenwagen zur Eisgrube gebracht, wo sie mit einer

Schicht von Stroh und mit einer Wagenplane zugedeckt wurden, sodass das Eis erhalten blieb bis zum nächsten Winter. Das habe ich sogar mit eigenen Augen gesehen. Von Zeit zu Zeit, je nach Bedarf, nahm man von dort Eisblöcke in den Eiskasten von Tante Ruche, um Nahrungsmittel für die nächsten Tage frisch zu halten.

Da wir uns, wie gesagt, in den Ferien der ›letzten Tage‹ befinden, weile ich öfters in der Küche der Patin Ruche. Schließlich wurde ich hierhergeschickt, damit sie mich gründlich beobachten kann. Deshalb habe auch ich sie beobachtet, um zu vergleichen, wie unterschiedlich sie und meine Mutter ihren Haushalt führen.

Aber man kann sie gar nicht vergleichen! Hier machen die Hausmädchen alle Putzarbeiten und kochen, und die Tante, die ihre Schabbatkleidung auch an Wochentagen trägt, gibt ihnen nur Aufgaben und jammert, die meiste Zeit mit einer gehörigen Position Selbstmitleid, über ihre Faulheit und die Qualität ihrer Arbeit. Nicht nur einmal hörte ich sie sagen: »Wenn ich möchte, dass in diesem Haus etwas ordentlich gemacht wird, dann muss ich es selbst machen!« Oder: »Wenn ich meine Augen nur für einen Augenblick von ihnen abwende, richten sie sofort einen unvorstellbaren Schaden an.«

Erst jetzt, da ich weit von zu Hause entfernt bin, im Haus von Ruche, verstehe ich die schwere Last, die meine Mutter trägt. Sie ist verantwortlich für die Führung, die Pflege und die Sauberkeit unseres Hauses. Sie hat es schwer mit der endlosen Kocherei und ihrem Bemühen, immerzu den Hunger ihrer sechs Wölfe zu stillen, und das in schwierigen Verhältnissen und mit bescheidenen Mitteln.

Unsere Wohnung hat ein Schlafzimmer, das mit einer Garnitur aus schweren Salonmöbeln glänzt, ein Familienerbstück. In diesem Schlafzimmer finden auch die Sedernächte, der Empfang wichtiger Gäste und die Gespräche von Mutter mit ihren Freundinnen statt. Zusätzlich gibt es eine Speisekammer und eine Küche, die im Grunde auch das Wohnzimmer der Familie ist. Außer dem Spülbecken befinden sich darin ein Schrank für Kochgeschirr und Essgeschirr, ein Bett für die beiden großen Kinder, die im Schlafzimmer keinen Platz haben, ein großer Esstisch und Stühle für zehn Erwachsene. Dieser Tisch dient zum Essen für alle Tage im Jahr, zum Erledigen der Hausaufgaben und für jede alltägliche Angelegenheit. In der Küche sind auch ein kleiner Tisch, zwei Stühle, die für kleine Kinder vorgesehen sind, und ein Eisengestell für die verschiedenen Wasserbehälter zum Hände- und Gesichtwaschen (da ein Waschraum fehlt) und auch ein Nachttopf für kleine Bedürfnisse in dunklen und kalten Nächten, damit man nicht in den verschlammten oder schneebedeckten Hof raus muss, um zur Toilette zu gelangen.

Beim Betrachten der breiten Marmorflächen und Arbeitstische in der Küche von Tante Ruche wird mir plötzlich bewusst, welche Schwierigkeiten meine Mutter in ihrer Küche hat, da freie Fläche fehlt. Zum Beispiel spült Mutter, wenn sie das Geschirr reinigt, jede Tasse und jeden Teller extra und trocknet beides gleich, um es in den Schrank zurückzustellen. Und so bei jeder Routinearbeit, vom Sonnenaufgang bis Mitternacht: das Stillen des eben geborenen Säuglings, das Waschen seiner Windeln, die Speisung der umfangreichen Familie, darunter auch die greise, verwitwete Oma, das Aufrechterhalten von Sauberkeit und Ordnung in der Wohnung, das Flicken der Kleider und das Stopfen der Socken und noch so vieles mehr.

Und sie hat noch andere ehrenvolle Aufgaben, wie das Einkaufen auf dem Markt, um Obst, Gemüse und fettes Geflügel zu besorgen. Dabei muss sie gleichzeitig eine ermüdende Verhandlung über den Preis führen, das Geflügel danach zerteilen und kochen, verschiedene Mehlsorten von der Mühle kaufen, Teig machen und ihn zu verschiedenen Nudeln verarbeiten und einen Hefekuchen mit Zimt für den Schabbat zubereiten.

All das und noch viel mehr macht Mutter alleine, ohne Hilfe von ihren Söhnen – da sie keine Töchter hat – und mit gelegentlicher Unterstützung von Tante Katiza für besondere Fälle. Sie beschwert sich nicht über Müdigkeit und macht uns keine Vorwürfe. Und manchmal findet sie auch Zeit für sich selbst, um die Klassiker der Weltliteratur zu lesen, die sie so mag.

Ich warte jetzt mit Sehnsucht auf ihre Rückkehr, um es ihr Auge in Auge zu sagen.[39]

Die Reinheit der Mikwe und die Unreinheit des Hasses

Du sollst deinen Bruder nicht hassen in deinem Herzen ...

Levitikus 19: 17

... und will reines Wasser über euch sprengen,
daß ihr rein werdet; von all eurer Unreinigkeit
und von allen euren Götzen will ich euch reinigen.

Hesekiel 36: 25

Nach immer neuen Aufschüben wird endlich die Eröffnung der neuen Mikwe für den kommenden Freitag angekündigt. Diese Nachricht ist aufregend, weil ich bereits von ihrer unglaublichen Pracht und Herrlichkeit gehört hatte, als sie noch gebaut wurde. Man redete von schneeweißen Porzellanfliesen am Boden und an den Wänden und von warmem Wasser, das in einem Wasserfall direkt vom artesischen Brunnen in das Becken der Mikwe fließt und von dort zur Bewässerung des Gemüsegartens im Hof geleitet wird. Dieser Garten soll vom Synagogendiener gepflegt werden, damit er seine riesige Familie ernähren kann. Außerdem war die Rede von Duschen, aus denen warmes Wasser wie Sommerregen auf unseren Kopf prasseln soll. Die Gemeinde wurde bereits im Voraus ausdrücklich dazu aufgefordert, koschere Seife zu benutzen, um das Becken nicht zu verunreinigen.

Mutter ist froh, dass die neue Mikwe sie endlich von der Mühe befreien wird, uns kleine Kinder jeden Donnerstag in der großen Wanne zu waschen, wobei ich diese Wäsche sogar als angenehm empfinde: Meine Mutter schenkt mir besondere Aufmerksamkeit, weil ich unheimlich kitzlig bin und schon bei der kleinsten Berührung mit der Seife wild herumzappele – sehr zu ihrem Vergnügen. Man sagte, dass es noch viele weitere Neuheiten in dieser Mikwe gebe. Das Aufregendste ist in meinen Augen das ›Englische Klosett‹ – eine Toilette mit Spülung – mitten im Gebäude, welche die alte Toilette am Rande des Hofes ersetzen soll.

Die Debatte um den Bau der Mikwe bleibt ein ständiges Thema in der Gemeinde und verursacht statt Freude und Hochstimmung Streit und Skandale, begleitet von bitterer Feindseligkeit, stärker als die üblichen Reibungen zwischen Aschkenasim und Sephardim. Diese Feindschaft schlägt manchmal sogar in Handgreiflichkeiten zwischen dem ›Unkraut‹ beider Lager um. Und dazu sagt Reb Leibisch tief betrübt zu seinen Freunden: »Es ist zweifelhaft, ob diese Mikwe die Unreinen reinigen wird, aber schon jetzt, noch bevor sie fertig ist, verunreinigt sie die Seelen der Gemeinde.« Die Debatte dreht sich um jedes winzige Detail in der Auslegung der Halacha,[40] aber der Hauptstreitpunkt ist die Tür: Die Mikwe ist in einer Straße gelegen, die parallel zur Straße verläuft, wo die chassidische Synagoge steht, sodass die äußere Wand des Ankleideraumes der Mikwe an den Hof der Synagoge grenzt. Es versteht sich für die Sephardim daher von selbst, dass es einen Durchgang von der Mikwe direkt zu ihrer Synagoge geben soll, anstatt sie dazu zu diesem Umweg zu zwingen.

Die Aschkenasim, die niemals eine chassidische Synagoge betreten würden, sind natürlich gegen den Bau dieses Durchgangs. Sie begründen ihre Ablehnung zunächst mit dem Argument, dass durch eine solche Tür kalte Luft in den Ankleideraum gelangt, was zu Erkrankungen führen kann. Die Chassidim akzeptierten diesen Einwand und versprachen, den Eingang auf eigene Kosten mit einer Doppeltür zu versehen. Aber nur kurze Zeit darauf kommt ein neues Gegenargument von den Aschkenasim: Die Tür wäre in der Nähe des Frauenbereichs, sodass es unkeusche Begegnungen zwischen den Geschlechtern geben könnte. Aber auch diesem Kritikpunkt gibt man, nach einigen Beschwerden, schließlich nach. Zu guter Letzt geben sich die Aschkenasim aber keine Mühe mehr, ihre Absichten zu verschleiern, und stellen ihre eigentlichen Bedenken in den Raum: Die Sephardim hätten durch diese Tür einen Vorteil, und das will man nicht. Und so wurde die Debatte über die Tür vertagt, wenn auch die Feindschaft zwischen den Parteien erhalten blieb.

Aber trotz dieses Streits bin ich natürlich nicht minder aufgeregt. Als die Mikwe der Gemeinde eröffnet wird, bin ich unter den Ersten, die sich hineindrängen, und suche sofort dieses mysteriöse englische Klosett. Unmittelbar nach meinem Eintritt stelle ich fest, dass es so gebaut ist, dass das Gesicht desjenigen, der darauf sitzt, Richtung Süden schaut, wie es verlangt ist: »Sorge dafür, dass dein Gesicht gen Süden und dein Rücken gegen Norden gewandt sind, oder umgekehrt, aber zwischen Osten und Westen ist es verboten«. Danach bemerke ich eine wichtige Mitteilung auf Ungarisch (denn man darf die heilige Sprache nicht an einem solchen Ort entweihen), auf der wir beispielsweise angewiesen werden, das Klosett sauber zu halten, zur Spülung an der Kette zu ziehen, nicht auf den Boden zu spucken und in der ganzen Mikwe nicht den Segen ›Ascher Jazzar‹ auszusprechen.

Ich handle genau nach den Vorschriften, aber nachdem ich den Griff der Kette losgelassen habe, strömt das Wasser weiter in das Becken. Ich bin erschrocken, da ich glaube, es kaputtgemacht zu haben. Aber zu meiner Erleichterung hört das Wasser nach wenigen, aber langen Sekunden von alleine wieder auf zu fließen.

Es ist eine Riesenfreude, nackt mit den anderen Kindern im Becken der Mikwe zu spielen und Wasser in alle Richtungen zu spritzen. Die Erwachsenen versuchen hin und wieder vergeblich, die Kinder zu bändigen. Wir weigern uns, aus dem Wasser zu gehen – auch wenn unsere Väter uns rufen. Dann kommt innerhalb weniger Minuten der Synagogendiener, Reb Salman Ginzler, und lehnt sich mit einem langen Kescher über den Rand des Geländers. Damit versucht er, die Kinder aus dem Wasser zu fischen, aber diese beginnen prompt, lautstark über die Ungerechtigkeit zu protestieren, und schwören bei allem, was ihnen teuer ist, dass sie noch kaum Gelegenheit hatten, ordentlich zu tauchen.

Das Problem der Tür wurde nicht gelöst und blutete wie eine offene Wunde, bis der Knabe Kitele auf dem Umweg von der Mikwe zur Synagoge von den Pfeilkreuzlern[41] brutal zusammengeschlagen wurde. Man riss die Wand noch am selben Tag ein und brachte eine Tür dort an.

In der Schule

Wer seine Rute schont, der hasst seinen Sohn;
wer ihn aber lieb hat, der züchtigt ihn beizeiten.

Sprüche 13: 24

Heute erhielt ich Schläge auf den Hintern, und das war unangenehm, da ich schon zehn Jahre alt bin, aber ich tröste mich damit, dass mein Bruder Avraham, den wir liebevoll ›Rumi‹ nennen und der älter ist als ich, auch seine Portion abbekommen hat.

Und so ging die Geschichte:
Jeden Tag fertigt Mutter riesengroße Brotschnitten, bestrichen mit Pflaumenmus oder mit Entenschmalz, bestreut mit Paprika, und verpackt sie in Zeitungspapier, um für das Paket teures Verpackungsmaterial zu sparen. Diese Speise ist für ihre vier Söhne im Cheder und in der Schule gedacht (mein großer Bruder hat sie schon beendet, und der kleine Bruder hat mit dem Lernen noch nicht begonnen). Das Tragen dieses Pakets ist ein ernsthaftes Problem und verursacht bittere Streitigkeiten unter den Brüdern, von denen sich jeder benachteiligt und ausgenutzt fühlt. Das war jedenfalls so, bis mein Bruder Rumi gekommen ist und in seiner Klugheit den Weg von Zuhause bis zur Schule in vier gleiche Abschnitte geteilt hat, in denen das Tragen der Speise unter uns geteilt wird.

Dennoch, trotz der peniblen Planung oder vielleicht gerade deshalb, gab es heute ein Missgeschick, als einer der Söhne zum Abschluss seines Abschnitts behauptete, dass der Beginn des nächsten Abschnitts sich erst in mindestens zehn Metern befände. Dem widersprach sein Nachfolger. Nach einer heftigen Diskussion und ohne dass ein Kompromiss gefunden wurde, legte der eine das Paket auf den Bürgersteig, und der andere nahm es nicht an sich.

Als wir nach Hause kamen, hungrig wie immer, und Vater fragte, ob uns die Mahlzeit geschmeckt hat, wussten wir sofort, dass unser Untergang besiegelt sei. Und dann stellte Vater uns vier nach unserem Alter in eine Reihe (mein jüngerer Bruder war größer als ich) und wir bekamen einer nach dem anderen nicht allzu feste Schläge auf den Hintern.

Eine noch viel schlimmere Sache passierte mir vor einem Monat: In unserer Volksschule sind nur zwei Lehrer beschäftigt: Die Lehrerin Ethel unterrichtet gleichzeitig in einem Raum die Klassen A bis C, und der Lehrer Henrik Stein, der auch der Direktor ist, unterrichtet die Klassen D bis F in einem benachbarten Raum. Der Lehrer Stein, ein strenger Mensch, achtet sehr auf Ordnung und Disziplin, sodass er keine starken Schläge braucht, sondern sich mit schnellen und abrupten Ohrfeigen begnügt.

Zwischen mir und diesem Lehrer gibt es wenig Zuneigung. Er nennt mich ›den schlimmsten Weiss‹, und das ärgert mich, nicht wegen der Verletzung meiner Ehre, Gott behüte, sondern wegen der Ehre meiner Brüder, als ob auch sie schlecht wären und ich nur noch schlimmer. Tatsächlich ist jeder meiner Brüder ein guter Junge und ein Vorbild für seine Klasse. Auch ich bin ein ausgezeichneter Schüler in den heiligen Fächern im Cheder und auch in den säkularen Fächern in der Schule – zumindest in den Gebieten, für die ich mich interessiere. Fächer, die meine Aufmerksamkeit nicht wecken, neige ich zu vernachlässigen. Ich nehme an, dass die Abneigung des Lehrers daher stammt, dass ich im Cheder unter der Leitung der Lehrer, die ihm verhasst sind, meine Aufgaben mit Eifer erledige, während ich in seinem Unterricht meine Geringschätzung ihm gegenüber offen zeige. Abgesehen davon gehört meine Familie nicht zu den reichen und angesehenen Familien, deren Söhnen man viele Sünden vergeben kann.

Man nehme zum Beispiel die Überprüfung der Sauberkeit unserer Ohren, die sorgfältig durchgeführt wird, wahrscheinlich im Auftrag des aufgeklärten ungarischen Bildungsministeriums – und möglicherweise müssen die Schuldirektoren auch monatlich dem staatlichen Inspektor die Ergebnisse mitteilen. Um anständige Ergebnisse zu bekommen, leitet unser Lehrer die Untersuchungen überraschenderweise persönlich. Die Aktion wird wie folgt durchgeführt: Alle Schüler sitzen höchst aufmerksam an ihren Plätzen. Der Lehrer passiert die ersten Reihen, die mit Mädchen besetzt sind (kann sein, dass sie befreit sind von der Teilnahme an diesem Vergnügen). Der Lehrer geht weiter und passiert schmunzelnd die folgenden Reihen der Söhne der Reichen und Angesehenen. Richtige Kontrollen beginnen dann in den letzten Reihen – wo die Kinder der Armen sitzen.

Ich werde erklären: Es gibt hier keine Bevorzugung wegen der Erwartung irgendeines materiellen Vorteils, sondern so ist es und nicht anders. Denn auch Gott, geheiligt werde sein Name, drückt selber seine Zuneigung zu diesen Menschen aus und belohnt sie mit dem Erfolg ihrer Geschäfte und der Vermehrung ihres Vermögens, während er die Armen mit vielen Kindern entschädigt. Und hier, in den hinteren Bänken, beginnt die strenge Kontrolle. Der Lehrer, der einen spitzen Bleistift benutzt, prüft die Ohrmuschel und ihre Krümmungen sehr sorgfältig und äußert scharfsinnigen Spott, um so den Knaben öffentlich zu blamieren, der mit seinem Schmutz erwischt worden ist. Und den Höhepunkt der Sorgfalt behält er sich für mich vor, aber da ich es weiß, wasche ich meine Ohren täglich, obwohl ich es verabscheue, mehr noch als den Kopf zu waschen oder die Beine im kalten Wasser zu säubern, nachdem ich tagsüber barfuß durch die Straßen gegangen bin, die mit den Ausscheidungen von Vieh und Kleinvieh bedeckt sind, und das alles tue ich nicht etwa wegen der Reinheit meines Körpers, sondern wegen der Genugtuung, die mich erwartet, wenn ich die Enttäuschung in seinen Augen sehe. Ich muss allerdings erwähnen, dass der Lehrer auch nicht so gemein ist, dass er mich falsch beschuldigen würde.

Und hier noch eine Sache, die sich vor zwei Monaten ereignet hat, mitten im strengsten Winter. Wie an jedem Morgen, wenn wir in das warme Klassenzimmer kommen, ziehen wir uns die schweren Mäntel aus und hängen sie auf Haken an der Hinterseite des Klassenzimmers. Um Berührung zwischen den Geschlechtern zu vermeiden, gilt: Knaben auf der linken Seite, Mädchen rechts. Am Ende des Tages, nach dem hastigen Singen der Hymne zur Auferstehung Groß-Ungarns und dem Strammstehen, bis der Lehrer den Saal verlässt, beeilen sich die Knaben in einem wilden Rennen, ihre Mäntel anzuziehen und sie sorgfältig zuzuknöpfen, um sich gegen die starken Winde und die Schneestürme zu schützen. Aber diesmal, oh weh! Alle Knöpfe aller Mäntel waren verschwunden, als ob es sie nie gegeben hätte! Und nicht nur das, es waren auch hier und da Teile des

Stoffes herausgerissen worden. Die schreckliche Tat wurde wahrscheinlich von einem der Knaben während der Pause begangen, die in der Vorhalle stattgefunden hatte wegen der strengen Kälte und nicht im Hof wie üblich. Wir waren schockiert und sahen uns alle nur stumm an. Da kehrte der Lehrer zurück, und auch er war für einen Moment erschrocken, beruhigte sich aber gleich, und der Zorn in ihm brannte gewaltig. Die Mädchen schickte er nach Hause, und die Knaben wurden auf ihre Plätze gesetzt. Der Lehrer begann mit einer Reihe von Strafen, die er uns androhte, wenn wir nicht verraten würden, wer das getan hat, oder wenn der Schuldige selbst sich nicht stellen würde. Er schwor, uns nicht freizulassen, bis der Schuldige gefunden wäre, auch wenn er am Ende die verhasste Polizei zu Hilfe nehmen müsste. Er fing an, uns mit verschiedenen Fragen zum Reden zu bringen, aber es war alles vergeblich, und sein Zorn wurde von Stunde zu Stunde gewaltiger. Ab einem bestimmten Grad, nach einer Weile von vergeblichen Versuchen, fiel der Verdacht des Lehrers ausgerechnet auf mich. Er drohte mir, beleidigte mich immer wieder, führte sogar eine genaue Untersuchung meiner Taschen durch und fragte mich, wo ich die Knöpfe versteckt hätte. Nach einer Weile stand Tuli, einer der reichsten Söhne der Gemeinde auf, und zeigte wortlos auf die Schublade im Tisch des Lehrers, wo er die Beute seiner Knöpfe versteckt hatte. Der Lehrer hätte, wenn er einen detektivischen Sinn gehabt hätte, von selbst den Schuldigen finden können, denn Tulis Mantel war schlimmer als alle anderen zugerichtet, was darauf schließen lässt, dass er mit aller Macht den Verdacht von sich weisen wollte. Tuli wurde in der Klasse gelassen, und wir alle warteten draußen, um ihn zu trösten, wenn er rauskäme. Zu unserer Überraschung kam der Bursche sofort raus ohne den geringsten Schaden und grinste von Ohr zu Ohr. Sofort bemerkte Rumi, mein Bruder, mit einem bitteren Lächeln:»Siehst du, man muss wissen, wo man geboren wird.«

Nach diesem Vorfall, falsch beschuldigt zu werden, hoffte ich, dass sich das Verhältnis des Lehrers zu mir ein wenig verbessern würde, aber im Gegenteil, es wurde nur schlimmer. Das fand sehr schnell seinen Ausdruck in den Unterrichtsstunden über die ungarische Dichtung, als wir einige Teile eines Gedichtes auswendig lernen mussten, nachdem der Lehrer kurz und trocken den Inhalt erklärt hatte, ohne meine Begeisterung erwecken zu können.

Mein Bruder Avraham lernte in der vierten Klasse, und wir saßen im selben Klassenzimmer. Da er von meiner Neigung wusste, mich nicht um Lehrstoff zu kümmern, der mir nicht gefiel, warnte mich Rumi vor dem Lehrer Stein, der mich bestimmt rufen würde, um das Gedicht mit dem Titel ›Familienkreis‹ vor der Klasse aufzusagen. Mein Bruder versuchte, es mir sogar schmackhaft zu machen, das Gedicht zu lernen und machte mich aufmerksam auf die herrliche Sprache und die wunderbaren volkstümlichen Vergleiche des Dichters, aber auch seine Bemühungen waren vergeblich. Ich kann und will keine Zeit auf Sachen verschwenden, die mich nicht interessieren. Ich liebe kurze Gedichte mit großem Inhalt, keine langen Gedichte mit kleinem Inhalt.

Wie erwartet, wurde ich neben den Tisch des Lehrers gerufen, um die Strophen des Gedichts, das wir auswendig lernen sollten, aufzusagen.

Mit einem gezwungenen Lächeln wandte sich der Lehrer mir zu und sagte zynisch:

»Sag uns, lieber Weiss, hast du die Strophen des Gedichts auswendig gelernt, wie ich dich gebeten habe?«

»Natürlich«, sagte ich.

»Gut, fang an, wir alle freuen uns, die Bühne steht dir zur Verfügung.«

»›Familienkreis‹ von János Arany«, sagte ich selbstsicher und wartete vergeblich auf das Zuflüstern aus der ersten Reihe.

»Sehr gut! Man sieht, dass du zu Hause gelernt hast, fahr fort, fahr fort.«

»Gut, dann ... Abend ist es, Abend, Frieden rings und Stille.«

»Sehr gut, mein lieber Weiss, fahr fort, fahr fort.«

»Schwarz das Maulbeerlaub in seiner frischen Fülle ...«

»Bravo, bravissimo, auch ich hätte es nicht besser machen können.«

So verlängerte sich mein Vortrag um ein paar weitere Zeilen, bis ich mit meinem Latein am Ende war. Und dann nahm der Lehrer Stein seinen schweren Meterstock aus hartem Holz und mit Kupfer an den Seiten und sagte mit zitterndem Kiefer: »Ich werde dir eine Lehre erteilen, die du dein Leben lang nicht vergessen wirst.«

Er schob seinen Stuhl in meine Richtung und befahl: »Bück dich!«, um mir auf meinen Hintern schlagen zu können.

Ich hatte seinen erniedrigenden Spott leid und konnte seine Überheblichkeit nicht mehr ertragen. Daher rief ich mit einer hohen und klaren Stimme: »Ich bücke mich nicht!«

So eine Verweigerung eines Schülers gegenüber einem Lehrer war beispiellos. Stilles Entsetzen befiel die Klasse für einen Augenblick, und danach war von allen Seiten ein bewunderndes Geflüster zu hören. Auch der Lehrer selbst war offensichtlich entsetzt. Erstarrt blieb er stehen und rief: »Warum?!«

Ohne zu zögern, antwortete ich frech: »Weil ich einen Knochen verschluckt habe«, und augenblicklich begann ich zu rennen, um den großen Stock zu vermeiden, der mir entgegengeschleudert wurde, und ich hielt nicht an, bis ich nach Hause kam, wo meine Mutter am Kochen war. Ich betrat die Wohnung natürlich nicht, sondern versteckte mich hinter dem Holzschuppen, bis meine Brüder aus der Schule kamen. Einer von ihnen trug auch meine Tasche, die ich zurückgelassen hatte. Zu meiner Überraschung wussten meine Mutter und die ganze Gemeinde schon von der Angelegenheit. Erleichtert stellte ich fest, dass Mutter nicht böse war, sondern im Gegenteil versuchte, mich mit ihren sanften Augen zu ermuntern.

Das Ergebnis war, dass ich einige Tage nicht in die Schule gehen durfte und in der Konditorei der »Gebrüder Lutbeck« verweilen musste, wo ich von allen Süßigkeiten naschen durfte, als Belohnung für meine Hilfe beim Befeuern des Ofens und beim Auswellen des Teigs. In der Zwischenzeit wurden offensichtlich fieberhaft geheime Gespräche geführt (an denen ich nicht beteiligt wurde und die mich auch nicht interessierten) zwischen dem Gemeindevertreter, dem Lehrer und meinen Eltern, wie man in diesem ernsten Fall handeln sollte, ohne dass die Autorität des Lehrers verletzt würde – es gab ja auch keine andere jüdisch-orthodoxe Schule, an die man mich hätte verbannen können.

Und siehe da, eines Morgens wurde mir befohlen, in die Schule zurückzukehren, und dort wurde ich mit einer Natürlichkeit empfangen, als ob nichts gewesen wäre. Nur dass der Lehrer mich seitdem mit: »Der schlimmste Weiss« oder »Weiss, der Nervöse« ansprach – aber was war das schon?

Und noch etwas: Von da an benutzte der Lehrer Stein nie mehr seinen Stock gegen die Schüler. Und ich meinerseits begann mich für ungarische Dichtung zu interessieren und sie sogar zu mögen.

Reb Schlomo Oberländer

Wie habe ich dein Gesetz so lieb! Täglich sinne ich ihm nach.

Psalmen 119:97

»Mein Glück, wie gut es mir geht und wie angenehm mein Schicksal ist!«, sagte ich vor einem halben Jahr, als ich anfing, bei Reb Schlomo zu lernen, da doch mein älterer Bruder Avraham bei ihm lernte, bevor er in die große Talmudschule ging, und mir erzählte, dass er niemals seine Hand gegen einen der Knaben erheben würde, ganz gleich was er getan hätte.

Und tatsächlich konnte ich mich selbst davon überzeugen, dass er nicht wie die Lehrer im Cheder war, die in ihrer Mehrzahl als Lehrer arbeiten müssen, weil sie keine andere Beschäftigung finden und deswegen ihren Frust an den Kindern der Armen auslassen. Reb Schlomo betreibt seine ›kleine Schule‹ aus Berufung und Pflichterfüllung, um Gotteslohn, da doch alle wissen, dass das Geschäft von Chana, seinem Weib, mit dem Verkauf von Wein genug abwirft, um beide zu ernähren, zumal sie kinderlos sind.

Das Geld für den Unterricht, das Reb Schlomo von den Reichen kassiert, deckt mit Mühe die Ausgaben für Miete, Heizung und Reinemachen, und von den Kindern der Armen, wenn sie gut im Lernen und ihrem Benehmen sind, nimmt er gar kein Geld. So wurde mein Bruder Avraham vor mir angenommen – und so auch ich, als ich an der Reihe war.

Eine besondere Zuneigung herrscht unter uns, eine Seelenverwandtschaft, ja fast schon eine Liebe. Reb Schlomo lehrt mich wunderbare Dinge außerhalb des Lehrplans, wie die Legendensammlung zur Bibel, eine tiefe Auslegung der Bibel, die Aufgabe des Vorlesers bei allen Abschnitten des Jahres an den Samstagen und Feiertagen und besondere

Melodien aus dem 11. Jahrhundert, die in aschkenasischen Gemeinden am Laubhüttenfest üblich sind, und noch vieles mehr.

Wie freue ich mich über Reb Schlomos Begeisterung, wenn er merkt, dass ich ihn bei einer schwierigen Antwort oder einem lustigen Witz verstanden habe. Manchmal scherzt er einfach nur mit mir. So hatte ich eines Tages Schwierigkeiten beim Verstehen eines Problems, fragte ihn, was es bedeutet, und war überrascht, als er mich an den Ohren zog und befahl: »Sag du!« Und in der Tat erinnerte ich mich sofort an die richtige Antwort. Erst dann ließ Reb Schlomo mein Ohr wieder los. »Siehst du«, sagte er, »es steht doch geschrieben: Aus Zion wird die Thora hervortreten.« Und wir fielen in ein heftiges Lachen, da mir der Witz nun ausgegangen war – dass nämlich das Wort ›Zion‹ auf Jiddisch ›ziehen‹ bedeutet. Das heißt, wenn man am Ohr zieht, tritt die Thora hervor.

Und ich will noch eine wunderbare Begebenheit von vielen erzählen: In den Pausen in der ›kleinen Schule‹ stürmen die Knaben in den Hof und spielen sofort Fußball. Ich ziehe es hingegen vor, auf die Straße zu gehen und immer wieder neue Dinge zu entdecken. Reb Schlomo versucht sie davon abzuhalten und sagt in väterlichem Ton: »Ich kann nicht verstehen, was ihr an diesem wilden und dummen Spiel findet. Es sagte doch schon König David, und wir sagen es tagtäglich im Morgengebet. »›Er sagt seine Worte zu Jakob und seine Gesetze zu Israel‹, das heißt, dass Gott uns Juden seine heilige Thora gab, aber ›Er gab sie nicht allen Völkern‹. Die Gojim lehrte er nur die Gesetzte des ›Habal‹ (was auf Hebräisch ›nichts‹ heißt und auf Jiddisch ›Ball‹) – sollen die Gojim also ihren dämlichen Fußball spielen.«

Und noch ein Letztes: Die Geschichte betrifft wahrscheinlich einen Fall von ungebührlichem Benehmen eines Juden, der offensichtlich seinen alten und behinderten Vater schlecht behandelt hat, und das vor den Augen der Schüler. Reb Schlomo sagte: »Es wurde gesagt, ehre deinen Vater und deine Mutter, damit du länger lebst und damit es dir gut geht.« Und weiter: »Warum verspricht Gott längeres und gutes Leben ausgerechnet in diesem Gebot? Also, es ist kein leichtfertiges Versprechen, die Absicht des Geschriebenen ist: Wenn du deine Eltern vor den Augen deiner Kinder ehren wirst, dann werden sie mit dir auch so umgehen, wenn du alt sein wirst, und so wird es dir gut gehen und du wirst länger leben.«

Ich beobachte hin und wieder heimlich das sanfte Gesicht von Reb Schlomo, das manchmal von Finsternis überschattet wird. Ich bin sicher, dass ihre Kinderlosigkeit ihn und Chana belastet, und ich habe Mitleid mit ihnen. Und siehe da, eines Tages verbreitete sich die wunderliche Nachricht, dass Chana schwanger ist, und das nach 20 Jahren Ehe. Chanas Schwangerschaft erregte die ganze Gemeinde, und die Spannung stieg von Tag zu Tag, bis sie einen gesunden Sohn zur Welt brachte, den sie Schmuel nannten.

Und am selben Tag wurde der Befehl erlassen: Alle Juden sollen im Ghetto konzentriert werden – in dafür bestimmten Häusern in der Nähe der Synagoge.

Doktor Eisenberg

(Sie) ließen mich Weinberge hüten;
den eigenen Weinberg konnte ich nicht hüten.

Hohelied 1:6

Wie groß ist das Vergnügen, in einem Laster durch die Straßen der Stadt zu fahren! Nur dass das ein seltener Spaß ist, da es in unserer Gemeinde nur einen solchen Wagen gibt. Er gehört der Familie Zimmering und er dient dem Transport von Geflügel in engen Drahtgittern hinten im Wagen. Es ist klar, dass der Boden des Wagens, seine Seitenwände und erst recht die Gitter mit einer dicken Schicht von Federn und trockenem wie feuchtem Auswurf bedeckt sind, denn man wäscht einen solchen Wagen nicht einmal an Ostern, wenn er mit dem restlichen Chametz[42] an einem Schabbesgoj[43] ›verkauft‹ wird, inklusive des Auswurfs und der Federn.

Zuweilen dient der Wagen zur Beförderung der Großfamilie Zimmering zu Feierlichkeiten wie Hochzeiten, Beschneidungen und Ähnlichem. In solchen Fällen wirft man die Gitter in den Hof, und ab geht es zu den Feierlichkeiten. Allein die Flöhe, die normalerweise die Hühner befallen, machen sich beim Geruch des frischen Fleisches bemerkbar, und da das geliebte Geflügel fehlt, begnügen sie sich mit den armen Zimmerings. Aber wir Kinder, die nicht das Glück haben, Mitglieder der Familie Zimmering zu sein, wie schaffen wir es, mit dem begehrten Auto zu fahren?

Also, es ist bekannt, dass die Begleitung eines Toten eine Gnade ist, da du vom Toten keine Bezahlung erwarten kannst (sondern nur von seinen Angehörigen). Deshalb ist es Brauch in unserer Gemeinde, einen Toten zum Friedhof zu begleiten, ein Brauch, an dem die gesamte Stadt

beteiligt ist. In solchen Fällen befördert Familie Zimmering im besagten Wagen die Blinden und Lahmen, und auch wir Kinder drängen uns rein. Selbst wenn der Wohnort des Verblichenen nah an unserem Haus ist, gehen wir, meine Brüder und ich, zu Fuß zum anderen Ende der Stadt, zum Haus der Zimmerings, um eine möglichst lange Fahrt zu ergattern.

Wie vergnüglich ist eine schnelle Fahrt, wenn der Wind stark in dein Gesicht weht, während die Bäume und die Häuser in den Straßen sich entfernen, als würden sie fliehen! Aber der Höhenpunkt des Vergnügens ist es, zuzusehen, wie Kutschergäule vor dem lauten Auto zurückschrecken, und wir jubeln vor Freude, wenn der Kutscher, uns mit seiner Peitsche bedroht – aber seine Hand zu kurz ist, um uns zu schaden.

Aber leider erlaubt man uns in letzter Zeit nicht mehr, mit dem Wagen zur Beerdigung zu fahren, ob wegen der Ehre des Toten oder wegen der Gefahr, dass es zu einer Auseinandersetzung mit den Gojim kommt, die sich über unsere Freudenrufe ärgern könnten.

Jetzt sind wir also gezwungen, zu Fuß zur Grabsteinlegung auf dem Grab von Dr. Natan Eisenberg, der vor genau einem Jahr gestorben ist, zu gehen. Eigentlich pflegen nur Familienangehörige und nahe Freunde an einer solchen Zeremonie teilzunehmen, aber Dr. Eisenberg ist ein Sonderfall, und die ganze Gemeinde steht im Friedhof ihren Mann.

Dr. Eisenberg war ein Arzt für die ganze Gemeinde, für Säkulare und Orthodoxe, und sogar viele Gojim wandten sich wegen seines Wissens, seiner guten Laune und seiner bedingungslosen Treue an ihn. Er hatte keine Klinik: In der brennenden Sonne, in großer Kälte, im peitschenden Regen und im Schneesturm, an Wochentagen und Feiertagen, am Tage und in der Nacht – immer konnte man ihn sehen, wie er mutig auf seinem Fahrrad saß mit seiner Arztledertasche unter dem Arm. Klein und faltig war der Mann, und nur mit Mühe sah er durch seine Brille mit den dicken Linsen.

Seine Frau, Hermine aus dem Haus Brenkovics, einer Familie von Kohle- und Metallhändlern, führte im Hof ihres Hauses eine Fabrik für Sodawasser in Druckflaschen, die man immer wieder zurückgibt, damit sie erneut gefüllt werden können. Dieses Geschäft, das durch einen Arbeiter geführt wird, einem Goj, liefert der Familie Eisenberg mit ihrem Sohn und ihrer Tochter ein gutes Einkommen. So konnte der Doktor seiner Gewohnheit nachgehen, bei schwachen Familien kein Honorar für seine Behandlung und für die Medikamente zu fordern.

Tante Rozsika, die Schwester meiner Mutter und Freundin von Frau Hermine, fragte einmal den Doktor, warum er nur von den Reichen Honorar kassiert. Darauf antwortete er: »Wenn ich mich mit einem geringen Honorar begnügen würde, wird man an meiner fachlichen Qualifikation zweifeln und meine Ratschläge nicht befolgen. Statt den Kranken zu heilen, würde ich seiner Gesundheit schaden, und wenn ich viel Geld nähme, würden die Minderbemittelten zögern, mich zur Hilfe zu rufen, und wieder würde ich Schaden anrichten, und dabei habe ich doch einen Eid geleistet, den Kranken zu helfen.«

Eines Tages hatte einer meiner jüngeren Brüder hohes Fieber und sein Körper war über und über mit roten Flecken bedeckt (wie beneidete ich ihn, dass es ihm wieder gelungen war, die Aufmerksamkeit aller auf sich zu lenken). Dr. Eisenberg bewältigte mit seinem Fahrrad die Tücken unseres Hofes, kam mit seiner Tasche an, untersuchte ihn und stellte fest: »Scarlatina« – Scharlach!« Und dann kam es zu einem Zwiegespräch zwischen ihm und meiner Mutter:

1. »Ich schlage dir vor, Rivka, lege deine ganze Truppe zusammen, damit alle gleichzeitig krank werden – so wirst du es im Nu los.«
2. »Danke, Doktor, so werde ich es machen.«
3. »Ich habe hier in der Tasche zufällig ein Pulver. Gib ihnen zweimal täglich einen Löffel.«
4. »Danke, was bin ich dir schuldig, Doktor?«
5. »Diesmal werde ich kein Geld von dir nehmen.«
6. »Immer sagst du ›diesmal‹.«
7. »Immer habe ich das Vergnügen, deine süßen Kinderlein zu behandeln.«
8. »Bleib zumindest zum Mittagessen. Ich habe Paprikasch gemacht.«
9. »Gerne hätte ich deine von allen gerühmten Paprikasch probiert, aber ich muss mich beeilen, ich habe noch einige Hausbesuche heute.«

Und schon war er wieder auf dem Fahrrad, und langsam verschwand sein magerer Rücken hinter dem Staub der Straßen.

An einem Wintertag, genau vor einem Jahr, fand man seine einge-
schrumpfte Gestalt mit Schnee bedeckt. Seine Ledertasche und sein
Fahrrad lagen neben ihm.

Und jetzt steht sein Grabstein da aus weißem Marmor, sein Name
und der Tag seines Todes sind dort eingraviert und noch die Worte: »Sie
ließen mich Weinberge hüten; den eigenen Weinberg konnte ich nicht
hüten.«

Unruhen in der Welt

Zu der Zeit gab es keine Sicherheit für den,
der aus und ein ging; denn es war große Verwirrung bei allen,
die in diesen Ländern wohnten.
Denn ein Volk zerschlug das andere und eine Stadt die andere;
denn Gott erschreckte sie mit Ängsten aller Art.

2. Chronik 15: 5-6

Was für ein Vergnügen ist es, am Freitagabend nach Hause zu kommen! Der Unterricht in der Schule endet schon um zwei Uhr, man rennt gleich nach Hause, und es gibt keinen Cheder am Nachmittag. Man muss aber wissen, welche Straßen man auf dem Heimweg wählt, um nicht auf die nichtjüdischen Knaben zu treffen, die ihre Schulen um genau die gleiche Zeit verlassen und uns in der Überzahl auflauern, um uns ordentlich zu verprügeln.

1. »Glaubst du an Jesus Christus?«
2. »Nein!«
3. »Gibst du zu, dass ihr unseren gekreuzigten Herrn getötet habt?«
4. »Nein!«

Und dann kommen die Schläge.

An Ostern, Silvester oder an anderen Feiertagen fügten sie dem Anlass entsprechende Fragen hinzu, wie zum Beispiel: »Gibst du zu, dass ihr ein christliches Kind getötet habt, um sein Blut in eure Matzen zu mischen?«

Aber heute komme ich unbehelligt nach Hause, entledige mich meiner Tasche und laufe zum Rand des Hofes, wo die Eltern und drei meiner Brüder sind. Mutter – ihre Schönheit sieht man ihr trotz der acht Geburten noch an – sitzt und sortiert blutrote Kirschen, indem sie jede einzelne von ihnen öffnet, um zu sehen, ob darin Würmer sind, denn wenn sich später auch nur ein einziger Wurm im Gericht finden würde, dann ist alles treife,[44] und man darf es nicht essen. Verängstigt und erschrocken unterhält sie sich mit meinem Vater, der in der Nähe sitzt und seine festlichen Schuhe zum Schabbat putzt – da doch heute noch Freitag ist. Sie sprechen über den Krieg, der in Polen ausgebrochen ist, und von der Lektion, welche die Engländer dem Bösen bald erteilen würden. Mein Vater, der in meinen Augen immer groß und stark ist, spricht wie jemand, der sich mit dem Weltgeschehen auskennt und dessen Worte in den Gesprächen, die die Reichen in der Synagoge und in der Mikwe führen, gehört werden.

Was mich und meine jüngeren Brüder Naftali, Chajim und Ascher betrifft, wir erfreuen uns an den Düften der Speisen zum Schabbat, am Geruch der Schuhcreme und dem Gefühl der Freiheit in den Nachmittagsstunden, die sich bis zum Eintritt des Schabbat hinziehen, einfach nur herumlaufen zu dürfen, ohne Aufpasser und Verantwortung.

Und in der Mikwe sagten die Gemeindevorsteher: »Gott härtete das Herz des Pharaos, damit man ihn besiegt.«

»Ai, ai, ai … Die Engländer werden sie innerhalb weniger Tage ausradieren, nicht einmal Staub wird von ihnen übrigbleiben.«

Und zudem sagten sie: »Uns bleibt jedenfalls nichts anderes übrig, als uns auf Gott zu verlassen, er wird für uns kämpfen, und wir werden es mit eigenen Augen sehen.«

Gastfreundschaft

Und als er seine Augen aufhob und sah, siehe,
da standen drei Männer vor ihm. Und als er sie sah,
lief er ihnen entgegen von der Tür seines Zeltes und neigte
sich zur Erde und sprach: Herr, hab ich Gnade gefunden
vor deinen Augen, so geh nicht an deinem Knecht vorüber.

Genesis 18:2-3

In den letzten Tagen denke ich viel über das Problem der ›Gastfreundschaft‹ nach, die in meinen Augen die Ruhe unserer Familie stört. Es geht dabei nicht um die gewöhnliche Pflicht der Gastfreundschaft, deren Bedeutung, als Erbe unseres Stammvaters Abraham, jedem bekannt ist und als Pflicht, die man unbedingt einhalten muss (und tatsächlich bemüht man sich in unserer Gemeinde sehr, diese Pflicht zu erfüllen).

Oft trifft man in der Synagoge einen fremden Juden, der hier keine Verwandten hat und anlässlich seiner Geschäfte oder auch wegen einer anderen Sache hier stecken geblieben ist. Sofort streiten die Hausbesitzer, auf wen von ihnen die Ehre fallen wird, ihn als angesehenen Gast zu sich nach Hause einzuladen. Denn abgesehen vom Versprechen, den Lohn der guten Tat in der nächsten Welt zu erhalten, gibt es hier eine willkommene Gelegenheit, schon in dieser Welt von den versprochenen Früchten zu genießen, und zwar im Sinne des Geschriebenen: »Leg dein Brot auf die Wasserfläche, denn noch nach vielen Tagen wirst du es wiederfinden …«[45] Ja, wir leben mitten unter unserem Volk, und das Sprichwort sagt: »Nur Berge können sich nicht treffen« – und das ist gut so, und deshalb ist es gut, so viele Juden wie möglich kennenzulernen, denn man kann nicht ausschließen, dass daraus ein gutes Geschäft oder sogar eine gute zukünftige Ehe erwächst. Mehr als das noch kann ein solcher Jude eine neue Melodie für den Gesang am Schabbat mitbringen, uns mit Weisheiten über die Thora bereichern und vieles mehr. Auch die Hausfrauen können ihm gegenüber ihre Fertigkeiten demonstrieren und Komplimente für ihre Gerichte und die Führung ihres Haushalts einheimsen.

Unsere Gemeinde ist in der jüdischen Welt als eine wohlhabende bekannt und wegen der vielen Wohltaten berühmt. Kein Wunder also, dass wir oft Besuch von Gesandten aus dem Heiligen Land bekamen – berufsmäßige Sammler von Spenden für die in Palästina lebenden Juden –, die zu ihrem Lebensunterhalt etwas von den Spenden abbekommen, die sie einsammeln. Doch die Bedürfnisse des Volkes Israel sind vielfältig. Man muss reine Mikwen bauen, Talmudschulen errichten und unterhalten, auf die Reinheit der Synagogen und der Lehrhäuser achten, für Witwen und Waisen sorgen, die Bedürftigen kleiden, Lösegeld für ›Gefangene‹ bereitstellen, Häftlinge befreien, unschuldige Arme, Kranke und einsame Kinderlose unterstützen und mehr. Diese Gesandten von angesehenen Institutionen (auch wenn es unter ihnen einige fragwürdige Personen gibt) verdienen es, in jedes jüdische Haus in der Gemeinde aufgenommen zu werden.

All das ist richtig, wenn man von einem von uns spricht, das heißt, von jemandem, der gut erzogen ist, gute Manieren hat und seine Thora bei sich trägt. Aber leider wird die Zahl der Juden immer größer, die in ihrer Schwäche nicht durch Handel oder Handwerk für ihren Lebensunterhalt sorgen, sondern ihre Frauen und Kinder verlassen und von Stadt zu Stadt und Gemeinde zu Gemeinde wandern, um ihre Hand zum Sammeln von Almosen auszustrecken. Diese Juden sind in der Mehrzahl unangenehm, sie achten nicht auf ihre Kleidung und die Reinheit ihres Körpers, und sie führen vielfache und seltsame Klagen vor den Kindern (die Erwachsenen beachten sie nicht) über die Benachteiligung durch die Institutionen der Gemeinde, Richter, Schächter, Vollzieher der rituellen Beschneidung oder anderen. Um ihre Behauptungen zu beweisen, beginnen sie im Hof der Synagoge mit lautem Singen, indem sie Gesänge aus Gebeten der hohen Feiertage von sich geben, die sieben Glückwünsche bei Hochzeiten, den Segen für die Aufnahme eines Neugeborenen in den Bund des Stammvaters Abraham und diverse andere Schabbat- und Feiertagsgesänge zur Belustigung der

Kinder, bis die Synagogendiener, wie immer, sie zum Schweigen bringen. Es versteht sich von selbst, dass so seltsame Zeitgenossen nicht in die Wohnungen der Hausbesitzer eingeladen werden, und deshalb sorgt die Gemeinde für ein Gasthaus, für Verpflegung und einen Schlafplatz im Haus der alten Witwe Jeruscha Gross.

Diese Jeruscha, die als hartherzige Frau bekannt ist, achtet sehr auf die Hausordnung, schließt die Haustür um 23 Uhr und öffnet unter keinen Umständen vor sechs Uhr früh am anderen Morgen.

Einige dieser »Gäste«, die Nachtvergnügungen und Herumtreiben lieben, kommen in der Regel zu spät, aber bitten dann auch nicht mehr um Einlass, weil solche Versuche in der Vergangenheit alle fehlgeschlagen sind. Die Hartnäckigen unter ihnen hatten ein unangenehmes Erlebnis, weil die alte Witwe ohne vorherige Warnung den vollen Inhalt des Nachttopfs aus dem Fenster ihrer Wohnung auf sie entleerte.

Zu unserem Bedauern bemerkten diese ›professionellen Gäste‹, dass man bei unserem Haus, das neben dem Gasthaus gelegen war, leicht den trennenden Zaun überschreiten konnte. Deshalb fingen sie an, heftig an den Rollläden unseres Schlafzimmers zu rütteln und um Einlass in unseren Hof zu bitten, von wo aus sie in das Gasthaus gelangen konnten.

Die Sache mit diesen Gästen ist mit vielen Unannehmlichkeiten verbunden. Erstens reißt der heftige Lärm die ganze Familie aus dem Schlaf (die Kleinen erschrecken und verstecken sich in den Betten der Eltern), und zweitens muss Vater, um das Tor zu öffnen, sein warmes Bett verlassen und dicke Kleidung und Schuhe anziehen, um schließlich einen verhältnismäßig langen Weg beim Durchqueren des schlammigen oder schneebedeckten Hofes zurückzulegen. Aus diesen Gründen und um sie nicht daran zu gewöhnen, beschloss Vater, diese Leute nicht zu erhören. Aber die ›Gäste‹ geben nicht so leicht auf, im Gegenteil, sie verstärken ihre Bemühungen, indem sie verschiedene Tricks anwenden. Die meisten dieser ungebetenen Gäste, die verkannten Kantoren, fangen mit Gesängen aus ihrem Repertoire für die hohen Feiertage an. Einer von ihnen wählt aus den Werken für Neujahr und Versöhnungstag das Lied: ›Sein Name wird überall auf der Welt gehuldigt – und seine Heiligkeit wird verehrt‹ und ergänzt es mit den eigenen Worten »Denn der Herr soll gütig sein und vom Tor sein Schloss entfernen«, und danach folgen verschiedene Versionen des Gesangs und alles beginnt wieder von vorne.

Ein anderer ›Gast‹, der unter dem Namen Schloime Zalman Kukuriku bekannt wurde (und Tiere nachahmen konnte), sang seine Serenaden unter unserem Fenster und passte sie dem ›Schlussgebet‹ am Versöhnungstag mit einer herzzerreißenden Melodie an: »Öffne uns das Tor, wenn die Tore geschlossen werden, dass der Tag sich zu Ende neigt.« Ein dritter Gast war Akiva, der allein ein Purimspiel aufführte, eine lustige Szene, die er mit einem nervtötenden Trommeln auf den Brettern unserer Fensterläden begleitete. Und es gab noch viele andere – schlechtere und bessere.

Mutter drängte: »Geh schon, Itzchak, am Ende wirst du sie doch nicht draußen frieren lassen.« Und Vater schnauzte ärgerlich: »Das ist das letzte Mal, ich schwöre es.«

Und während ich jetzt noch damit beschäftigt bin, eine Lösung zu finden, die uns erlöst von diesen hauptberuflichen Gästen, ohne dass ihnen, Gott behüte, Schaden entstehen möge, da verkündet uns Mutter, dass wir bald in eine andere Wohnung umziehen werden: Sie ist zwar kleiner, sagt sie, liegt aber in einem Hinterhof und in einem sicheren Abstand zu diesem ›Gästehaus‹.

Der Rat der Gemeindevorsteher

Ein jeder hüte sich vor seinem Freunde und traue auch seinem
Bruder nicht; denn ein Bruder überlistet den andern,
und ein Freund verleumdet den andern. Ein Freund
täuscht den andern, sie reden kein wahres Wort.

Jeremia 9:3-4

»Sorgt euch nicht! Es ist doch klar, dass die Polen und Engländer keinen Krieg wollten. Sie konnten sich nicht vorstellen, dass der Böse, verflucht sei sein Name und sein Andenken, es tatsächlich wagen würde, einen Krieg zu eröffnen. Er hat Polen erobert, aber wartet und ihr werdet sehen, was jetzt passiert.«

David Schönwald steht im Zentrum des Kreises neben dem Heizofen in der Synagoge und um ihn herum die Mitglieder des Gemeinderats, die neugierig sind zu erfahren, was wird.

Dieser Schönwald hat keine Söhne, er ist ein wohlhabender Mann und der bedeutendste Abkömmling der großen Schönwald-Familie. Er zählt zwar nicht zu den Gebildetsten unter den Gemeindevorstehern, aber dennoch wird er als klug und besonders ehrenwert angesehen. Seine umfangreichen Geschäfte erlauben ihm zwar nicht, das Gemeindeoberhaupt zu sein, aber dennoch ist seine Meinung bei vielen Entscheidungen ausschlaggebend. Es versteht sich von selbst, dass man ihn mit dem Titel ›unser Lehrer‹« zur Thora ruft, wie alle Gelehrten der Gemeinde, obwohl man sich erzählt, dass sein Vater ihn zwar in eine Talmudschule geschickt hatte, David aber von dort immer wieder geflohen war. Ihm gegenüber steht Malchiel Eisner, der Federhändler, der erfahrener in den kleinen Buchstaben ist, aber dennoch nicht den Titel ›unser Lehrer‹ verdient, sondern nur ›Kamerad‹ genannt wird. Er trägt den unangenehmen Beinamen ›Eisner, der Pisser‹, da er während seiner Zeit in der Talmudschule noch gelegentlich das Bett nässte.

Im Gegensatz zu Eisner, der seine Beleidigung ergeben duldet, konnte sich der alte Rosenkranz, der Geflügelhändler, nicht damit abfinden, nur ›Kamerad‹ zu sein, da er seiner Meinung nach den Titel ›unser Lehrer‹ verdiente. Dies wurde bei ihm zum sprichwörtlichen ›Dibbuk‹[46], und die Spaßvögel der Gemeinde nutzten seine Schwäche und erniedrigten ihn bei jeder Gelegenheit, bis der Alte an einem Schabbat während des Vorlesens der Thora mit hoher Stimme auf Ungarisch schrie: »Ich werde euch meine Gelehrsamkeit beweisen, bringt mir im Namen des Gekreuzigten, der Jungfrau Maria und aller Heiligen die Gemara!« Dafür erhielt David Rosenkranz bis zum heutigen Tag die Bezeichnung ›der Gekreuzigte‹.

Überhaupt bekommt in unserer Gemeinde jeder einen Spitznamen, der ihn sein Leben lang begleitet und manchmal, den Umständen entsprechend, mit einem noch passenderen Namen ausgewechselt wird. Allerdings werden die Spitznamen der Reichen nur heimlich gesagt, um Gottes willen nicht in ihrer Nähe, aber bei den Armen und Mittellosen, auch wenn sie klug und gelehrt sind, werden die Spitznamen rücksichtslos in aller Öffentlichkeit genannt.

Wie ich schon sagte: Da steht also David Schönwald und referiert vor den besorgten Gemeindevorstehern, da die Feinde des jüdischen Volkes wieder ihr Haupt erheben und die Juden bedrängen. Eine ganze Gruppe von Lümmeln hat sich den ›Pfeilkreuzlern‹ angeschlossen, die immer stärker randalieren. Erst vor einer Woche stachen sie den Metzger Werner nieder, sodass er ins Krankenhaus gebracht werden musste, und in der Lutherstraße zertrümmerten sie mit Steinen alle Fensterscheiben der jüdischen Häuser. In der Dunkelheit aus dem Haus zu gehen wurde für die Juden tatsächlich gefährlich, sodass die Gemeindevorsteher, die einige Straßen entfernt von der Synagoge wohnten, gezwungen waren, an Schabbatabenden provisorische Gebetzeremonien in ihren Häusern zu veranstalten.

Der Vortrag Schönwalds hätte sich noch verlängert, wenn der Vorbeter nicht inzwischen sein Gebet beendet hätte. Jetzt kehrte jeder Gemeindevorsteher zu seinem Pult zurück, bedeckte seinen Kopf mit dem Gebetstuch und schloss sich dem Chor der Tausenden Juden an, die seinen Namen und den seines Messias ben David mit Gesängen priesen, ehrten und feierten.

Mit den Gojim

Und Gott schuf den Menschen zu seinem Bilde,
zum Bilde Gottes schuf er ihn ...

Genesis 1:27

Ich werde jetzt schlimme Geheimnisse verraten, und das sind meine freundschaftlichen Kontakte mit unbeschnittenen Erwachsenen und jungen Herumtreibern. Ich weiß, dass wir uns von ihnen abgrenzen sollen, aber die maßlose Neugierde, mit der ich gesegnet (oder gestraft) bin und über die ich aber keine Kontrolle habe, bringt mich zur Sünde und zu Konflikten mit meinen Eltern, Lehrern und den anderen Juden, die mit der Begründung, dass »alle Juden füreinander haften«, ihre Nase in Sachen stecken, die sie nichts angehen.

Nehmen wir mal die Werkstatt des Sattlers Elek Janos, deren Front an der Straßenecke ist, weshalb sich der Eingang teils zu unserer Straße, teils zur gegenüberliegenden Straße richtet.

Wie liebe ich es, diese Werkstatt zu besuchen, den Geruch des verarbeiteten Leders einzuatmen, die Haut verschiedener Tiere, in weichem und gehärtetem Zustand und mit ihren vielfältigen Farben!

Janos fertigt in seiner Werkstatt diverses Geschirr für Zugtiere, einfache und exklusive Sattel und eine ganze Palette von Gebrauchsgegenständen aus Leder.

Eine tiefe Freundschaft ist zwischen mir und diesem Janos (der mich ›Scholemku‹ nennt) entstanden. Er bringt mir die Geheimnisse seines Berufes und die Handhabung der verschiedenen Werkzeuge in seiner Werkstatt bei. Ferner lerne ich bei ihm, jedes noch so kleine Stückchen Lederabfall zu nutzen, das sonst für nichts mehr tauglich ist, und daraus einen erlesenen Schnürsenkel anzufertigen.

Janos gibt mir manchmal Lederabfälle, und dafür bringe ich ihm Glasscherben, mit denen er die Ränder der Produkte schleift. Die Schnürsenkel, die ich produziere, verkaufe ich für drei Groschen das Paar.

Bei einem meiner jüngsten Besuche wedelte Janos mit einer glänzenden, rosafarbenen Scheibe vor meinem Gesicht herum und befahl: »Jetzt iss die Speckscheibe von diesem Schwein!« Ich war sehr überrascht, und natürlich wehrte ich mich gegen die Sünde, aber er schob die Scheibe mit einer schnellen, gezielten Bewegung in meinen Mund. Sofort merkte ich, dass es sich um Marzipan handelte, das die Form eines Speckstreifens hatte. Wir beide lachten und versprachen uns gegenseitig, diese Angelegenheit streng geheim zu halten.

Ein ganz anderer Mensch ist Lajos, der Schmied, dessen Werkstatt sich direkt gegenüber unserem Haus befindet. Lajos ist düster und vermeidet Geschwätz. Er ist die ganze Zeit mit seiner Arbeit beschäftigt, sein Fuß drückt auf das Pedal des Blasebalgs, um die Kohle zum Glühen zu bringen, eine Hand schlägt heftig mit einem Hammer auf das glühende Eisen, und die andere Hand hält die Zange, die auch sein Werk ist, da »auch eine Zange von einer Zange gemacht ist«, prüft das Eisen und schlägt wieder und wieder, bis es die Form hat, die er sich wünscht, und dann verhärtet er es, indem er es gründlich in ein Becken voll Öl oder Wasser taucht.

Was produziert dieser Lajos nicht alles in seiner Schmiede! Zuerst macht er Hufeisen und befestigt sie, während sie noch glühen, an den Hufen der Pferde. Ein dichter Rauch steigt auf, und der Geruch von verbranntem Fleisch kriecht in unsere Nasen, aber das Pferd bewegt sich nicht von der Stelle. Ferner stellt Lajos Radfelgen her und befestigt sie an den Holzrädern der Wagen oder an Fässern, um ihre Wände zusammenzudrücken, da das Eisen schrumpft, wenn es erkaltet. Und schließlich macht er ›Menschalach‹ – kleine Menschenbilder aus Eisen, mit denen Rollläden an der Hauswand befestigt werden – Werkzeuge aller Art und noch vieles mehr.

Wie herrlich ist doch die Arbeit dieses Eisenschmiedes! Neue Geräte stellt er aus unbearbeitetem Material her, als würde er sie aus dem Nichts erschaffen. Wie angenehm ist der dumpfe Ton des Hammerschlags auf das glühende Eisen für das Ohr, so anders als der scharfe und zitternde Ton des Schlages auf den Amboss! Kein Wunder, dass ich manchmal meine schulischen Pflichten vergesse und sogar zu spät zum Mittagessen nach Hause komme, da ich stundenlang die Arbeit des Schmiedes beobachte. Lajos trinkt ab und zu von seiner Weinflasche. Er bietet mir einen Schluck an, aber ich verneine – wegen der Gefahr, dass der Wein womöglich für einen Götzendienst gebraucht wurde.

Einmal fragte ich ihn, warum er so traurig sei, und er antwortete: »Weil ich die Gizi liebe und sie mich nicht heiraten will.«

»Warum nicht?«

»Weil ich mich betrinke.«

»Warum trinkst du also?«

»Weil ich sie liebe und sie mich nicht heiraten will …«

Eines Tages, als ich zum Cheder ging, sah ich eine Menschenansammlung neben der Schmiede. Ich ging natürlich hin, und da lag ein Pferd mit geschwollenem Bauch. Man konnte sehen, dass das arme Tier litt. Der verwirrte Besitzer des Pferdes und all die Leute außen herum waren ratlos und verzweifelt, denn der Tierarzt war nicht zu erreichen.

Viele Versuche wurden gemacht, aber es half nichts, im Gegenteil, das Leiden des Pferdes wurde von Minute zu Minute schlimmer. Ein dicker Schneider stieg auf den Bauch des Pferdes und sprang dort vergeblich wie ein Wahnsinniger auf und ab.

Auch ich hatte Mitleid mit dem Pferd und sagte leise: »Vielleicht soll man einen Einlauf machen?« Die Anwesenden blickten sich gegenseitig staunend an, bis mein Freund Lajos sagte: »Man sollte es versuchen, denn sonst wird es uns sowieso verrecken.« Sofort brachte man eine Wasserpumpe von der nahen Feuerwehrstation, steckte das Ende des Schlauchs dorthin, wo es hingehörte, und siehe, Pressluft und andere Sachen spritzten mit Getöse aus dem Tier, und das prächtige Pferd stand auf, schüttelte sich gründlich, und die Menge johlte.

Der Bauer, der Besitzer des Pferdes, sah mich hasserfüllt an und sagte mit heiserer Stimme: »Seht mal diesen kleinen stinkenden Juden, der mehr Grips hat als wir alle zusammen.«

Lajos, der Schmied, nahm mich zur Seite und flüsterte mir zu: »Mach dir keine Sorgen, der Hass bringt ihn um seinen Verstand, aber wir lieben dich und sind stolz, deine Nachbarn zu sein.«

Ich habe viele weitere nichtjüdische Freunde, wie den Bäcker Stupp (dessen Tochter Marischka unehelich ein Kind bekam und die Leiche des Neugeborenen den Schweinen zum Fraß gab, offensichtlich ein Racheakt am

Vater des Kindes, der sie nicht heiraten wollte), Arno, den Schirmmacher, Miklosch, der die Wasserkanäle instand hält, und Gyula, den Teigmacher, dem die Frauen ihren Teig bringen, damit er daraus Nudeln, die man ›Lokschen‹ nennt, Teigflecken und Teigtaschen in allen eigenartigen Formen macht. Er erlaubt mir sogar, den Griff seines Wundergeräts zu drehen. Ich habe mich sogar mit den Schwestern Marton angefreundet, die Unterwäsche für Frauen nähen – und mit noch vielen weiteren guten Menschen.

Aber mein großes Geheimnis ist mein lieber, taubstummer Freund. Ich nannte ihn von Anfang an ›Scheigetzel‹ (›Scheigetz‹ ist ein herablassendes, jiddisches Wort für Nichtjuden), und vielleicht ist er gar nicht stumm, sondern hat nur nichts zu sagen.

Und das ist die Geschichte dieser Freundschaft: Eines Tages, als ich von der Schule auf krummen Wegen nach Hause ging, sah ich in der Ferne einen ›Scheigetz‹ in meinem Alter am Eingang zu seinem Hof sitzen, aber als ich mich näherte, flüchtete er erschrocken ins Innere des Hofes. Eines Tages verfolgte ich ihn heimlich und beobachtete sein komisches Benehmen: Sein Oberkörper bewegte sich ununterbrochen, sein Gesicht war eingefallen und sehr traurig, und Schaum tropfte ihm von seinen fleischigen Lippen. Kein Zweifel, der Junge war behindert, verlassen und einsam. Ich näherte mich ihm sehr langsam, und er rannte wieder ins Haus, aber schenkte mir vorher ein verkrampftes Lächeln und verschloss das Tor nicht hinter sich.

Zögernd folgte ich ihm in den Hof des Hauses, wo ich seinen Vater traf. Ich grüßte ihn höflich, aber er antwortete nur mit einem Kopfnicken, wunderte sich wohl: »Was macht ein gesunder jüdischer Junge mit meinem behinderten Sohn.« Seitdem kam ich alle zwei Tage zu Scheigetzel für ein, zwei Stunden, und wir tobten herum. Wir kletterten auf den Heuhaufen und sprangen hinunter, nagten an Mohrrüben aus dem mit Pferdeäpfeln bedeckten Beet, tranken warme Milch direkt aus den Eutern der Kühe, ritten auf alten Pferden ohne Sattel – bis uns die Luft ausging.

Vor ein paar Wochen wurde Scheigetzel krank, und sein Vater erlaubte mir nicht, ihn zu besuchen. Aber eines Tages zeigte er mit dem Finger zum Himmel, und ich verstand, dass Scheigetzel seine gequälte Seele dem Allmächtigen zurückgegeben hatte.

Ich war traurig, aber ich tröstete mich mit meinen Gedanken an die fröhlichen Stunden, die wir miteinander verbracht hatten.

Geld, Geld

Wer ist weise, dass er dies versteht, und klug,
dass er dies einsieht? Die Wege des HERRN sind richtig
und die Gerechten wandeln darauf; aber die Übertreter
kommen auf ihnen zu Fall.

Hosea 14:10

»Es ist klar, dass bei dir etwas nicht in Ordnung ist, denn Gott verweigert dir ein ehrbares Einkommen!« So greift Reb Natan Buksboim, der erfolgreiche Textilkaufmann, seinen Schwiegersohn Bezalel Reich vor allen Anwesenden in der Synagoge an, während gerade aus der Thora vorgelesen wird.

Früher lobten die Mitglieder der Gemeinde, und ganz besonders die Frauen, diesen Bezalel sehr. Er galt als angemessener Ehepartner für Dwoirele, die Tochter des reichen Buksboim. Der Bräutigam wurde sorgfältig aus einer riesigen Schar von Werbern ausgewählt, die aus allen Ecken des Landes zur Brautwerbung angereist kamen. Das ist auch kaum verwunderlich, weil Dwoirele eine ansehnliche Mitgift in die Ehe bringen sollte, die für die Gründung eines Geschäfts ausreicht, mit dem man die Familie ehrenvoll ernähren kann.

»Was für eine wunderbare Verbindung!«, sagten die Tanten, grün vor Eifersucht. »Es besteht kein Zweifel«, fuhren sie mit einem bitteren Lächeln fort, »dass Gott im Himmel die Ehen stiftet. Wenn Buksboim sein Wort hält, bringt die Braut zwar eine hübsche Mitgift in die Ehe, aber selber hübsch ist sie trotzdem nicht. Der Bräutigam auf der anderen Seite mag zwar ein ausgesprochen kluger Schriftgelehrter und Schüler einer berühmten Jeschiwa sein, aber seine Familie ist arm und ohne nennenswerten Stammbaum.«

Die Hochzeit wurde im großen Kreis mit viel Musik und Unterhaltungseinlagen gefeiert, und man erhoffte sich die Gründung einer guten jüdischen Familie im Volke Israel. Tatsächlich war anfangs alles so, wie es sein sollte. Dwoirele wurde sofort schwanger, und der junge Ehemann erwarb sich schnell einen guten Ruf in der Gemeinde. In der Synagoge sprach er kluge Worte über die Thora, und als sei das noch nicht genug, wurde Bezalel entgegen vielen Einwänden zum Vorbeter des Morgengebets an hohen Feiertagen gewählt. Die Gegensprecher waren hingegen der Meinung, dass ein so junger Mann nur das Abendgebet vorbeten sollte, da er nicht zu den Zeilen im Gebet ›Ich bin der Arme‹ passt: »Er ist heiratsfähig geworden, sein Bart ist gepflegt, seine Stimme ist angenehm, und er ist beliebt bei den Menschen.«

Auch bei den Frauen war er sehr beliebt, obwohl sie das natürlich nie vor ihren Ehemännern zugeben würden. So hörte ich Mutter hinter der Pagode ihren Freundinnen erzählen, dass »der Bursche ziemlich nett ist, und sehr schön beim Umzug mit den Thorarollen getanzt hat«. Bei dieser Gelegenheit war ich auch ein wenig enttäuscht, dass meine Mutter anderen Männern überhaupt Beachtung schenkt.

Aber im Laufe der Zeit stellte sich bei den Gesprächen der Gemeindevorsteher heraus, dass Bezalel als Geschäftsmann eine völlige Niete ist und die Mitgift, die wie üblich kleiner war als versprochen, bereits fast völlig ausgegeben hatte. Das ist auch der Grund für den Wutausbruch seines Schwiegervaters Reb Natan in der Synagoge.

Unser Onkel Aden, ein Fachmann für Mystik, erklärte uns die Hintergründe folgendermaßen: »Wir wissen, dass Gott, geheiligt werde sein Name, die Summe aller Ereignisse ist, und dass nichts ohne sein Zutun geschieht. Selbst das Gras im Felde würde nicht wachsen, wenn ihm nicht die Engel in Gottes Namen befehlen würden: ›Wachse! Wachse!‹«

»Uns ist außerdem bekannt«, fährt Onkel Aden fort, »dass Er, geheiligt werde sein Name, es mit den Guten gut und mit den Schlechten schlecht meint. Es ist also kein Wunder, dass die Mitglieder unserer heiligen Gemeinde alles unternehmen, um mit Ehre bedacht zu werden. Eine gute wirtschaftliche Lage ist daher ein Zeichen, dass man in den Augen Gottes und der Menschen hoch angesehen und beliebt ist. Auf der anderen Seite ist es klar, dass ein Jude, auch wenn er Tage und Nächte lernt, sich vom Respekt seiner Lehrer nichts kaufen kann. Das ist auch der Grund, warum eure Ehre nicht in den Seiten der Gemara gemessen wird, die ihr gelernt habt, sondern an dem Vermögen, das ihr in dieser Zeit anhäufen konntet.«

»Reb Natan war nicht etwa verärgert, weil sein Sohn schlechte Geschäfte macht«, sagt der Onkel, »sondern weil die Ursache seiner Verfehlungen in seinen Persönlichkeitsschwächen, seinen früheren Taten oder seinen Gedanken liegt. Und der Schöpfer unserer Welt, vor dem nichts verborgen ist, sieht seine Makel und bestimmt sein Schicksal.«

»Das ist auch der Grund«, fährt er weiter fort, »warum viele aus unserer Gemeinde krumme und listige Wege gehen, sich miteinander anfeinden und übel beschuldigen, selbst innerhalb der Familien. Sie wollen sich selbst und allen anderen beweisen, dass sie Gottes Lieblinge sind. Und dieser Fehlschluss zieht sich durch die Generationen, da die Söhne von ihren Vätern lernen.« Onkel Aden beendet seine Rede, wie üblich, mit einer Passage aus den Schriften, die er augenzwinkernd etwas auf das Thema münzt: »Geld, Geld sollst du nachjagen, damit du das Land in Besitz nehmen kannst, das der Herr dir gibt.«[47]

Der Vortrag meines Onkels erinnert mich an das, was Vater vor kurzem Mutter über den ehrbaren Geflügelhändler Mordechai Grünberg erzählt hatte: Dieser soll nämlich, immer bevor er sich Schlafen legt, seinem erstgeborenen Sohn Aaron mit einer vollen Geldbörse vor der Nase herumwedeln, um ihn zu ermutigen, sich einige Scheine in die eigene Tasche zu stecken. Damit will er den Jungen daran gewöhnen, sich Geld bei jeder Gelegenheit zu nehmen.

In einer solch materialistischen Umgebung ist es kein Wunder, dass es Fälle wie den von Elimelech Zimmering gab, der erst kürzlich Bar-Mizwa[48] wurde und die Schmuckstücke seiner Mutter stahl und verkaufte. Besonders dreist war aber der Bursche Marton, der Sohn des Metallhändlers Nandor Roth, der in einer Jom-Kippur-Nacht in das Lager seines Onkels einbrach und danach seine Beute in aller Öffentlichkeit verprasste. Denn was ist Geld schon wert, wenn die Leute nichts davon wissen? Er mietete sich eine Luxuskutsche und ließ sie Stunden auf ihn warten, während er sich am Fluss amüsierte. Dort wurde er gefasst und zu fünf Jahren Haft verurteilt.

Dennoch gibt es viele, die ihre Familie nur mühevoll ernähren können und sich ihr Brot im Schweiße ihres Angesichts verdienen müssen. Aber sie nehmen dieses Schicksal hingebungsvoll an im Wissen, dass der wahre Lohn für ihre Armut eines Tages kommen wird – wenn nicht hier, dann im Jenseits, in einer Welt, die nur gut ist.

Die Kinder solcher Familien, zu denen auch wir gehören, werden zu Hause nur selten verwöhnt, außer vielleicht an Feiertagen, wenn ein reicher Onkel zu Besuch kommt. Wenn wir Spielzeug oder irgendwelche Süßigkeiten haben wollen, dann müssen wir es von unserem eigenen Geld kaufen – aber wie kommt man zu Geld (ohne das Gesetz zu verletzen)? Meine Brüder und ich streunen oft durch die Gegend und nutzen jede Gelegenheit, uns einen Groschen zu verdienen.

Man weiß, dass ein gläubiger Jude von Schabbat zu Schabbat und von Feiertag zu Feiertag lebt. Gern ist er auch bereit, ein wenig Geld auszugeben, um die Gebote an diesen Tagen besser einhalten zu können. Aber gerade am Schabbat, dem wichtigsten Feiertag, da dieser den Bund zwischen Gott und dem Volk Israel symbolisiert, sind die Möglichkeiten zum Geldverdienen für uns junge Leute eher bescheiden. Nur die kleinen Zettel, auf denen der Vorsteher der Synagoge die Gemeinde über einige Gebräuche informiert und Sonderbotschaften verschickt, kann man für ein paar Münzen austragen. Es ist eine mühselige Arbeit, da man von Haustür zu Haustür durch die Stadt laufen muss und im Winter die Straßen obendrein noch voller Schnee sind. Eigentlich lohnt es sich kaum, aber wenigstens ist die Arbeit regelmäßig.

Aber am Purimfest, an dem Freude herrscht und die Leute frei von den Geboten des Schabbat sind, gibt es viele Gelegenheiten, sich etwas Taschengeld zu verdienen. Das feierliche Vorlesen des Buches Esther, in dem die Juden, wie es selten in ihrer Geschichte vorkommt, ihre Feinde besiegen, ist Balsam für die Seele. Man schenkt sich gegenseitig Gebäck, und die Frauen versuchen sich gegenseitig in der Pracht ihrer Leckerbissen zu übertrumpfen.

Es gibt nun zwei Möglichkeiten für einen cleveren Jungen, zu ein paar Groschen zu kommen. Die erste ist das Zustellen der kunstvollen, mit Süßigkeiten überladenen Geschenke, welche die Hausfrauen ihren Bekannten schicken. Auf die Servietten sind die Initialen der Köchin gestickt, und die besten Geschenkteller liefern noch für Monate Gesprächsstoff. Auch die Männer senden ihren Freunden, »die sie besonders ehren wollen«,[49] Aufmerksamkeiten wie teure Zigarren, Pfeifentabak, Feuerzeuge oder eine Kiste zur Aufbewahrung von Zigaretten. Ich konnte es kaum glauben, als man mir erzählte, dass der reiche Asriel Bergman ein Zigarettenpapier mit seinem Namen darauf bestellt und mit feinstem Virginia-Tabak gestopft hat, um diese extravaganten Glimmstängel an seine Freunde zu verschenken. Die wenigen Nichtraucher tauschten Dinge wie Bücher und Krawatten unter sich.

Diese Geschenke werden nun von uns Kindern ausgetragen. Ein kluger Junge wie ich lehnt aber das Bonbon, das man häufig als Belohnung bekommt, ab und weicht nicht, bevor man ihm nicht einige Münzen gegeben hat. Was soll ich denn mit einem Bonbon, wo ich doch schon von den Geschenken genascht habe?

Aber in dieser Zeit geschehen auch viele lustige Sachen: Vor einigen Jahren bat mich Mutter, ein besonders prächtiges Präsent an die Frau von Rosenkranz, dem Buchbinder, auszuliefern. Ich lieferte es in meiner Dummheit aber bei Tante Chaja, der Frau von Rosenkranz, dem Schrotthändler, ab, die seit Jahren zutiefst mit meiner Mutter zerstritten war. Sie freute sich sehr über die vermeintliche Versöhnungsgeste, gab mir eine ordentliche Handvoll Münzen, einen dicken Kuss und schickte ein noch größeres Geschenk an meine Mutter zurück. Mein kleines Versehen wurde zum Tagesgespräch: »Sieh mal einer an«, sagten die Tanten, »was die Rabbiner all die Jahre nicht erreicht haben, schafft dieser kleine Junge in ein paar Minuten!«

Die zweite und viel einträglichere Möglichkeit, sich während des Purimfestes etwas zu verdienen, liegt aber im Purimspiel. Damit sind nicht die Späße über die Gemeindevorsteher gemeint oder die lustigen Theaterstücke der Thoraschüler, sondern die Kinder, die verkleidet von Haus zu Haus gehen und den Leuten ein Lied vorsingen oder ein paar passende Sprüche aufsagen. Die Hausbesitzer und besonders ihre Ehefrauen kugeln sich vor Lachen wegen unseres kindlichen Charmes – und vor allem unseres schiefen Gesangs. Dafür bekommen wir, wie alle anderen Kinder, wieder einen kleinen Obolus.

In der Regel bringen wir die Geschenke vorbei, zeigen unser Purimspiel und verschwinden dann wieder schnell, bevor die Leute ihre Großzügigkeit wieder zurücknehmen können. Aber ich habe mir einen Trick überlegt: Zuerst übergebe ich die Päckchen, erhalte meinen Lohn und gehe. Nach wenigen Minuten kehre ich wieder zurück und singe dieses Mal mein Ständchen. Die Leute lachen aus vollem Halse und stecken mir ein zweites Mal etwas zu. Aber ich fürchte, dass die anderen Kinder sich noch vom letzten Jahr an diese Methode erinnern und sie auch benutzen wollen. Jetzt muss ich mir wieder etwas Neues überlegen, denn wie man auf Jiddisch sagt: »Zum ersten Mal ist es schön, zum zweiten Mal kann's noch gehn‹, aber zum dritten gibt's in die Zähn‹!«

Über das Pessachfest weiß eigentlich jeder Bescheid, so dass ich nur über die Tradition der ›Pflichtmatzen‹ und unsere Rolle bei ihrer Zubereitung berichten möchte. Diese werden für den Sedertisch der ersten beiden Nächte gebacken.[50] Man legt besondere Sorgfalt auf die Reinheit der Matzen, damit sie nicht nass oder, Gott behüte, säuerlich werden. Für ihre Zubereitung sind Fachkenntnisse nötig, und vor allem muss man schnell sein, damit das Brot zwischen Teig und Ofen nicht säuert.

Das Backen findet am Morgen vor dem Fest statt – man ist fröhlich, aufgeregt und singt Lieder bei der Arbeit. Wie viele Matzen die Familie braucht, bestimmt in der Regel ihr Oberhaupt, aber es gibt Umstände, die ihm die Wahl abnehmen können, allen voran die Schwäche der erstgeborenen Söhne, die an Pessach fasten. Manchmal stibitzen sich aber auch einige Väter vorab etwas, wenn sie anstatt ihrer minderjährigen Söhne fasten müssen.

An Pessach Matzen zu essen ist keine Pflicht, aber ein frommer Jude würde niemals auf diesen Brauch verzichten. Und hier kommen wir Kinder ins Spiel: Wir bereiten die Matzen auf Bestellung in Arbeitsteilung zu. Der eine knetet, der andere rollt, einer steht am Ofen und so weiter. Um die Mittagszeit, nach der Auslieferung, wird das gesammelte Geld zusammengeworfen und gleichmäßig unter allen Jungen verteilt.

In der Tat eine schöne Sitte, in der Sakrales und Säkulares miteinander vermischt sind – gute Taten für Gotteslohn und ertragreiche Taten für die eigene Tasche.

Das Laubhüttenfest ist eines der schönsten Feste des Jahres und bringt viele Möglichkeiten mit sich. Nicht einmal der Regen, der jedes Jahr in der Diaspora auf uns niedergeht, kann die Freude, die zu diesem Anlass herrscht, trüben. Anstatt aber über den Bau der Laubhütte, die Segnung der Palmenzweige oder den Umzug mit den Thorarollen zu sprechen, möchte ich lieber vom siebten und letzten Tag der Festwoche Chol Hamoed[51] erzählen, den man Hoschana Rabba nennt: An diesem besonderen Tag singt man allerlei Lieder und umrundet die Bühne in der Mitte der Synagoge sieben Mal mit einem Palmenzweig in der Hand, wohingegen man an Halbfeiertagen nur eine Runde dreht. Es gibt auch den Brauch, dass man gegen Ende des Frühgebetes fünf zusammengebundene Zweige einer Bachweide – keiner Trauerweide, Gott behüte –, die ›Scheines‹ genannt werden, nimmt und sie fest auf den Boden schlägt, bis alle Blätter von ihnen abgefallen sind.

Aber woher sollen so viele frische, makellose Weidenzweige kommen? Bachweiden wachsen doch an den Ufern des Flusses außerhalb der Stadt, und ihre Blätter oder sogar Zweige abzureißen ist gesetzlich verboten!

Deshalb erledigen wir, die großen Kinder, diese harte und schwierige Arbeit, um eine gute Tat zu vollbringen und etwas Geld zu verdienen. Doch vorher benötigt man eine schriftliche Genehmigung von der Stadt „»einmalig zum Zweck einer religiösen Zeremonie nicht mehr als zwei Körbe Weidenzweige ernten zu dürfen, die individuell nicht länger als 30 Zentimeter lang sind«. Es ist ein schlimmer Fehler, zu glauben, dass es einfach sei, zur Stadtverwaltung zu gehen, die Gebühr zu bezahlen und in absehbarer Zeit die Genehmigung ausgestellt zu bekommen. Wenn man sich etwas mit Bürokratie auskennt, weiß man doch, dass die Aufgabe von Beamten und staatlichen Institutionen hauptsächlich darin besteht, dem kleinen Mann das Leben so schwer wie möglich zu machen – insbesondere, wenn er ein Jude ist. Also müssen mein Bruder Avraham und ich den Antrag schon im August einreichen, werden aber direkt von einem Wachmann vertrieben, der unsere Kleidung für unangemessen hält. Also kommen wir nur kurze Zeit später in unserer Feiertagskleidung zurück, erhalten einen Fragebogen und den Verweis, in drei Tagen wiederzukommen. Als wir Haman dem Bösen[52] höflich erklären wollen, dass wir den Fragebogen auch an Ort und Stelle ausfüllen können, regt er sich fürchterlich auf, weil »die stinkenden Juden es wagen, mit ihm zu diskutieren«.

Ich habe zu wenig Platz, um alle üblen Bemerkungen und Boshaftigkeiten der Beamten aufzuzählen, aber eine ist mir besonders gut im Gedächtnis geblieben, nämlich das ständige Ziehen an unseren Schläfenlocken, um zu schauen, ob sie tatsächlich echt oder nur angeklebt sind.

Letztlich bekommen wir aber doch die Genehmigung und gehen früh am Halbfeiertag vor Hoschana Rabba zum Fluss. Wir haben Glück und ernten Körbe voller prächtiger Zweige. Wie wir mit unserer Ausbeute nach Hause fahren wollen, kommt ein dicker Polizist vorbei mit einem buschigen, geflochtenen Schnurrbart, federgeschmücktem Helm und einem böshaften, herrschaftlichen Grinsen. Er verlangt zu wissen, was wir hier tun, also reichen wir ihm etwas nervös unsere Erlaubnis. Aber er schaut sie gar nicht an, reißt sie in Stücke und stößt die Körbe samt ihrem Inhalt mit einem Tritt seines schweren Stiefels in den Fluss. Dann geht er wieder, mit Genugtuung auf seinem Gesicht.

Unter großer Gefahr gelingt es Avraham, einen der Körbe wieder aus dem Fluss zu fischen, während der andere immer weiter den Fluss hinuntertreibt. Sofort fangen wir wieder an, neue Zweige zu sammeln und sie mit unseren Hemden zusammenzubinden. Schließlich erreichen wir die Synagoge, durchnässt bis auf die Knochen, aber zufrieden und froh über unseren Erfolg. Es steht immerhin geschrieben: »Der Gerechte muss viel leiden, doch der Herr wird ihn allem entreißen. Er behütet all seine Glieder, nicht eines von ihnen wird zerbrochen.«[53]

Wie sehr sich die Leute am nächsten Tag, dem Hoschana Rabba, über unsere gute Tat freuen! Und auch hier gibt es wieder eine anständige Bezahlung für unsere Mühen, die wir uns nach der Untat des Polizisten auch redlich verdient haben.

Es gibt noch zahlreiche weitere Möglichkeiten, bei unseren Festen zu ein paar Münzen zu kommen. Man kann zum Beispiel dabei helfen, Bleikreisel zu gießen oder Hawdalakerzen[54] zu ziehen, aber bei diesen Dingen ist eine Handfertigkeit vonnöten, die nur wenige besitzen. Deshalb begnügen sich die Kinder meistens mit verschiedenen Botengängen, denn diese Beschäftigung ist nicht nur einfach, sondern im Überfluss vorhanden.

Aber manche Botengänge sind schwierig und erfordern Klugheit – und die sind mir am liebsten. Ich will mich an einen erinnern: Es ist 1941, und die Lebensmittelknappheit macht sich immer stärker bemerkbar. Aber unsere Stadt ist umgeben von fruchtbaren Feldern, die uns recht gut versorgen. Deshalb werden die landwirtschaftlichen Erzeugnisse unter Aufsicht der Behörden verteilt. Dennoch herrschen Mangel und Hunger in der Bevölkerung, sodass sich einige private Initiativen bilden, und hier kommen die Kinder ins Spiel: Sie transportieren allerlei Schmuggelware wie koscheres Gänsefleisch in Postpaketen durch die Stadt. Aber Vater hat recht, wenn er sagt, dass die Beamten zwar langsam und einfältig sind, wenn es um die Versorgung der Menschen geht, aber dafür umso cleverer und kreativer, wenn sie ihre Rechte einschränken können. Sie begrenzen nämlich bald das Gewicht der Nahrungsmittelpakete, die man an Familienangehörige schicken darf, auf zehn Kilo pro Monat. Nun ist es an uns, den älteren Jungs, weiterhin die Pakete zuzustellen, so als wären sie für unsere Familien bestimmt, obwohl uns die Postbeamten mit Fragebögen aus der Reserve locken wollen. Mit einem solchen Risiko ist natürlich immer ein guter Lohn verbunden.

Aber damit habe ich nun auch genug über unser Verhältnis zu Geld und unsere ständigen Bemühungen, uns ein paar Groschen zu verdienen, gesagt.

Das Zelt der Thora

Dies ist das Gesetz: Wenn ein Mensch in seinem Zelt stirbt,
soll jeder, der in das Zelt geht und wer im Zelt ist, unrein sein
sieben Tage. Auch jedes offene Gefäß, auf das kein Deckel
gebunden ist, wird unrein. Auch wer auf dem freien Feld
einen berührt, der mit dem Schwert erschlagen ist,
oder einen Gestorbenen oder eines Menschen Gebein
oder ein Grab anrührt, der ist unrein sieben Tage.

Numeri 19:14-16

Ich bin zweifellos verpflichtet, den Segensspruch nach der Rettung vor Gefahren aufzusagen, denn ich bin friedlich an meinem Ziel, der großen Talmudschule am Rand des Landes, angekommen.

Schon seit Monaten habe ich an nichts anderes gedacht als an diese Reise. So auch in meinem Traum vor einer Woche, als ich in meiner Wanderung wunderbare Berge durchquerte (und ich habe noch nie einen Berg oder einen Hügel gesehen). Mit großer Mühe bin ich auf den Gipfel gekrochen, stand dort auf einem Bein und fand keinen Halt für meinen zweiten Fuß. Doch da schwebte eine Wolke vorbei, an der ich mich festhielt.

Es war an den Tagen der Reisevorbereitung, als meine Mutter sagte: »Wenn der Zug in dem prächtigen Bahnhof der Großstadt angekommen ist, so etwa gegen acht Uhr abends, steigst du aus, nimmst den Koffer, gehst in den großen Saal, suchst jemanden mit jüdischem Aussehen und setzt dich neben ihn – vielleicht fährt er auch in Richtung der großen Bezirksstadt.«

Ja, eines meiner Probleme ist jetzt, dass ich bis heute noch nie die Grenzen unserer Stadt verlassen habe, es sei denn beim Streunen in den

Feldern an Lag baOmer,[55] was aber nicht zählt. Deshalb stehe ich dieser Reise ins Unbekannte ängstlich und erschrocken gegenüber, denn was, wenn ich einen verkehrten Zug besteige und dieser mich in die schwarzen Berge fährt? Und was, wenn irgendein Dieb mein weniges Geld nehmen würde, ohne welches ich verloren wäre? Wer weiß, welche Katastrophen auf diesem unbekannten Weg, der zwei Tage dauert, lauern. Und was, wenn der Koffer verloren geht oder gestohlen wird? Zwar ist er schon abgenutzt und hält nur dank der dicken Stricke, die um ihn herumgeschlungen sind, die Strapazen der Reise durch. Aber darin liegt auch ein Vorteil, sagt Mutter, denn allein schon wegen seines ärmlichen Aussehens wird keiner den Koffer klauen wollen. Aber ich befürchte, dass irgendein Goj zufällig auftauchen könnte, der zwischen den abgetragenen Sachen versteckte Besitztümer vermutet. Vielleicht denkt sich aber jeder: »Was gibt es schon in diesem armseligen Koffer?« Falsch, denn es gibt darin zwei schöne Hemden für den Schabbat; das eine ist aus glänzendem weißen Tuch, und auch das zweite ist besonders prächtig, denn sein Kragen ist speziell für meine Reise neu genäht worden. Außerdem stecken mein Anzug, der für meine Bar-Mizwa genäht wurde, und ein fast neuer Hut aus schwarzem Stoff mit breitem Rand in diesem Koffer. Und es gibt auch ein Weißbrot und ein Einmachglas und ein Säckchen mit besonders nahrhaften Keksen, gebacken mit Gänsefett. All das hat Mutter in den Koffer getan, ohne dass Vater es wusste, da das alles für ihn eine unnötige Verwöhnung ist.

Und das Wichtigste habe ich noch nicht erwähnt: In meinem Koffer liegt ein Paar ›Tefillin‹, Gebetsriemen, in einer schwarzen Ledertasche, ein wertvolles Erbstück meines Paten Reb Shalom Perla seligen Andenkens, nach dem ich benannt wurde. Und da ich meinen Paten erwähnt habe, so habe ich bei mir auch eine Taschenuhr mit Kette, die ihrem Besitzer alle Ehre macht. Und die Geschichte der Uhr hat wiederum mit Tante Fruma zu tun, der Witwe meines Paten, einer sehr frommen und rechtschaffenen Frau. Ihr Kopfhaar ist natürlich total geschoren, und Tante Fruma verdeckt ihren kahlen Kopf und ihre Stirn mit einem schwarzen Wolltuch (am Versöhnungstag ist es weiß). An Samstagen und den Feiertagen leistet sie sich einen Schleier aus schwarzer Seide vor ihren Augen. Alt wie Methusalem ist die Tante, die Haut ihres Gesichts ist voller tiefer Falten kreuz und quer, und der Flaum eines Schnurrbärtchens zeigt sich über ihrem zahnlosen Mund. In meiner Kindheit fürchtete ich mich vor dieser Tante, und sogar als ich älter war, vermied ich sie mit viel List, aber sie lauerte mir auf und hielt mich fest, und ich musste ihre raue Hand und ihr Gesicht küssen. Ferner war ich gezwungen, ihr zu versprechen, dass ich dem Andenken von Reb Shalom würdig sein, fleißig lernen und ein kluger und berühmter Talmudschüler werden würde. Nachdem ich als Lohn einen feuchten Kuss erhalten hatte, versprach die Tante erneut feierlich, dass, wenn ich mit der Hilfe Gottes zur Bar-Mizwa gelange, ich eine goldene Uhr und eine entsprechend passende Kette bekomme. Und tatsächlich bekam ich nach der Bar-Mizwa sowohl eine gebrauchte Uhr wie auch eine Kette, aber nicht aus Gold und auch nicht aus Silber.

Gegenüber der Tante, die ihr Versprechen in Sachen Gold nicht erfüllt hat, habe ich keine Ansprüche, und ich habe in meinem Herzen auch keinen Zorn, denn so ist es ja Brauch in unserer berühmten heiligen Gemeinde, dass Versprechungen eigentlich nicht gehalten werden. Freilich, einige Minuten nachdem mir das Schmuckstück vor der ganzen Gemeinde überreicht worden war, schlüpfte ich nach draußen, um zu prüfen, wie es funktioniert. Seitdem dient mir die Uhr nur als Schmuck, bis ich ihre geheimsten Geheimnisse erlerne und sie mit Gottes Hilfe – und wenn die Zeit gekommen ist – selber reparieren kann. Das ist die Geschichte der Uhr, die in meiner innersten Tasche versteckt ist.

Viele Sachen, zum Beispiel Schuhcreme und Bürste und ähnliches, hatte ich nicht dabei, da doch mein älterer Bruder Jeschajahu, den wir alle nur Schaje nannten, der schon 18 Jahre alt und ein so ausgezeichneter Schüler ist, dass er noch dieses Jahr die Lehrerlaubnis bekommen soll, schon seit Längerem in dieser Talmudschule ist. Er soll am Bahnhof des Städtchens auf mich warten und mich mit der Lokalbahn in das nahegelegene Dorf bringen, wo sich die große Talmudschule befindet.

Mein zweiter Bruder Avraham, der um zwei Jahre älter ist als ich und der weit und breit als Genie bekannt ist, lernt in einer anderen Talmudschule, da es doch üblich ist, dass man »nicht alle Eier in einen Korb legt«, »damit sie Unabhängigkeit schon im zarten Alter erwerben«. Schade, dass es so ist, denn gerade mit diesem Bruder verbindet mich ein festes Band der Liebe, und wir haben volles Verständnis füreinander.

Und nun sage ich vor zwei Tagen mit großer Inbrunst den Reisesegen, nehme Kleingeld für Bettler mit, denn wer Gutes tut, wird nicht geschädigt, und gehe zum Bahnhof, begleitet von meinen kleinen Brüdern und noch einem Dutzend Kleinkinder, die in angemessener Entfernung hinter uns herlaufen und mit ihren nackten Füßen Staubwolken aufsteigen lassen. Ich schreite kräftig voran mit meinen Schabbatkleidern wie ein Bräutigam bei seiner Hochzeit, freue mich wie ein Held, die Lehre der Thora und Gottesfurcht und überhaupt Frömmigkeit zu erwerben.

Wundersamerweise kam ich unbeschadet bis zur letzten Station vor dem Dorf, in dem sich die Talmudschule befindet, mit der Gewissheit, dass ab hier nun alles bestens gehen wird, da doch mein älterer Bruder mich erwartet, um mich nach einer kurzen Fahrt mit der Bezirksbahn zu meinem Ziel zu begleiten. Aber zu meinem Erstaunen fand ich meinen Bruder nirgendwo, und während ich ihn suchte, fuhr die Bahn los und war verschwunden.

Doch der Erhabene lässt den Tag vorübergehen und die Nacht kommen – und was mache ich in diesem fremden und dunklen Städtchen? Nun, ich verliere meine Sinne nicht, gehe, ohne zu zögern, auf den Eisenbahnschienen weiter um, Gott behüte, unterwegs nicht zu verirren. Und der Weg zieht sich hin, ich bin aber fröhlich und guten Mutes. Ich rezitiere laut Passagen aus der Thora, bis ich zum Abschnitt komme »An diesem Tag brachen alle Quellen der gewaltigen Urflut auf und die Schleusen des Himmels öffneten sich«,[56] und tatsächlich regnet es jetzt, es gibt keinen Schutz vor diesem Frühregen, der meinen schäbigen Koffer vollkommen durchnässt. Das Brot und die Kekse, die Mutter vorbereitet hat, werden zu Brei, mein Hut ist nicht mehr wiederzuerkennen, nur das Glasgefäß mit den Medikamenten und auch die Gebetsriemen kann ich retten, indem ich sie unter der Achselhöhle verstecke.

Und als ich, mit Schlamm und Morast bedeckt, in das dunkle Dorf komme und dort nur ein einziges Haus mit Kerzenlicht beleuchtet ist und ich Stimmen eines talmudischen Disputs vernehme, wusste ich, dass ich mein Ziel erreicht habe.

Mein älterer Bruder bemerkt mich, gleich als ich die Synagoge betrete, aber er erklärt mir nicht, warum er auf mich nicht wie vereinbart gewartet hat, und wie es bei ihm Sitte ist, hält er sich an das Redeverbot am Montag und Donnerstag, gibt mir nur einen Haufen Kerzen (Elektrizität gab es in diesem Dorf noch nicht), öffnet die Gemara und zeigt mir mit dem Finger die Stelle, die gerade dran ist, und ich singe mit lauter Stimme die Mischna.

Und als der Morgen in der dunklen und feuchten Mikwe kommt, stehe ich da mit offenem Mund und staune, die Blöße des Rebbe zu sehen, die nicht viel anders ist als die Blöße der Burschen in der Talmudschule und anderer gewöhnlicher Zeitgenossen.

Brot mit Salz

Ich komme in der Frühe und rufe um Hilfe;
auf dein Wort hoffe ich. Ich wache auf, wenn's noch Nacht ist,
nachzusinnen über dein Wort.

Psalmen 119:147-148

In der Tat waren die Worte meines Vaters richtig, der beim Abschied festgestellt hatte, dass der Rebbe in dieser Talmudschule besonders auf das Studium der zentralen Schriften achtet – im Unterschied zu allen chassidischen Talmudschulen, die sich sehr mit der Lehre des Chassidismus, den Taten der Gerechten und auch mit den geheimen Büchern, wie dem Zohar,[57] dem Sefer Jetzira[58] und dem Sefer haBahir[59] beschäftigen, bevor sie sich dem Talmud und den Erklärungen zuwenden. Das kommt fast schon einer Zurückweisung der Thora gleich.

Und tatsächlich beschäftigt man sich hier täglich mit dem Lernen des Talmuds, ohne Unterbrechung vom Sonnenaufgang bis tief in die Nacht, es sei denn, man macht Pausen für die Gebete, die zeremoniellen Pflichten und die persönlichen Bedürfnisse, und das alles so kurz wie möglich.

Obwohl ich mich beim Auswendiglernen der Gemara langweile, da wir uns nicht mit ihrem historischen Hintergrund befassen, tauche ich vollkommen ins Lernen und Auswendiglernen ein, um die Erwartungen meiner Eltern nicht zu enttäuschen und um nicht hinter den Erfolgen meiner älteren Brüder zurückzubleiben. Ein weiterer Grund für meinen Fleiß ist die Sitte des Rebben, mich während der wöchentlichen Prüfung, die im Beisein aller Burschen stattfindet, zu bitten, die richtigen Antworten auf Fragen zu geben, bei denen ältere Schüler gescheitert sind. Diese Gewohnheit versetzt mich in Angst, nicht wegen der Befürchtung zu versagen, sondern wegen der Gefahr, den Rebben in eine peinliche Lage zu bringen. Später wurde mir klar, dass der Rebbe kein Risiko eingeht und die Schüler mit Hilfe von ›Spitzeln‹ beobachtet, damit er weiß, wer lernt und wer faulenzt.

Mit dem Lernen komme ich also ziemlich gut zurecht, aber die bescheidene Hygiene und die Qualität der Nahrung stören mich gehörig und bereiten mir ziemlich viel Leid.

Die Talmudschule befindet sich in einem abgelegenen Dorf in einer ärmlichen landwirtschaftlichen Gegend, und so sind die Mehrheit der Bevölkerung und die Juden unter ihnen arm, zum Teil sogar elend. Es gibt keine zehn jüdische Familien im Dorf, und deren Hauptauskommen besteht darin, den Schülern der Talmudschule eine Schlafgelegenheit und verschiedene Dienstleistungen anzubieten. Die Mehrzahl der Burschen (etwa 120 Schüler) kommt von armen Familien, die sich nicht an der Deckung der Ausgaben beteiligen können. Die wenigen Eltern, die Mittel haben, und das Sammeln von Spenden, die spärlich aus verschiedenen Quellen kommen, ermöglichen nur schwerlich die Unterhaltung der Schule.

Die Zubereitung des Essens und alles andere wird vollständig von einer einzigen alten Jüdin übernommen, die sich zuweilen mit den Burschen behilft, die sich zufällig in der Nähe der Küche im Hof der Synagoge aufhalten. In der Küche gibt es keine Elektrizität, kein fließendes Wasser und keinen Abfluss. Auch fertige Produkte wie zum Beispiel Nudeln, von Federn gereinigtes Geflügel, Gemüse und Ähnliches gibt es nicht. Es ist kein Wunder, dass die armselige Nahrung an den Wochentagen nur einmal um die Mittagszeit gereicht wird in einem Teller mit viel Brot.

Das Frühstück bereiten die Jungs für sich selbst vor: Brot, bestrichen mit Sonnenblumenöl, belegt mit Scheiben von roten Zwiebeln oder Knoblauch. Das Abendbrot wird in Gemeinschaft gegessen und in einer feierlichen Zeremonie zubereitet:

1. Es werden so viele dünne rote Zwiebelscheiben und Knoblauch gereicht, wie es Anwesende gibt.
2. Zwiebel und Knoblauch werden reichlich gesalzen und einige Minuten zum Ziehen stehen gelassen (wenn der Hunger es erlaubt).
3. In der Zwischenzeit kann man sich die Hände waschen.

4. Dann kommt der Segen über das Brot.
5. Das überschüssige Salz wird aus den Zwiebeln gepresst.
6. Um den Geschmack zu verbessern, kann man reichlich schwarzen Pfeffer hinzufügen.
7. Dazu kommt viel Sonnenblumenöl, und alles wird kräftig gemischt.
8. Schließlich wird das Gericht in einem großen Topf in die Mitte des Tisches gestellt.

Die Jungs stehen darum herum, tauchen ihre Bissen in die Würztunke, jeder nach seinem Tempo, und lassen von Zeit zu Zeit genussvolle Seufzer von sich hören. Das Essen für den Schabbat ist natürlich schon am Vortag fertiggemacht worden und wird in der Hitze des Herdes warmgehalten. Das ist gut für den Tscholent,[58] aber nicht für die reine Hühnersuppe, in der das Hühnerfleisch sonst ganz dünn und krümelig wird, und es ist gut so, denn wie hätten wir sie sonst nur mit dem Löffel essen können, ohne Messer und Gabel. Es stehen auch gar keine Gläser auf dem Tisch, sodass die Jungs selber verstaubte Wasserflaschen für sich mitbringen müssen, mit denen sie aus den Brunnen geschöpft haben. Andere, die es sich leisten können, zwei Münzen auszugeben, bereiten sich ein kleines Festtagsvergnügen, indem sie Sodawasser zubereiten.

Eines der wichtigsten Gerichte ist der Kugel,[59] der bei den Schabbatmahlzeiten gereicht wird. Während der erregten und gefühlvollen Gesänge, die sozusagen die andere Welt ankündigen, wird am Tischende vor dem Rebben ein riesengroßes und schweres Tablett mit einem Kugel gestellt, der einen vielversprechenden paradiesischen Geruch verbreitet. Dieser Kugel wird unter den Burschen verteilt, aber nicht wie es am ›Tisch‹ (die Pflichtmahlzeit am Tisch eines chassidischen Rebben) üblich ist. Dort drückt sich die Gemeinde wild um den Rebben, und die Aggressivsten gewinnen und reißen die gesegneten Stücke aus seiner Hand. Hier wird das alles ordentlich gemacht. Der Rebbe zerteilt mit seinen Fingern ein Stück Kugel und reicht es dem Ältesten der Burschen neben sich, die Portionen werden von Hand zu Hand gereicht nach der Reihenordnung der Burschen und am Tisch nach ihrem Alter, sodass die Jüngeren, und ich unter ihnen, am Ende irgendetwas bekommen, das mindestens 20 Hände durchlaufen hat. Und dann musst du es schlingen wegen deines Hungers und wegen der höheren guten Eigenschaften, die in den Resten, die die Finger des Rebben berührt haben, verborgen sind.

Die Schlafordnung ist im Vergleich zur Verteilung des Kugel nicht so bequem und angenehm, weil alle Burschen sich in den wenigen jüdischen Häusern im Dorf drängen. Mein Bruder Schaje und ich wohnen im Haus der Fuhrmanns, wo in einem Zimmer 25 Burschen versammelt sind, zumeist zwei oder sogar drei in einem Bett. Auch mein Bruder und ich teilen uns das Bett. Ich weiß nicht, ob das Bettzeug ausgetauscht wird und wenn ja, dann zwischen den Feiertagen, also vor Ostern und Neujahr, wenn die Jungs auf Urlaub sind. Fließendes Wasser ist nicht vorhanden, und das wenige Brunnenwasser im Sommer reicht kaum fürs Händewaschen. Nicht einmal einen Eimer gibt es.

Kein Wunder also, dass das Innere des Schlafzimmers immer einen scharfen Geruch von Salben und Präparaten zur Behandlung von Krätze und anderer Krankheiten verbreitet.

Und schließlich muss ich noch über die ›reine Mikwe‹ sprechen, die die meisten Jungs jeden Morgen genießen. Auch die Frauen der Gemeinde tauchen am Abend und in den Stunden der Nacht, zum Schein der Kerzen, in dieser Mikwe, um sich von der Unreinheit ihrer Periode zu reinigen. Ich begnüge mich mit diesem Vergnügen in den Morgenstunden der Freitage, um mich pflichtgemäß für den Schabbat zu reinigen. Die Mikwe befindet sich in einem nicht allzu großen Raum mit einer Bank um die Wände und Haken für die Kleidung. Im Zentrum des Raums ist ein großer tiefer Schacht mit Kacheln bedeckt, und von hier führt eine spiralförmige, abgenutzte und schiefe Treppe zum Grundwasser am Boden, dessen Niveau sich je nach Jahreszeit ändert. Das Wasser der Mikwe ist am Freitag mit Hilfe eines ›Samowars‹ erwärmt (ein Eisenfass wird ins Wasser getaucht und durch eine obere Öffnung mit Holz befeuert). Das ist die Gelegenheit schlechthin für die Burschen, sich vom Schmutz der Wochentage zu befreien, und sei es nur ein wenig durch längeres Verweilen im Wasser, vorausgesetzt, es gelingt, den Ring der kräftigen Burschen zu durchdringen, die sich vor dem Samowar versammelt haben.

Pogrome

Und denen, die von euch übrigbleiben, will ich ein feiges Herz
machen in ihrer Feinde Land, dass sie ein raschelndes Blatt
soll jagen, und sie sollen davor fliehen, als jagte sie ein Schwert,
und fallen, wo sie doch niemand jagt.

Levitikus 26:36

Der Krieg dauert an, die Bösewichte überfallen Russland, auch Frankreich fällt wie ein Kartenhaus in sich zusammen, und die Erlösung, was wird mit ihr sein?

Jetzt, wo die Not sich so vermehrt und verstärkt hat, kann Schlimmeres nicht mehr passieren. Der gütige Vater wird seinem Volk einen Augenblick den Rücken kehren, um sie zu erschrecken, damit sie besser werden, und dann wird er zu ihnen zurückkehren und sie tausendfach für ihr Leid entschädigen. Nimmt als Beispiel die Familie Kirschner. Eines Tages nimmt man sie, Eltern und neun Kinder, ohne jede vorherige Warnung, packt einen Koffer für jeden, bringt sie alle an die polnische Grenze und lässt sie laufen. All das, weil sie keine Staatsbürgerschaft haben. Um Gottes willen, was soll mit ihnen geschehen? Sie werden doch einer nach dem anderen erfrieren – vor den Augen der Eltern. Was sollen sie anziehen, was werden sie essen, wo werden sie wohnen?

Und so etwas passiert täglich, es streunen Burschen und sogar erwachsene Juden durch die Gegend, deren Papiere nicht in Ordnung sind (weil ihre Staatsbürgerschaft nicht geregelt ist), verstecken sich wie gejagte Tiere, sind ängstlich bei Ausgangssperren oder einem zufälligen Treffen mit einem Polizisten, und dann werden sie in ein Land gebracht, aus dem noch kein Mensch zurückkam. Auch unsere Ausweise sind nicht koscher, und wer besonders pingelig ist, wird auch an ihnen etwas finden, aber Gott sei Dank hatten wir bis jetzt Glück, und so soll es bleiben, so Gott es will.

Es gibt keinen Tag ohne Pogrome. Hier ist eines Tages Folgendes passiert, als die Burschen sich im Hof der Talmudschule versammelt haben. Es war ein Donnerstag, es gibt keinen Tag, der anstrengender ist als dieser. Ein Teil der Burschen hat schon die Seiten der Gemara auswendig gelernt, die Kapitel ›Orach Chajim‹ und ›Jore Dea‹ gelesen und in den Büchern der Ethik geblättert, und jetzt müssen sie nur noch den Wochenabschnitt durchgehen, zwei davon sind im Original und einer ist eine Übersetzung (jeder Satz wird zweimal in der Originalsprache und einmal im Aramäischen gesagt).

Wie gesagt, alle Schüler versammelten sich im Hof der Talmudschule (da es ein heißer Sommertag war), und da kommt plötzlich ein Goj in Armeeuniform, und in seiner Hand hält er einen großen Band von Maimonides,[62] vielleicht *Führer der Unschlüssigen*[63] oder *Mischne Thora*.[64] Der Scheigetz war betrunken, er konnte kaum auf seinen Beinen stehen und erzählte, das er von der ukrainischen Front kommt und mit sich dieses Buch gebracht habe. Er müsse sofort den Rebben sehen, damit dieser ihm das Buch abkaufe.

Sofort entstand eine große Unruhe unter den Schülern, und sie begannen zu beraten, was sie tun sollen. Es war klar, dass man den Rebben nicht stören, ihn nicht in seinem Zimmer aufsuchen und der Gefahr aussetzen darf, die im Zusammentreffen mit dem betrunkenen Goj steckt. Also sollte einer der älteren Schüler die Rolle des Rebben übernehmen. Aber was sollte er dem Goj sagen? Wenn man Geld für das Buch zahlen würde, um es aus den Händen dieses Gojs zu erlösen und um ihn zufriedenzustellen, würde ihn das wohl ermuntern, weitere solcher Bücher zu ›besorgen‹ und sie zu verkaufen, und wer weiß schon, wie dieses Buch in seine Hände geraten ist? Vielleicht hat er es gestohlen, vielleicht hat er es im Nachlass von Ermordeten gefunden, und vielleicht hat er sogar irgendeinen Juden dafür ermordet? Andererseits, wenn sie sich weigern, ihm das Buch abzukaufen, könnte er dieses heilige Buch entweihen und seine Wut an den Schülern der Talmudschule auslassen.

Aber die Geduld des betrunkenen Scheigetz war sowieso zu Ende. Er zog sein Bajonett und schwenkte beim Wanken von einer Seite zur anderen die scharfe Klinge vor unserer Nase hin und her. Es entstand sofort eine Panik, und die Schüler zerstreuten sich in jede Richtung zwischen den Häusern des Dorfes, während der Rebbe und seine Familie in ihrer Wohnung im Hof der Synagoge eingeschlossen blieben. All das hätte nun mit einem Unglück enden können, aber es geschah ein Wunder, und der Goj beruhigte sich, warf das Buch von sich und verließ den Ort mit stumpfem Gelächter.

Es verging eine lange Zeit, bis die Burschen aus ihren Verstecken herauskamen und still und leise zu ihrem Studium zurückkehrten. Nur der schwachsinnige Joseph Schaul murmelte ununterbrochen einen Gesang aus der Liturgie: »In das Herz derer, die von euch überleben, bringe ich Angst in den Ländern ihrer Feinde; das bloße Rascheln verwelkter Blätter jagt sie auf und sie fliehen, wie man vor dem Schwert flieht, sie fallen, ohne dass jemand sie verfolgt.«[65]

Und bei der Mahlzeit sagten die Burschen: »Jecheskehl, der Synagogendiener, hat in seiner Jugend den Samowar allein aus den Tiefen der Mikwe heraufgebracht, ohne das Feuer zu löschen.«

Und zudem sagten sie: »Es steht in der Thora geschrieben ›Die Stimme ist zwar Jakobs Stimme, die Hände aber sind Esaus Hände.‹ Das bedeutet, dass der Goj die Kraft seiner Arme benutzen muss, der Jude dagegen seine Stimme und seinen Verstand.«

Und diejenigen, die für ihre Treue bekannt sind, sagten:

»Morgen werden wir, so Gott will, einen Sack über Weisskopfs Haupt ziehen, der es wagt, aus der Schlachtung der Chassidim zu essen, obwohl der Rebbe es verboten hat.« Aber diese Pläne und auch andere sind nicht verwirklicht worden. Wie sagt man doch so schön: »Viele Pläne fasst das Herz des Menschen, doch nur der Beschluss des Herrn hat Bestand.« Auf Befehl der Ortsverwaltung wurde dann aber die Talmudschule geschlossen und alle Schüler nach Hause geschickt.

Und ich kehre innerhalb von ein, zwei Tagen nach Hause zurück, als ob nichts passiert wäre, spiele mit meinen Freunden im Hof unseres Hauses und streune in der Stadt herum, um zu sehen, was in meiner Abwesenheit passiert ist.

Unter Nichtjuden

Der Herr richtet die Elenden und stößt die Frevler zu Boden.
Er hat keine Freude an der Stärke des Rosses noch Gefallen
an den Schenkeln des Mannes. Der Herr hat Gefallen
an denen, die ihn fürchten, die auf seine Güte hoffen.

Psalmen 147:6-11

»Es gibt nichts Schlechtes, aus dem nicht auch Gutes erwächst«, so sagte Mutter im Namen ihrer Mutter und damit rechtfertigte sie das alte Sprichwort: »Vom Starken kommt Süßes«.[66] Und meine Mutter hat tatsächlich recht, denn eigentlich haben die Nichtjuden uns aus ihrer Mitte entfernt, und so blieben wir unter uns. Man nehme zum Beispiel den Militärdienst, den jeder Bürger, ob Goj oder Jude, leisten muss. Aber wie schrecklich ist dieses Gesetz und was wird ein koscherer Jude nicht alles tun, um sich davon zu befreien. Ich spreche nicht von einem reformierten Juden, der zum Dienst eilt, um seine Heimatliebe zu demonstrieren, er wird es sogar zu einem Offiziersgrad bringen. Das trifft aber nicht auf einen echten Juden zu. Was soll er drei Jahre unter den Gojim machen, weit weg von seiner Gemeinde und seiner Familie? Wie soll er die Gebetsriemen anlegen, wie soll er auf koscheres Essen achten, wie soll er sich verhalten, um den Schabbat nicht zu entheiligen und überhaupt: Wie soll er all die Gebote und Verbote einhalten? Er kann sich nicht einmal einen Bart und Schläfenlocken wachsen lassen. Und wie soll er leben unter all den Nichtjuden? Sie werden ihn doch belästigen bis zum Tod oder noch schlimmer als das, bis er, Gott behüte, wie einer von ihnen wird. Nehmt zum Beispiel meinen Neffen Feiwisch. Dieser Feiwisch, ein junger Mann mit allen Vorzügen, lernt die Thora Tag und Nacht und bemüht sich, die Gebote zu erfüllen, die leichten wie die

strengen. Er ist ein feiner Mensch, bescheiden, und wenn er auf der Straße geht, natürlich in guter Absicht, verdeckt er sein Gesicht mit seinem breiten Hut, senkt seinen Kopf und blickt verlegen auf die Erde, weil er irgendeinem Weib begegnen und unreine Gedanken bekommen könnte.

Dieser Feiwisch, der keinen Vater hatte, konnte nicht die Summe erbringen, die notwendig ist, um sich vom Dienst zu befreien, und wurde so zur Musterung bestellt. Vergeblich versuchten meine Mutter und mein Vater, ihn zu belehren und zu überzeugen, und auch die Rabbiner strengten sich an, ihn von seiner Absicht abzubringen, zur Musterung mit seinem Bart und den Schläfenlocken zu gehen, und von seinem festen Vorsatz, dass man ihn nur mit Gewalt beim Militär daran hindern könne, alle Gebote und Verbote der Thora zu befolgen. Und tatsächlich steht Feiwisch zu seinem Wort, meldet sich, wird zur Kavallerie geschickt und in eine Kaserne in unserer Stadt verlegt – und sofort beginnen seine unendlichen Leiden. Sein prächtiger Bart und seine Schläfenlocken werden abgeschnitten, und jeder, der eine Hand und einen Fuß hat, misshandelt ihn nach Herzenslust. Alle nichtjüdischen Soldaten der Kompanie wetteifern untereinander mit ihren böswilligen Erfindungen, um ihn zu erniedrigen, zu demütigen und seine Qualen zu vermehren. So wurde er zu Spott und Hohn, zu Schimpf und Gelächter. Feiwisch ertrug seine Qualen mit Hingabe, als ob das alles ihn überhaupt nichts anginge. Als man ihn bei den wenigen Gelegenheiten anlässlich seines kurzen Urlaubs fragte, wie es ihm geht, antwortete er – mit frischen Wunden von Hieben im Gesicht – beschämt und ruhig: »Gott sei Dank gut« und wiederholte sich etwas bestrebter: »Gut, Gott sei Dank«. Das alles dauert einige Monate, bis Feiwisch abgehärtet ist, sein Gesicht wird dunkel von der brennenden Sonne und den starken Winden, seine Muskeln werden kräftiger, sein Rücken gerader, und die Nichtjuden nehmen ihn, wie er ist, und lassen ihn in Ruhe. Im Gegenteil sogar: Da es ihm erlaubt ist, koscheres Essen zu essen, das ihm von der jüdischen Gemeinde gebracht wird, streiten sich die Soldaten darum, eine Portion Gulasch von ihm zu bekommen.

Jetzt, da der offizielle Befehl erteilt wurde, die Juden im Rahmen des Militärs in getrennten Einheiten für den Arbeitsdienst zu mobilisieren, denken wir, dass wir diese Plage ein für alle Mal los sind.

Die Befreiung der Juden von der kämpfenden Armee wird begleitet von einer giftigen Propaganda der Diffamierung der Juden als Parasiten, die auf Kosten der Allgemeinheit leben. Sie werden gezeigt als Blutsauger und Ausbeuter, die sich zusammengetan und einen weltweiten Bund gegründet haben, um die Nichtjuden zu versklaven.

Sofort tauchten auch Lieder und Melodien auf, die in einer Hohnsprache und lustigen Csárdás-Melodien von jedermann gesungen werden, wie:

Egy rabbi, két rabbi
Megdöglött a főrabbi
Bátorság! Éljen Szálasi
Éljen a Szálasi meg a Hitler
Mert a zsidót üti bikacsökkel

Was übersetzt so viel bedeutet wie:

Ein Rabbi, zwei Rabbis,
Der wichtigste Rabbi ist tot,
Tapferkeit! Lang lebe Szálasi,
lang leben Szálasi und Hitler,
Weil sie die Juden mit einer Keule zerschlagen!

Diese Lieder, auch wenn sie eindeutig und bedrohend sind, stören uns nicht besonders, wir sind daran seit Generationen gewöhnt, auch wir haben unsere Lieder. Dieser Tage hat sich sogar ein Jude in unser Schtetl verirrt und wurde in der Synagoge darum gebeten, bei der dritten Mahlzeit am Samstag zu singen. Der Mann sagte zu und teilte mit, dass er das Lied ›Ruhe, Freude und Licht den Juden‹ singen würde, aber in einer neuen, ganz aktuellen Version.

Dieser Jude veränderte die Worte des Liedes so, dass sie die Leiden beschreiben, die das jüdische Volk in allen Generationen erlitten hat, und die Rettung durch Gott, die die Absicht der Bösen vereitelt. Das Lied machte enormen Eindruck auf die Gemeinde, und auch ich war sehr ergriffen. Wegen seiner Länge werde ich hier nur den Schluss bringen, und zwar im jiddischen Original:

Oi menuche *(Ruhe)* oi wesimche (*Freude*) oir (*Licht*) lajehudim (*den Juden*)
Haman is gewain
A hund mit scharfe zain
Beißen hat er uns gewollt amal
Aber a ness (*Wunder*) is geschehn
Geworren is er allein
A kapare *(Sühne)* fir dein volk Israel
Dann homir gehabt a menuche
Un oich a groiße simche
Oi menuche, oi wesimche oir lajehudim.

Aber der Haman fin hait
Oi is er a groißer hind
Und hargenen (*töten*) will er sofort
Groißer Gott sug schon a wort
Wie lang geht das noch aport
Schick uns schon a geula (*Erlösung*)
Mit deinem mächtigen koich (*Kraft*)
Lichwod (*zu Ehren*) shabbat unser malka *(Königin)*
Dann wollen wir haben a menuche
Dann wollen wir haben oi hasimche
Oi menuche, oi wesimche oir lajehudim.

מכסה פניו בכובעו

Dieses Pessachfest

*Denn es war kein Pessach so gehalten wie dieses von der Richter
Zeit an, die Israel gerichtet haben, und in allen Zeiten
der Könige von Israel und der Könige von Juda.*

2. Könige 23:22

Es gibt für die Juden kein gefühlvolleres Fest als Pessach. Schon Anfang des
Monats Adar fängt man mit den Vorbereitungen an, und alle Gedanken,
der ganze Wille und alle Tätigkeiten sind mit immer stärkerer Kraft auf das
Pessachfest gerichtet und auf seinen Höhepunkt, den Sederabend.[67]

Die Vorbereitung der Verpflegung für das Fest, wie Matzen, Weine
und alle kosheren Lebensmittel; das Abstauben des speziellen Geschirrs
vom Dachboden; das Reinigen des ganzen Hauses wegen der Ausrodung
des Chametz; das Heraustragen aller Bücher in den Hof, damit der
Wind die Seiten blättert, falls ein Körnchen Chamez darin steckenge-
blieben ist; das Auswechseln der Bettwäsche und des Strohs in den Matratzen; die Vorbereitung von neuen Kleidungsstücken für alle Familienmitglieder; und das Backen der Pflichtmatzen, die man in der Zeremonie
am Sederabend benutzt – all das ist nur ein Teil der Sachen, die die Atmosphäre in einem jüdischen Haus erzittern lässt.

Und am ersten Sederabend, nach dem Abendgebet mit einer ›durch-
wachten Nacht‹ und dem Trillern des Segenspruchs, und an dem ge-
deckten Tisch mit dem tiefen Teller, dem Wein und den bunten Gläsern, die in ihrer Größe dem Alter der Kinder angepasst sind, und den
Haggada-Büchern,[68] die Weinflecken haben und Erinnerung tragen aus
früheren Jahren – da kann man sich nicht mehr wünschen, und das
Herz ist bis oben hin voll wie dieses Segensglas, das keinen Fehler hat
und in dem die Lichter der Kerzen tanzen.

Auch diesmal wurden alle üblichen Vorbereitungen des Festes durchgeführt, aber die Stimmung war vollkommen anders. In den meisten Häusern der Stadt findet der Sederabend ohne das Familienoberhaupt statt, das schon längst zum Arbeitsdienst eingezogen wurde. Teilweise sind sie schon in den Minenfeldern der ukrainischen Steppen gefallen. Viele von ihnen verloren ihr Leben unter schwierigen Bedingungen, in Kälte, Hunger und durch Epidemien, und von anderen gibt es keine Nachricht.

Unser Vater wurde immer noch nicht genommen, aber wir alle wissen, dass dieser Tag immer näher rückt.

Wie gesagt, alles wurde vorbereitet, aber der Sederabend wurde nur im Schein von Kerzenlicht gefeiert, aus Angst, die Gojim würden behaupten, dass die Juden in der Dunkelheit den Flugzeugen des Feindes Zeichen geben. Mein Vater bemüht sich, die Zeremonie zu leiten, als ob alles normal wäre, aber Mutter hört nicht auf, leise zu weinen. Von Zeit zu Zeit unterbricht Vater das Vorlesen der Haggada und versucht, Mutter zu beruhigen, aber sie weint nur noch mehr.

Am nächsten Tag, nach dem Gebet, als wir die Synagoge verlassen, steht dort ein Jude, der nicht zur Gemeinde gehört und wartet, dass man ihn in eines der Häuser einlädt. An normalen Tagen wird ein solcher Gast sofort freudig in eines der reichen Häuser eingeladen, da dies doch eine doppelte und dreifache Gunst ist, und nicht selten streiten sich die Hausbesitzer über die Gunst, einen solchen Juden einzuladen. Aber heute ist es für einen Gastgeber und seine Familie gefährlich, einen solchen Juden zu beherbergen, dessen Papiere womöglich nicht in Ordnung sind, und die Mitglieder der Gemeinde müssen insgeheim für deren Verpflegung sorgen.

Diesen Mann, der offenbar unkundig war, bittet meinen Vater, uns zum Festmahl zu begleiten. Aber wie seltsam ist der Jude! Zunächst fehlt ihm die Nase und stattdessen ist nur ein kleiner Vorsprung nahe den Augen sichtbar und darunter lange rosafarbene Naselöcher. Seine Kleider sind abgerissen, zu groß und darüber hinaus keine Festkleidung. Seine Hände stecken tief in seinen Taschen, um die Verbände zu verstecken, die eine Verwundung bedecken.

Wir Kinder wurden gebeten, ihn nicht mit Fragen zu belästigen, aber wir erfuhren aus seinem Munde, dass er aus Lemberg kommt. Er sprach

abseits mit Vater, damit die Kinder nichts hörten, und dennoch haben wir verstanden, dass er von den Pogromen erzählt, denen die Juden in Polen ausgesetzt waren. Wir sahen, wie erstaunt und entsetzt Vater war, und erschraken.

Und während des Gebetes dann hörten wir:

»Laban, der Aramäer, und Pharao aus Ägypten sind nichts im Vergleich zu diesem Bösewicht.«

Und wir hörten auch:

»Es wurde ein Stückchen Chametz im Hof der Synagoge gefunden, und das ist ein sicheres Zeichen für eine Katastrophe, die bald kommen wird.«

Ghetto

Gestern habe ich wirklich gefeiert, wie es geschrieben steht: Es gibt kein größeres Vergnügen, als auf einem Fahrrad zu sitzen und in einer wahnsinnigen Geschwindigkeit auf dem schmalen Weg zwischen dem Bürgersteig und der Straße zu fahren. Ein solches Vergnügen hat man nicht oft, da nur die Reichen sich ein Fahrrad leisten können. Die Kinder schieben zuweilen ein solches Fahrrad während des Achtzehnbittengebets, bei dem man sich nicht rühren darf, vom Hof der Synagoge, damit der Besitzer ihnen nicht hinterherrennen kann. Aber dieses Mal gibt mir Dov Setzer, der Alteisenhändler, höchstpersönlich sein Fahrrad, weil alle Juden aufgefordert wurden, zugunsten der Stadtverwaltung verschiedene Gegenstände und darunter auch Fahrräder abzugeben. So komme ich dazu, den ganzen Tag mit dem Fahrrad zu fahren, bis ich es in den Nachmittagsstunden bei der Stadtverwaltung abgebe.

Unmittelbar danach wurde Vater aufgefordert, seinen Arbeitsdienst aufzunehmen, und den ältesten meiner Brüder hat es ebenso getroffen.

Und dann verbreitete sich das Gerücht, dass man vorhat, alle Juden – Alte, Frauen, Kinder – in entfernte Lager zu verlegen, es sei denn, sie würden freiwillig zur Arbeit aufs Land gehen. Sofort wurde bekannt, dass man sich im Hof der Schule für landwirtschaftliche Arbeit eintragen kann und dass sich dort eine lange Reihe von Jugendlichen schlängelt, deren Ende bis zur Synagoge reicht. Gleichzeitig verbreitete sich die Nachricht, dass es nicht reicht mit Landarbeit, sondern dass es auch notwendig ist, an der Kriegsanstrengung teilzunehmen und in einem Stahlwerk oder einer Munitionsfabrik in der naheliegenden Stadt zu arbeiten. Die Lauferei war jedenfalls gewaltig, und die Kinder eilten überall umher. Ein Gerücht folgt dem anderen, die ganze Stadt ist durcheinander, alle flüstern erschrocken, dass sie womöglich die Gelegenheit verpassen würden, in eine der Listen aufgenommen zu werden.

Schließlich erging eine Anweisung, dass alle Juden sich in einigen Straßen in der Nähe der Synagoge versammeln sollen, und zwar innerhalb eines Tages. Eigentlich ein Ding der Unmöglichkeit und dennoch finden wir uns am nächsten Tag in der Wohnung von Familie Silber, dem Federnhändler ein, mit noch entfernten Familienangehörigen zusammen. Möbel werden nicht in das Ghetto mitgenommen, nur Kleider und Strohsäcke für die Nacht werden in die Zimmer hereingebracht.

In der Wohnung der Silbers wohnen also nun Familie Silber, die Oma und der Opa, Mutter Silber und neun Kinder – alles in allem zwölf Seelen; Familie Schnabel, Mutter Schnabel und noch vier Kinder – zusammen fünf Seelen; Familie Nibel, Mutter, Oma und noch dreizehn Kinder – alles in allem fünfzehn Seelen; Onkel Goldstein, ein alter alleinstehender Schuster; Familie Halberstadt, der Richter (der einzige Mann, der völlig seinen Verstand verloren hat) und seine Ehefrau, ihre Eltern und noch sechs Kinder – zusammen zehn Seelen; und wir, Mutter und fünf Kinder – zusammen sechs Seelen.

Zusammen sind das 49 Menschen, die in dieser Wohnung versammelt sind – wie die Zahl der Tage zwischen Ostern und dem Laubhüttenfest, in denen wir uns jetzt befinden.

Das Leben im Ghetto verläuft ohne Zwischenfälle. Sehr schnell entsteht eine Art Kommune, mein ist dein, dein ist mein und alles gehört allen. Die Dinge ereignen sich in voller Übereinstimmung zwischen Armen und Reichen, Unbedeutenden und Vornehmen, Säkularen und Orthodoxen. Alles raschelt und knistert wie in einem Bienenstock nach einem Platzregen, jeder weiß, was er zu tun hat: in gemeinsamer Anstrengung angemessene Bedingungen zu schaffen für das Fortsetzen des Lebens.

Die Frauen tragen die Hauptlast der Nahrungsbeschaffung, Kleidung und einen Schlafplatz zu besorgen, die Mädchen helfen ihnen bei der Hausarbeit und ganz besonders beim Aufpassen auf den Haufen der Säuglinge, der auf den Balkons versammelt ist, die meisten mit nacktem Hintern und laufenden Nasen.

Die wenigen Männer, die durch ein Wunder im Ort geblieben sind, bemühen sich um ihre Geschäfte in den wenigen Stunden, in denen man außerhalb des Ghettos täglich weilen kann. Auch mein Bruder Avraham geht mit seinen 17 Jahren jeden Tag unter großer Gefahr zum Bauernhof, um ein wenig Nahrung zu besorgen und damit die Familie am Leben zu halten. Nicht selten kam er blutig geschlagen ins Ghetto zurück.

Die Aktivsten sind die Kinder. Sie sind allein und freuen sich, dass keiner sie auf Schritt und Tritt kontrolliert. Sie laufen barfuß, verursachen Staubwolken, erschrecken und vertreiben die Schwärme von Enten und erfinden immer neue Spiele.

Die Jungs dagegen, die nicht mehr zu den Kindern zählen, aber noch keine Erwachsene sind – wie ich –, bewegen sich zwischen den beiden Lagern. Sie würden auch lieber spielen, aber wegen der widrigen Umstände, dass die Familienoberhäupter fehlen, müssen sie wie Erwachsene handeln.

Hier ein Beispiel: An einem der Tage rief die Tante Schnabel meinen Bruder Avraham und mich heimlich zu sich und fragte, ob wir ein Geheimnis bewahren könnten, wie die Erwachsenen. Nachdem wir ihr das hoch und heilig versichert hatten, bat sie uns, Werkzeug zum Graben zu besorgen und für den nächsten Tag vorbereitet zu sein, um vor Sonnenaufgang im Garten am Rande des Hofes einen großen und schweren Koffer zu begraben, dessen Inhalt uns nicht verraten wurde.

Und dann bat mich Tante Schnabel, ihre älteste Tochter Chanale (die ein Jahr jünger ist als ich) zu ihrem Haus außerhalb des Ghettos zu begleiten und aus dem Dachboden einen vollen Tornister Maiskörner zum Füttern der Hühner zu bringen. Dieser Auftrag war mit einem gewissen Risiko behaftet, und das kommt daher, dass wir am Tag davor beim Abtransportieren von Nahrungsmitteln aus unserem früheren Haus scheiterten, das jetzt besetzt war durch den nichtjüdischen Nachbarn. Dieser vertrieb uns von dort mit Geschrei und Drohungen, und mit Mühe gelang es uns, unverletzt zu entkommen.

In dem dunklen Dachboden der Familie Schnabel beobachtete ich heimlich Chanale, ihre glatte und helle Haut, ihre goldenen Zöpfe und ihre großen weichen Augen, die wie von Nebel bedeckt schienen, als sie mir einen versteckten und übereilten Blick zuwarf. Ein Gefühl von überschäumender Glückseligkeit erfasste mich, und ich wusste, dass auch Chanale so empfand.

Die Weiber im Hof konnten nicht verstehen, warum wir in solch einer Eile zurückkamen, ohne den Tornister in unserer Hand ganz gefüllt zu haben.

Und Tante Rozsika sagte, als sie Essportionen für Notzeiten vorbereitete: »Am besten ist Gänseschmalz, mit Leber gebacken.«

Und Tante Bertha erklärte, dass der Tornister für jedes Kind passen müsste. Die Höhe des Tornisters sollte ein Drittel der Höhe des Kindes sein und sein Umfang wie das seiner Brust.

Mutter

Kraft und Würde sind ihr Gewand, und sie lacht
des kommenden Tages. Sie tut ihren Mund auf mit Weisheit,
und auf ihrer Zunge ist gütige Weisung.

Sprüche 31:25-26

Meine Mutter Rivka aus dem Hause Markus stammt aus einer frommen Familie, eine Aschkenasi, Gegnerin des Chassidismus, und mein Vater dagegen, Itzchak ben Jehuda Halevi, kommt aus den nordöstlichen Karpaten aus einer dort verwurzelten chassidischen Familie.

Schon als ich noch ein Säugling war, erkannte ich den großen Unterschied zwischen meinen Eltern und mehr noch, den Abgrund zwischen ihren Familien. Alles ist anders: die Kleidung, das Essen, die Sprache, die Sitten, die Lieder und noch viel mehr.

Ich beobachte, dass meine Tanten väterlicherseits (sechs an der Zahl) Mutter nicht besonders mögen wegen ihrer eleganten Bekleidung, ihrer etwas bunten Kleider, die etwas erhöhten Absätze ihrer Schuhe und weil sie an Samstagen und Feiertagen eine Perücke zu tragen pflegte, die aus echtem Menschenhaar gemacht und nach der letzten Mode geformt war; auch ihren Weitblick mögen sie nicht, ihre Ausbildung und Bildung, ihren Fleiß, die Art und Weise, wie sie ihren Haushalt führt, und besonders ihre Bevormundung ihres Ehemannes, die man daran erkennt, dass er seine sechs Söhne nacheinander erzieht und die Einhaltung der Gebote im Haus beaufsichtigt. Sie, meine Tanten, mögen sie also nicht, aber respektieren und beten Mutter aus den gleichen Gründen auch an.

Die Onkel dagegen und auch andere Verwandte lieben Mutter sehr, das stelle ich fest, als sie bei uns zu Gast sind (einige von ihnen bringen

uns regelmäßig bunte Süßigkeiten) und Mutters Speisen loben, während sie mit ihr lange über die Familie sprechen, finanzielle Angelegenheiten und viele andere Themen, deren Inhalt ich nicht verstehe.

Mehr als alle anderen verehren die heranwachsenden Töchter der Tanten und Onkel unsere Mutter. Sie besuchen uns öfters und schließen sich mit Mutter ein, um all ihre Probleme mit ihr zu besprechen, ihr Verhältnis zu ihren Eltern (die sie nicht verstehen) und auch über Geheimnisse und andere Frauensachen, die sie nicht vor ihren Müttern ausbreiten können.

Wie also konnte das passieren? Wie fanden zwei völlig verschiedene Menschen mit einem vollkommen unterschiedlichen Hintergrund zueinander und wurden ›ein Fleisch‹?[69] Das passierte, wie man mir erzählte, kurz nach dem Ende des Ersten Weltkriegs, als die jungen Männer und Jungfrauen in Mutters Alter es verpasst hatten, infolge der Umstände rechtzeitig zu heiraten. Genau zu dieser Zeit fuhr Tante Rozsika, die ältere Schwester von Mutter, ihre Eltern besuchen. Als sie den Zug bestieg, stand ihr der Himmel bei, und sie traf einen bärtigen Juden, den ehrenvollen Reb Itzchak Leib, den Schwager meines Vaters, der in geschäftlichen Angelegenheiten mit demselben Zug fuhr. Die Tante setzte sich neben ihn (in nötigem Abstand natürlich), und die beiden begannen mit einem lebendigen Gespräch. Und hier scheiden sich die Geister: War es Tante Rozsika oder eher Reb Itzchak Leib, der auf den Gedanken der Ehe zwischen Rivka, der jüngeren Schwester von Tante Rozsika, und Itzchak, dem Schwager von Itzchak Leib, gekommen ist? Jedenfalls wurde ein Treffen vereinbart, und dann ein ›Wort‹ (ein mündlicher Vertrag) beschlossen – und der Rest ist Geschichte.

Ihre Liebe, so sagt man, hat immer den tiefen Abgrund dank der Weisheit und Klugheit, mit der beide gesegnet sind, überbrückt.

Meine Mutter ist eine sehr fromme Frau, aber sie steht fest auf dem Boden der Wirklichkeit, im Sinne von »einer Treppe, die auf der Erde stand und bis zum Himmel reichte«,[70] und bei allem, was zu entscheiden ist, achtet sie auf die Verhältnismäßigkeit. Sie befolgt streng jedes leichte und schwere Gebot. Gleichzeitig findet sie immer das Fenster neben der geschlossenen Tür. Ihr Lebensmotto drückt sie öfters in folgenden Worten aus: »Für Gott und für die Leut'«, das heißt – für Gott und für die Menschen.

Die Bedeutung dieses Spruches im Glauben meiner Mutter betrifft alle Bereiche des Lebens. Und so sagt sie:

1. Geht aufrecht und nicht gekrümmt wie jene, die ihren Rücken bücken und ihren Blick erniedrigen.
2. Eure Kleidung mag Flicken haben, aber sie muss sauber und ordentlich sein.
3. Vergesst nicht, euch zu waschen, bevor ihr in die Mikwe taucht, um das Wasser der Mikwe nicht zu beschmutzen.
4. Ihr müsst die Cousine und alle weiblichen Verwandten küssen, denn auch unser Stammvater Jakob hat Rachel neben dem Brunnen auf dem Felde geküsst, noch bevor er sich zu erkennen gab.
5. Steck die Zizit[71] in die Hose; sie ist nicht geeignet für die Blicke der Menschen, sondern nur für Gott, der alles sieht, auch was in den Hosen steckt.
6. Ich habe alles für den Schabbat vorbereitet, jetzt werde ich ein wenig Victor-Marie Hugo lesen, bis sich die Sterne zeigen.
7. Es stimmt, dass das Studium der Bibel und Raschis Erklärungen sehr wichtig sind, aber ohne das Wissen von Mathematik und guter Erziehung wird später nichts aus euch, und wenn es kein Mehl gibt, gibt es auch keine Thora.
8. Die Schläfenlocken haben keine vorgeschriebene Länge, deshalb ist es nicht notwendig, die Schläfenlocken der Jungs bis unter die Ohren zu verlängern.
9. »Wer die Rute spart, hasst seinen Sohn.« Gemeint ist aber nicht die Rute, sondern Kritik und Zurechtweisung.
10. Handle zuerst und bitte danach um die Hilfe Gottes.

Und noch mehr Sprüche hat sie für jede Gelegenheit und auch solche, die geeignet sind, Verbote aufzuheben oder Sünden zu annullieren, wie üble Nachrede. Bevor Mutter so etwas macht (viel weniger als ihre Freundinnen), verkündet sie: »Ich meine nicht ihn, ich meine die Wand«, und dann ist es erlaubt, und alles ist möglich.

»Es ist nicht erlaubt, dass Haare, und seien sie noch so kurz, aus dem Kopftuch blicken. Das ist eine sehr ernste Sünde«, so sprach Tante Selda, die immer am Monatsanfang in unser Haus kam, um das Haar von

Mutter zu schneiden. Selda ist verantwortlich für die Moral und die Reinheit der Familie. Sie ist unter anderem auch Geburtshelferin, Leichenwäscherin für Frauen, Aufpasserin in der Mikwe und zuständig für alle anderen Frauenangelegenheiten in der Gemeinde. Ihre ganze Kleidung ist aus grobem schwarzen Tuch, das wie ein altes Zelt über sie gestülpt ist. Wenn sie auftritt, laufen die Kinder unter haarsträubendem Geschrei erschrocken in alle Richtungen. Auch die Frauen haben vor ihr Angst, denn – so sagt Mutter – wehe der Frau, die ihr zum Opfer fällt. Aber meine Mutter hat keine Angst vor ihr (und auch vor sonst niemandem) und antwortet ihr: »Wenn du es wagst, eine meiner Locken zu berühren, werden deine Füße nie mehr die Schwelle meiner Wohnung übertreten. Du sollst wissen, dass die Pflicht, die Aufmerksamkeit des Ehemannes zu wecken, tausendfach mehr wiegt als die Pflicht, seine Haare kurz zu tragen.«

Als ich hinter den Kulissen hervortrat, rannte ich schnell zu meiner Kurzfassung des Schulchan Aruch,[72] aber finde dort kein Gebot, in dem von der »Aufmerksamkeit des Ehemannes« die Rede ist.

Unsere Mutter wird immer ihre Kinder beschützen. Es ist bekannt, dass die Lehrer in der Schule und die Melamdim, wie man die Lehrer im Cheder nennt, die Kinder (der Armen zumindest) bei jeder passenden und auch unpassenden Gelegenheit schlagen. Erst vor wenigen Tagen schlug mich der junge neue Melamed Seiff (der Mutter noch nicht kennt) praktisch grundlos. Mutter lauerte ihm auf dem Hof der Synagoge auf, schimpfte vor allen Gemeindemitgliedern mit ihm und warnte ihn sogar: »Wenn du noch einmal mein Kind anrührst, werde ich deinen Bart Haar für Haar abzupfen. Du sollst ihn Gemara und Mischna lehren, Benehmen werde ich ihm beibringen.«

Auch wenn einer von uns zu Hause etwas Schlimmes macht, was eine Bestrafung erfordert, und Vater seine drohende Hand erhebt, verstecken wir uns hinter dem Rücken von Mutter, und Vater ist zornig: »Rivka, lasse mich ihn schlagen, er hat es verdient.« Und Mutter sagt: »Lass ihn, Itzchak, dem Kind tut es schon leid, er wird sowas schon nicht mehr tun.« Diese Unterhaltung dauert und dauert, bis Vater unwillig nachgibt. Ich weiß, dass das alles ein Spiel ist zwischen den Eltern, aber ich werde nicht verraten, dass ich das weiß, denn es ist besser so, als Schläge zu bekommen, auch wenn man sie verdient hat.

Unsere Mutter beschäftigt sich mit der Ordnung in ihrer Wohnung unter schwierigsten Bedingungen, und dennoch schafft sie es immer, den Bedürfnissen des Haushalts pünktlich nachzukommen. Beim Stopfen der Socken saß sie da, hielt das Nähzeug in der Hand, unter Zuhilfenahme eines Gerätes aus Holz, dessen Fuß als Haltegriff diente und auf dessen Kuppe die durchlöcherte Socke gespannt war. Und dank ihrer Handfertigkeit und ihrer wunderlichen Begabung, ihre Tätigkeiten zu organisieren, gewinnt sie manchmal sogar an Werktagen freie Zeit für sich selbst. Dann zieht sie ihre besseren Kleider an, nimmt ein oder zwei Kleinkinder in den Wagen und geht ihre Schwester Rozsika besuchen oder eine ihrer zahlreichen Freundinnen. Dort unterhält sie sich über Kleider und Kochrezepte, aber am meisten tauschen sie Informationen über alle anderen Frauen der Gemeinde (kein Klatsch und Tratsch, Gott behüte!). All das, während sie Tee trinken und schmackhafte Kekse essen, abgesehen von Tante Bertuschka, die Mutter mit echtem Kaffee bediente, der vor Ort auf dem Deckel des Kochherdes geröstet und in einem besonderen Gerät, das dafür vorgesehen ist, gemahlen und mit kurzen Schlucken und schmalen Lippen getrunken wird. Dabei werden Komplimente über seinen ausgezeichneten Geschmack verteilt (und ich probierte ihn einmal heimlich und fand heraus, dass er bitter ist und sich gar nicht zum Trinken eignet).

Wie liebe ich nur die Spaziergänge mit Mutter! Ich gehe an ihrer Seite wie ein großer Junge, ohne ihre ausgestreckte Hand zu berühren, und schiebe den Kinderwagen. Bei ihren Freundinnen reicht man mir dann Kuchen und irgendein Spielzeug, »um den Burschen zu beschäftigen«.

Mutter liebt es, während der Arbeit Lieder über enttäuschte Liebe zu summen, traurige Lieder in der Sprache der Gojim und herzzerreißende Melodien. Vater mag das nicht und sagt leise: »Aber Rivka, das wird die Kinder verderben.« »Nichts wird meine Kinder verderben«, antwortet Mutter und erhebt den Zeigefinger, »sie sind auf festem Boden gebaut.« Dennoch hört sie eine Zeitlang auf zu summen, um später wieder damit anzufangen. An Samstagen und Feiertagen singt sie oft in ihrem aschkenasischen Jiddisch, das fast schon Deutsch ist.

Und wenn der Schabbat zu Ende ist und sobald drei Sterne am Himmel erscheinen (und man muss sich beeilen, denn auch wenn man nicht arbeiten darf am Schabbat, so muss man doch das Geschirr reinigen, das sich am Samstag angesammelt hat, und man muss die Mahlzeit vorbereiten), sagt Mutter mit flehentlicher Stimme ungefähr:

»Gott fun Abraham, fun Itzchak un fun Jakob, behüt dein Volk Israel fun alle leid, wenn di liber Schabes Koidesch geht arois, soll uns kommen der neie Woch zu mazel, bracha wehazlacha un parnosse bekawod fur uns und fur kol Israel amen sela.

Ich bitte dich, mein baliebte, barmherziger Gott shik doch a refuhe shleime fur mein mame Jente un gute gesundheit fur main man Itzchak un fur maine kinder: Jeschaja, Avraham, Shalom, Naftali, Chajim und Ascher selig un a gute woch fur alle jiddische kinder amen sela.«

Aber das Lied, das ihr an Wochentagen am meisten gefällt, wird auf Ungarisch gesungen und in einer Melodie, die bei den Zionisten beliebt ist:

Jeruzsálem templom drága szenthelye
Lerombolva áll, puszták falai
Puszta falainál Cion lánya áll.
Emelt fővel hallatja dalát:
Nincs Izrael elhagyva még
Él még benne hit és reménység
Azt a földet amit megígért,
Azt a földet visszaadja még

Der kostbare Tempel von Jerusalem
Ist zerstört, seine Mauern sind kahl.
An seinen blanken Wänden steht die Tochter von Zion,
Sie singt ihr stolzes Lied:
Israel ist noch nicht verloren,
Es gibt immer noch Glaube und Hoffnung,
Das Land, das er versprach,
Er wird zurückkehren.

Und in diesen Tagen wurden Vater und mein älterer Bruder Schaje zum Arbeitsdienst geholt, und die Familie blieb ohne Ernährer zurück. Mutter lehnte höflich jedes Hilfsangebot von der Gemeinde ab und eröffnete ohne Verzögerung einen Laden für Geflügel im Hof der aschkenasischen

Synagoge neben der Schlachterei (so als ob sie alles schon im Voraus geplant hätte).

Onkel Aden kauft die Hühner von den Bauern. Wir Kinder, die teilweise vom Cheder befreit sind, da die meisten Lehrer für den Arbeitsdienst mobilisiert wurden, helfen dabei, die Hühner zur Schächtung zu bringen, helfen auch beim Zupfen der Federn, ihrem Aussortieren und ihrem Verkauf, helfen beim Wasserholen aus dem Brunnen (man macht Gänge gegen ein paar Münzen, die sofort in die Familienkasse fließen), und Mutter macht Feuer und führt die nackten Hühner über die Flamme, um Parasiten zu vertreiben. Sie beschneidet die Enden der Flügel, entfernt die Blutgefäße im Hals (damit das Blut abfließt), zerschneidet die Hühner bis auf die Eingeweide, streut Salz, reibt und verteilt es und macht alles Notwendige, um unter ihren Händen ein koscheres Produkt hervorzubringen, rein und schön, welches sie an die Frauen der Gemeinde verkauft und sogar an einige Nichtjuden.

Dieses neue und einzige Geschäft (es gibt keinen anderen Geflügelladen in der Gemeinde) erntet viel Erfolg, weil die Ehefrauen der Reichen bei entsprechender Bezahlung die fetten und begehrten Teile erhalten, vom Korb direkt in ihre Schüssel. Die Frauen der Armen erhalten Hühnerfleisch von geringerer Qualität zu einem annehmbaren Preis, und auch unsere Familie bekommt eine Portion Reste, manchmal sogar an Wochentagen.

Mutter führt weiter achtsam ihren Haushalt, aber da sie die meisten Stunden des Tages im Geschäft verbringt, war sie stärker auf Tante Katiza angewiesen, die bei Bedarf hilft.

Im Nachhinein ist deutlich, dass Mutter gern in ihrem Laden war, allein schon wegen der Gelegenheit, mit Frauen aus der Gemeinde ein Schwätzchen zu halten und ihnen zu verkünden: »Mit der Hilfe Gottes wird der Krieg bald enden, und ich werde vielleicht die Fleischerei auch in Friedenszeiten bis zur Ankunft des Messias führen.«

Wenn sie, was nicht oft vorkam, alleine war, summte sie Melodien, aber dann wurde ihre Stimme gedämpfter, und es fiel ihr schwer, ihre Tränen angesichts der Gefahren zu verbergen, die auf ihren Ehemann und ihre Kinder lauerten.

Vater

*… und Isaak nahm die Rebekka und sie war seine Frau
und er gewann sie lieb.*[73]

Genesis 24:67

Unser Vater, Reb Itzchak, Sohn von Reb Jehuda Halevi und der schönen Scheindel Weiss, wurde im Jahr 1900 geboren, im Dorf Ilnyzja (Ilonca auf Ungarisch) an den südlichen Abhängen der Karpaten im Komitat Bereg, das früher auf dem Gebiet der österreichisch-ungarischen Monarchie lag. Das Dorf ist geschätzt als Ort der Thora, und Vaters Familie war bekannt als fromm und gelehrt.

Vaters Eltern starben, als er noch jung war, und er wurde in den Häusern seiner verheirateten Schwestern erzogen, unter Bedingungen, die ihm eine ordentliche Ausbildung nicht ermöglichten, aber er pflegte trotzdem die Einhaltung der Gebote. Während des Ersten Weltkriegs entzog sich Vater der Rekrutierung bei der österreichisch-ungarischen Armee. Das Wanderleben, das ihm deshalb verordnet war, ermöglichte es ihm nicht, ein oder zwei Tage in der Woche mit Lernen zu verbringen, so wie es erforderlich gewesen wäre. Und es hieß ja: »Einen Tag wirst du mich verlassen, zwei Tage werde ich dich verlassen.« Das bedeutet: Wenn du nicht eifrig lernst und auch nur einen Tag beim Studium der Thora versäumst, dann wirst du zwei Tage deines Studiums wieder vergessen. Und als Ergebnis wurde Vater, trotz seiner gelehrten Familie, nicht als ein gelehrter Schüler angesehen. Das schmerzte ihn sein Leben lang.

Als wir Vater fragten, warum er sich vom Dienst in der Armee gedrückt hat, antwortete er uns mit folgender Geschichte:

Es war einmal ein Jude, der fromm und gelehrt war, aber körperlich sehr schwach. Als man ihn zum Dienst bei seiner Majestät Franz Josef II.

verpflichtete (dem Kaiser von Österreich-Ungarn), stand er den Schützengräben der Armee des Zaren von Russland gegenüber. Und plötzlich, in einem der Angriffe stand unser Mann plötzlich einem Feind gegenüber, einem russischen Soldaten, der kurz davor war, ihn auf seinem Bajonett aufzuspießen. Unser Soldat, der kleine Jude, schrie in seiner Verzweiflung: »Höre Israel!« und der Russe vervollständigte: »Unser Gott ist ein einziger Gott«, und so wurden beide gerettet, denn ansonsten hätte ein Jude seinen Bruder getötet.

Eine weitere Sache, die meinen Vater besonders stört, ist sein ständiges Versagen in geschäftlichen Angelegenheiten, was unsere Familie an den Rand der Armut brachte. Viele in unserer Gemeinde leben in schlechteren Verhältnissen, sowohl was ihre Bildung betrifft wie auch den Broterwerb, und sie führen ihr Leben in Übereinstimmung mit ihrem relativen Mangel. Aber Vater ist überdurchschnittlich gebildet und klug; er ist begabt mit Verstand und vielen Talenten, und genau das macht ihn wahrscheinlich so verbittert.

Vater ist verbunden mit den Angelegenheiten der Gemeinde, aber seine Meinungen werden in der Regel wegen ihrer Radikalität nicht akzeptiert. Nicht umsonst hängte man ihm in der Gemeinde den angeblich schmeichelhaften Namen ›Kossuth‹ an, nach dem Führer der ungarischen Unabhängigkeitskriege 1848. Vaters Gesicht ähnelt irgendwie dem von Kossuth, aber mehr auch nicht. Auch uns, den Kindern gegenüber, pflegt Vater eine harte Hand (soweit Mutter ihm das erlaubt), gibt uns kein gutes Wort, auch nicht bei außergewöhnlichen Leistungen, um uns zu Bescheidenheit zu erziehen und nicht die Sünde des Stolzes zu begehen. Ebenso ist er sparsam mit Gefühlen wie Liebe und Zuneigung, die man traditionell nicht gegenüber Söhnen zeigt.

Trotz alledem wissen wir seine Anstrengungen, uns zu ernähren und zu erziehen, zu würdigen und seine zahlreichen moralischen Geschichten zu genießen. Vater liebt es, wenn er in der passenden Stimmung ist, erschütternde Geschichten und überraschende Kapitel aus der Haggada zu erzählen. Er hat uns auch mit großer Geduld das Schachspiel beigebracht. Vater verfolgt in der Presse mit großem Interesse die Entwicklung von Wissenschaft und Technologie und beteiligt uns an seinen Entdeckungen.

Vater ist gesegnet mit ›klugen Händen‹, er versteht es, verschiedene Werkzeuge zu benutzen, und repariert eigenhändig vielerlei Schäden in vielen Bereichen, zum Beispiel wenn Glas zu Bruch gegangen ist, geschreinert oder eine elektrische Leitung verlegt werden muss. Vater baut Vorrichtungen zur Erleichterung des Lebens wie zum Beispiel einen automatischen Beleuchtungsschalter, der an Samstagen und Feiertagen das Licht ausknipst, indem er ein Verbindungskabel zwischen der Feder des Weckers und der Stromleitung verlegt. Ebenso baut unser Vater in der Speisekammer unserer Wohnung mit Hilfe einer Petroleumlampe eine Vorrichtung zur Erhaltung der Wärme des Tscholent von Freitagabend bis Samstag, wenn man dann gemeinsam isst. Diese Erfindung ersparte uns, im Gegensatz zu allen anderen Familien in der Gemeinde, die Mühe, den schweren Topf zur Bäckerei und zurück zu schleppen, ganz zu schweigen von der ›Gefahr‹, von Gottes Gnade abhängig zu sein, wenn die Mahlzeit durch übermäßiges Erwärmen verdorben oder, Gott behüte, das Schabbatvergnügen wegen lauwarmen Essens zerstört wird. Das Unglück ist dann geschehen und kann nicht repariert werden, weil es verboten ist, die Mahlzeit am Heiligen Schabbat zu erwärmen. Mit all diesen Begabungen bereichert uns unser Vater, damit wir davon profitieren, wenn wir selbst einmal erwachsen sind.

Mir scheint, dass die Schabbat- und die Feiertagsmahlzeiten die glücklichsten Stunden für unseren Vater sind, wenn er am Kopf des Tisches sitzt, umhüllt mit den Schabbatkleidern, zufrieden und lächelnd. Mutter müht sich ab mit dem Reichen der besonderen Mahlzeiten, die sich mit einigen wenigen Änderungen immer wiederholen, Samstag für Samstag. Leinen und Purpur ist ihr Gewand,[74] ihr Haar (die Perücke) ist ordentlich wie die Frisur der Mädchen. Die sechs Söhne sitzen wie Olivensetzlinge um den Tisch, und das Wichtigste sind nicht die Klöße, sondern die Gesänge des Schabbatmahls, die man nach jedem Gang singt, geleitet von Vater, der die Vielfalt der Stimmen der Kleinen und Erwachsenen zu einem Chor bündelt.

Die Mahlzeit und die Gesänge dauern eine gute Stunde. Keiner steht vom Tisch auf, nicht einmal die Kleinen. Schließlich kommt man zu dem Lied, das mit den Worten beginnt »Von Seinem haben wir gegessen«, in dem alles vereinigt ist, was es zum Segenspruch über das Essen bedarf. Vater, wie es in seiner Kindheit Tradition war, singt dieses Lied nicht zusammen mit dem Segenspruch, denn das Singen von beidem würde zur Annullierung des Segens führen (eine Sache wird nur einmal gesegnet, denn beim zweiten Mal wird der Segensspruch als überflüssige Erwähnung von Gott betrachtet). Aber bei Mutter zu Hause war es üblich, dieses Lied zu singen, und mit Vaters Zustimmung singt sie mit allen Kindern »Tzur mishelo ...« mit ihrem aschkenasischen Akzent und der Melodie ihrer Kindheit.

Unser Vater wurde am siebten des Monats Adar geboren, und dieser Tag ist seit eh und je der Tag von Chewra Kadischa.[75] Vater ist Mitglied bei dieser wichtigen Institution und tätig bei der Reinigung und dem Tragen der Toten in ein jüdisches Grab. Deshalb zieht er auch einmal im Jahr an diesem Tag seine Festtagskleidung an, nimmt einen riesengroßen Korb auf seinen breiten athletischen Rücken, der mit kleinen geflochtenen Broten frisch von der Bäckerei gefüllt ist, und verteilt sie an die Schüler der Schule, wie sie noch in ihren Klassen sitzen.

Wie stolz bin ich an diesem Tag auf meinen Vater, denn alle Kinder der Klasse beneiden mich. Aber ich bin auch ein wenig enttäuscht, dass mein Vater mir nicht das schönste Brot gibt.

Der Respekt und die Zuneigung meiner Mutter und die Tatsache, dass seine sechs Söhne unglaublich fleißig und begabt sind, ist für ihn auch eine Quelle der Kraft, des Lichts und des Stolzes.

Und so ist es, dass wir Mutter sehr lieben und Vater nicht weniger. Wir beten täglich für beide.

Falsche Propheten

Doch wenn ein Prophet so vermessen ist,
dass er redet in meinem Namen, was ich ihm nicht geboten
habe, und wenn einer redet in dem Namen anderer Götter,
dieser Prophet soll sterben. Wenn du aber in deinem Herzen
sagen würdest: Wie kann ich merken, welches Wort der Herr
nicht geredet hat? Wenn der Prophet redet in dem Namen
des Herrn und es wird nichts daraus und es tritt nicht ein,
dann ist das ein Wort, das der Herr nicht geredet hat ...
darum scheue dich nicht vor ihm.

Deuteronomium 18:20-22

»Habt ihr die Nachrichten gehört? Die Deutschen sind einmarschiert und ein Notstand wurde im ganzen Land verhängt!«

Dieser Schrei kam aus dem Mund von Reb Mordechai Weissfisch, einem der wenigen Besitzer eines Radios in unserer Gemeinde. Sofort erschraken die Kleingeister, die Assimilierten und die Feinde Israels, wer sie auch waren. Was wird nun werden? Die berüchtigten Einheiten der Pfeilkreuzler, die bekannt sind für ihre Böswilligkeit und ihren Hass auf Juden, werden die Macht übernehmen und unter dem Schutz der Deutschen werden sie, Gott behüte, ihre Schandtaten begehen.

Ich gebe zu, auch in unsere Herzen schleichen sich schwere Zweifel über unser Schicksal, aber nur für einen Augenblick, denn erst vor einigen Wochen wurde uns aus dem Mund des Mächtigen selbst ein langes, ruhiges und angenehmes Leben versprochen. Es war Reb Feibisch Werber, der die Botschaft verkündete, dass ein Rebbe von Belz mit einem Zug den Rand unserer Stadt auf seinem Weg nach Eretz-Israel[76] passieren wird. Diese wunderliche Nachricht, die sich anfangs durch Mundpropaganda verbreitete, hatte schon bald die ganze Gemeinde erreicht.

Es ist doch sehr seltsam! Wie ist es möglich, dass die Gojim, verflucht sollen sie sein, dem Rebben, der aus Polen eingeschmuggelt wurde und sich unerlaubt in der Hauptstadt des Landes aufhält, gerade jetzt erlauben, in aller Öffentlichkeit nach Palästina zu fahren? Es ist nichts anderes als ein großes Wunder. Die Lage hat sich vollkommen verändert, es gibt keine Befürchtungen mehr, dass unser Schicksal so sein wird wie das Schicksal der polnischen Judenheit, die sich in bitterer Not befindet (auch wenn die Gerüchte, die von dort kommen, ein wenig übertrieben sind), sondern uns ein ruhiges und gutes Leben erwartet bis zum Eintreffen des Erlösers, schon bald in unseren Tagen.

Viele Juden haben das aus dem Munde der Gerechten und Heiligen gehört – der Rebben selbst oder seines Bruders, ein Gerechter aus eigenem Verdienst –, und wir haben es auch deutlich in der Zeitung gelesen, wo in Kürze die Abschiedsrede des Rebben vor seinen Anhängern zitiert wird, in der er die ›Erklärung‹ abgibt, warum er bis jetzt noch nicht nach Eretz-Israel ausgewandert ist, und warum er ausgerechnet jetzt das Land verlässt, zumal er dadurch den Kritikern, die behaupten werden, dass er abhaut und sein Amt und die Judenheit ihrem Schicksal überlässt, einen Grund liefert.

Die einfache Erklärung ist aber die, dass erst jetzt, nachdem das Schicksal der Juden Ungarns sich zum Guten gewandelt hat, der Gerechte aufstehen und seine Herde verlassen kann. Nun können der Rebbe und sein Bruder sich friedlich der Landarbeit zuwenden. Und in der Zeitung wird auch erklärt: »Es steht doch geschrieben in dem Kapitel ›Und es lebe‹: »Er sieht, wie die Ruhe so schön ist und wie so freundlich das Land.«[77]

Das bedeutet, dass er, der Rebbe, sich durch den Geist Gottes vergewissern konnte, dass gute und angenehme Ruhe den Juden in diesem Land versprochen sind, und dadurch kann man die Fortsetzung des Satzes erfüllen: »Und er neigte seine Schulter, um zu leiden«, das bedeutet, der Rebbe kann sich zurückziehen und leiden im Zelt der Thora in Eretz-Israel, »denn dort spendet der Herr Segen und Leben in Ewigkeit«.[78]

Sofort meldete sich der reiche Perla Fischer, um eine feierliche Mahlzeit zu spenden. Und der Synagogendiener Reb Sruel besorgte einen Liter Branntwein aus Industriespiritus, der noch einmal gefiltert wurde, um die Gifte zu entfernen, aber ohne großen Erfolg, und ein riesiger Chor aus Gesängen zum Austreten des Schabbat drang gegen den Himmel:

Ich jauchze und freue mich in meinem Herzen
Wenn ich sehe, was aus meinen Feinde wird
Und nach Zion wirst du einen Erlöser bringen
Elias der Prophet und der gesalbte König

Nur Schmiel Kremer freute sich nicht und murmelte den Leuten in der letzten Reihe zu:

»Hier verlässt eine große Maus das sinkende Schiff. Es bleibt mir nichts anderes übrig, als selber zu fliehen mit meiner Familie.«

Aber wer nahm Notiz von diesen unsinnigen Worten von Kremer? Er ist doch vom Zionismus infiziert, das weiß jeder.

Konzentration

Wie fein sind deine Zelte, Jakob, und deine Wohnungen,
Israel! Wie die Täler, die sich ausbreiten, wie die Gärten
an den Wassern, wie die Aloebäume, die der HERR pflanzt,
wie die Zedern an den Wassern. Sein Eimer fließt
von Wasser über, und seine Saat hat Wasser die Fülle.

Numeri 24:5-7

»Man muss euch vernichten, das ist das Gebot der Stunde, und es ist Pflicht, dies für das Vaterland zu tun«, das verkündet feierlich der Mann von der Stadtpolizei, die wegen ihrer Grausamkeit berüchtigt ist, während er mit seinem Gewehrkolben den Schuster David Goldstein vor sich herschiebt, der wegen seines hohen Alters nicht schnell genug aus seiner Wohnung herausgekommen ist.

Indem er das sagt, streckt sich der Polizist noch mehr in die Länge und blickt um sich, um zu prüfen, ob seine Worte Eindruck gemacht haben – als gelungene Wiederholung des Textes, den man ihm in der Zentrale der Polizei beigebracht hat, als Übung zur Räumung des Ghettos und zum Transport der Juden zum Tabaklager am Rande der Stadt.

Das Tabaklager ist sehr gut umzäunt und umfasst einige Gebäude, die man mit provisorischen Dachböden aus nicht befestigen Brettern höher gemacht hat. In diesen Gebäuden drängen sich die Juden der Stadt eng aneinander, während die Juden aus der Umgebung im Hof zwischen den Gebäuden untergebracht sind, Dorf für Dorf und seine Juden.

Für uns Kinder ist es eine wundervolle Gelegenheit herumzustreunen, ohne etwas zu tun, jede Menge verschiedener und eigenartiger Leute kennenzulernen und auch Situationen, die wir bisher nicht kannten. So sind zum Beispiel in einer der Ecken alle Schwachsinnigen des Kreises versammelt, ein wirklich spannendes Schauspiel. An einem Ende des Hofes wurde eine tiefe quadratische Grube ausgehoben und außen herum eine Stützmauer gebaut; das Ding dient abwechselnd den Männern und Frauen als Toilette.

Das Tabaklager wird von Männern der SS und ortskundigen Polizisten bewacht. Keiner kommt rein und keiner kommt raus. Es ist klar, dass wir bald von diesem Lagerhaus weggebracht werden, denn darin muss die Tabakernte gelagert werden, deren Bearbeitung und Verkauf heute ein Staatsmonopol ist.

Nahrung wird aus den Familientornistern herausgeholt, Wasser wird in Holzfässern gebracht und von den Stadtbeamten verteilt.

Hier und da werden reiche Leute (hauptsächlich Frauen) gerufen. Sie werden aus dem Lager geholt und mitten in der Nacht, bis zur Unkenntlichkeit geschlagen, zurückgebracht. Die Erwachsenen flüstern nur, aber wir Kinder wissen (ohne die Bedeutung der Worte ›Stromschläge in den Geschlechtsteilen‹ zu verstehen), dass diese Frauen gefoltert wurden, damit sie verraten, wo sie ihren Schmuck und ihre Wertsachen versteckt haben. Reb Leibisch, der Richter, dessen prachtvoller Bart auf Verordnung der Behörden abrasiert wurde (und dessen neues Aussehen uns Kinder zum Kichern bringt), erklärt, dass die Glocken der Erlösung schon gehört werden und wir jetzt nur noch mit Freude warten müssen, bis sie kommt. Seltsamerweise brachten seine Worte die Frauen zum Weinen – und nicht zum Jubeln.

Anders war es bei den Säkularen, die keinen Glauben hatten. Sie stellten fest, dass ihre Beteiligung an der Wirtschaft und am kulturellen Leben des Landes ihre Zukunft nicht sichern konnte, und sie verfielen in schreckliche Verzweiflung. Und erst diesen Morgen brachte man in einem Leiterwagen einige Leichen heraus. Rechtsanwalt Dr. Huniger, dessen Brust das Eiserne Kreuz 1. Klasse schmückt, das ihm im Ersten Weltkrieg verliehen wurde, brachte sich mit einem Schuss um, nachdem er zuerst seine Frau erschossen hatte. Der Veterinär Dr. Pundrek, der schon längst mit seiner Familie konvertiert ist (weshalb seine Familienmitglieder ein weißes Band tragen durften statt eines gelben Davidsterns), nahm sich das Leben, indem er Gift trank und mit ihm seine Frau und seine Kinder.

Und David Schönwald erzählt, dass wir in Kürze in einem Bezirk in der Nähe der Karpaten übersiedelt werden, wo wir dann unser Leben mit allen anderen Juden des Landes autonom verwalten werden.

»Wie es nicht sein soll«, sagen solche, die es wissen müssen, »der russische Bär ist doch erwacht aus seinem Winterschlaf und die Tage der Bösewichte sind gezählt.«

Ein Waggon voller Schafe und Vieh

Und er sprach: Was siehst du, Amos? Ich aber antwortete:
Einen Korb zur Ernte. Da sprach der HERR zu mir:
Das Ende ist gekommen über mein Volk Israel.

Amos 8:2

»Was für ein Glück, dass die Eisenbahnschienen bis in den Hof des Tabak-lagers reichen«, sagt Onkel Aden, »sonst hätten wir erneut eigenhändig in Leiterwagen das ganze bewegliche Mobiliar rüberbringen müssen.« Onkel Aden, der vor Jahren schon sein Vermögen verloren hatte, war Sozialist und wurde nicht müde zu beweisen, dass die Armen von Gott bevorzugt werden. Er ist derjenige, der in einem Kauderwelsch das Ehrenlied »Ich werde die Melodien genehm machen und die Lieder weben« erklärt hat, und zwar so: »Arme bekommen Melodien und Reiche werde ich töten.« Das heißt: Die Armen haben es verdient, dass sie sich an Melodien und Liedern erfreuen – und die Reichen, die Nichtstuer, müssen sterben.

Ein Knochengerüst mit Ziegenbart ist er, dieser Onkel Aden, und seine weinerliche Stimme passt zu seinem Aussehen. Er ist davon über-zeugt, dass er ein vorzüglicher Vorbeter ist, aber diejenigen, die das Sa-gen haben, ignorieren ihn, indem sie ihn daran hindern, an Neujahr und Jom Kippur vor den Schrein zum Gebet zu treten, bis er sich dann vollends weigerte, vor dem Altar in der großen Synagoge zu stehen, und sich gelegentlich eigene Minjans organisierte. Seine Frau, die Schwester meiner Mutter, pflegte zu sagen: »Dieser Aden, je mehr sein Leid von seiner Schwindsucht größer wird, desto größer wird seine Fröhlichkeit und Spaßmacherei.«

Dieser Onkel Aden wurde beauftragt, für den Waggon, der für unsere Familie vorgesehen war, verantwortlich zu sein. Die festen Sachen un-ten, darauf die Nahrungsmittel und die Kleider dann in der dritten

Schicht. Die großen Brotlaibe, die in letzter Minute als Proviant für die Reise bereitgestellt wurden, sind im ganzen Waggon verstreut, wo sie schließlich durch die Reisenden selbst zerdrückt und zerbröselt wurden, die zusammenrücken und sich auf der ganzen Fläche des Waggons zusammenpressen mussten.

»Es gibt schon keinen Menschen im Hof mehr außer den Soldaten und Herrn Moskovics«, verkündete Dov Bär, der missratene Sohn des Lehrers Grün. Wegen seines kleinen Kopfes gelang es diesem Bären, zwischen die Stäbe des kleinen Fensters zu schlüpfen, weshalb er als einzige Verbindung zwischen dem verschlossenen Waggon und der Außenwelt dient.

Und so bewegte sich der Zug in den Tag hinein, und erst am späten Nachmittag kam die Frage auf, wo denn Osten sei, denn die Zeit für das Abendgebet war gekommen und man musste sich doch in Richtung Jerusalem wenden.

Und Mutter sagte noch: »Ich habe eine Ahnung, dass wir bald euren Vater treffen werden …«

Bella gebiert

Ein Jegliches hat seine Zeit, und alles Vorhaben unter
dem Himmel hat seine Stunde. Geboren werden hat seine Zeit,
sterben hat seine Zeit …

Prediger 3:1

»Ich habe Wasser verloren, ich habe Wasser verloren!«, schreit Bella Levin vom Ende des Waggons. Erst jetzt fällt die Dunkelheit über die Bewohner des Waggons, ein schweres Schweigen umhüllt sie, die in sich selbst eingeschlossen sind, nur das Rattern der Räder lässt einen einheitlichen Takt hören, als ob es einen einzigen Satz wiederholen würde, immer wieder, hin und her. Und ich muss diesem Rattern zuhören und versuchen, es zu verstehen, es gibt bestimmt einen wichtigen Hinweis, der sich hinter diesem Rattern versteckt, einen Hinweis, der einzig und allein für mich ist und nach dem es möglich ist, dass durch ihn Israel in einem Augenblick erlöst wird! Aber es gelingt mir nicht, die Silben dieses ›Tick-Tack-Tick-Tack‹ zu verbinden. Von Zeit zu Zeit ändert sich der Takt der Schläge, und ein gewaltiger Schlag erschüttert den Wagen, als ob er sich von den Schienen trennen wollte. Aber das bedeutet nur, dass wir an irgendeinem Knotenpunkt vorbeifahren. Ein schwaches Lichtquadrat dringt durch das Belüftungsfenster und beleuchtet die Seiten des Waggons von einem Ende zum anderen, bis es verschwindet und alles wird wie früher.

Und da kommt das Geschrei von Bella.

Diese Bella ist kaum 18 Jahre alt und eine tüchtige Frau. Vor nicht einmal einem Jahr hat sie Jecheskehl geheiratet, einen ausgesprochen klugen Schüler, den ältesten Sohn des verstorbenen Reb Jehoschua Ben-Zion Levi, der eine kinderreiche Familie zurückgelassen hat. Die wohlhabenden Eltern der Jungfrau Bella konnten keinen passenderen Bräutigam finden als einen Talmudschüler, der so lobgepriesen wurde und bekannt war für sein Thorawissen und seine guten Taten, so wie die Mutter von Jecheskehl keine bessere Heiratsvermittlung finden konnte, um eine schöne Mitgift zu ergattern, um ihre zahlreichen Waisen zu ernähren, wenn auch ganz knapp.

Und so geschah es, dass nach der Hochzeit Jecheskehls Bella einen ländlichen Tante-Emma-Laden führte mit einer nicht geringen Begabung. Wie erwartet, war Bella kurz vor ihrer Vermählung schwanger geworden, und dann wurde Jecheskehl zum berüchtigten Arbeitsdienst verpflichtet. Aber diese Bella gab nicht leicht auf und verlangte von ihrem Ehemann, da sie vermögend waren, über die Grenze zu fliehen. Jecheskehl war grundsätzlich mit dem Gedanken einverstanden, aber zuerst musste er sich mit dem Rebben beraten und seinen Segen bekommen. Aber der Rebbe riet ihm (und der Rat des Rebben ist wie ein Befehl), nicht zu fliehen und das Urteil Gottes auf sich zu nehmen, der in Kürze Trauer in Freude verwandeln würde und sogar in ein großes Licht. Es vergingen nicht viele Tage, und die Nachricht über Jecheskehls Arbeitsdienst verbreitete sich, dass er nämlich in den Feldern der Ukraine umgekommen sei und dass Bella kurz vor der Entbindung steht in diesem Waggon, der ins Ungewisse fährt.

Während der ganzen Nacht stöhnt Bella immer wieder, indem sie abwechselnd nach ihrer Mutter ruft, die sich weit entfernt von ihr mit ihren restlichen Kindern befindet, und ihrem Ehemann, dessen Ruheort, wie gesagt, der Garten Eden ist. Ihre Schwägerin, die Tante Ita Levi und andere Frauen sind um sie versammelt, wie es die Verhältnisse erlauben, und spreizen erschrocken und verwirrt ihre Finger.

Plötzlich sinkt Bella vor uns nieder und eine riesige Öffnung zeigt sich in ihrem dunklen Unterleib und ein purpurnes Baby gleitet heraus mit einem Strom von schleimigem Blut. Tante Helene hebt das Neugeborene mit dem nach unten geneigten Kopf, und sofort fängt das Kind zu schreien an und wimmert danach wie ein blindes Katzenbaby.

Onkel Aden verkündet feierlich ›Mazel tov‹ und verstummt plötzlich angesichts des Anblicks, der sich uns jetzt erst zeigt, als die Tür des Waggons sich öffnet.

ZWEITER TEIL

Shoa

Am Ende des Gleises

Weil die Götzen Lüge redeten und die Wahrsager Trug
schauten, nichtige Träume erzählen und ihr Trösten nichts ist,
darum sind sie weitergezogen wie eine Herde
und verschmachten, weil kein Hirte da ist.

Sacharja 10:2

»Runter, runter, in Reihen auf den Platz stellen! Keine Nahrungsmittel, Kleidung oder irgendwelche Gegenstände ausladen, da alles zu den Baracken gebracht und seinen Besitzern ordentlich übergeben wird.« Diese befehlsartige Mitteilung passt nicht zu dem Schauspiel, das sich vor unseren Augen ereignet.

Es ist früh am Morgen, die Sterne über uns haben ihren Platz noch nicht geräumt, aber statt der erwarteten Dunkelheit blendet ein helles Licht aus Tausenden von Lampen unsere Augen. Vor uns erstrecken sich Reihen von Baracken, ein riesengroßes Lager, umrundet mit Stacheldrahtzaun und Wachtürmen. Der Zaun ist auch zwischen den Blocks der Baracken, die alle gleich und geordnet wie Soldaten sind, mit Ausnahme einiger Gebäude am Ende der Eisenbahnschienen, aus denen Schornsteine herausragen, die Rauch von sich geben. In den Flächen zwischen den Baracken gehen Gestalten in gestreiften Häftlingskleidern und passenden Mützen hin und her. Die Gestalten sind gebückt und bewegen sich mühevoll, als ob sie eine schwere Last hinter sich herziehen müssten. Jede bewegt sich in ihrer Bahn, wirft keinen Blick zum Lastzug, in dem wir soeben angekommen sind.

Neben uns auf dem Bahndamm schreiten schwerbewaffnete Soldaten auf und ab, führen vorbildlich gepflegte Schäferhunde. Besonders emsig sind die kahlköpfigen Männer in gestreiften Kleidern, die von allen Seiten über uns herfallen und uns Instruktionen und Befehle auf Jiddisch geben. Im Gegensatz zu den gebückten Gestalten jenseits des Zauns sind es muskulöse Männer, mit breitem Rücken und voller Lebenskraft. Einige von ihnen treten direkt und selbstsicher auf, um Kranke, Krüppel und Leichen herunterzutragen, die sich während der Fahrt in den Waggons angesammelt haben. Einige von ihnen kümmern sich um die Bündel und andere Gegenstände, und der Rest beschäftigt sich mit dem Erteilen von Instruktionen, mit Ratschlägen und Antworten auf die vielen Fragen, die von allen Seiten kommen. Die Essenz ihrer Erklärungen ist die, dass man sich keine Sorgen zu machen braucht und alles gut werden wird. Die Männer und Frauen ohne Kinder müssen fleißig arbeiten und ihre Familien ernähren – Mütter, Kinder und Alte, die sich für die Arbeit nicht eignen, werden aussortiert. Deshalb sollen sich alle Männer in Dreierreihen auf die eine Seite anstellen und Frauen und Kinder auf die andere.

Die Menschen bewegen sich langsam, weil sie erschöpft sind und ihre Glieder wegen der Enge im Waggon steif sind, aber die höflichen Soldaten und die energischen Häftlinge stacheln die Menge an: »Beeilt euch bitte, es gibt noch viel Arbeit heute!« Einige bleiben hartnäckig bei ihren Bündeln stehen, und die Burschen, die später als ›Sonderkommando‹ bekannt werden sollten, zeigen Geduld: »Na gut, wenn ihr schleppen wollt, dann bitte.«

Eine Dame, die Besitzerin eines Tabakgeschäftes war, den Verdienst hatte, Witwe eines Gefallenen aus dem Ersten Weltkrieg zu sein, und die bekannt war dafür, dass sie uns nicht besonders mochte, hat Schwierigkeiten damit, den Waggon zu verlassen, und wird von einem der Burschen unsanft hinausbugsiert. Sie protestiert lautstark und sagt auf Hochdeutsch: »Seit 40 Jahren, nachdem ich konvertiert bin, bin ich noch nie so behandelt worden.« Dafür bekommt sie Antwort in einem saftigen Jiddisch: »Oib hasoi di wirst awade huben a scheine Gan-Eden.« (»Wenn das so ist, dann wirst du es sicher schön im Paradies haben.«)

Ich stehe mit meinem älteren Bruder Avraham, der 17 ist, unter den Männern. Wenn wir zusammenbleiben, werden wir beide irgendwie Mutter und unsere drei kleinen Brüder ernähren können. Außerdem denke ich mir, dass es sich lohnt, unter den Großen zu sein und mit ihnen zu arbeiten. Das wird sicher eine interessante Erfahrung sein.

»Bin ich bescheuert, für sie zu arbeiten?«, sagt David Schönwald, der für seine große Klugheit bekannt ist, und fängt an in Richtung des deutschen Offiziers zu hinken, der die Schlange prüft und die Menschen nach ihren Fähigkeiten ordnet: wer zur Arbeit und wer zu den ›Familienwohnungen‹ geht. Und immer wieder fragt der elegante Offizier nach dem Beruf des Menschen, etwas, das offensichtlich darüber entscheiden kann, wohin man kommt.

David Schönwald gelingt es mit seiner List, zu entkommen und zu den Arbeitsunfähigen geschickt zu werden, während ich, als ich zum Stab der lustigen Offiziere komme, ein gutmütiges Lächeln erwecke, da ich kleinwüchsig bin und für mein Alter jung aussehe. »Nu, was willst du hier, Kind?«, wendet sich mir freundlich der ältere Offizier zu. »Ich bin schon 16«, antworte ich auf Deutsch (in Wirklichkeit bin ich erst 15), »und ich kann arbeiten.« »Gut! Wo?«, sagt der Offizier – und zeigt mit einer ritterlichen Bewegung und zur Belustigung seiner Freunde in Richtung der Männer, die geeignet sind für die Arbeit.

Ich werfe einen stolzen Blick in Richtung meiner Mutter, als ob ich sagen wollte: »Keine Angst, ich bin bei den Großen, die für die Ernährung der Familie sorgen.« Meine Mutter ist wie dieser große Vogel, der meine Brüder schützt und seine drei Küken behütet, bis sie verschwinden und verschluckt werden von der grauen Masse am Ende der Eisenbahnschienen.

Der Rauch aus dem Schornstein

Denn Unheil geht nicht aus der Erde hervor, und Mühsal
wächst nicht aus dem Acker; sondern der Mensch wird zur
Mühsal geboren, wie die Funken des Feuers emporfliegen.

Hiob 5:6-7

»Bewegt euch, schnell, zieht euch aus und stellt euch in die Reihe, schnell, schnell. Schuhe hierher, Kleider dahin.« Sofort bildet sich eine Schlange von Männern, die meisten davon noch Knaben, alle nackt wie bei ihrer Geburt. Wer nicht flink genug ist, wird von den Soldaten geschlagen, die in ihren Händen dicke Elektrokabel halten. Wir kapierten rasch, dass dieser Ort anders ist als andere Orte und dass hier ganz eigene Regeln herrschen. Die Haare des Kopfes, der Achselhöhle und der Scham werden schnell abrasiert, und eine Masse von nackten Menschen blickt ratlos um sich.

Kalman Katz verliert die Orientierung, als man ihm die Brillen mit den dicken Linsen nimmt, geht in die falsche Richtung, wird geschlagen, sinkt nieder und wird blutüberströmt und bewusstlos auf einer Holztrage abtransportiert. Sein Sohn Arje Leib versteht sofort, dass er zum Registrierungstisch weiterlaufen muss, an dem sich ein herausgeputzter Soldat bemüht, die einzelnen Daten von jedem von uns aufzuschreiben.

»Weiter, weiter, stinkende Huren, Scheißefresser! Mögt ihr keine Streifenkleidung? Holzschuhe passen euch auch nicht? Schnell in Dreierreihen und vorwärts marsch! Beweg dich schon, du Arschloch!« So werden wir gedemütigt und in eine große Baracke gedrängt. Diese Baracke ist vollkommen leer, und in ihr ist eine Bühne, die sie in der Länge teilt.

Von dieser Bühne hält ein junger gepflegter Mann eine Rede, auch er in Streifenkleidung, aber diese Kleidung ist sauber und gebügelt. Der

Mann ist unverschämt, streng und stellt sich als der »Älteste« des Zigeunerlagers von Auschwitz-Birkenau vor.

»Und jetzt schaut mal zu, was ich mache« – und als er das sagt, tritt er
mit seinem genagelten Stiefel mit unfassbarer Heftigkeit in das Gesicht
vom Uhrmacher Katzenkopf, der in der ersten Reihe mit dem Gesicht
zur Bühne steht. Katzenkopf bricht lautlos zusammen, und der Mann
erklärt, dass diese Leiche sofort zum Krematorium gebracht wird und
dass er das nur gemacht habe, um seine absolute Autorität über die
Häftlinge (damit meint er uns) zu demonstrieren.

Nachdem er in Kürze die Lagerordnung vorgelesen hat, erklärt der
Lagerälteste, dass sich hier im Zigeunerlager wir, die Juden, uns auf der
untersten Stufe befinden, das bedeutet: Wir müssen jedem Zigeuner gehorchen in allem, was er sagt und befiehlt.

»Und jetzt«, kommt der Mann zum Wesentlichen, »jeder, der immer
noch etwas in seinen Eingeweiden versteckt, in seinem Darm oder wo
auch immer, erhält jetzt eine letzte Gelegenheit, es zuzugeben, bevor ihr
alle eine vollkommene Durchleuchtung passieren werdet. Bei wem auch
immer irgendein Stück Metall entdeckt wird, der wird hier aufgehängt
werden, so wie erst gestern hier sieben Häftlinge aufgehängt wurden.«
Kein Mensch rührt sich außer Schlomo Hersch, der seine Brille hoch-
rückt, die auf wundersame Weise in seinen Händen geblieben ist. Diese
Brille genießt aber nicht die Achtung des Lagerältesten, denn er zertritt
sie ärgerlich und schlägt Schlomo Hersch mit einem plötzlichen Hieb
mitten ins Gesicht.

Schnell werden die Menschen auf die verschiedenen Baracken verteilt. Mein Bruder Avraham, ich und noch einige meiner Freunde werden in eine der Baracken gebracht (Block Nr. 11, ›Kinderblock‹), in
dem sich schon mehr als 1 000 Jugendliche im Alter von 15 bis 18 Jahren zusammendrängen.

Und einer der Altgedienten, dem man das ganz genau ansehen kann,
antwortet auf meine Frage, wann wir wieder unsere Eltern und Geschwister treffen, indem er auf die Schornsteine, die Rauch und Flammen ausstoßen, zeigt und sagt: »Hier, dort, in dieser Minute steigen sie
in den Himmel.«

Ich zweifle nicht eine Sekunde lang an seinen Worten, und ich weine
nicht, auch mein Bruder Avraham nicht, der gebückt neben mir hockt.

Das Lager der Zigeuner

Das Lager E (das ›Zigeunerlager‹ genannt wird) ist eines der Außenlager im riesigen Meer von Baracken in Birkenau, das man auch als Auschwitz 2 kennt. Jedes einzelne Außenlager in Birkenau ist von den anderen durch Wachtürme und elektrischen Stacheldraht auf beiden Seiten getrennt auf die ganze Länge der Barackenreihen, wo am Kopf einer jeden dritten Säule des Zauns elektrische Birnen angebracht sind, die zu allen Tagesstunden starkes Licht verbreiten.

Die meisten Außenlager bestehen aus zwei Reihen geordneter Baracken in geraden Reihen und gleichen Abständen. Die Erde ist grau, keine Bäume, Sträucher oder Grashalme sind zu erkennen, das Auge sieht nur Baracken, Türme und Stacheldraht.

Die offizielle Sprache ist selbstverständlich Deutsch, aber häufig hört man Jiddisch, Polnisch, Ungarisch, Tschechisch, Französisch und sogar Griechisch.

Die Zigeuner, die Deutsch sprechen, bewohnen relativ bequem eine ganze Reihe von Baracken in dem Außenlager, das nach ihnen benannt ist. Und die Juden sind eingepfercht im selben Außenlager in einer Reihe von Baracken gegenüber. Die Zigeuner sind immer zusammen mit ihren Frauen und Kindern. Die meisten von ihnen sind krank und bedeckt mit Wunden, über deren Ursprung die Meinungen geteilt sind. Einige sagen, es sei Syphilis, und andere, dass es eine andere erbliche Blutkrankheit sei, andere wiederum sagen, dass es Aussatz sei, und einige behaupten, dass es ein Mangel an Vitaminen sei, Frostschläge und so weiter und so fort. Ich denke, dass alle mehr oder weniger recht haben.

Jeden Morgen verlassen die meisten Männer unter Bewachung das Lager in geordneten Reihen irgendwohin zu irgendeiner Arbeit. Als Entgelt für ihre Arbeit erhalten sie einen ›Bonus‹, mit dem man Zigaretten in einer fürchterlichen Qualität erwerben kann, und noch andere Kleinigkeiten in einem Gebäude, das sie ›Kantine‹ nennen und das sich wohl außerhalb des Lagers befindet. Ihre Stimmung ist, verglichen mit den Umständen, gut, als ob sie in der Sommerfrische wären oder bei irgendeinem andauernden Karneval. Wir dagegen und alle übrigen Juden in den Männerlagern und Frauenlagern im riesigen Birkenau verlassen das Lager zur Arbeit nicht, sondern beschäftigen uns meist mit laufenden Instandhaltungsarbeiten.

Erst gestern sprach mit uns der Bursche Schmuel Schirlo, der aus Krakau stammt und in der Wäscherei arbeitet, die die Kleider der Juden reinigt. Und Schmuel sagte Folgendes: »Dieses Lager in Birkenau wird Vernichtungslager genannt, und es ist so wie der Name: Seine Aufgabe ist es, alle Juden zu vernichten, die in Reichweite der Deutschen sind. Deshalb, wie ihr seht, arbeiten die Verbrennungsöfen zu allen Stunden des Tages, um alle zu vernichten, die sich für Arbeit nicht eignen, und auch unsere Tage sind gezählt, und die Schwachen unter uns werden schon in den nächsten Tagen dorthin geschickt, und die Glücklichen werden zu Arbeitslagern außerhalb von Birkenau gebracht werden. Von dort werden sie innerhalb einiger Monate erschöpft oder tot zurückkehren, um dann für alle Zeiten vernichtet zu werden.«

Nicht so ergeht es den Zigeunern, deren Stellung höher ist als die der Juden – das ist bei jedem Schritt sichtbar.

In den Baracken der ›Kinder‹ und auch in anderen Baracken mit Juden ist einer der Zigeuner beauftragt, als Barackenältester zu fungieren, der dann unter den Häftlingen zu einer unzweifelhaften Autorität wird und mit Hilfe seiner großen Familie mit strenger Hand herrscht.

Von Zeit zu Zeit nimmt eines der Zigeunerkinder die Macht in seine Hand, sammelt so nebenbei eine Gruppe jüdischer Häftlinge und übt mit ihnen Kniebeugen, Froschsprünge, Hut abnehmen, Verbeugungen und noch weitere Lausbubenstreiche, bis alle atemlos sind.

In diesen Tagen nahm eines der Zigeunerkinder wahr, dass meine Schuhe zu gut sind (neue Schuhe oder wenig gebrauchte wurden, als wir die ›Sauna‹ erreichten, abgenommen, um nach Deutschland verschickt zu werden, und stattdessen wurden zerrissene Schuhe oder Holzschuhe vergeben). Der Junge forderte sie eindringlich, und ich weigerte mich eindringlich, sie abzugeben. Und ausgerechnet an diesem Tag zeigt der

Junge vor seinem Vater, dem Barackenältesten, auf mich, und sagt: »Das ist er!« – und schon werde ich an meinen Ohren in das Zentrum des Platzes zwischen den Baracken gezogen.

Die große Familie des Barackenältesten versammelt sich um uns Häftlinge, während ich mich noch wundere, warum ich ins Zentrum der Aufmerksamkeit gerückt werde.

»Dieser Häftling ging in die nahegelegene Baracke, obwohl es euch verboten wurde, deshalb wird er 25 Schläge auf seinen Hintern bekommen.«

Ich öffne meinen Mund, um zu verkünden, dass ich nichts getan habe, da ich es doch wirklich nicht getan habe. Aber sehr bald wird mir klar, dass Zweifel am Urteil des Barackenältesten oder seines Sprösslings die Lage nur verschlimmern würde.

Die ersten Schläge gehen auf mich nieder, als bräche ein Haus auf meinem Rücken zusammen, wieder und wieder, aber bald erlöst mich die einsetzende Ohnmacht, und ich gehe zu Boden.

Und die Veteranen sagten – natürlich auf Jiddisch: »Auch der ist ›kaputt‹, er hat keine Chance, die erste Selektion zu überstehen.«

Und die Zigeuner sind verschwunden

Seid ihr Israeliten mir nicht gleich wie die Kuschiter?
spricht der HERR. Habe ich nicht Israel aus Ägyptenland
geführt und die Philister aus Kaftor und die Aramäer aus Kir?

Amos 9 7

»Von heute an bin ich der Barackenälteste und ihr werdet mich Onkel Warudi nennen, und das ist mein Stellvertreter und ihr werdet ihn Onkel Oskar nennen. Ihr sollt wissen, dass, obwohl wir Juden sind wie ihr, es unsere Absicht ist, die Routine und die Ordnung beizubehalten, wie sie bisher hier herrschten. Und heute Abend nach der Brotverteilung wird es eine totale Sperre geben, und wer die Baracke verlässt, wird ohne Warnung erschossen.«

Und tatsächlich wurden die Baracken am Abend mit einem Schloss versiegelt, und der Barackenälteste stand von innen am Eingang, um persönlich über die Einhaltung der Sperre zu wachen.

Was für ein Krach ist das? Niemals habe ich so etwas gehört. Zuerst kam der Krach von Weitem, erst kaum vernehmbar, und dennoch hörte es sich an, als ob Tausende Menschen bitterlich schrien, wie wenn sie verbrannt würden, als ob sie Schwämme auf ihren Herzen trügen, um ihren Tod zu verzögern und ihre Qualen zu vermehren, oder als ob ihnen ihre Haut abgezogen würde. Und der Krach kommt nun immer näher, wird immer stärker, man kann schon die verschiedenen Stimmen unterscheiden, Schreie von Männern, Schreie von Frauen und Kindern, Hundebellen, Schusssalven und das Geräusch von Motoren.

Man kann durch eine Ritze zwischen dem Dach und der Seitenwand der Baracke auf die Baracken der Zigeuner uns gegenüber blicken. Ein großer Lastwagen mit einem geschlossenen Kasten steht nahe an der

Baracke. Bewaffnete Soldaten von der Waffen-SS, einige mit nervösen Schäferhunden, sind wie eine lebendige Mauer zwischen der Tür des Lastwagens und der Tür der Baracke aufgestellt. Was für ein Wunder, was für eine Effizienz, was für eine Übereinstimmung, jeder Soldat kennt seinen Platz, und einige von ihnen stürmen in die Baracke, Schüsse sind zu hören, einige Salven, und die Bewohner der Baracke werden von Gewehrkolben in Richtung des Lastwagens gedrängt. Männer, Frauen, Alte und Kinder halten sich gegenseitig, straucheln, fallen, werden gezogen und unter schrecklichem Geschrei wie Kartoffelsäcke in den Lastwagen geworfen, dessen Motor auf vollen Touren läuft.

Schnell schließt sich die Tür, und der Wagen verschwindet in Richtung der Verbrennungsöfen, die sich in der Nähe befinden, jenseits von Lager F.

Etwa zwei Stunden nach dem Beginn der Aktion herrscht absolute Ruhe, als ob nichts passiert wäre. »Sie waren mindestens fünf- bis sechstausend«, sagt Mark, der mit dem letzten Transport aus dem Ghetto in Lodz angekommen ist und dessen Zähne schon lange ausgefallen sind.

Und einer der Veteranen sagt: »Schade, wenn ich gewusst hätte, dass man uns nicht nimmt, dann hätte ich nicht auf einmal meine ganze Brotscheibe gegessen, sondern sie wie gewöhnlich verteilt auf den ganzen Tag.«

Am Morgen stehlen wir uns in die leeren Zigeunerbaracken, um Reste aufzutreiben, aber wir finden nichts außer Decken aus grober Wolle (die wir nicht behalten dürfen) und ungewöhnlich große Mengen Senfpaste.

Und mein Bruder Avraham sagt: »Über die Armee des Pharaos wurde gesagt: ›Kaum ein Zeuge ist von ihnen übriggeblieben‹, das bedeutet nur einer, der dann ihre Geschichte erzählt, aber hier ist nicht einmal einer übriggeblieben, der über dieses Massaker berichten kann, das, wenn es auch erzählt werden würde, keiner je glauben würde. Und das ist ein guter Grund, für ihre Seelen zu beten, für eine ewige Ruhe für alle.« Er fügt noch hinzu: »Ihre Asche vermischt sich mit unserer und wir werden sehen, welcher Fachmann da noch unterscheiden kann.«

Wie isst man?

Aller Augen warten auf dich, und du gibst ihnen ihre Speise
zur rechten Zeit. Du tust deine Hand auf und sättigst alles,
was lebt, mit Wohlgefallen.

Psalmen 145:15-16

»Bei mir ist es am schlimmsten morgens beim Aufstehen. Ich bin noch nicht richtig wach und der Hunger bedrängt mich, dreht meinen Magen um, und mein Darm schreit.«

»Ich fühle mich eigentlich nach dem ›Dörrgemüse‹ (der dünne Suppe, die man täglich kriegt) am beschissensten, nachdem ich sozusagen das Mittagsessen hinter mir habe und ich noch hungriger bin als zuvor.«

So unterhalten wir uns beim Herumsitzen auf dem Platz zwischen den Baracken, da wir Zeit haben, sogar im Überfluss, und überhaupt hat sich hier seit der Beseitigung der Zigeuner einiges verändert. Zuerst wurde ein Teil der Juden – und wir, die ›Kinder‹, darunter – in die Baracken der Zigeuner überführt, weshalb die schreckliche Enge unter uns geringer wurde. Zweitens wurde die tägliche Tätigkeit zur Routine, und wir müssen fast nicht mehr herumstreunen. Die Tagesordnung ist klar fixiert und es gibt diesbezüglich keine Probleme mehr.

Das wichtigste Ereignis ist der ›Zählappell‹. Dieser wird Tag für Tag höchst ordentlich gemacht, da doch ›Transporte‹ jeden Tag ankommen und andererseits Häftlinge in Arbeitslager verschickt werden – und die Muselmänner[1] werden kontinuierlich zum Transport in die Gaskammern abgeholt. Schon in den frühen Nachmittagsstunden stellt man sich in der Fläche zwischen den Baracken in Dreierreihen (oder auch Fünferreihen) auf zu einer pedantischen Zählung, zuerst durch den Barackenältesten und danach durch den SS-Offizier, der in seiner Hand

eine Tafel und Papier hält, befiehlt, zählt und notiert, bis die richtigen Zahlen zusammenkommen.

Der Zählappell ist erst beendet, wenn die volle Anwesenheit in jeder Baracke und allen Außenlagern von Auschwitz-Birkenau feststeht. Wenn eine Differenz festgestellt wird, ein Mangel oder Überschuss in einer der Baracken, und sei es nur ein Häftling, wird sofort Alarm geschlagen, und das Militär und die SS mit Hunden laufen höchst nervös herum, bis die Sache sich als Zahlendreher herausstellt oder man eine Leiche in den Latrinen findet.

Zusätzlich zum täglichen Zählappell finden von Fall zu Fall besondere Appelle statt. Teils ist nicht klar, warum, und teils sind es Selektionsappelle. Meistens schreitet der SS-Mann vor der Reihe und weist mit dem Finger auf die Muselmänner, die sogleich zu den Verbrennungsöfen überführt werden, manche zu Fuß und andere in einem Wagen, der von Häftlingen gezogen wird.

Manchmal werden Selektionsappelle durchgeführt, um ›starke‹ Häftlinge auszuwählen, die man in Arbeitslager überführt, weil man sie dort braucht. Diese Appelle sind unregelmäßig. Manchmal verstreichen einige Tage zwischen einer Selektion und der nächsten, und manchmal finden einige Selektionen an einem Tag statt, alles nach einer präzisen Buchhaltung von Angebot und Nachfrage.

Abgesehen von diesen gibt es jeden Tag drei zusätzliche Appelle: der eine früh am Morgen zum Verteilen von trübem Wasser, das Tee oder Kaffee genannt wird, der zweite, um mittags die Suppenportionen zu verteilen, der dritte, um die Brotscheibe am Abend zu verteilen, wobei die Häftlinge sofort danach bis zum nächsten Morgen in ihren Baracken eingeschlossen werden.

Die Mittagsportion, die ›Dörrgemüse‹ genannt wird, ist eine dünne Kohlsuppe aus Zuckerrüben und diversen Gemüsesorten, deren Qualität unterirdisch ist. Dieses Gericht gibt es jeden Mittag, wobei der Gemüseanteil sich von Tag zu Tag ändert.

Die Verteilung der Nahrung in der Kinderbaracke wird folgendermaßen gehandhabt: In die Mitte des Platzes zwischen den Baracken werden zwei große Kochtöpfe mit Dörrgemüse gestellt. Daneben ist ein großer Haufen von Töpfen und Schüsseln, die ebenfalls aus der Küche gebracht werden. Die Häftlinge, die kein Essgeschirr haben, bewegen sich in zwei

Reihen, eine Reihe für jeden Verteilungspunkt. Dort gibt man dir einen Behälter vom Stapel und füllt mit einer Kelle einige Portionen in den Behälter, danach schiebt man dich mit einigen Häftlingen – in Gruppen von zwei bis fünf – weg.

Jetzt nimmt der Erste drei Schlucke, so gut er kann, nach der Größe seines Mundes und der Temperatur der Suppe, während die Gruppe beobachtet, wie der Adamsapfel des Häftlings rauf- und runtergeht, dann wird das Gefäß dem Zweiten und Dritten übergeben, und das Schauspiel wiederholt sich.

Diese Regelung schafft einige komplizierte Probleme, welche die Häftlinge nicht wenig beschäftigen, die irgendeine Methode suchen, um ihre Chancen zu verbessern und ihren Anteil an der Menge der Suppe oder seiner Dichte zu vermehren.

Die einzige Frage ist immer die, wo man stehen soll: am Anfang der Reihe oder am Ende? Es gibt so viele gewichtige Gründe für das eine und für das andere. Der Hunger versucht deine Überlegungen zu verdrängen und schiebt dir einen Platz schon in den frühen Stunden des Morgens zu – am Kopf der Schlange. Dann gibt es Fälle, dass das Essen nicht für alle gereicht hat oder dass das Verteilen aus irgendeinem Grund beendet wurde und die letzten ohne Dörrgemüse blieben. Beachten muss man auch, dass der Wagen, wenn er zum Verteilungspunkt kommt, umgekippt wird, sodass die kleinen Gefäße sich oben auf dem Stapel befinden und die großen Gefäße unten – es lohnt sich, unter den Ersten zu sein und in den Genuss eines kleinen Gefäßes zu kommen. Dann hast du auch nur einen Partner oder zwei, und das ist vorteilhafter, als in einer großen Gruppe zu sein. Andererseits ist die Suppe am Anfang wässeriger und die wenigen Kartoffelstücke sinken oft auf den Boden des Topfes … Wie schrecklich ist es doch zuzusehen, wie Menschen ihr Dörrgemüse essen, während du deine Portion schon beendet hast! Überlegen muss man auch seine Empfindlichkeit gegenüber dem Schlucken von heißer Nahrung, die zuerst verteilt wird, Empfindlichkeit, die verhindert, dass man größere Schlucke zu sich nehmen kann. Unter anderem muss man auch berücksichtigen, wer in die linke und wer in die rechte Schlange aufgeteilt wird. Diese Feststellung ist von größter Bedeutung und ist nur möglich, wenn du in die Schlange eintrittst, nachdem die Verteilung schon begonnen hat. Denn wer gute

Augen hat, kann unterscheiden, wer von den Verteilern die Suppe öfters umrührt und wer zulässt, dass die dicken Brocken auf den Boden des Topfes sinken und auch wer anfangs größere Portionen und wer kleine Portionen verteilt, um den letzten Speisenden anständige Portionen zu sichern – schwierig, schwierig sind die Entscheidungen.

Demgegenüber ist das Verteilen des Brotes nach dem Zählappell sehr einfach, da die Portionen schon vorbereitet sind und nur dein Glück entscheidet, welche Portion du erhältst.

Und so verläuft die Verteilung: Einmal pro Tag, nach der Zeremonie des Zählappells, bekommt jeder eine Brotscheibe. Das Brot hat die Form eines Backsteins, seine Farbe ist sehr dunkel, und es ist mit Holzsplittern und grünem Schimmel bedeckt. Zusätzlich wird täglich irgendein Zusatz zum Brot verteilt, zum Beispiel ein Löffel flüssigen, weißen Käse oder ein Aufstrich aus Zuckerrüben, der ›Marmelade‹ genannt wird. Manchmal bekommt man auch eine Scheibe Blutwurst oder etwas Leberwurst.

»Heute habt ihr keine Wurst, es tut mir sehr leid«, verkündet fröhlich der Barackenälteste, Onkel Warudi, während er vollmundig von der Wurst kaut, die er in der Hand hält.

Entsetzen erfasst uns. Es ist schwer zu verstehen, was ihn dazu treibt, denn bis heute war sein Benehmen in der Regel menschlich. Keiner öffnet den Mund, und alle bekommen die Brotportion ohne jeden Zusatz.

Und in der Baracke sagt einer der rothaarigen Zwillinge, die zufällig bei uns gelandet sind (Zwillinge werden in der Regel zu ›medizinischen Experimenten‹ genommen): »Denkt daran, Burschen, sofern einer von uns am Leben bleibt, werden wir ihn nicht vergessen und die Schuld bei diesem Schwein einlösen.«

Ein Samstag in Birkenau

Während des Tages darf man nicht in der Baracke weilen, und in den Nächten darf man sie nicht verlassen. Die Anzahl der Häftlinge in der Baracke ändert sich von Tag zu Tag, und man will die Häftlinge dazu bringen, in schrecklicher Gedrängtheit auf dem Betonboden zu liegen – Bauch an Rücken und Rücken an Bauch. Die Häftlinge werden mit äußerster Grausamkeit in die Baracke gedrängt, auch verglichen mit anderen Grausamkeiten, die hier üblich sind. Die Aktion beginnt bei Tagesanbruch sofort nach der Verteilung der Brotrationen, wenn die Kapos[2] und ihre Helfer die Masse der Häftlinge umschließen, »Schnell, schnell!« schreien und sie kräftig mit dicken Elektrizitätskabeln schlagen. Entsetzt schieben die Häftlinge verzweifelt ihre Kameraden in den schmalen Eingang der ›Wohnbaracke‹ wie Schafe in die Umzäunung, aus Angst vor den Zähnen der Schäferhunde. Die Kapos pflegen ihre Kabel zu vergleichen, sie sind stolz auf ihre boshaften Erfindungen. Im Innenteil der Baracke neben der Tür steht ein weiterer Kapo, der die Eintretenden zählt und sie in die Quadrate dirigiert, die durch die Stützbalken des Daches abgegrenzt sind. Dort steht ein weiterer Kapo-Stellvertreter mit einem Stock in der Hand. Der Raum der Baracke ist in 24 gleiche Flächen aufgeteilt, eine davon ist mit einer Plane bedeckt, zur alleinigen Nutzung vom Barackenältesten und seinem Stellvertreter. In den anderen Quadraten sind gleichmäßig 50 bis 55 Häftlinge für die ›Nachtruhe‹ verteilt und insgesamt etwa 1 100 bis 1 300 in der ganzen Baracke.

Sofort nach dem Zusammenpressen aller Häftlinge in die Baracke werden die Lichter gelöscht, die Türen verschlossen; keiner verlässt seinen Platz bis zum Morgen. In der Mitte der Baracke steht ein Kübel, der den Häftlingen während der Nacht als »Toilette« dient. Sofort verbreitet sich eine tiefe Stille, die nicht gestört wird außer durch die Schreie derjenigen, die Albträume haben, und von den Schritten derer, die zum Kübel gehen.

An Schabbatnächten ist das Bild anders. Die Knaben werden wie üblich grausam in die Baracke gedrängt, früher als gewöhnlich, aber statt sich sofort hinzulegen, sitzen sie eng beieinander an der Bühne mit dem Ofen, einem großen Zelttuch gegenüber, das gespannt ist zwischen den Dachbalken und auf dem auf Deutsch der schöne Spruch steht: ›ARBEIT MACHT DAS LEBEN SÜSS‹. Ich wundere mich, warum man sich die Mühe gemacht hat, diesen schönen Spruch aufzuhängen. Wir haben doch keine Möglichkeit der Wahl bei der Arbeit – und bei keiner anderen Sache. Onkel Oskar, der Stellvertreter des Barackenältesten, der früher ein Lehrer und Erzieher war, singt hingebungsvoll mit seiner wunderbar angenehmen Stimme die Kapitel zum Empfang des Schabbat, und alle Knaben machen mit größter Frömmigkeit beim gewaltigen Gesang mit. »Lasset uns jubeln für Gott, loben unseren Erlöser.«

Nur wenige verstehen die Bedeutung dieser Worte und noch weniger nehmen sie ernst, aber die Melodie steigt aus Hunderten von Hälsen hinauf und vereinigt die Singenden in der Sehnsucht nach der Welt, die die Welt verlassen hat, und in der Sehnsucht, aus dieser Hölle hier befreit zu werden.

Und ich, der ich beschützt im Schoß meines Bruders Avraham sitze, zornig und verbittert, nehme nicht teil, sondern wundere mich nur: Wo sind Moses und Aaron und ihre Priester? Wo ist Samuel?[3] Warum ruft man ihn nicht und wo ist er überhaupt?

Ein Lied über die Latrinen

Was soll mir die Menge eurer Opfer? spricht der Herr.
Ich bin satt der Brandopfer von Widdern und des Fetten
von Mastkälbern und habe kein Gefallen am Blut der Stiere,
der Lämmer und Böcke.

Jesaja 1:11

Bei Sonnenaufgang werden wir von den Stöcken der Kapos zum Nichtstun nach draußen gedrängt, abgesehen von den Appellen selbstverständlich und abgesehen davon, dass einige Häftlinge erwischt werden, um unangenehme Aufgaben zu erledigen, wie den Kübel zu entleeren.

Welche Möglichkeiten der Beschäftigung gibt es für den Häftling? Zuerst die Latrinenbaracke, wo es drei Gruppen von Menschen gibt. Die Gruppe der Durchfallkranken – die Menschen, die an Dysenterie leiden –, deren Schicksal entschieden ist: Innerhalb weniger Tage werden sie zu Muselmännern ohne Hoffnung auf Besserung, und sie sind dazu verurteilt, bei einer der nächsten Selektionen zu den Gaskammern gebracht zu werden. Die zweite Gruppe leidet an Verstopfung: Die Masse der Zellen im Dörrgemüse, die Kartoffelschalen beinhaltet, verstopft die Verdauungswege und der Stuhlgang vertrocknet darin erbarmungslos.

Hier erscheint nun Dr. Gottlieb, der uns aus unserer Stadt bekannt ist, teils orthodox, teils säkular. Ein Frauenarzt, wie ich meine, der von Latrine zu Latrine geht und vor den Häftlingen Vorträge hält, wie man sich im Fall von Dysenterie verhalten soll, und besonders auch, wie man Verstopfungen loswird, bevor die Ausscheidungen hart wie Sägespäne werden, die festgehalten werden mit Tischlerleim, wie es von einigen Spaßvögeln gesungen wird: »Dörrgemüse und Warm – wie Leim im Darm.«

»Du sitzt auf der durchlöcherten Betonbank, und ein Korken aus Holz steckt dir im Rektum, er geht nicht vorwärts und nicht rückwärts. Zerbröckele ihn mit deinen Fingern«, schreit der Doktor, »drück, mit beiden Händen an den Seiten, drück, bis es blutet, denn dann kann er raus, sonst bist du ein Leichnam, Brennmaterial für das Krematorium.«

Und ihm gegenüber steht aber Moischele, der Narr der Baracke, und sagt immer wieder mit lauter Stimme: »Wer den Menschen in Weisheit geschaffen hat und ihm Löcher über Löcher gegeben hat, Hohlräume über Hohlräume, bekannt ist es vor dir, Erhabener, dass wenn eines von ihnen sich öffnen würde, kann man nicht bestehen und vor dir stehen, sogar eine einzige Stunde.«[4]

Die dritte Gruppe ist eine Gruppe von Häftlingen, die sich in der freien Fläche in der Latrine bewegen, um sich zu wärmen, ohne teure Kräfte zu verlieren. Die Gruppe hat sich von selbst organisiert und sie wird immer größer.

Manchmal, wegen der Fülle der Teilnehmer oder einfach so zum Spaß, kommt irgendein Kapo und vertreibt mit Hilfe des Stocks in seiner Hand alle Anwesenden in der Latrine. Die erschrockenen Häftlinge drängen dann nach draußen, während ihre Hosen noch heruntergelassen sind, denn keiner will unter den Letzten sein, da diese die meisten Schläge bekommen.

Sobald die Sonne herauskommt, erwärmt sich langsam die Luft, und jeder Häftling überlegt wieder und wieder: Werde ich bei der täglichen Selektion in ein Arbeitslager verschickt, zu den Krematorien gebracht oder muss ich etwa weiter hier leiden.

Am elektrischen Zaun, der das Zigeunerlager (das weiter so genannt wird, obwohl nach ihrer Vernichtung dort kein einziger Zigeuner mehr lebt) und Lager D voneinander trennt, kann man versuchen, hinüberzurufen und dadurch vielleicht Freunde und Verwandte zu finden. Gewöhnlich kommt bald ein Häftling, der kleine Botschaften übermittelt. So kommuniziere ich mit einer Cousine einige Lager weiter, die ich noch nie gesehen habe und von der ich noch nicht einmal wusste, dass es sie gibt.

Wenn du dich einem der Minjans anschließen willst, gibt es nichts Leichteres als das. Du kannst die Gruppe der sich bewegenden Skelette beobachten. Es gibt natürlich keine Tallit,[5] Siddur[6] oder Tefillin, aber in der Gruppe befinden sich immer einige Juden, die alle Gebete im Kopf haben und auswendig kennen, und die anderen beten ihnen flüsternd und andächtig nach. Dank dieser Menschen wissen wir den Wochentag, an dem wir uns befinden, und die Samstage und Feiertage.

»Wo ist dieser Junge, der das Gebet ›Esehu Mekoman‹ kennt?« Und sofort werde ich weitergereicht von Minjan zu Minjan, denn auf wundersamem Wege kann ich mich an die Traktate der Schlachtopfer und des Weihrauchs erinnern, und ich bin bereit, ihnen diesen Dienst zu erweisen, aber beten möchte ich nicht.

Und sie fahren fort und überspringen keine Zeile, flüstern, singen und beenden ihre Andacht mit dem Gebet: »Wir müssen lobpreisen, dass er uns nicht geschaffen hat wie alle anderen Völker.«

Auch mein Bruder Rumi betet nicht, und es hätte mich nicht gewundert, wenn wir in einem der Minjans unseren Cousin Israel-Menachem getroffen hätten, der Avraham zuvor schon fragte, ob er schon das Morgengebet aufgesagt hätte. Und Avraham antwortete ihm: »Ich bete nicht umsonst. Meine Eltern und meine kleinen Brüder wird nicht einmal das Gebet vom Rabbi von Berditschew[7] persönlich lebendig machen.«

Eine Unterhaltung unter Jungen

Wohlan, alle, die ihr durstig seid, kommt her zum Wasser!
Und die ihr kein Geld habt, kommt her, kauft und esset!
Kommt her und kauft ohne Geld und umsonst Wein und
Milch! ... Hört doch auf mich, so werdet ihr Gutes essen
und euch am Köstlichen laben.

Jesaja 55:1-2

Die Haupttätigkeit ist das ›Kochen‹. Selbstverständlich theoretisches Kochen. Es gibt hier keinen Herd und keine Küchengeräte und schon überhaupt keine Lebensmittel – und deshalb beschäftigen sich die Jungen mit Kochphantasien.

»Bei uns hat man Tscholent mit Bohnen und Gänsefett zubereitet. Kugel ist eine total andere Sache, in der Mitte ist es rötlich, knusprig und trieft vor Fett. Es schmeckt wie das Paradies. Es ist gepfeffert und gewürzt und ordentlich gebacken, sodass du jeden Biss mit absolut trockenem Rotwein runterspülen musst.«

»Meine Mutter pflegte verschiedene Überraschungen im Kugel zu verstecken, verschiedene seltsame Sachen, ganz nach ihrer Phantasie. Hier nahm sie das Gelbe vom Ei, ihr wisst schon, die kleinen gelben Bälle, die man aus den Innereien der Hühner herausholt, oder Hoden eines Hahns, eine Delikatesse für sich, oder eine Pflaume, Würstchen oder alles, wozu sie Lust hatte.«

»Lass den Unsinn deiner Mutter, lasst Herschel erzählen, lasst ihn!«

Dieser Herschel ist schon älter als 18 Jahre, weshalb sein Platz nicht in der Baracke der Jugendlichen ist, aber er ist besonders kleinwüchsig, und sein Gesicht ist das eines Kindes. Anfangs bemühte er sich, auf den Spitzen seiner Zehen zu stehen, wie es die kleinen Jungs zu machen pflegen, damit sie bei den Selektionen nicht mitgenommen werden. Mit der Zeit hören sie dann auf damit, sei es wegen der Anstrengung, die damit verbunden ist, oder wegen der Gleichgültigkeit, die uns alle befallen hat.

»Gut«, sagt Herschel, »ihr wisst ja, dass man zu Beginn des Monats Adar anfängt, die Kuchen und anderes Gebäck für die Geschenksendungen an Purim vorzubereiten. Über ein Abendessen mit einem gefüllten Truthahn und andere Köstlichkeiten werde ich euch ein anderes Mal erzählen. Zuallererst muss man die Lebensmittel vorbereiten. Die besten Nüsse: Ihre Farbe ist hell und sie sind ohne Fehler. Du nimmst von ihnen einen Haufen für jede Tasche, breitest dir ein Weißbrot aus, dessen Kruste sich zu jeder Seite öffnet, nässt ein wenig die Spitze eines Fingers, nimmst die Köstlichkeiten in den Mund, jedes Teil so groß wie eine Münze …«

Und so fährt Herschel fort und widmet seine Erzählungen jedem einzelnen Detail, und das Publikum sitzt hypnotisiert im Kreis, sieht in seinen Gedanken die Köstlichkeiten, fühlt mit seinen Sinnen ihren Geruch und Geschmack und schluckt und verschluckt jeden Tropfen, jeden Krümel, bis irgendein Kapo vorbeigeht und alle zurück in die Wirklichkeit versetzt, die überhaupt keine Wirklichkeit ist.

Zusammen

So ist's ja besser zu zweien als allein; denn sie haben guten Lohn
für ihre Mühe. Fällt einer von ihnen, so hilft ihm sein Gesell
auf. Weh dem, der allein ist, wenn er fällt!
Dann ist kein anderer da, der ihm aufhilft.

Prediger 4:9-10

»Warum verachten sie uns so sehr?«, fragt sich Imre Klein mit seinem schweren ländlichen ungarischen Akzent. »Ich denke, es ist deswegen, weil wir kein Jiddisch sprechen«, mutmaßt Lajos, sein Bruder.

Wir sitzen auf dem Appellplatz und genießen die schwache Wärme der faulen Sonne, kaum Ende des Sommers, kaum Beginn des Herbstes, lehnen uns mit den Rücken an die Holzwand der Wohnbaracke. Durch den freien Raum zwischen den Baracken vor uns kann man auf Teile der Eisenbahnstrecke blicken, auf die Selektionsrampe und auf den Weg zu den ›Badeanstalten‹.

Zu unserer Linken, jenseits der elektrischen Stacheldrahtzäune, erstrecken sich bis zum Horizont die anderen Außenlager zwischen den Wachtürmen. Und zu unserer Rechten rauchen die Öfen in voller Kapazität, purpurne Feuerzungen durchstechen den dichten Rauch.

Die kalten Morgenstunden sind schon längst vorbei, die gefrorenen Hände sind schon längst aus den Achselhöhlen herausgeholt, die Beine nach vorn gestreckt, um die Blutzirkulation zu erleichtern, damit es bis zu den schmerzenden Zehen fließt. Andere sind damit beschäftigt, Werkzeuge zur Verbesserung der Lebensqualität anzufertigen, wie zum Beispiel das Schnitzen eines Löffels aus einem Stück Holz mit Hilfe eines Blechrestes oder das Drehen und Fräsen eines gebrochenen Backsteins mit Hilfe eines rostigen Nagels oder eines spitzen Steins. Diese Werkzeuge sind für vieles gut, mit Verstand und Geschick gemacht, und sie eignen sich für den tagtäglichen Gebrauch wie Suppe essen und Marmelade streichen. Und solltest du einmal das Glück haben, irgendeinen Behälter mit Resten von Nahrung zu finden, die an seinem Boden klebt, dann hast du ein passendes Gerät zur Hand, mit dem du das Zeug abkratzen kannst.

»Nein, das ist nicht der Grund«, sagt Hayim Roth, bei dem, trotz seiner Glatze, das rötliche feurige Haar zu ahnen ist, weil sein Gesicht voller Sommersprossen ist. »Sie benehmen sich so auch gegenüber denjenigen, die Jiddisch verstehen und reden. Auch sie nennen sie spöttisch ›Ige-Mige‹ oder so ähnlich und belästigen sie bei jeder Gelegenheit. Wahrscheinlich ist ihr Hass damit begründet, dass wir direkt von Zuhause hierhergekommen sind, gemästet, mit runden Gesichtern, während sie schon Jahre in den verschiedenen Ghettos und Lagern leiden.«

Emil Federleicht zieht wie üblich heftig seine Mütze nach rechts, um den tiefen Riss in seinem Ohrläppchen zu verstecken. Das geschah vor zwei, drei Wochen, als er auf seinem Weg zur Latrine den Weg nicht für einen Kapo freigemacht hat, der ihm entgegenkam. Dieser schlug ihn mit aller Kraft auf alle Teile seines Körpers, und ein Hieb spaltete das Ohrläppchen. Die Wunde verunreinigte sich, schwoll an und sonderte Eiter aus. Man sagt, dass Emils Tage gezählt sind, da es, wenn Medikamente fehlen, vor einer tödlichen Blutvergiftung kein Entrinnen gibt.

Wieder zieht Emil an seiner Mütze und sagt: »Diese stinkenden Polen sprechen unter sich Jiddisch, aber wenn sich ihnen jemand nähert, der nicht aus ihrer Clique ist, wechseln sie sofort in dieses schreckliche Polnisch, wo man sowieso nichts versteht außer ›Cholera‹, welches nun wirklich kein freundliches Wort ist.«

»Und du, der du sie mit Schmähnamen rufst, bist du etwa besser als sie?«, meldet sich mein Bruder Avraham, »sind sie nicht Juden wie wir? Und was für einen Unterschied macht es, ob er mich liebt oder hasst?« Und er fährt leise fort, als redete er zu sich selbst: »Ich hätte sie alle umarmen wollen – Polen, Tschechen, Franzosen, Griechen – und ihnen gesagt: Meine Brüder, ihr seid Fleisch von meinem Fleisch. Nur dass du niemals wissen kannst, mit wem von ihnen du vielleicht einmal wegen einer Scheibe Brot um dein Leben kämpfen musst. Deshalb ist es besser, mit fremden Menschen keine Freundschaft zu schließen, sondern bei den Allernächsten zu bleiben, da man ohne sie hier nicht einmal eine Stunde stehen und überleben kann.«

Transporte

Es ist ein köstlich Ding für einen Mann, dass er das Joch
in seiner Jugend trage. Er sitze einsam und schweige,
wenn Gott es ihm auferlegt ... Er biete die Backe dar dem,
der ihn schlägt, und lasse sich viel Schmach antun.

Klagelieder 3:27-30

»Du kommst wieder, um zu sehen«, sagt mein Bruder Avraham zu mir und, ohne auf eine Antwort zu warten, geht neben dem westlichen Zaun des Zigeunerlagers, in dem wir uns befinden, in Richtung der Bahngleise und der Rampe. Zu seiner Rechten Lager F, das unter den Häftlingen ›Krankenhaus‹ genannt wird oder ›das Revier‹.

Abgesehen vom elektrischen Stacheldrahtzaun ist Lager F umgeben von Holzbrettern und Beton, man soll offensichtlich nicht sehen, was da ist. Aber durch die Spalten zwischen den Tafeln kann man deutlich erkennen, dass dort seltsame Häftlinge leben, wie zum Beispiel Zwerge und Zwillinge, die nach Auschwitz 1 überführt werden sollen, wie man sagt. Dort werden sie zu ›medizinischen‹ Versuchen gebraucht, die in der Regel mit besonders schweren Qualen verbunden sind.

Als wir heute neben dem Zaun des ›Reviers‹ vorbeigehen, beobachten wir auf dem großen Platz auf der südlichen Seite von Lager F Fußballmannschaften, die wütend gegeneinander spielen. Ohne die Identität dieser Fußballer zu klären, gehen wir weiter bis zur Latrine neben Baracke 30. Bis hierher kann man in der Regel gelangen, ohne zu sehr das Risiko einzugehen, geschlagen und bestraft zu werden. Deshalb setzen wir uns hierhin, und unser Blick richtet sich auf die Rampe. Etwa 100 Meter westlich davon kann man den oberen Teil des Krematoriums III sehen und weiter entfernt davon, jenseits der Rampe, das Krematorium II.

Rechts davon liegt die Desinfektionsbaracke, die ›Sauna‹. Daneben ist das Lager mit den Magazinbaracken, in denen das Hab und Gut der ermordeten Häftlinge liegt. Trotz ständigen Versandes ganzer Züge mit Kleidung ins Innere des Reichs häufen sich riesige Mengen verschiedener Gegenstände zwischen diesen Baracken. Man sagt, dass es weiter weg noch zwei weitere Krematorien und die Gaskammern gibt, aber sie sind nicht sichtbar, und nur der Rauch, der dort aufsteigt, zeugt von ihrer Existenz.

Avraham und ich sitzen da, unser Gesicht der Sonne zugewandt, und beobachten die Rampe, die hauptsächlich mit Frauen und Kindern vom letzten Transport gefüllt ist, der heute Morgen angekommen ist. Wir beobachten die Häftlinge vom Sonderkommando – jüdische Häftlinge in Streifenkleidern, deren Aufgabe darin besteht, den SS-Soldaten, die mit Reiterhosen und glänzenden Stiefeln bekleidet sind, dabei zu helfen, die Ordnung beim Verlassen der Waggons zu gewährleisten. Sie sortieren die Menschen für die Selektion: die einen für die Arbeit und zur Verlängerung ihres Leides und die anderen für die sofortige Vernichtung in den Gaskammern.

Die Mitglieder des Sonderkommandos beruhigen die verwirrte und erschrockene Menge, damit die Arbeit der Selektion wirksam betrieben werden kann, und gleichzeitig werden die Gegenstände der Opfer eingesammelt und nach ›Kanada‹ überführt. Dort werden die Kleider und Wertsachen der Opfer aussortiert, um nach Deutschland verschickt zu werden. Die Rampe muss dann rasch wieder für die Waggons des nächsten Transports bereit sein, der schon am Tor des Lagers wartet.

»Lodz«, fasst mein Bruder zusammen. In letzter Zeit kommen fast täglich Transporte von dort.

Meiner Meinung nach dürfte der Transport zu diesem Zeitpunkt eigentlich aus Resten der ungarischen Judenheit bestehen, aber ich mag nicht streiten. Alle, die wir da sehen, sind gebrochen und erschöpft nach der langen und schrecklichen Reise und bemühen sich, zusammen zu bleiben. Viele schleppen mit letzter Kraft ihre armseligen Bündel und taumeln in Richtung des grauen Gebäudes, aus dem Rauch aufsteigt und aus dem es kein Wiederkommen mehr gibt.

Das ist normal und verständlich, denke ich, aber wenn sie zumindest mit ihren letzten Kräften nicht ihre Bündel schleppen würden. Zumindest das nicht!

Und mein Bruder Avraham blickt vor sich hin, seine Augen sind rötlich, aber trocken, und er murmelt: »Was schleppen sie, diese Elenden, was schleppen sie?«.

Seife

Wenn ich mich auch mit Schneewasser wüsche
und reinigte meine Hände mit Lauge,
so wirst du mich doch eintauchen in die Grube,
dass sich meine Kleider vor mir ekeln.

Hiob 9:30-31

Ich betrachte wieder und wieder das Tuch, das zwischen den Dachbalken in unserer Baracke hängt, und die Schrift darauf lässt mir keine Ruhe. Es steht dort klar und deutlich: ›EINE LAUS DEIN TOD‹ – und es ist keine väterliche Warnung wie: Sei vorsichtig und achte auf deine Sauberkeit, sonst könnte eine Laus in die Falten deiner Uniform gelangen, auf deinen Kopf oder deine Scham (da die Haare, die abgeschnitten wurden, anfingen neu zu sprießen). Die einzelne Laus wird sich vermehren und Schmutz verursachen oder dir eine Krankheit übertragen, wie zum Beispiel Typhus. Dann kannst du, Gott behüte, dein Leben verlieren. Nein! Es ist kein Sprichwort und kein Gleichnis, sondern direkte Rede, die besagt: Wenn wir bei dir auch nur eine Laus finden, dann erwarte nicht, dass man sich bemühen wird, dich von dieser Laus zu befreien, sondern du wirst sofort in das Krematorium gebracht, und das Problem der Laus wird gemeinsam mit dir eine schnelle Lösung finden. Diese Erkenntnis brachte meinen Bruder Avraham und mich zu einer entschlossenen Entscheidung: zur Waschbaracke zu gehen, uns ordentlich zu reinigen und unsere ›Uniform‹ zu waschen.

In der Waschbaracke sind eine Menge Wasserhähne, Wasser fließt reichlich, es gibt Vertiefungen zum Waschen des Körpers durch Spritzen sowie Flächen zum Reinigen der Kleider. Die Reinigung wird nackt erledigt, da man sonst keine anderen Kleider hat außer denen, die man trägt. Deshalb ziehe ich mich aus, befeuchte meine Kleider, lege sie flach und fange an, sie mit Seife zu bestreichen, die großzügig verstreut daliegt. Währenddessen betrachte ich meine vielen Kollegen, die sich in der Waschbaracke in ihrer Nacktheit drängen, und bestimme die Länge ihres Aufenthalts hier nach ihrer körperlichen Beschaffenheit. Viele von ihnen, Neue, die man ›Frischfleisch‹ nennt, sind noch fast vollschlank, und ihre relativ gute Ernährung im Ghetto ist deutlich sichtbar. Andere, ›Altgediente‹, sind mager, ihre Haut ist gelblich und über ihre Skelette gespannt; und andere wiederum sind nichts als nur noch Skelette, ihre Schultern sind erhaben und spitz, ihre Pupillen liegen in ihren tief im Schädel versunkenen Augen, ihr Mund ist geöffnet, und ihre Zähne ragen heraus, als ob sie lächelten. Solche ›altgedienten‹ Juden sind hier allerdings selten, da sie doch in den Selektionsappellen aussortiert werden und die wenigen, die übrigbleiben, nicht mehr die Waschbaracke besuchen.

Kaum strecke ich meine Hand zu einem Päckchen Seife aus, da klären mich die ›Altgedienten‹ sofort auf, indem sie sagen, dass diese Seife aus den Leichen von Juden gemacht sei, die man aus den Gaskammern herausgeholt hat. Ich schaue mich um, und in der Tat zweifelt keiner der Häftlinge daran und alle vermeiden es, die Seife auch nur zu berühren. Nur mein Bruder Avraham schüttelt ungläubig den Kopf: »Niemals werde ich diese barbarische Tat glauben, bis diese Sache durch glaubhafte Zeugen bewiesen ist. Massenmord haben wir gesehen. Goldzähne ausreißen, die Kleider und sogar die Haare der Opfer benutzen haben wir auch gesehen, aber das mit der Seife hat noch kein Mensch gesehen.« Aber wie ich ihn ansehe, stelle ich fest, dass auch er diese Seife nicht benutzt.

Zuerst versuche ich das Kleidungsstück nur mit Wasser zu reinigen. Dann bemerke ich eine Holztonne mit weißem Pulver darin, das Ersatz für Seife sein könnte. Sofort nehme ich eine Handvoll von dieser Füllung und reibe damit meine Hose, aber zu meinem Erstaunen zerfällt der Stoff, als ob Motten ihn zerfressen hätten. Es stellt sich heraus, dass das Chlorpulver, mit dem die Kanalisation entseucht werden sollte, meine Hose restlos weggeätzt hat.

Mit schweren Befürchtungen gehe ich zum Kapo des Kleidermagazins und noch bevor ich meine Rede beende, ernte ich kräftige Schläge und werde zu einem anderen Kapo geschickt, um eine Bestätigung für die Kleiderausgabe zu bekommen. Dieser Kapo blieb sich ebenfalls nichts schuldig und schlägt mich mit einem elektrischen Kabel, und so wäre es weitergegangen bis zum bitteren Ende, wenn mein Bruder Avraham nicht ein Paar Hosen von Jecheskehl Apfelblatt besorgt hätte, der sich aus Gründen der Kaschrut[8] geweigert hat, die Dörrgemüsesuppe zu essen, und nun kraftlos im Stadium der Agonie in der Baracke gelegen hat, bis er nackt in einem zweirädrigen Wagen zum Krematorium abtransportiert wurde. Apfelblatts Tod war eigentlich überflüssig, denn die Kaschrut ist kein Gesetz, »das man nicht übertreten darf«, sagt mein Bruder Avraham und fügt hinzu: »Und dennoch hat er mit seinem Tod das Leben eines anderen Juden gerettet. Soll auch er uns im Jenseits erwarten. Wer weiß, vielleicht werden auch wir seinetwegen einmal die Reste vom Wildschwein und vom Walfisch bekommen.«

Auf einer grünen Aue

... Der Herr ist mein Hirte, mir wird nichts mangeln.
Er weidet mich auf einer grünen Aue und führet mich
zum frischen Wasser. Er erquicket meine Seele.
Er führet mich auf rechter Straße um seines Namens willen.
Und ob ich schon wanderte im finstern Tal,
fürchte ich kein Unglück; denn du bist bei mir ...

Psalm 23:1-4

»Wenn wir hier sitzen bleiben und warten, dass man uns Essen bringt, dann werden wir sicher bald verhungern. Da wir nichts zu verlieren haben, gibt es eine Chance, eine geringe natürlich, dass wir unter Lebensgefahr ein wenig Essen ›organisieren‹ könnten«, sagt mein Bruder Avraham und teilt uns sofort in Gruppen auf, damit wir jedes Gerücht auffangen und uns jedem Kapo anschließen, der Häftlinge zur Arbeit im Lager sucht. Unser Birkenau ist, wie man weiß, kein Arbeitslager (auch wenn ich jeden Morgen eine kleine Gruppe von etwa 50 Häftlingen sehe, die in Begleitung eines Orchesters aus dem Männerlager D zu irgendeiner Arbeit hinausgehen). Außer zur Vernichtung dient es dazu, Arbeitskräfte auszusortieren, die grüppchenweise in ein Arbeitslager außerhalb gebracht werden. Dort sind, so das Gerücht, die Lebensbedingungen besser. Hier sind die Arbeitsmöglichkeiten sehr gering und hauptsächlich mit der Instandhaltung des Lagers und seinen vielen Außenlagern verbunden.

So waren wir letztens zur Instandhaltung der Eisenbahnschienen auf der Rampe in der Nähe von Krematorium II. Die Stabilität dieser Schienen ist immer wieder wegen der großen Belastung gefährdet, die sie aushalten müssen angesichts der vielen Judentransporte, die hier ankommen, etwa drei bis vier am Tag. Die Arbeit wird mit Hilfe einer besonderen Hacke gemacht, an deren Ende ein Hammer ist. Mit den Schlägen dieser Hacken befestigen wir den Kies unter den Schwellen. Diese Arbeit gilt als relativ angenehm und ist mit wenig Anstrengung verbunden, da wir jedes Mal, wenn ein Zug kommt, von den Schienen weg und daneben warten müssen. Und wenn wir zurückkommen, finden wir meistens Essensreste, die dort zufällig für uns zurückgelassen wurden und manchmal auch absichtlich durch unsere armen Freunde, die Burschen vom Sonderkommando.

Das Sammeln der Essensreste ist mit großer Gefahr verbunden – die Gaskammern sind ganz in der Nähe –, aber wir wissen, dass die einzigen Möglichkeiten, hier am Leben zu bleiben, mit ständiger Gefahr verbunden sind.

Eine andere gelegentliche Arbeit ist das Ausschneiden und der Transport von Rasenfliesen aus der Gegend um Birkenau 3, das, warum auch immer, ›Mexiko‹ genannt wird (und jetzt mit Frauen belegt ist), zu den Waschbaracken oder zum Platz vor den Krematorien und den Gaskammern. Die Rasenfliesen werden vom Lager Mexiko genommen, in dessen Abgrenzungen sich freie Flächen befinden, in denen derzeit nicht gebaut wird. Es gibt dort weite Flächen, in denen man gar kein Gras finden kann, sei es, weil es durch die Massen der Häftlinge zertreten wurde, oder sei es, weil die Fläche mit Unkrautvernichtungsmittel bespritzt wurde, um ein offenes Feld zu haben.

Und nun wurden mein Bruder Avraham und ich, unser Freund Arje Itzchak (sein Vater hatte eine Werkstatt zur Pflege und Reparatur landwirtschaftlicher Geräte in der Hauptstraße unserer Stadt) und einige weitere Burschen vor einigen Tagen in Begleitung eines bewaffneten Soldaten (und eines unfreundlichen Schäferhundes) losgeschickt, um Rasenfliesen vom Lager Mexiko irgendwohin zu bringen. Als wir dann an den Wohnbaracken vorbeigingen, sahen wir aus der Nähe jenseits des elektrischen Zauns eine große Gruppe weiblicher Häftlinge. Der deutsche Soldat erlaubte es uns, näher an den Zaun zu treten und die Frauen zu beobachten. Bei einer so seltenen Gelegenheit ist es üblich, nach Bekannten zu suchen und Kenntnisse über das Schicksal von Familienangehörigen und Verwandten auszutauschen. Dabei stellte sich heraus, dass diese Gruppe komplett aus Mädchen und Frauen aus Ungarn bestand. Das Aussehen dieser Häftlinge, obwohl sie erst kürzlich aus Ghettos nahe ihrer Wohnorte hierhergebracht worden waren, zeugte sofort von ihrer angespannten seelischen Verfassung, als ob sie sich seit Jahren im Hungerstreik befänden, krank und ihrer Kinder beraubt.

Plötzlich, während wir uns gegenseitig beobachteten, hörten wir Schreie: »Mutterle, Mutterle!«

»Mein Sohn, mein kleiner Sohn!«

Denn unser Freund Arje und seine Mutter haben sich gleichzeitig erkannt. Die Mutter Judith, kahlköpfig, tastete ihren mageren Körper ab, zog unter ihrem gestreiften Hemd den Rest einer Brotscheibe hervor und warf sie über den Zaun ihrem Sohn zu, aber er warf sie sofort zurück und sagte: »Iss du, Mutterle, ich habe genug.« Nichts wurde mehr gesagt, denn plötzlich ertönte ein scharfes Trillern, und die Frauen ordneten sich (aus Angst vor der Peitsche des Kapos) zu einem Selektionsappell.

Und auch wir wandten uns ohne Worte – und schrecklich bedrückt – wieder unserer Arbeit zu.

Als wir am nächsten Tag wiederkehrten, wandten die Frauen ihre Gesichter von uns ab. Judith, die Mutter, war nicht mehr unter ihnen.

Jungs unter Belagerung

Wohl dem Volk, das jauchzen kann! Herr, sie werden im Licht
deines Antlitzes wandeln; sie werden über deinem Namen
täglich fröhlich sein und in deiner Gerechtigkeit herrlich sein.
Denn du bist der Ruhm ihrer Stärke, und durch deine Gnade
wirst du unser Horn erhöhen.

Psalm 89:16-18

»In wenigen Tagen, am Rosch haSchana (Neujahr), sollen alle Jugendlichen beseitigt werden. Man muss hier um jeden Preis verschwinden«, sagt mein Bruder Avraham mit blutender Nase. Er ist soeben von einem Treffen mit einem der Kapos zurückgekommen, der einen Laufburschen gesucht hat, den man ›Läufer‹ nennt. Dieser Posten hat etwas Positives an sich, da der Läufer frei ist, sich überallhin zu bewegen, und gelegentlich eine zusätzliche Portion einer Speise oder eine Scheibe Brot ergattern kann.

Als er im Raum der Kapos auf ein Gespräch wartete, das mit fürchterlichen Schlägen endete (weil er ›Brot bringen‹ anstatt ›Brot holen‹ sagte, was doch dasselbe ist), hörte Avraham, wie einige Kapos, zwar leise, aber deutlich sagten, dass man im Hinblick auf Rosch haSchana die restlichen Jugendlichen vernichten will – dies am Ende einer Selektion, die in den nächsten Tagen stattfindet, bei der man diejenigen aussortieren wird, die sich noch für die Arbeit eignen.

Und tatsächlich wurde eine Selektion gemacht und wie bereits früher wurde Avraham für die Arbeit ausgewählt, weil er groß und relativ stark ist und ich dagegen jung und zu klein. In solchen Fällen versuche ich mich in die Gruppe der Arbeitsfähigen einzuschleichen, aber dieses Mal

habe ich keinen Erfolg. Deshalb schleicht Avraham zu mir zurück. Ich versuche, ihn davon abzubringen und zu überzeugen, dass er sich selbst retten soll bei den besseren Bedingungen in den Arbeitslagern. »Vergiss es«, antwortet mir Rumi, »wenn die Bedingungen so viel besser sind, wie die Burschen behaupten, warum muss man dann so oft Häftlinge nachschicken? Das ist doch nur, weil die Lage dort gar nicht so viel besser ist.«

Aber diesmal, da es keine andere Wahl gibt, schleiche ich mich wieder in die Gruppe ein, die, wie es heißt, in eine Farm zur Züchtung von Rennpferden überführt werden soll. Dort kann man sicher Hafer oder Futterrüben beschaffen. Bei einer Kontrolle erwischt mich die SS und sagt: »Was macht denn dieses verfluchte Arschloch hier?« – und schon zieht mich der Kerl an meinen Ohren und tritt mich mit seinem Stiefel aus der Gruppe. Zu meiner Überraschung baut sich der schreckliche Kapo vor mir auf und sagt dem SS-Mann, dass der Obersturmbahnführer diesen Häftling aus Gründen, die nur er kennt, ausgewählt hat, und zwinkert mir verstohlen zu. Was ihn dazu brachte, weiß ich nicht, aber der SS-Mann lässt mich los, und so bleibe ich mit meinem Bruder und noch etwa 120 anderen großen Jungs in der Gruppe. Die Jungs, die im Lager zurückgelassen wurden – etwa 1 500, die eine Hälfte aus Ungarn und die andere Hälfte aus den Resten vom Ghetto Lodz –, schließt man in einer Baracke ein, und ihr Schicksal ist besiegelt. Ihr Leid wird zu Rosch haSchana, Jom Kippur und dem Laubhüttenfest enden.

Wir aber werden zum Waschraum gebracht und gehen von dort in eine Halle zum Registrieren und Eintätowieren der Nummern am linken Arm. Meine Nummer ist B-10150 und die von Rumi, der immer neben mir steht, ist B-10151.

Der Lastwagen fährt durch das Tor, und wir werfen einen letzten Blick auf diese Hölle in der Hoffnung, an einen menschlicheren Ort zu kommen. Avraham steckt seine Hand tief in seine Tasche, holt ein Stück Brot hervor, so groß wie ein Ei, gibt mir die Hälfte und sagt, als ob er sich entschuldigen will: »Ich habe dieses Brot aufbewahrt, wer weiß, wann wir wieder etwas zu essen bekommen.«

Trzebinia

Wer arbeitet, dem ist der Schlaf süß,
er habe wenig oder viel gegessen ...

Prediger 5:11

Trzebinia (›Tschebinia‹ ausgesprochen) ist ein Städtchen nicht weit von Auschwitz, zwischen Krakau und Kattowitz. Dort ist in der Nähe eine Raffinerie gebaut worden, die in erster Linie Benzin produziert. Eigentlich konnte diese Raffinerie nie bei voller Kapazität arbeiten, denn sofort nach ihrer Errichtung wurde sie durch Flugzeuge der Alliierten bombardiert und zerstört.

Hier befindet sich nun ein Arbeitslager mit einigen Hunderten jüdischen Häftlingen, die als ungelernte Arbeiter beim Bau beschäftigt waren und die man nicht beseitigen konnte, als beschlossen wurde, die Raffinerie in der Nähe der verbrannten Fabrik neu aufzubauen.

Im Lager sind drei Wohnbaracken für die Häftlinge (alle Juden), eine Verwaltungsbaracke, die auch ein ›Krankenzimmer‹ enthält, die Wohnblocks der Kapos und ein Kleiderlager. Ebenso gibt es eine kleine Waschbaracke mit einigen Eisenhähnen, einen kleinen Feuerofen zur Beseitigung der Leichen der Häftlinge, eine Latrine und einen Hundezwinger. Das Lager ist mit einem elektrischen Zaun umgeben, mit Wachtürmen an den Ecken. Die Verwaltung des Lagers und die gehobene Wachmannschaft sind Leute von der SS, die anderen Wächter dagegen sind Soldaten der Wehrmacht in fortgeschrittenem Alter oder schlechtem Gesundheitszustand.

Die Kapos sind Deutsche, bei denen der Grund, warum sie Häftlinge im Lager sind, auf ihre Kleidung genäht ist, nach der Farbe des Dreiecks und der Ausrichtung seiner Spitze. Es gibt unter ihnen kriminelle Häftlinge – hauptsächlich Mörder, und politische Häftlinge –, Kommunisten, Sozialisten,

Homosexuelle, aber auch gewöhnliche Menschen, die etwas gesagt oder gedacht haben, was sie nicht hätten sagen oder denken sollen. Diese Häftlinge dienen als Kapos, Lageristen und Arbeitsdirektoren. Sie genießen bevorzugte Verhältnisse bei ihren Wohnblocks, bei der Bekleidung, ihrer Nahrung und Ähnlichem, sie reden frei mit den SS-Schergen, beteiligen sich manchmal an deren Festen und sind auch manchmal betrunken. Einige von ihnen sind fürchterlich grausam, während andere versuchen, Menschlichkeit zu zeigen.

Die Arbeit dauert sieben Tage in der Woche, vom Sonnenaufgang bis zum Anbruch der Nacht und manchmal durchgehend bis zum nächsten Tag: das Graben von Kanälen, das Laden von Sand und Kies, das Tragen von Zementsäcken, Straßenbau und Ähnliches, alle körperlich anstrengend. Jede Arbeitsgruppe hat ihren Kapo. Gute Arbeit bei einem ›guten‹ Kapo zu leisten erhöht deine Chance, den Tag lebendig zu beenden und erschöpft in die eiskalte Baracke zurückzukehren. Andererseits, wenn du den Arbeitstakt nicht durchhalten kannst, wirst du zu Tode geschlagen, bis deine Seele dich verlässt und dein Körper noch in derselben Nacht an das Krematorium verfüttert wird. Aber das Hauptproblem ist der Hunger, da die Suppe und die Scheibe Brot nur einmal am Tag ausgegeben werden und dies in einer Menge, die in keinem Verhältnis zu der Kraft steht, die in die Arbeit investiert werden muss, und der Anzahl der Kalorien, die benötigt werden, um das Erfrieren im harten Winter zu verhindern.

Du bist zu Fuß von der Arbeit zurückgekommen, hast die dünne Suppe gegessen, dann darfst du zu deinem Liegeplatz mit deinen Kleidern und Holzschuhen an deinen Füßen, die mit Frostbeulen und anderen Wunden übersät sind, geschlagen vom Fieber, das dein Augenlicht zum Verlöschen bringt und den Atem erstickt. Kaum hast du deine Beine ausgestreckt, wirst du von einer Horde roter Insekten angegriffen, Mengen von Wanzen, die dich zu vergiften drohen und den Rest deines Blutes aussaugen wollen. Am Anfang versuchst du, sie zu bekämpfen, aber schnell wirst du feststellen, dass immer neue hungrigere Bataillone folgen, je mehr du von ihnen tötest. So überfällt dich eine tiefe Müdigkeit voller Schrecken und ohne Hoffnung auf Heilung. Und jeden Morgen drängst du dich vor Sonnenaufgang nach draußen, um einen guten Platz bei der Arbeitsverteilung zu bekommen. Deine Streifenkleidung ist hart von der gefrorenen Pisse, zum Teil deiner, zum Teil der des Häftlings in der Pritsche über dir, so wie deine Pisse sich über den Häftling unter dir ergießt.

Essen oder Sterben

So spricht der Herr: Wer dem Tod gehört, zum Tod,
wer dem Schwert, zum Schwert, wer dem Hunger,
zum Hunger, wer der Gefangenschaft, in die Gefangenschaft!

Jeremia 15:2

»Kaum war er angekommen, schon versuchte er die Führung zu übernehmen und Befehle zu erteilen. Nachdem seine Identität geklärt worden war, steckte man seinen Kopf in den brennenden Ofen«, so wurde
über Warudi erzählt (den Barackenältesten der Jugendbaracke in Birkenau, der alleine die ganze Wurst verschlungen hat), der mit dem letzten
Transport nach Trzebinia gekommen ist. Überhaupt bestand quasi eine
eigene Untergrundverwaltung der Häftlinge im Lager. Hier ein Beispiel:
Einer der Knaben wurde mit einem herzzerreißenden Schrei wach und
behauptete, dass ihm seine Brotration, fast eine ganze Scheibe, die er für
den folgenden Tag aufbewahrt hatte, gestohlen worden war. Der Verdacht fiel auf einen Häftling, der in der Pritsche unter dem unglückli-
chen Jungen lag. Der Häftling leugnete die furchtbare Beschuldigung,
aber gegen Mittag fiel er irgendwie unter die Räder der Lokomotive des
Kohlezugs und war auf der Stelle tot.

»Wer Zementsäcke an hat, soll einen Schritt vorwärtsgehen!«, schreit
der Lagerkapo beim Morgenappell. Kein Mensch geht einen Schritt vor
und kein Mensch bewegt sich, obwohl einige Häftlinge Zementsäcke
unter ihren Hemden tragen. Die Sache ist ganz einfach. Man macht einen Schlitz am Boden des Papiersacks, der aus vielen Schichten besteht,
um den Kopf durchzustecken, und passende Schlitze an den Seiten zum
Durchreichen der Arme, und die Kleidung ist fertig. Diese Papiersäcke
isolieren den Körper gut und verhindern, dass die ohnehin schon von

der Kälte geschlagenen Häftlinge sich noch weiter verletzen. Kein Wunder also, dass die Häftlinge, wenn sie überleben wollen, ihr Leben gefährden und diese Säcke klauen.

Diesmal ging alles friedlich vorüber, aber manchmal folgt eine Leibesvisitation. Wenn du erwischt wirst, bekommst du deine Strafe durch Schläge oder durch Anbinden an den Marterpfahl, ohne Kleidung an deinem Körper für eine ganze Nacht, und wenn du kein Glück hast, dann wirst du der Sabotage beschuldigt und sofort erschossen oder aufgehängt.

Wie besorgt man Essen, das ist die Frage. Wenn du zuweilen eine Antwort darauf hast, dann leidest du weiter, und wenn sie fehlt, wirst du von deinen Qualen erlöst.

Was isst man also? Man muss irgendeine Nahrung besorgen, um das armselige Menü zu bereichern, das auch nicht immer zu uns kommt. Die Möglichkeiten dafür sind vielfältig. Und das ist die Kunst! Und nur die Auslotung aller Möglichkeiten bringt Ergebnisse. Zum Beispiel: Im Bereich des Lagers gibt es einen Zwinger der SS. Die gefährlichen Bluthunde darin bekommen besonderes Futter, reich an Eiweiß, das man ihnen wegnehmen muss. Abend für Abend nähern wir uns den Hunden – mehr und mehr. Nach einigen Wochen gelingt es uns, ihnen ihr Futter wegzunehmen. Die Beute an Fleisch teilen wir, mein Bruder Avraham und ich, so wie wir immer die Beute unserer Besorgungen teilen.

Ein verbreitetes Nahrungsmittel sind Futterrüben, dick und rund von der gelben oder weißen Sorte, die dem Gaumen schmecken, deren Nährwert aber gering ist. Man kann die Rüben bei den Ställen der Arbeitspferde der Polen stehlen, wobei man kaum Gefahr läuft, Schläge zu bekommen. Es gibt auch rohe Kartoffeln, die als Königsspeise betrachtet werden. Man kann sie mit viel Geduld und einem langen Stock, zugespitzt wie ein Angelhaken, durch das Fenster aus dem Keller fischen, wo sie eingelagert sind. Es lohnt sich, das mit einem Freund zu machen, der Schmiere steht, denn wenn du in flagranti erwischt wirst, kannst du gleich beichten gehen, zumal es auch Kartoffelschalen gibt, die auch nicht zu verachten sind. Man kann sie relativ leicht aus den Abfällen herausholen. Und es gibt nach jedem Regen Schnecken.

Eines Tages habe ich eine leere Tube Zahnpasta entdeckt, deren Auftauchen hier ein großes Rätsel ist. Ich beeilte mich, sie an mich zu nehmen, als wäre sie eine große Beute. Mit größter Vorsicht habe ich sie ausgerollt, geöffnet und zwischen ihren Falten alte trockene Reste gefunden, die Spuren von Zucker aufwiesen.

Manchmal kommt unerwartete Hilfe von draußen. Zum Beispiel heute, als wir in Reihen vom Lager durch das Dorf zum neuen Bauplatz marschiert sind: Plötzlich kippte die Schubkarre eines polnischen Bürgers um, der zufällig mitten auf der Straße vor den Häftlingen ging und in der er Karotten transportierte – nicht Futterrüben, sondern echte Karotten. Sofort stürzte sich die ganze Häftlingstruppe auf die Beute, die sich auf der Straße verteilte. Jeder schnappte und schob eine rohe Karotte in den Mund und, so viel man konnte, in die Hose, die für solche Fälle unten zusammengebunden sind. Das Schreien der SS, das Bellen der Hunde und ihre Bisse haben keinen Eindruck gemacht. Der arme Pole wurde zwar zur Befragung in das Lager der SS gebracht, aber wir waren mit vielen Vitaminen versorgt.

Dennoch, auch heute wurden sechs Häftlinge von der Arbeit ins Lager zurückgeschleppt, ihre Körper fielen fast aus dem Wagen, einige sind schon kalt, einige liegen im Todeskampf. Außerdem wurden zwei Häftlinge, die zu nahe an den Zaun gingen, um eine Kartoffel aufzuheben, die sie vorher dort hingeworfen hatten, um bei der Kontrolle nicht erwischt zu werden, geschockt, verkohlt und zur Sicherheit noch vom Wachturm aus erschossen.

Onkel Miklosch

Er gibt Schnee wie Wolle, er streuet Reif wie Asche.
Er wirft seine Schloßen herab wie Brocken; wer kann bleiben
vor seinem Frost? Er sendet sein Wort, da schmilzt der Schnee;
er lässt seinen Wind wehen, da taut es. Er verkündigt Jakob
sein Wort, Israel seine Gebote und sein Recht. So hat er an
keinem Volk getan; sein Recht kennen sie nicht. Halleluja!

Psalm 147:16-20

Und plötzlich ist der Winter gekommen. Von Rosch haSchana an herrschte Kälte in den Nächten und auch in den ersten Stunden des Morgens, bis die Sonne aufging und ihre Strahlen wie gutes Öl auf unseren schmerzenden Knochen sandte. Die Regentage waren enorm unangenehm, aber wir waren an sie gewöhnt. Denn auch wenn deine wenigen Kleidungsstücke triefen und deine Füße in den durchnässten Schuhen kleben, brauchst du vor Regen oder einem Regenguss keine Angst mehr zu haben. Du bist frei, deinen Kopf zwischen deinen Schultern zu heben und die Gegend um dich zu prüfen, vielleicht hat sich im Schutz des Regengusses die Bewachung gelockert, und man kann Futterrüben besorgen, irgendeinen Rest, um dich und deine Seele eine Zeitlang wieder zu beleben.

Aber jetzt hat uns der echte Winter überfallen. Als wir, noch bevor die Sonne aufging, zum Arbeitsappell rausgingen, empfing uns ein blasses, seltsames Licht in der Frostschicht, die eine heimliche Hand wie weiße Asche verteilt hat. Zungen von Kälte kriechen wie Schrauben in die Nasenwurzeln, und ein Strom von Tränen ergießt sich aus den Augen. Die Finger werden unter die Achsel geschoben, die Ohren stehen aufrecht, und die Fußzehen in den abgenutzten und nassen Schuhen wer-

den wie in einem Schraubstock erdrückt. Jetzt musst du entscheiden, ob du ununterbrochen hüpfen willst, um die Blutzirkulation zu stärken, oder im Stillen leiden willst, um deine Kräfte für den Arbeitstag zu sparen, der noch vor dir liegt.

Das ist das Los der meisten Häftlinge des Lagers, die zum Leiden rausgehen dahin, wo die neue Raffinerie gebaut wird; zum Graben in der gefrorenen Erde, zum Laden von Kies und Zement für das Gießen des Betons, zum Spannen von elektrischen Kabeln, zum Legen von Abfluss-, Wasser- oder Heizrohren und dem Transport von Materialien jeglicher Art.

Aber es gibt Einzelne, Glückspilze, die von Zeit zu Zeit eine Minute Ruhe in einer versteckten Ecke genießen können, neben einem Heizungsrohr, das ein wenig Wärme ausstrahlt – und hier wäre zu reden von einzelnen Posteninhabern wie zum Beispiel David Miklosch.

Dieser Mensch, Miklosch Bacci, sieht für mich sehr alt aus. Sein schütteres Haar und die schneeweißen Stoppeln seines Bartes, seine gebeugte Haltung und sein schwerer Gang wirken so, als würde er mit seinem Körper einen gewaltigen Wasserstrom abwehren. Da er ziemlich groß ist, wurde keine passende Streifenkleidung für ihn gefunden, und so können alle die Knochen seiner Gliedmaßen sehen. Seine langen Hände rudern verzweifelt, und sein Oberteil bewegt sich kräftig, und alle seine Knochen sagen zusammen: Wer ist wie ich, dessen Arbeit so wichtig ist? Dieser Miklosch ist Bäcker von Beruf, er dient als Hausmeister des Lagers, und seine Haupttätigkeit ist die Beseitigung der Toten unter den Häftlingen des Lagers im Ofen, der mitten im Lager aufgestellt ist. Es ist ein kleiner Ofen, und es verlangt keinen Verstand und keine große Begabung, ihn zu betätigen. Der kleine Backsteinaufbau ähnelt einem häuslichen Ofen zum Räuchern von Fisch und Fleischprodukten oder einem Ofen, der im Hof eines Bauern steht. Der Hohlraum ist in der Mitte durch ein Eisengitter geteilt. Die untere Hälfte ist der Heizhohlraum zum Aufschichten von Holz oder Kohle, und die Leiche wird mit einer Vorrichtung, die wie eine Heugabel aussieht, in die obere Hälfte geschoben. Der Raum ist nur für eine Leiche gedacht, aber in Fällen von besonders dürren Körpern kann man die Kapazität verdoppeln. Mehr als das, Miklosch erfand eine Methode, die an Kettenrauchen erinnert: Die vorige brennende Leiche dient als Brennmaterial für die, die nach ihr kommt. Es bleibt wenig Asche übrig, und die Reste der verkohlten Knochen liegen verstreut zwischen dem Zwinger und der Latrine und färben die Frostbrösel, die der Wind dort hinträgt, grau.

Trotz seiner bevorzugten Stellung ist dieser Miklosch nicht überheblich und missbraucht seine Position nicht. Im Gegenteil, er ist beliebt und bereit, jederzeit jedem, der sich an ihn wendet, zu helfen, so gut er kann. Er gibt seinen Rat in seiner Muttersprache Ungarisch, die er auch in der Kommunikation mit seinen Arbeitgebern, den Kapos und SS-Soldaten benutzt, die kein Wort von ihm verstehen.

Besonders nahe Kontakte pflegt dieser Miklosch mit seinem Neffen Emil, den er vor dem Hunger und dem tödlichen Frost zu schützen versucht. Emil ist ein schwächlicher Jüngling, dessen Finger mit Frostbeulen bedeckt sind und unter Papierverbänden stecken, die sein sorgender Onkel ihm aus der ›Krankenstation‹ besorgt.

Und siehe da, heute Morgen wurde die verkohlte und von Kugeln durchsiebte Leiche von Onkel Miklosch auf dem Zaun des Lagers entdeckt. Seine langen Arme halten sich am Stacheldraht fest, sein Kopf ist nach hinten geneigt, sein Mund in einem stummen Schrei gen Himmel geöffnet, all das nicht weit entfernt von der Leiche seines geliebten Neffen Emil, die sorgfältig unter einer warmen Decke neben dem Ofen liegt, sein abgetrennter Kopf unter einer anderen.

Und mein Bruder Avraham sagte: »Mit dem Verschwinden von diesem, wer lässt das ständige Feuer brennen, und wer wird ihm ein Opfer bringen?«

Zwangsarbeit

Er gibt dem Müden Kraft und Stärke genug
dem Unvermögenden. Jünglinge werden müde und matt,
und Männer straucheln und fallen.

Jesaja 40:29-30

»Du, du und du zum Bunkerbau, schnell, ihr Verfluchten!«, so ging heute die Arbeit mit Beton los. Diese Arbeit ist besonders schwer wegen des hohen Tempos, das von der Mischmaschine bestimmt wird. Aber es gibt noch deutlich schlechtere Arbeiten. Bei den Betonarbeiten gibt es verschiedene Möglichkeiten. Erstens das Beladen von Eisenbahnwaggons mit Kies. Alles, was von dir verlangt wird, ist das schnelle Beladen mit der Schaufel in deiner Hand. Wer zu langsam ist, für den gibt es nur ein Urteil: Er wird bewusstlos geschlagen, und dann ist es aus mit ihm. Sofort wird er gegen einen neuen Häftling ausgewechselt, der von einer anderen Arbeit hergebracht wird, da man den Bau der Bunker nicht anhalten darf. Dasselbe gilt für das Auffüllen der Waggons mit Kies. Aber dieses Material ist schwerer aufzuladen. Man muss die Zementsäcke auf seinem Rücken hinauftragen über eine Brücke aus Holz, die im Wind wie ein Palmenzweig ununterbrochen hin- und herschwankt. Die Kontrolle über den Mischer und die ›Kanone‹ liegt in den Händen professioneller polnischer Arbeiter. Der Zement wird mit äußerster Kraft durch die ›Kanone‹ geschickt und gelangt durch einen dicken und flexiblen Schlauch zwischen die hölzernen Seitenwände und in die Eisenschicht für das Baugerüst. Nach einigen Tagen befinde ich mich im Zustand der völligen Erschöpfung und stehe kurz davor, die Schaufel aus der Hand zu geben, da werde ich auf Befehl des Kapos (ein junger Deutscher, der angeblich aus Hamburg stammt) zu den Gerüsten ge-

ללבוש ונקה לי

bracht, um den Zement zwischen den Eisengittern mit Hilfe eines langen Stabs festzumachen.

»Was macht denn diese Krematoriumsfüllung hier?«, ruft der Bauleiter, ein fülliger Mann in Uniform, auch er ein Deutscher und auf seinem Arm ein Band, auf dem ›ORG. TODT‹[9] steht, als er mich, mit Mühe den Stab in meinen erfrorenen Händen haltend, sieht. »Dieser junge Mann«, sagt der Kapo, »ist in der Regel ein guter Arbeiter« und lenkt die Aufmerksamkeit des bösen Haman auf eine andere Sache. Am nächsten Tag stellt mich der Kapo an eine Stelle, die vor dem frostigen Wind und vor dem forschenden Auge des Bauleiters geschützt ist, gibt mir einen Hammer in die Hand und befiehlt mir, Nägel zu sammeln und zu begradigen.

So zog sich die Sache noch einige Tage hin, bis es mir etwas besser ging, und als der Böse mich aufs Neue entdeckte und meinetwegen den guten Kapo bedrohte, wurde ich wieder zu anderen Arbeiten versetzt.

Die beste Arbeit ist die Isolierung der Rohre, da sie von einem polnischen Bauunternehmer geleitet wird, der für seine humane Einstellung zu den Häftlingen bekannt ist. Er bestimmt die Arbeitsleistung, und wenn sie erfüllt wird, werden wir belohnt – mit einem großen Kochtopf mit heißen Bohnen für die ganze Mannschaft. Die Arbeit ist gefährlich, da man oft auf Rohre klettern muss, die sich hoch über der Erde winden. Von Zeit zu Zeit steigt die Hitze im Rohr wegen des Durchfließens von heißem Dampf oder Brennmaterial, und dann hat der arme Häftling, der nicht mit einem Sicherheitsgurt oder Isolierkleidung gesichert ist, keine Wahl, als gebraten zu werden und in seinen Tod zu fallen oder, noch schlimmer als das, schwer verwundet zu werden. Ferner sind die wenigen Isolierkleider, die es gibt, aus Glasfasern gemacht, die in der Haut stecken bleiben und für Reizungen und verschmutze Wunden sorgen.

Aber was ist das im Vergleich mit den Vorteilen einer zusätzlichen Essration, dem Ausbleiben von mörderischen Schlägen oder der Möglichkeit, sich an den warmen Rohren zu wärmen?

Wenn die Isolierarbeit dann beendet ist, wird das Legen eines unterirdischen Elektrokabels fortgesetzt. Diese Arbeit ist verdammt berüchtigt, und zwar nicht wegen des Aushebens der Gräben in der gefrorenen Erde, was der leichtere Teil ist, sondern besonders wegen des Ziehens des dicken Kabels und der schlimmen Schläge, die damit verbunden sind.

»Komm her, junger Mann!«, ruft mich eines Tages der polnische Arbeitsdirektor, »geh dorthin und reinige mir das Fahrrad, so wie es sich gehört.« Gott im Himmel, dieses Ding, was da auf dem Sitz liegt, ist doch nichts anderes als ein belegtes Brot. Das kann man mit Gewissheit sagen trotz des Papiers, in das es eingewickelt ist. Es gibt keine andere Wahl: Ich muss das Brot schnappen und essen, und wenn es meine letzte Mahlzeit ist. Ich nähere mich vorsichtig, und mein Blick trifft das Gesicht des Bauleiters, der mich aus der Ferne beobachtet und zustimmend mit seinem Kopf nickt. Es stellt sich heraus, dass der hartherzige Goj von Zeit zu Zeit einen Muselmann bittet, das Fahrrad zu reinigen, und damit auf sein Frühstück verzichtet, und das offensichtlich sogar ohne Wissen seiner Frau, die ihm das Brot belegt hat.

Meine körperliche Verfassung wird von Tag zu Tag schlechter, die Finger meiner Hände und die Fußzehen sind alle eine offene Wunde, hauptsächlich wegen der Erfrierungen, und dann werde ich wie durch ein Wunder zu der Baracke neben der Küche gebracht, um Kartoffeln zu schälen.

Die Arbeit wird ununterbrochen von vier oder fünf Knaben erledigt. Die Bewachung liegt in den Händen eines alten Wehrmachtsoldaten, der nicht allzu streng zu uns ist. Die Leistung jedes Jungen wird täglich kontrolliert, und ebenso werden die Schalen sorgfältig geprüft, um unnötigen Abfall zu vermeiden. Wer die erforderliche Leistung nicht erfüllt oder bei der Qualität der Ausführung schlampig ist, den erwartet das gleiche Urteil wie alle anderen Häftlinge, die nicht mehr zur Arbeit taugen. Der Ort hier gilt tatsächlich als eine Art Erholungsheim, weil man die Kälte in der Baracke auch ohne Heizung ertragen kann, und außerdem kann man ab und zu in die rohen Kartoffeln beißen. Ich pflege jeden Tag eine oder zwei Kartoffeln in meiner Hose in das Lager zu schmuggeln, um meinen Bruder Avraham damit zu beleben.

Weihnachten kommt, und der Wehrmachtsoldat ist besoffen und hat erhebliche Gewissensbisse. Er teilt uns mit, wie sehr er den verfluchten Krieg leid ist und wie sehr er uns bedauert, weil wir in solchen Verhältnissen gehalten werden, obwohl wir vollkommen unschuldig sind. Und dann wirft er plötzlich sein Gewehr auf den Boden, öffnet die Tür der

Baracke und schreit: »Geht jeder, wohin seine Füße ihn tragen, ich erlaube es euch. Es ist mir egal, welches Schicksal ich erleide. Geht, geht!«

Mit größter Mühe beruhigen wir ihn, denn wenn die Sache bekannt würde, dann brächte man den Soldat der ›Herrenrasse‹ für sein schändliches Benehmen für immer zum Schweigen.

Todesmarsch

Du lässest Brunnen quellen in den Tälern,
dass sie zwischen den Bergen dahinfließen,
dass alle Tiere des Feldes trinken und Wildesel
ihren Durst löschen.

Psalm 104:10-11

Wir verlassen für einige Zeit das Lager und gehen in einer schnellen Gangart, geordnet und diszipliniert. Keiner darf die Reihen verlassen. Ein Häftling, der das macht, und jeder, der im Gehen zurückbleibt, wird auf der Stelle erschossen.

Seit einigen Tagen hört man aus der Ferne das Echo von Detonationen. Das ist nichts anderes als die Kanonen der russischen Armee, die irgendwo im Osten stecken geblieben ist und jetzt allmählich beginnt, sich uns zu nähern. Und ausgerechnet heute, nachdem die Arbeit an der neuen Raffinerie beendet worden ist, kann man plötzlich die Geschosse der Kanonen und die ohrenbetäubenden Explosionen von Granaten hören.

Gegen Mitternacht werden wir zum Appellplatz hinausgebracht, und der Lagerälteste teilt den Häftlingen die Vorschriften für den Marsch mit. Die Kranken, die Verwundeten und die Muselmänner, eine kleine Gruppe von etwa 20 Menschen, darunter die Söhne der Reichsten und Wichtigsten aus unserer Gemeinde, Ossi Gutfeder und Issachar Bär Perla, werden in die Ecke des Hofes zwischen den Zwinger und die Latrinen gebracht. Von dort hört man Schusssalven, und wir bekommen eine außergewöhnlich dicke Scheibe Brot und zwei Stückchen Käse. Dann machen wir uns unter schwerer Bewachung der SS auf den Weg. Diejenigen, die sich im Kalender auskannten, fanden heraus: Heute ist Mittwoch, und das Datum ist der 17. Januar 1945.

Kaum haben wir die Grenzen des Dorfes verlassen, steigt eine gewaltige Flamme aus der Raffinerie, die von den Deutschen angezündet oder von den Granaten der Russen getroffen wurde.

»Kameraden, haltet durch, einigt euch, helft einer dem anderen, flechtet eure Arme und geht, geht!« Und das mühselige Gehen dauert bis in die Nacht hinein. Hier und da hält der Marsch an einer Kreuzung wegen einer Militärkolonne oder aus irgendwelchen anderen Gründen – und wir laufen weiter. Der Erste, der sich auf die Straße setzt, ist einer der rothaarigen Zwillinge. Sein Bruder, der neben ihm steht und sich weigert, ihn zu verlassen, wird durch die Nachhut erschossen.

Als die Sonne endlich aufgeht, stellen wir fest, dass andere Kolonnen, darunter Kolonnen von Frauen, schon vor uns diesen Weg passierten. Ihre Leichen liegen verstreut in den verschneiten Gräben abseits der Straße. Mitleidige polnische Bäuerinnen stehen an den Eingängen ihrer Häuser, Eimer voll mit Wasser und Tassen in ihren Händen, aber die SS erlaubt ihnen nicht, sich zu nähern, und die Kolonne geht weiter und weiter, schrumpft zusammen; es liegen immer mehr Leichen am Straßenrand.

Mein Gott! Wenn ich nur zu den Schneehaufen gelangen könnte, bevor die Patronen mich erwischen, dann könnte ich eine Handvoll Schnee in meinen Rachen schieben und danach für Ewigkeiten ruhen.

Die Hauptstraße eines ruhigen polnischen Dorfes steigt Unheil verkündend in eine Kurve im Zentrum des Dorfes an, wo ein geschlagener und hungriger Hund streunt. Wie gut hat er es doch, und wie angenehm ist das Schicksal dieses Hundes, der streunen und vom Schnee essen kann, so viel er will! Er läuft in die Höfe, wühlt im Abfall, findet hier und dort etwas zu essen und geht danach wieder frei seines Weges. Und wir wenden uns unserem Weg zu, marschieren ohne Pause, Tag und Nacht, schlafen hier und da im Stehen und auch, während wir laufen.

Von Zeit zu Zeit hört man den Knall eines Gewehrschusses, der uns verkündet, dass jetzt wieder einer unserer Kameraden erlöst wurde und ewige Ruhe in einem der Gräben entlang der Straße im verschneiten Schlesien gefunden hat.

Durst

Denn wie ein Hungriger träumt, dass er esse –
wenn er aber aufwacht, so ist sein Verlangen nicht gestillt;
und wie ein Durstiger träumt, dass er trinke –
wenn er aber aufwacht, ist er matt und durstig.

Jesaja 29:8

Am Rande der Stadt Gleiwitz werden wir in offene Waggons eines Transportzugs verfrachtet, erschöpft von dem langen Fußmarsch, vom Hunger und vom Durst. Wir versuchen sofort, uns hinzusetzen und die Glieder auszustrecken, aber die Enge hindert uns daran.

Mit größter Mühe gelingt es mir, mich hinzusetzen, aber sofort setzt sich einer der Häftlinge auf meine Schulter und drückt meine Gurgel fast bis zum Ersticken. Das Gewicht des Häftlings kann nicht besonders schwer sein, aber meine Kräfte sind verbraucht. Mein Versuch, ihn loszuwerden, scheitert, die Luft wird immer knapper, Dunkelheit umgibt mich, und ich spüre, dass mein Leben mich verlässt. Aber mein Bruder Avraham bemerkt das Geschehen und kann den Häftling mit großer Anstrengung von mir herunterziehen.

Unser Zug bewegt sich in verschiedene Richtungen und weilt lange auf abseits gelegenen Gleisen und Umschlagbahnhöfen. Es scheint eine Verwirrung zu herrschen bezüglich unseres Ziels. Die Zeiten und die Richtungen der Fahrt ändern sich nach der Verfügbarkeit von Dampflokomotiven oder von freien Gleisen. Während der ganzen sonderbaren Fahrt wird kein Essen verteilt und, schlimmer noch, man reicht kein Trinkwasser.

Hier und da landen Schneeflocken auf uns, aber sie reichen nicht, den immer größer werdenden Durst zu stillen. Andere, die mehr Glück

haben und in der Nähe der Seitenwand stehen, lecken den gefrorenen Schnee, der sich an den Eisenbeschlägen sammelt – aber die größte Hilfe kam von unerwarteter Seite.

Während der langen und verworrenen Reise trifft man manchmal andere Transportzüge, die ebenfalls mit Häftlingen beladen sind, sei es bei der Rast an Bahnhöfen oder während der Fahrt auf parallel verlaufenden Gleisen. In der Regel schreien die Reisenden in diesen Waggons ebenfalls »Wasser, Wasser!«, aber manchmal passiert es, dass man Waggons mit ›unseren‹ Frauen trifft, und diese werfen uns Eisstückchen aus einem Behälter zu, der offensichtlich im Voraus für solche Fälle vorbereitet wurde.

Wie schrecklich ist der Anblick dieser kahl geschorenen Frauen mit den dünnen Armen, die mit dicken Lumpen oder groben Stoffen gekleidet sind. Dennoch, diese wenigen Sekunden, in denen die Waggons aneinander vorbeifahren, lösen tiefe Gefühle in den Frauen aus. Ihre gequälten Gesichter strahlen vor Glück, da sie feststellen, dass ein Teil der Eisstückchen tatsächlich sein Ziel erreicht, um das Leid ihrer Brüder zu mindern, und die Männer, die das Gesicht einer jüdischen Frau seit vielen Monaten nicht gesehen haben, sind trotz ihres schrecklichen Aussehens ergriffen.

Und die Fahrt geht weiter, die Waggons bewegen sich hin und her, man wechselt Lokomotiven zuhauf, aber Nahrung und Wasser gibt es nicht. Nach und nach nimmt die Enge im Waggon ab, und es entsteht Platz, um bequem zu sitzen. Schließlich, am Ende einer Reise von fast zwei Wochen, kann man es sich gemütlich machen und man liegt problemlos auf den gefrorenen Leichen.

»Mütterchen, gib mir noch einen Becher Wasser«, flüstert Jidel Brill auf Ungarisch, der Junge aus unserer Stadt, der neben uns sitzt und der bisher überlebt hat. Das waren seine letzten Worte, und schon haucht er seine Seele aus – und stirbt mit einem breiten Lächeln auf seinem knochigen Gesicht.

Sachsenhausen

*… so will ich euch Regen geben zur rechten Zeit und das Land
soll seinen Ertrag geben und die Bäume auf dem Felde
ihre Früchte bringen. Und die Dreschzeit soll reichen
bis zur Weinernte, und die Weinernte soll reichen
bis zur Zeit der Saat. Und sollt Brot die Fülle haben …*

Levitikus, 26:4-5

»Runter, runter, ihr verfluchten Schweine!«, höre ich es dumpf schreien, und es geht mich nichts an, da ich doch tot bin, und es geht mir so gut, es ist warm und angenehm und Wasser fließt reichlich. Aber mein Bruder Avraham versucht, mit dem Rest seiner Kraft meinen Körper in Richtung des Waggons zu schleppen. Der Anblick des Schnees, der in der Nähe der Gleise aufgehäuft ist, überzeugt mich schließlich, mit allerletzter Anstrengung aus dem Waggon zu gleiten und das strahlende Weiß mit beiden Händen zu greifen. Die Zahl der Verbliebenen im Waggon ist unvorstellbar viel größer als die Zahl derjenigen, die ihn verlassen.

Nach der ersten Kräftigung werden wir in die Waschbaracke gebracht, und wir kennen die mögliche Bedeutung von ›Waschbaracke‹, aber uns beunruhigt das nicht besonders. Diejenigen, die Bescheid wissen, teilen mit: »Wir sind in Sachsenhausen und das Datum ist der fünfzehnte des Monats Schevat.«[10]

Der Winter ist auf seinem Höhepunkt, und es gibt nichts, was an Feigen und Datteln erinnern könnte, und dennoch weckt die Erinnerung an die Zahl 15 vergessene Düfte in unseren Nasen.

Im Inneren der Waschbaracke fließt kaltes und warmes Wasser und es gibt große Blechtassen, um unseren grenzenlosen Durst zu stillen. Die

Kleider werden zur Desinfektion abgenommen, die Haare auf dem Kopf und am ganzen Körper werden geschoren – gewöhnliche Vorbereitungen für den Transport in ein Arbeitslager.

Unsere Baracke ist in der Nachbarschaft des Krematoriums, aber uns beschäftigt nur das wenige Essen, das wir bekommen. Man muss also irgendwie weiteres Essen beschaffen. Die einzige Quelle sind die Nachbarn von rechts, eine Baracke mit britischen und anderen Kriegsgefangenen, denen man mehr Nahrungsmittel gibt und die wertvolles Essen, wie Kartoffelschalen, roh oder gekocht, wegwerfen. Das Beschaffen solcher Delikatessen ist mit großer Gefahr verbunden, aber auf sie zu verzichten ist noch gefährlicher.

In der Baracke liegt auf einer Liege der Blockälteste, mit einem zersplitterten Spiegel. Er ist von etwas Ungeheurem entsetzt, das sich langsam hin- und herbewegt. Es ist ein Schädel, auf den eine dünne gelbliche Haut gezogen ist und aus dem große blaue Augen hervorstechen, die in die Leere blicken. Und in mir kommt Entsetzen auf: Ist auch mein Gesicht wie dieses?

Bergen-Belsen

Hebt eure Augen auf gen Himmel und schaut unten
auf die Erde! Denn der Himmel wird wie ein Rauch vergehen
und die Erde wie ein Kleid zerfallen, und die darauf wohnen,
werden wie Mücken dahinsterben.

Jesaja 51:6

Und wiederum fahren wir nach Norden bis zur deutschen Stadt Celle, und von dort geht es zu Fuß weiter. Nachdem wir einige Kilometer marschiert sind, steigt uns der Geruch von verwesendem Fleisch in die Nase. Je näher wir kommen, desto stärker wird dieser furchtbar süßliche Geruch, bis wir zur Hölle selbst gelangen – nach Gehenna,[11] das Lager Bergen-Belsen.

Auch hier werden verschiedene Lager durch Zäune abgetrennt, hier ein Frauenlager, aus dem sie täglich zu irgendeiner Arbeit losziehen, dort das Lager der ›Prominenten‹, in dem sich Gerüchten zufolge wichtige Juden mit ihren Familien als Geiseln befinden, und dann gibt es noch eine Reihe einfacher Lager für Männer – in eines von ihnen wurden wir gesteckt.

Anders als sonst üblich herrschen in Bergen-Belsen Unordnung und Vernachlässigung. Gerippe von Leichen, angezogen und nackt, liegen verstreut zwischen den Baracken, da man es anscheinend aufgegeben hat, sie noch zu verbrennen. Ein Teil von ihnen, alle nackt, liegen kreuz und quer wie aufeinandergeschichtete Holzscheite. Entlang der Vorderlinie des Haufens sind deutlich sichtbar Ziffern aufgemalt –Relikte aus einer Zeit, in der es geordneter zugegangen war.

In diesem Lager gibt es keinerlei Regeln oder Gesetze. SS-Leute kommen überhaupt nicht in das Lager hinein, und jeder tut, was ihm gerade in den Sinn kommt. Essen wird nicht regelmäßig verteilt. Gelegentlich wird das Tor zum Lager geöffnet und einige Kochtöpfe werden abgestellt. Dann stürzen sich die ›Ellbogenstarken‹ auf sie und versuchen zu nehmen, was ihre Hände zu ergattern imstande sind, doch dann fallen während dieses Gerangels die Töpfe um, und die Suppe fließt auf den sandigen Boden, von dem sie mit Löffeln oder auch nur mit den Fingernägeln aufgekratzt wird.

Was also gibt es in diesem Lager? Zwei Dinge: Läuse und Typhus, vor allem Flecktyphus.

Die Läuse sind eine Plage, die nicht in der Thora geschrieben steht. Die schlimmste von ihnen ist die Kleiderlaus. Je mehr Kleiderläuse du tötest, desto mehr fressen sie mit kräftigen Bissen von dir. Sie sammeln sich, angefangen an den Knöcheln, wo die Hosenbeine gegen das Entweichen der Körperwärme zusammengebunden sind, über den Bereich der Hüfte hin zu dem Gebiet der empfindlichen, aber besonders warmen und schmackhaften Achselhöhlen und ebenso um den Hals herum. Sie sind in jeder einzelnen Falte deiner Kleider und beginnen von dort aus ihre Angriffe.

Der Winter zieht sich jetzt zurück, der Schnee schmilzt, doch die Kälte peinigt uns. Ich sehe, dass einer der Toten einen herrlichen Pullover trägt. Die dicke Schicht von Wolle verspricht eine angenehme Wärme, die sein Träger nun nicht mehr benötigt. Ich ziehe ihm dieses Kleidungsstück aus und lege es selbst unverzüglich an. Sehr schnell beginnt ein schreckliches Brennen unter dem Pullover, ein furchtbar brennender Schmerz auf meinem Oberkörper, der mich zwingt, mir die Kleidung herunterzureißen. Die im Pullover des Toten wohnende und seit einiger Zeit schon hungernde Läusegemeinde hatte sich in Zorneseifer auf das frische Fleisch gestürzt.

Eine weitere Sache, die der Erwähnung wert ist, ist der Typhus, der Tausende und Zehntausende links und rechts zu Fall bringt, bis er auch an dich herantritt, womit alles dann innerhalb einiger Tage erledigt ist. Die Erfahrenen können das Stadium der Krankheit an den Augen der Kranken ablesen – man kann es nicht mit Worten beschreiben. So werden die Haufen der Skelette immer größer und größer, da man immer wieder neue Transporte in das Lager bringt, aber kein Mensch es je verlässt. Dennoch dringt ein Gerücht an unsere Ohren, dass im hinteren

Teil des Lagers kräftige Häftlinge zur Arbeit in einem Arbeitslager ausgewählt werden.

Und wirklich verließen mein Bruder und ich wie durch ein Wunder
mit gut 30 Personen zu Fuß und per Eisenbahn das Lager auf dem Weg
zu einem anderen Ort, der in keinem Fall schlimmer als Bergen-Belsen
sein konnte.

Bremen-Farge

Ich will alles Unglück über sie häufen, ich will alle meine Pfeile
in sie schießen. Vor Hunger sollen sie verschmachten
und verzehrt werden vom Fieber und von jähem Tod.
Ich will der Tiere Zähne unter sie schicken und der Schlangen Gift.

Deuteronomium 32:23-24

Im Quarantäne-Lager von Bremen-Farge werden wir desinfiziert und
geschoren. Dies hier ist kein Lager, sondern ein System von unterirdischen Schutzräumen (oder Lagerräumen) mit Wänden aus Beton, in
welches Häftlinge, die für eine bestimmte Zeit aus verschiedenen Lagern gebracht wurden, während der Inkubationszeit von Typhus und
anderer Krankheiten einquartiert werden, um danach irgendeine Arbeit
zu verrichten. Und tatsächlich gibt es weder Läuse (die den Flecktyphus
übertragen) noch Wanzen in Bremen-Farge.

Flöhe finden sich aber durchaus genug. Wer weiß, wie sie hierher gelangt sind – vielleicht diente dieser Platz einmal zur Unterbringung von
Tieren? Jedenfalls attackieren sie uns rücksichtslos, und die Folgen sind
äußerst schlimm. Ihre Stiche verursachen einen furchtbaren Juckreiz,
Rötungen und eine Schwellung, die nur langsam wieder verschwindet.
Diese Insekten sind außerordentlich schnell und ihre Panzer so hart,
dass auch dann, wenn du mal einen Floh gefangen hast, gute Aussicht
besteht, dass er dir fröhlichen Mutes zwischen den Fingern entschlüpft,
als sei nichts geschehen. Daher unternehmen die von Schwellungen
übersäten Opfer keine übermäßigen Anstrengungen zur Vernichtung
der Flöhe. Stattdessen versucht ein jeder nur, sie zu seinem Nachbarn zu
verscheuchen. Dies gelingt dir irgendwie am Tage, aber in der Nacht –
wenn du ein wenig schlafen willst – ist das viel schwerer. Und so sieht

man jede Nacht, wie Häftlinge ihre Füße zur Latrine schleppen und die Decke ausschütteln in dem verzweifelten Versuch, sich von diesen Quälgeistern zu befreien, und sei es auch nur für kurze Zeit.

In Bremen-Farge herrschen Ordnung und Disziplin. Die Nahrung ist knapp, wird aber exakt und pünktlich verteilt. Beschäftigungslos sitzen die Häftlinge von morgens bis abends entsprechend einer festen Sitzordnung an den Tischen im Essraum. Die pedantische Genauigkeit des Lagerältesten, eines streng aussehenden Deutschen, ist äußerst seltsam und er fordert vollständigen Gehorsam. Er bestimmt, wann es erlaubt ist, leise zu reden, und wann man vollständig zu schweigen hat, wann und gemäß welcher Ansage man zur Latrine geht und wann jedermann regungslos auf seinem Platz zu sitzen hat. Er achtet streng auf saubere Fingernägel und verordnet wöchentliche Rasuren (was mich in keiner Weise betrifft). Wenn jemand dabei erwischt wird, wie er eine der Regeln übertritt, sei es eine geringfügige oder eine weitergehende Übertretung, absichtlich oder aus Versehen, so gibt es nur eine Antwort: sofortiges öffentliches Auspeitschen.

Der Lagerälteste ist in einer Person sowohl derjenige, der das Urteil fällt, als auch sein Vollstrecker, wobei er das Urteil feierlich verkündet. Das Verabreichen der Schläge beginnt energisch, jedoch zugleich elegant, sachlich und kultiviert, wenn das Opfer sich jedoch nicht gebührend verhält, wenn es protestiert, schreit und sich windet, dann wird der bis dahin ausgewogene Charakter der Schläge aufgehoben, wird wild und von immer impulsiveren Affekten geleitet. Und so beginnt sich alles zu verschärfen, dieser schreit, und der andere reagiert im Zorn, unkontrollierte Laute brechen aus seiner Kehle, und das Opfer wälzt sich in seinem Blut unter den Stiefeln des Peinigers.

Wie kommt man bei alledem an etwas Nahrung? Sehr schwer. Du bist von Wänden aus Beton umgeben, das zugeteilte Essen kommt von außen, und die Häftlinge verfügen über keine Vorräte – doch beim Lagerältesten verhält es sich anders. Denn man muss wissen, dass der Lagerälteste zuallererst seinen Essensanteil auf einen großen Teller legt, welches dann in seinen Privatraum neben dem Essraum gebracht wird.

In diesen Raum stehle ich mich in der Nacht hinein, während der Lagerälteste schläft, und raube, was ich nur zu fassen bekomme. Einige Schlucke Suppe und einen Brotbrocken, den ich mit meinem Bruder Avraham teile.

Dieser Lagerälteste leitet sogar das gesellschaftliche Leben. So geschah es, dass sich eines Abends, an dem vielleicht ein Geburtstag oder irgendeine Feier stattfand, alle seine Kapo-Freunde in seinem Zimmer zu einer zweifelhaften Feier versammelten. Sogar ein kleines Bierfass wurde gebracht und in den Flur neben seinem Zimmer beim Essraum aufgestellt. Als die Feier auf ihrem Höhepunkt war, kam immer mal wieder einer der Deutschen mit seinen Kannen heraus, um mehr von dem Bier zu holen. In gemeinsamer Aktion mit meinem Bruder stahl ich mich an dieses Fass heran, und wir tranken direkt aus dem Hahn. Kurz vor dem letzten Schluck wurde die Tür geöffnet und direkt neben mir stand der Kapo, sodass ich mich hinter dem Fass an den Boden schmiegte. Dieses Bier – obwohl es minderwertige, verschnittene Kriegsware war – flößte uns Optimismus und neue Kräfte für die Zukunft ein.

Die Rache eines Juden

Denn der nach Blutschuld fragt, gedenkt der Elenden
und vergisst nicht ihr Schreien.

Psalm 9:13

Normalerweise befinden wir uns unter der Erdoberfläche, mit Ausnahme der gelegentlichen Fälle, wenn ein Häftling eines nahegelegenen Arbeitslagers erschossen oder erhängt wird.

In diesem Fall werden wir in feierlicher Form herausgeholt, um Zeugen der Erziehungsmaßnahme zu sein, die da heißen soll: So wird mit einem Gefangenen verfahren, der durch sein Tun den Kriegsanstrengungen des Reichs schadet.

Ein Beispiel: Vor einigen Tagen wurden wir am frühen Morgen zu einem Appell herausgeholt und in Form des Buchstaben ›Chet‹ (der wie ein aufgeschwungenes ›n‹ aussieht) aufgestellt. Nachdem wir ungefähr ein bis zwei Stunden gewartet hatten, wird schließlich ein Häftling in die Mitte des Platzes geführt, der so stark an Händen und Füßen gefesselt ist, dass er kaum auf die Plattform unter dem Galgenbaum laufen konnte. Dieser Häftling strahlte einen ungewöhnlichen Stolz aus, obwohl er relativ klein und abgemagert war. Er stand erhobenen Hauptes aufrecht, und seine Augen waren nach vorn gerichtet. Keine Furcht trat aus ihnen hervor, keine Resignation oder Gleichgültigkeit, sondern ein durchdringender Blick, voller Gefühlskälte und Verachtung gegenüber seinen Henkern.

Ein SS-Feldwebel verlas jetzt das ›Urteil‹. Aus ihm ging hervor, dass dieser jüdische Häftling (dessen voller Name genannt wird) der Sabotage für schuldig befunden worden war, dass er einen Lederstreifen von einem Band abschnitt, das zum Antrieb einer Maschine diente. Der Ge-

fangene wollte dieses Material zum Zusammenbinden seiner Schuhe verwenden. Am Ende der Ansprache des SS-Mannes und noch bevor der Schemel unter den Füßen des Verurteilten weggezogen wurde, gelang es dem Häftling, mit lauter und klarer Stimme auf Jiddisch zu rufen: »Juden! Denkt daran, Rache zu nehmen für …« und er verstummte, denn sein Kopf fiel zur Seite und sein Knochenskelett schwang leicht in seinem gestreiften Häftlingsanzug umher.

Und mein Bruder Avraham sagte teils zu mir, teils zu sich selbst: »Es wäre interessant zu erfahren, welche Rache der Jude meinte. Denn wenn er über sein eigenes Blut sprach, das vergossen wurde, dann ist dies doch wie ein Tropfen im Meer. Was macht es schon für einen Unterschied? Und wenn er den Rest von uns meinte: Welche Art von Rache würde dem entsprechen?«

Und im selben Atemzug sagte er: »Wäre es doch nur so, dass sich unser Gott zum Guten erinnerte und Rache übte für sein vergossenes Blut, wie es geschrieben steht, dass er das Blut seiner Knechte rächen und Rache an ihren Verfolgern nehmen wird.«

Und einer sagte von der Seite: »Zehntausende werden jeden Tag vernichtet, und hier gibt man sich noch die Mühe, ein ›Urteil‹ für dieses menschliche Skelett zu verkünden, und ausgerechnet dieses lässt alle Fasern unserer Seele erzittern, mehr als alle Schrecken zusammen.«

Bergen-Belsen zum zweiten Mal

*Sie sollen an bösen Krankheiten sterben und nicht beklagt
noch begraben werden, sondern sollen Dung werden
auf dem Acker.*

Jeremia 16:4

Und wieder fahren wir in offenen Eisenbahnwaggons, wer weiß wozu, denn nach dem Ende der Quarantäne werden wir nicht in ein Arbeitslager überführt, sondern einige Tage durch die Landschaft hin und her gefahren. Bei einem der Transporte auf der Eisenbahn greift uns während einer der Fliegeralarme im Sturzflug ein ›feindliches‹ Flugzeug an und schießt mit allem, was er hat, präzise auf unseren Zug. Kein Problem: Die Getöteten und Verletzten werden im großen Durcheinander auf einen Lastkraftwagen geworfen, die angeschlagenen Waggons werden mit Hilfe eines Krans auf einen Haufen gehoben, während die Karawane – klein und reduziert – weiterzieht.

»Wohin geht es, wackerer Kamerad?«, fragt schreiend ein Bewacher des Eisenbahnkontrollpunktes den Wehrmachtsoldaten, der zu den Bewachern des Transports gehört.

»Nach Bergen-Belsen«, schreit der, während sich der Zug langsam weiterbewegt.

Die meisten Gefangenen im Waggon haben noch nie von Bergen-Belsen gehört, während jedoch mein Bruder und ich das dort Erlebte noch nicht vergessen haben. Daher sind wir sehr erschrocken, als wir hören, dass wir auf dem Weg zurück in die Hölle sind.

»Komm, wir springen aus dem Zug, egal was kommt, wir kehren nicht dorthin zurück!«, entscheide ich ohne Verzug. »Nein«, sagt mein Bruder, »das hat sich dort bestimmt gebessert. Es kann ja nicht sein, dass es so geblieben ist, wie es damals war, und vielleicht kommen wir von dort in ein anderes Lager.« Diese Überlegungen reichen aus, um mich von jeglicher Handlung abzuhalten. In der verregneten Nacht bei teils Schnee, teils Regen marschieren wir erneut dem furchtbaren Gestank entgegen, nur dass er diesmal noch stärker ist. Und siehe da, wir kommen tatsächlich in dasselbe Lager, aus dem man uns vor einigen Wochen herausgeholt hatte.

Als sich das Tor hinter der Gruppe schließt, bleibt diese weiter im dichten Regen stehen, wartet auf Anweisungen – hilflos wie eine Schafsherde, die von ihrem Hirten im Stich gelassen wurde, ohne Leithammel und ohne Hirtenhund. Doch wir, die wir uns hier auskennen, gehen eiligen Schrittes in der Finsternis zu dem Gebäude, das einen gewissen Schutz gegen Regen und Kälte verspricht, jedenfalls mehr als die Holzbaracken hier. Dieses Gebäude jedoch, dass wir vor einigen Wochen verlassen haben, hat inzwischen auch andere Häftlinge angezogen, und so war es nun mit Schichten über Schichten menschlicher Körper angefüllt. Hier einzutreten, war ganz und gar unmöglich.

Wir wenden uns also einer der Baracken zu, in denen sich lebende wie tote Menschen befinden, die dichtgedrängt auf dem Boden liegen. Erfahren und mit den Umständen vertraut überwinden wir die ersten Hindernisse im Bereich der Tür und finden unseren Platz im hinteren Bereich der Baracke, wo etwas weniger Leute liegen und es endlich möglich ist, sich auszustrecken, um für den kommenden Tag Kräfte zu sammeln.

Viehfutter

*... und wenn ich die bösen Pfeile des Hungers unter euch
schießen werde, die Verderben bringen und die ich schießen
werde, um euch zu verderben, und wenn ich den Hunger
bei euch immer größer werden lasse und euch den Vorrat an
Brot wegnehme. Ja, Hunger und wilde Tiere will ich unter euch
schicken, die sollen euch kinderlos machen, und es soll Pest
und Blutvergießen bei dir umgehen, und ich will das Schwert
über dich bringen.*

Hesekiel 5:16-17

Mit Anbruch des Tages führen wir einen Rundgang durch, um uns einen Überblick über die Lage zu verschaffen, und stoßen auf Jona, der eben im Sterben liegt. Er selbst hat uns wiedererkannt, als wir zufällig an seinem Lager inmitten einer Gruppe von Skeletten vorübergingen, und hat mit schwacher Stimme, die schon nicht mehr von dieser Welt war, unsere Namen gerufen. Nach seinem Aussehen befand er sich bereits in einem fortgeschrittenen Stadium des Flecktyphus und war so geschwächt, dass er kaum noch Energie – selbst für die Herzschläge – übrighatte. Dennoch war er seelisch noch in Ordnung und völlig geistesgegenwärtig. Das Reden kostete ihn gewaltige Anstrengung, wurde jedoch besser, nachdem wir ihm etwas Wasser zu trinken gegeben hatten. Es stellte sich heraus, dass alle Leute, die wir in früheren Lagern kennengelernt hatten und die in Bergen-Belsen geblieben waren, während wir in das Quarantäne-Lager transportiert worden waren, bis auf einen Einzigen durch Hunger und Typhus umgekommen waren. Nur Jona war am Leben geblieben (wenn dies noch so bezeichnet werden kann). Außerdem teilte uns Jona mit, dass er zufällig unseren Cousin

Welwele getroffen habe, der sich, mit einem Armeemantel bekleidet, in der Umgebung aufhalten müsse.

Wir finden dann tatsächlich Welwele, nackt und mit der Jagd nach Läusen in seinem prächtigen Mantel beschäftigt.

Dieser Welwele erklärte uns, wie man zu Nahrung kommt. Denn das muss man hier wissen: In letzter Zeit wird kein Essen mehr ausgegeben, überhaupt keins, gar nichts. In diesem Lager geschieht auch sonst nichts mehr, nur das Tor wird ab und zu geöffnet, eine Gruppe neuer Leute wird hereingeschoben, während sich das Tor wieder hinter ihnen schließt. Niemand kommt heraus, weder lebendig noch tot. Und drinnen laufen Skelette herum, brechen lautlos zusammen – und dort, wo sie hinfallen, bleiben sie auch liegen.

Wie kommt man also zu Nahrung? Recht einfach. In der Nähe unseres Lagers befindet sich eine ausgedehnte Fläche mit Pferdeställen und Hundehütten. Dort gibt es auch Lagerräume für Viehfutter und Hafer, doch sie sind fest verschlossen. Dennoch ist es manchmal möglich, Futterrüben oder Hafer in den Masttrögen zu finden. Man muss nur wissen, wann die Fütterungen stattfinden, und so früh wie nur möglich erscheinen, und zwar bevor das Vieh sein Futter verzehrt und nachdem die Helferinnen der SS, die sich um das Vieh und seine Fütterung kümmern, den Ort inspiziert haben; ansonsten bist du eine Beute für die Zähne ihrer Hunde. Aber der Weg dorthin ist stachelig, denn der Viehhof ist mit Stacheldraht eingezäunt und ein bemannter Wachturm ist zwischen ihm und unserem Lager aufgestellt. Daher muss man folgende List anwenden. Erstens: Die Aktion wird in einer Gruppe ausgeführt. Man versammelt sich beim Klo, das sich nicht weit entfernt vom Stacheldrahtzaun befindet, der die Grenze zwischen dem Lager und dem Viehhof markiert, und dann stürmt man im rechten Moment zum (nicht elektrisierten) Zaun vor und kriecht unter ihm durch. Der Wächter auf der Spitze des Turmes antwortet mit Schüssen in die Gruppe hinein, trifft aber nicht alle, sodass es der Mehrheit der Gruppe gelingt, hindurchzukommen und an den Stallgebäuden Deckung zu finden. Von hier bis zu den Futtertrögen (oder auch zu den Futterrüben, die gelegentlich gehäuft auf der Erde liegen) ist der Weg einfach. Dann beißt man zuerst an Ort und Stelle von der Nahrung etwas ab (sicher ist sicher) und stopft in die Hosen, was man nur greifen kann. Und schließlich macht man sich mit voll beladenen Armen auf den Rückweg. Nun muss man den Zaun zurück ins Lager überwinden, denn hier kann man nicht bleiben. Und dies macht man wie auf dem Hinweg, nur ist der Wächter jetzt schon vorgewarnt, sodass seine Schüsse nun bedeutend genauer treffen. Und wenn man auch dies überstanden hat, so warten dort schon die Ukrainer auf dich, ›gesunde‹, frisch angekommene Nichtjuden, um dir mit Gewalt all das abnehmen, was dir zu organisieren gelungen ist. Daher wirft man bei Überfällen der Ukrainer mit Haferkörnern um sich und lenkt damit ihre Aufmerksamkeit so lange ab, bis sie sich schließlich vom Gefahrenherd davonmachen.

Phantasien

Dort haben die Frevler aufgehört mit Toben;
dort ruhen, die viel Mühe gehabt haben.

Hiob 3:17

Die Sonne scheint und die Menschen wärmen sich an ihrem Licht. Unterhalten sich in Ruhe, eine Gruppe hier und eine Gruppe da, Fraktion für Fraktion im angenehmen Gespräch. Alle sind Männer, groß und dunkel, sie stehen aufrecht, haben einen dichten Bart, sie sind schön anzusehen. Ihre Kleidung ist blau wie der Himmel und die weiße Wolle makellos, Streifen über Streifen, ihre elegante Kleidung ein Meisterstück, sie streichen die Spitzen ihrer Bärte sorgfältig, und ihre strahlenden Gestalten zeigen sich vielfach in den Spiegeln auf einigen der vielen Stelzen, die im Raum stehen.

Das ist gar nicht merkwürdig. Auch die Füße der vielen Menschen, die im Hof stehen, berühren nicht die feuchte Erde. Und dennoch schweben sie nicht in der Luft. Ihr Stehen im Raum ist fest und stabil.

In der Nähe befindet sich ein runder Bau, seine Wände und sein Dach sind aus einem Stück, ganz aus glänzendem Stein gemacht, oder ist es etwa Blech oder reines, flach gehämmertes Silber?

Eine kalte Dunkelheit herrscht im Inneren des Raumes, und die Sitze schimmern ein wenig in der Finsternis. Es gibt keinen Zweifel, draußen ist es angenehm, dort heilen die Sonnenstrahlen jede Wunde, eine gerechte Sonne scheint dort, eine Sonne, die Genesung verspricht.

Ich tauche ein in diese Bilder, betrachte diese Menschen, als sähe ich und würde nicht gesehen, ich bin mit ihnen und nicht von ihnen. Es sind Menschen, die Taten begehen und Gedanken haben, aber ich bin ein anderes Geschöpf – ein Kind.

Aus der Ferne ruft mich Mutter, meine kleinen Brüder sind bei ihr – komm hierher, fürchte dich nicht, es ist kein Traum, du siehst doch, wir sind alle gesund.

Akiva

Licht ist dein Kleid, das du anhast. Du breitest den Himmel
aus wie ein Zelt; du baust deine Gemächer über den Wassern.
Du fährst auf den Wolken wie auf einem Wagen und kommst
daher auf den Fittichen des Windes ...

Psalmen 104:2-3

»Wer geht?«, fragt Welwele und will damit wohl jemanden davon überzeugen, Nahrung aus den Ställen zu besorgen.

Wir liegen auf dem freien Platz zwischen den Baracken, und die blasse
Aprilsonne scheint zwischen grauen Wolken hindurch, die immer dichter werden. Welwele liegt auf seiner Seite und stützt sich auf einem Arm
ab, sein prächtiger Mantel liegt neben ihm, seine Hosen sind sorgfältig
gefaltet, außer den Holzschuhen an seinen Füßen trägt er nichts. Die
Knochen seiner Oberschenkel zeichnen sich deutlich und in gelblicher
Farbe ab, seine Scham ist welk und klein, grau hängen sie an ihm herab
wie ein Lumpen, der schon lange auf der Wäscheleine hängt.

Gerade eben hat Welwele sich selbst und seine Hosen zu Ende durch-
sucht, eine Anzahl Läuse beseitigt, sich aber keine Mühe mehr gemacht,
sie zu zerquetschen, so wie er es früher tat. Trotz des kräftigen Windes
hat Welwele es vorgezogen, keine Kleider zu tragen, denn so sehr du
dich auch anstrengen magst, die Läuse loszuwerden, werden sich doch
immer genug von ihnen finden, und schließlich gibt es auch noch diaje-
nigen, die sich in den Nähten verstecken und nur auf die rechte Zeit
warten, von dort rauszukommen und dich kräftig zu beißen.

In Welweles Nähe sitzt allein für sich Akiva Josefsohn, derartig zu-
sammengekauert und den Kopf gesenkt, als betrachtete er die Reste des
auf dem Hof verstreuten Häcksels aus der Nähe, denn man sagt, dass

darin hier und dort noch Weizenkörner verborgen sind. Akiva ist kurzsichtig, und da ihm seine Brille mit den dicken Gläsern fehlt, läuft er herum wie ein Blinder im Kamin, und seine wässrigen Augen tanzen unaufhörlich. Doch in den letzten Tagen hat sich sein Gesichtsausdruck verändert. Das sind die ersten Anzeichen des schlummernden Flecktyphus.

Es kann sein, dass Akiva die Frage von Welwele gehört, sich aber nicht bemüht hat, ihm ernsthaft zu antworten, so wie es auch andere aus der Gruppe nicht getan haben. Stunden vergehen, vielleicht auch nur Minuten, niemand bewegt sich, niemand rührt ein Glied.

»Kanonen«, sagt jemand, als von Weitem gedämpfter Donner hörbar wird. Vielleicht war es auch nur ein Gewitterdonner aus den Wolken, die auf einmal Dunkelheit verbreiten und anfangen, einen bleischweren und stechenden Regen über uns auszuschütten, der von dem starken und eisigen Wind noch verstärkt wird.

Mit großer Anstrengung stehen alle auf, um in der nahen Baracke neben den Bergen von Leichen Deckung zu suchen, doch Akiva kommt nicht mit. Das Funkeln seiner suchenden Augen ist verloschen, sein Mund aufgerissen, sein geschundener Körper ist schon steif, und die eisernen Kämme finden an ihm schon kein Fleisch mehr, das zu kämmen sich noch gelohnt hätte.

Letzte Stunden

… Siehe, es kommt ein Unglück über das andere! Das Ende
kommt, es kommt das Ende, es ist erwacht über dich; siehe, es
kommt! Es geht schon an und bricht herein über dich, du
Bewohner des Landes. Die Zeit kommt, der Tag ist nahe:
Jammer und kein Singen mehr auf den Bergen!

Hesekiel 7:5-8

Man sitzt im Hof, der Hunger ist schon keine Qual mehr, man sitzt nur
da. Hier und da widmet man sich den Kleidern, um die lästigsten Läuse
zu entfernen, mehr tut man nicht.

Der gedämpfte Donner von Kanonenschüssen wird nach und nach
stärker und ist aus verschiedenen Richtungen zu vernehmen. Man sitzt
ruhig da, starrt in die Luft, niemand sagt ein Wort.

»Aufstehen, aufstehen! Jeder greift sich eine Leiche und zerrt sie zum
hinteren Teil des Lagers!« Diese Stimmen kommen von Dutzenden
Wehrmachtsangehörigen, die in das Lager strömen. Interessant, woher
sie plötzlich auftauchen und wohin die SS-Leute verschwinden, die vorher das Lager bewachten. Was soll diese Säuberungsaktion bedeuten?

Überraschend ist auch der Ton des Bittens, der in ihren Stimmen
liegt, wie auch das Maß an Unsicherheit, das sie an den Tag legen. Denn
schließlich zeigen doch nur sehr wenige von uns irgendeine Reaktion.
An manchen Stellen sieht man ein Skelett, das versucht, ein anderes
Skelett an seinem Gürtel, den es sich an die Hand gebunden hat, hinter
sich herzuziehen. Die Menge der Leichen, die auf diese Weise bewegt
wird, ist, verglichen mit der riesigen Menge derer, die über das ganze
Lager verteilt liegen, wie ein Tropfen im Meer, sodass die Soldaten
schließlich ihren Befehl zurücknehmen und alles wieder in seine Aus-

gangslage zurückkehrt. Nach dieser Aktion kann man nun verstreut über das Lager zwei Leichen sehen, die durch einen Gürtel aneinandergebunden sind, von denen aber niemand weiß, wer von beiden derjenige war, welcher zog, und welcher der, der gezogen wurde.

Man verteilt Nahrung! Man gibt einen Brocken Brot und Weißkäse! Erst macht das als Gerücht die Runde und stößt auf Unglauben, doch die Wirklichkeit ist stärker als alle Phantasie und tatsächlich verteilen die Wehrmachtsleute die versprochene Nahrung. »Ich kann nicht, kann nicht, nehmt ihr es, ich vermag es nicht« – so spricht unser Jona, der auf wunderbare Weise überlebt und es sogar geschafft hat, in der Schlange anzustehen und die Brotration mit einem Löffel Weißkäse in Empfang zu nehmen.

Mit großen Schwierigkeiten essen wir die Nahrung und bewegen mit großer Mühe Jona dazu, seinen Teil ganz aufzuessen.

Nachdem ein, zwei Tage vergangen sind – vielleicht auch nur wenige Stunden, wer weiß schon genau, wie viele –, erinnert man sich schon nicht mehr an die Wehrmachtsoldaten, und ungarische Soldaten stehen nun auf dem Wachturm und fahren feierlich Streife um den Lagerzaun herum. Ihre Befehle geben sie einander laut und abgehackt weiter. Ihre Kleider sind gepflegt und ihre Bärte akkurat zusammengebunden, wie es ihrem Status und der auferlegten großen Verantwortung entspricht.

»Trotz allem glaube ich immer noch,
dass die Menschen tief in ihrem Herzen gut sind.«
– Aus dem Tagebuch der Anne Frank

Befreiung

Fürchte dich nicht, denn du sollst nicht zuschanden werden;
schäme dich nicht, denn du sollst nicht zum Spott werden,
sondern du wirst die Schande deiner Jugend vergessen und der
Schmach deiner Witwenschaft nicht mehr gedenken.

Jesaja 54:4

»Hier ist die britische Armee. Ihr seid frei. In Kürze bringen wir Nahrung.« Das sind die Worte, die in verschiedenen Sprachen durch den Lautsprecher vom Panzerwagen zu hören sind, der gerade eben auf den zentralen Platz des Lagers gefahren ist. Kein einziger Soldat ist zu sehen. Sofort setzt eine massive Bewegung zum Zaun ein, man kriecht unter ihm hindurch und von dort weiter zu einem gewaltigen Haufen Kartoffeln, die zum Schutz gegen Frost mit Stroh und Erde abgedeckt sind. Die mutigen ungarischen Soldaten, denen man noch nicht die Waffen abgenommen hat, können diese gefährlich wirkende Unordnung nicht mitansehen und beginnen gezielt in die Gruppe der Häftlinge (die ja schon keine Häftlinge mehr sind) zu schießen. Einige fallen, andere werden verletzt, doch wer achtet schon darauf, wo sich doch nun diese Kartoffeln, die bis eben noch weit weg waren, in Reichweite befinden.

So oder so wird ein Lagerfeuer entzündet (woher kommt das Streichholz?) und dann noch eins und mehr und mehr, ein Meer von Flammen, denen die Bretter der Baracken als Brennstoff dienen. Alle essen Kartoffeln, auf zweierlei Weise: erstens roh, genauso, wie sie in einem immer stärker werdenden Strom herangeschafft werden, zweitens in halb gebackener Form, zumindest bis man an die Tonnen herankommt, wo man sie kochen kann. Da die Skelette der Leichen nicht fortgeschafft worden sind, mischt sich nun ihr leicht versengt riechender Gestank

und der übliche Verwesungsgeruch mit dem Geruch gekochter Kartoffeln. Die Flinken gelangen rasch zur aufgebrochenen SS-Küche und
bringen von dort halbgares Essen und vor allem saures Gemüse und
Rote Bete in Fülle.

Es vergeht nicht viel Zeit, und schon rückt eine Armee schnell mit
kleinen, sehr seltsamen Fahrzeugen an (man sagt, sie heißen ›Jeeps‹),
Berge von Konserven mit Schweinefleisch werden aus ihnen herausge-
worfen, und sie verschwinden ebenso schnell, wie sie gekommen sind.

Ruhr und Darmtyphus treten auf und verbreiten sich im Flug. Man
weiß nicht, ob das von den Rüben kommt oder vielleicht doch vom
Blut, das in einem gewaltigen Strom aus den Menschen herausbricht,
die aufgedunsen sind und sich winden und unter furchtbaren Schmerzen ihre Seele aushauchen.

Und so vergeht die »Nacht der Konserven« des 15. April des Jahres
1945.

Am folgenden Tag kommt die britische Armee an, zuerst als Kamera-
männer. Sie stoßen eilig zum Platz vor dem Haupttor vor und filmen
alles, was ihnen vor die Linse kommt. Hier eine Gruppe von Skeletten,
dort ein Leichenhaufen, und schon ziehen sie sich schnell aus dieser
Hölle zurück, ohne in das Lager hineinzugehen und einen Blick zwischen die Baracken zu werfen, wo die eigentlichen ›Attraktionen‹ konzentriert sind.

Danach kommt eine große Gruppe von britischen Soldaten, die einen seltsamen Apparat in den Händen halten, der einer handbetriebenen Luftpumpe ähnelt, und verstäuben einen weißen Staub in alle Richtungen, vor allem in Richtung der Befreiten, auf den Kopf, in das Hemd
hinein und sogar in die Hosen. Und gleich geschieht etwas Erstaunli-
ches. Plötzlich erwacht das Ungeziefer, all die verschiedenen Schmarot-
zerkollektive, zu einer verstärkten Aktivität für ein bis zwei Minuten –
und dann: völlige Stille, als ob eine unsichtbare Hand sie von dieser
Welt verbannt hätte. Das ähnelt der Aufführung eines gigantischen
musikalischen Orchesterwerkes, bei dem zum Ende hin starke Akkorde
von Instrumenten wie Pauken und Zimbeln erklingen. Und siehe, nach
dem lautesten Klang: Stille. Nur dass es hier keinen Beifall gibt – nur
Gefühle der Dankbarkeit von Schattenmenschen gegenüber den Sani-
tätern Seiner Majestät, die unter Lebensgefahr eine für sie ungewohnte

Arbeit verrichten, als auch Erstaunen und Verwunderung angesichts der Erfindung des Jahrhunderts: des Insektizids DDT.

Verflucht sei der, der sagt »Rache!«
Vergeltung für das Blut eines kleinen Kindes
Hat sich Satan noch nicht ausgedacht.
– Chaim Nachman Bialik,[12] *Auf der Schlachtbank*

Trauerfeier

... Denn es wird eine Zeit so großer Trübsal sein, wie sie nie gewesen ist, seitdem es Völker gibt, bis zu jener Zeit. Aber zu jener Zeit wird dein Volk errettet werden, alle, die im Buch geschrieben stehen. Und viele, die im Staub der Erde schlafen, werden aufwachen, die einen zum ewigen Leben, die andern zu ewiger Schmach und Schande.

Daniel 12:1-2

»Was wollte er sagen?« – darüber denke ich nach und frage mich immer wieder, was der Sinn seiner Worte war, doch er selbst wiederholt seine Worte, als spräche er nur zu sich selbst und fügt nichts mehr hinzu. Wir sitzen am Rand der Hauptstraße des Lagers. Die Mahlzeit, die man verteilt hat, haben wir längst schon verschlungen und warten tatenlos auf die nächste Verteilung.

Die Haut verheilt nach und nach, die Sehnen sind zu sehen, und wir haben sogar wieder etwas Fleisch auf die Knochen bekommen. Über den Geist gibt es gar nichts zu reden, jedenfalls nicht in dem Maße, dass wir uns den befreiten Häftlingen anschließen könnten, die kräftig sind und, trotz des formellen Verbots, das Lager verlassen. Sie kommen zu Fuß zu dem nahegelegenen Dorf, nach welchem unser Lager benannt wurde. Hier und dort sind interessante und eigenartige Geschichten über die Welt außerhalb des Lagers zu vernehmen und davon, wie die verängstigte Bevölkerung immer wieder nur behauptet: »Aber wir haben doch gar nichts gewusst«. Viele beeilen sich, etwas Essbares anzubieten, nur damit man es nimmt und verschwindet und niemanden mit Fleck-typhus ansteckt, dessen Symptome an den meisten der befreiten Häftlinge zu erkennen sind.

Erst gestern sind wir durch das Frauenlager gestreift, um dort vielleicht Verwandte zu finden. Aber nur wenige sind noch am Leben, und über viele wird uns mitgeteilt, dass sie bis vor kurzem noch gelebt haben. Trotzdem haben wir Anna Eisenberg gefunden, die einzige Tochter von Dr. Eisenberg, dem Familienarzt der Juden in unserer Kleinstadt. Dr. Eisenberg war für seine Hingabe an seine Kranken bekannt, die so weit ging, dass er seine eigene Gesundheit vernachlässigte und vorzeitig starb – noch vor Ausbruch des Krieges. Deshalb schrieb man auf seinen Grabstein: »Sie ließen mich Weinberge hüten; den eigenen Weinberg konnte ich nicht hüten.«

Diese Anna, die in meinen Augen schön wie ein Engel gewesen war, wohnte in der Nähe unseres Hauses, doch wir haben uns nie unterhalten, sie sich nicht mit uns und wir uns nicht mit ihr. Nun freute sie sich so auf uns, als ob wir ihre wirklichen Brüder wären. Sie war sehr schwach und mager, aber ihren Kopf trug sie noch oben, als schwebte er über ihrem schrägstehenden Hals. Ihre Worte waren kaum zu hören, aber sie waren weich und von wunderbarer Zartheit: Sie sprach von den neuen Zeiten, vor denen wir jetzt stünden. Ohne Fremdheit, ohne Hass, den auch Juden gegenüber ihren Brüdern an den Tag gelegt hatten, darüber, wie der menschliche Geist nun die Flügel ausbreitet und sich erhebt, sprach sie, und über andere Dinge, von denen ich nicht alles verstand, doch erfreute ich mich an der Musik in ihrer Stimme und an der Botschaft des Trostes, die in ihr enthalten war.

Heute Morgen sind wir wiedergekommen, um sie zu besuchen, wie wir es ihr gestern Abend versprochen hatten, doch da liegt sie in einer Baracke, ihre Augen sind weit geöffnet, und ihre Lippen scheinen Dinge in einer verheißungsvollen Zukunft zu benennen, wie wir durch die Kraft der Brüderlichkeit und Freundschaft stärker werden.

Avraham und ich sitzen im Lager, jeder in seine Decke eingewickelt, unsere Köpfe bis zu den Ohren eingezogen zwischen den Schulterknochen, und schauen auf die Lastwagen, die vor uns hin- und herfahren. Sie sind mit gelblichen, ausgetrockneten Leichen in deutscher Ordnung beladen – sind es doch die SS-Männer selbst, nunmehr Kriegsgefangene, welche die Lastwagen beladen und mit ihnen zu den gigantischen Gräben fahren, die in den letzten Tagen vor der Befreiung vorbereitet worden sind und zu denen man nur noch wenige Leichen hatte schaffen können.

Die Aktion wird jetzt unter Leitung der britischen Armee durchgeführt, deren bewaffnete Soldaten die Kriegsgefangenen vor dem Zorn der ehemaligen Häftlinge bewachen, von denen nicht wenige die SS-Soldaten in die Hände zu bekommen suchen. Ihr Stolz und ihre Pracht sind restlos von ihnen gewichen, sodass sie sich mit aller Kraft zusammenscharren und sich in die Ladung der Leichen hineingraben, die ihnen Schutz und Deckung geben vor den Schlägen, die ihnen drohen.

Wenn sie bei den Gruben angelangt sind, schieben sie mit den Gewehrkolben ihrer Wächter die Leichen von den Lastwagen in die Grube. Während sie durch die Luft fliegen, machen die ausgedörrten Knochen seltsame letzte Verrenkungen, bis sie endlich in ihrer ewigen Ruhe landen.

»Das ist keine angemessene Beerdigung für diese Knochen«, sagte ich unwillkürlich, »und auch diese Friedhofsarbeiter bedaure ich«, fügte ich zögerlich hinzu.

»Wir haben sie besiegt, schließlich und endlich haben wir sie besiegt«, sagte mein Bruder nur und ging weg.

Avraham, Avraham

Da rief ihn der Engel des Herrn vom Himmel und sprach:
Avraham! Avraham!

Genesis 22:11

Essen, Essen, wo verteilt man noch Essen? Es ist schon über einen Monat her, dass wir in das neue Lager überführt worden sind, das zuvor der Wehrmacht gedient hat. Inzwischen existiert eine geordnete Versorgung mit Nahrungsmitteln, aber keine Menge ist groß genug, um den gewaltigen Appetit zu stillen. Mein Bruder Avraham, unser Freund Ischai und ich werden die ganze Zeit von unserem Cousin Welwele begleitet. Wir stellen fest, dass die jugoslawische Gruppe, zu der Welwele gehört, eine größere Menge an amerikanischen Zigaretten bekommt als wir Ungarn. Und man muss wissen, dass die Zigaretten sehr wertvoll sind beim Tauschgeschäft, das im Lager üblich ist. So bekommst du zum Beispiel für zwei Zigaretten ein Ei und für vier ein Päckchen Schokolade. Zu unserer Verwunderung über diese Diskriminierung wurde uns erklärt: »Wir, die Jugoslawen, haben als Partisanen mit den Alliierten gegen die Nazis gekämpft, während ihr, die Ungarn, mit den Deutschen gegen die Alliierten verbündet wart.« Deshalb schließen mein Bruder und ich uns der jugoslawischen Gruppe an, die – ihren eigenen Schilderungen zufolge – zum Großteil aus ehemaligen Partisanenkämpfern besteht und die bei den alliierten Streitkräften Vorzüge und Gefälligkeiten genießen.

Die lustigen ›Partisanen‹ versammelten sich zur Beratung über unsere Namen und stellten fest, dass die nichtjüdischen Namen von Avraham und Ischai auch in der serbischen Sprache gut klingen, und mein ungarischer Name, Tibor, wurde in ›Josip‹ umgewandelt, was auch der Name des jugoslawischen Diktators Josip Tito ist.

Die ›Partisanen-Gruppe‹ ist etwa zwölf Mann stark und bunt gemischt. Es gibt darunter Serben, Kroaten, Bosnier, Slowenen und viele
aus verschiedenen Religionen – Katholiken, Protestanten, Orthodoxe
und nur einen Juden, und das ist unser Cousin Welwele. Die serbische
Sprache schnappen wir sofort auf, und innerhalb weniger Tage sind wir
in der Lage, aufregende Gespräche zu führen.

Die Partisanen-Gruppe unternimmt Raubzüge zu den umliegenden
Bauernhöfen und nimmt mit, was sie zu greifen bekommt: Eier, Geflügel, Honig und alles, was als Nahrungsmittel dienen kann, sei es fest
oder flüssig, reif oder unreif, roh oder gekocht, alles ist erwünscht, alles
wird gebraucht.

Und ich spiele, wenn ich freie Zeit habe, Autofahren auf einem als
kaputt zurückgelassenen Traktor im Hof des Lagers oder durchsuche
Kleidung und Ausrüstung, welche die SS zurückgelassen hat, oder ich
schließe mich einer der vielen Menschenschlangen an, die nach dem
Regen wie Pilze aus dem Boden schießen. Hier verteilt die UNRRA[13]
Kleider, dort teilt der Joint[14] getragene Schuhe aus, woanders gibt es
Schokolade mit Vitaminen, an anderer Stelle Seife, Kämme wie auch
Handtücher und so weiter – Schlangen ohne Ende. Dennoch drängt
sich keiner vor, der Letzte, der kommt, stellt sich in die Reihe und sagt:
»Wus gitman?« (Was gibt man?). Und die übliche Antwort ist: »Wer
weiß«, verbunden mit einem Achselzucken, und derjenige, der gefragt
hat, bleibt in der Schlange, ganz gleich, wie die Antwort ausfällt.

Das Gesicht wird runder, die Knochen tragen wieder Fleisch und
Muskeln, und auch eine lebendige Hautfarbe ziert die Wangen. Doch
der Typhus kehrt immer wieder zurück und schlägt zu. Mein Bruder
Avraham fällt auf sein Lager und seine Kraft schwindet von Stunde zu
Stunde mehr und mehr. Das darf nicht wahr sein! Es ist doch schon
über einen Monat seit dem Tag der Befreiung vergangen, und da war er
gesund und zweifellos der Stärkere von uns beiden. Jetzt isst er nichts
mehr und fragt ununterbrochen nach Wasser.

Auch mich erwischt diese Krankheit. Mein Fieber steigt, und ich
werde schwächer und schwächer, aber ich nehme alle Kraft zusammen
und versuche meinen Bruder zu füttern.

»Gib ihm kein Wasser mehr, das wird sein Ende nur noch schneller
herbeiführen.« »Warum gibst du ihm kein Wasser? Siehst du nicht, dass

er sowieso am Ende ist?« Ich werde zerrissen zwischen dem Drang, sein Leiden zu erleichtern, und dem Willen, eine Verschlimmerung seiner Lage zu vermeiden. In einer vollkommen aussichtslosen Lage wird Avraham dann von britischen Soldaten auf eine Trage gelegt, um in einem Krankenwagen in das nahegelegene Spital gebracht zu werden.

Ich stehe da, schockiert, versteinert und vollkommen machtlos, sehe sein gequältes Gesicht, ich weiß und er weiß es auch, dass unsere Blicke sich jetzt zum letzten Mal treffen. Ich habe keine Kraft, die Stelle zu verlassen, die Möglichkeit, mich zu bewegen, ihn zu begleiten und neben ihm zu sein in seinen letzten Stunden, kommt mir gar nicht in den Sinn.

Und haben wir nicht alles zusammen durchgestanden und war es nicht er, dessen besondere Geisteskraft und erstaunliche Improvisationsgabe es uns ermöglicht haben, aus den hoffnungslosesten Situationen herauszukommen?

Beim Versuch, ihn zu finden, wurde mir mitgeteilt, dass er noch am selben Tag gestorben sei und an einer Stätte, die für die Erschlagenen unter den Häftlingen vorgesehen war, begraben wurde.

Acht Namen sind in deutscher Sprache auf einer Holztafel eingetragen, die in der Erde steckt. Dort steht ebenfalls, dass sie am 23. Mai 1945 gestorben sind. Und ich schreibe auf dieselbe Tafel in hebräischen Buchstaben: Hier ruht der Knabe Avraham ben Rivka und Itzchak Halevi, 11 Sivan, er war 18 Jahre, (S)eine (S)eele Soll (G)ebunden sein Im (B)und Des (L)ebens.

Ein schwerer Frühlingswolkenbruch geht plötzlich auf mich nieder und vermischt sich mit dem Strom der Tränen, die endlich aus mir ausbrechen.

So schließt sich mein Bruder Avraham den anderen Opfern der Familie an: meiner Mutter Rivka bat Avraham-Itzchak, zusammen mit meinen drei kleinen Brüdern Naftali, Chajim und Ascher, die in den Gaskammern von Auschwitz-Birkenau ermordet wurden.

Nichts weiß ich über das Schicksal meines Vaters, Reb Itzchak ben Jehuda Halevi Weiss, der getrennt von uns nach Auschwitz verbracht wurde, und nichts weiß ich über meinen älteren Bruder Jeschajahu, der zu den Arbeitsbrigaden der ungarischen Armee verpflichtet wurde.

DRITTER TEIL

Auferstehung

Jugoslawen

»Lass uns die Engländer rufen, man muss ihn ins Krankenhaus bringen! Der wird uns noch hier sterben, wie sein Bruder gestorben ist.«

»Ich bin damit nicht einverstanden, ich bin verantwortlich für dieses Kind! Wenn man ihn nimmt, werden wir ihn nie mehr sehen.«

Ich liege in einem zweistöckigen Bett in einem mir unbekannten Saal, ich weiß nicht, wie ich hierhergekommen bin, und ich höre gedämpft die Worte des riesigen Bosniers Selim, des Oberhaupts der jugoslawischen Gruppe, der mich unter seine Obhut genommen hat.

Mein Bewusstsein kehrt langsam zurück, und ich erinnere mich an den Tod meines Bruders Avraham und an meinen Besuch an seinem frischen Grab. Mein Cousin Welwele erzählte mir, wie er und seine jugoslawischen Freunde mich pflegten, als ich mehrere Tage bewusstlos lag. Er sprach auch von unserem Freund Ischai, der mit anderen Knaben abgeholt und im Rahmen einer humanitären Aktion nach Schweden gebracht wurde. Und ich bleibe bei Welwele und der Gruppe der Jugos.

Die jugoslawische Gruppe befindet sich in einem guten mentalen und körperlichen Zustand, denn sie wurde von den Nazis in weniger miserablen Verhältnissen gehalten als wir. Den Mitgliedern wurde offensichtlich befohlen, sich gegenseitig mit dem Titel ›Drugar‹ (Genosse) anzusprechen, und sie achten darauf, wenn auch mit einem Augenzwinkern und einem lausbubenhaften Lächeln: »Guten Morgen, Genosse Milowan, hast du gut geschlafen?« »Oh! Oh! Vielen Dank, Genosse Zratan. Werden wir heute mit dem Genossen Krasto und dem Genossen Stoin ausgehen und die Bauernhöfe in der Umgebung besuchen, um etwas Beute zum Wohlergehen der anderen Genossen einzusammeln?«

Und plötzlich verbreitete sich das Gerücht, dass der Tag naht, an dem wir, die Jugos, nach Hause gebracht werden sollten. Als Zeichen der großen Freude erhob jeder Genosse seine private Flasche (woher sie plötzlich kamen, weiß ich nicht) und trank Sliwowitz aus voller Kehle. Die leere Flasche wurden dann mit einem wilden Gebrüll durch die verglasten Fenster geworfen, wobei Welwele, der Genosse Milan und ich, der junge Genosse Josip, an der Feier nicht teilnehmen durften, da wir armen und seltsamen Juden ja Alkohol verschmähten.

»Wird der Knabe, der Genosse Josip, mit uns kommen?«, denkt laut der Genosse Brizo.

»Wird der Genosse Tarzan seinen Sohn verlassen und ihn im Dschungel allein lassen?«, antwortet ihm der Genosse Selim polemisch.

Und dann kommt der große Tag. Jeder von uns nimmt sein bescheidenes Bündel, und wir werden in einem Lastwagen nach Celle gefahren, unweit von Bergen-Belsen, und von dort in Transportwaggons der Eisenbahn verfrachtet, die mit Strohmatratzen, Nahrung und Trinkwasser ausgestattet sind. Die Waggons sind mit riesigen Transparenten in allen Farben geschmückt, die den Faschismus verurteilen und die Volksdemokratie unter der Führung des Genossen Marschall Tito feiern, dessen Porträt überall in den Waggons zu sehen ist. Außerdem stelle ich verwundert und zufrieden fest, dass der nächste Waggon voll mit bewaffneten Soldaten ist, Serben, die wohl zum Schutz der gepeinigten Bürger, die in ihre Heimat zurückkehren, dabei sind.

Der Zug galoppiert gen Osten durch die Felder und durch deutsche Städte, denen man die Zeichen des Krieges, die Zerstörungen und Wunden ansehen kann. Mir tut es gar nicht leid, aber ich bin erschüttert, als wir einen Hügel erreichen, von dem aus die vollkommene Zerstörung der Stadt zu sehen ist, die einmal Dresden war.

Weiter geht es in südlicher Richtung, durch Österreich hindurch, und der Zug hält bei der Stadt Maribor in der Provinz Slowenien des Bundestaates Jugoslawien. Hier verabschiedet sich der Genosse Edward, der sein Bündel nimmt, um aus dem Waggon auszusteigen. Sofort aber halten ihn vier unserer Soldaten, die uns begleiten, und befehlen ihm, im Waggon zu bleiben. »Aber ich wohne hier, in der naheliegenden Straße«, schreit der Genosse. »Teurer Genosse«, antworten ihm die Soldaten, »der Befehl lautet, euch nach Zagreb zu bringen, und von dort werdet ihr nach Hause gehen.«

Und tatsächlich kommen wir nach Zagreb und werden erst einmal in einen riesigen Saal eingesperrt, weil es heißt, dass wir alle Typhus hätten.

Die Wände des Saals sind mit den bekannten Parolen geschmückt. Zwischen ihnen sind große Lautsprecher verteilt, die einen Riesenlärm machen, mächtig und stark wie die Parolen, die ein Vorleser mit großer Überzeugung verkündet. Von Zeit zu Zeit geht dem Vorleser die Kraft aus, und es werden über dieselben Lautsprecher proletarische Volksmelodien gespielt, deren traditionelle Texte vergewaltigt und verdreht wurden – zum Ruhm und Lob von Marschall Tito und seines sowjetischen Genossen, der Sonne aller Völker, Stalin.

Der Saal ist von einer Wand zur anderen voll mit Männern, alle jugoslawische Staatsbürger (außer mir) mit unterschiedlichem Hintergrund, zum Beispiel solche, die Ungarisch sprechen oder Deutsch, befreite Kriegsgefangene, Kroaten, die verdächtigt waren, mit der Ustascha[1] sympathisiert zu haben, Gruppen von Überlebenden und ganz gewöhnliche Menschen, bei denen der Grund für ihre Einsperrung nicht klar war.

Die Strohmatratzen, die um die Wände herum ausgelegt waren, reichten nicht für die ganze Menge, und so drängten sich mehrere armselige Gestalten auf einer Matratze. Menschen, die diesen engen Kontakt verabscheuten, zogen es vor, auf schmalen Bänken zu schlafen oder auf dem breiten Fußboden.

Und siehe da, am nächsten Tag verschwand unser bosnischer Freund Salim (der Tarzan), als ob er nie dagewesen wäre. Nach einer Klärung bei der Direktion wurde uns mitgeteilt, dass es sich für uns nicht lohnen würde, nach seinem Schicksal zu forschen, da der Mann ein Tschetnik[2] sei. Und so verschwanden in den nächsten Nächten noch weitere unserer guten Freunde, ohne Spuren zu hinterlassen.

Nach einer Wartezeit von etwa zehn Tagen wurden wir, Welwele und ich, mitten am Tage zu einer kurzen Untersuchung gerufen und danach höflich freigelassen, um unseren Weg fortzusetzen, indem man uns Erfolg wünschte bei unserem Kampf für die Stärkung der Herrschaft des Volkes und so weiter …

Per Anhalter erreichten wir das Städtchen von Welwele, das am Ufer der Donau liegt. Wir hatten unseren ganzen Besitz dabei, ein kleines Bündel von Unterwäsche, ein Geschenk des Joints im Lager Bergen-Belsen. Dieses kleine jugoslawische Städtchen befindet sich in der Provinz Vojvodina, deren Bewohner zum Teil Ungarn sind. Im Zweiten

Weltkrieg wurde die Provinz von der ungarischen Arme besetzt gehalten, weshalb das Schicksal der Juden dort wie das aller ungarischen Juden war (wenn nicht sogar schlimmer als das, denn es war zu einem Massaker gekommen, das die ungarische Arme an den serbischen und jüdischen Einwohner verübt hatte).

Vor der Shoa gab es wenige jüdische Bewohner in Welweles Städtchen, und die Gemeinde war eine Reformgemeinde. Die Juden dort betrieben Handel, und es ging ihnen wirtschaftlich gut, mit Ausnahme von Onkel Simcha, dem Vater von Welwele, der fromm war und von der Gemeinde wie ein ›Kultgegenstand‹ für alle religiösen Bedürfnisse gehalten wurde. Es versteht sich von selbst, dass der Onkel und seine Familie nicht zu den angesehenen Familien der Stadt gehörten.

Nach dem Krieg kehrten die Reste anderer zerbrochener jüdischer Familien in die Stadt zurück. Es waren meistens wohlhabende Personen, denen es gelungen war, gegen Bezahlung Zuflucht bei Nichtjuden zu finden und nicht nach Auschwitz verschickt zu werden, obwohl die Gegend mit Menschen deutscher Abstammung, Ungarn und nationalistischen Kroaten bevölkert war, die mit der faschistischen ungarischen Herrschaft zusammengearbeitet haben. Von den anderen jüdischen Bewohnern der Stadt, die zu den Vernichtungslagern oder zu den berüchtigten ungarischen Arbeitseinsätzen verschleppt worden waren, kam bisher außer uns noch keiner zurück. Welwele und ich begegneten einer ablehnenden Fremdheit, wenn nicht sogar Feindschaft seitens der wenigen Juden des Ortes. Nur Dr. Selesz und besonders Frau Selesz empfingen uns mit Mitleid und gaben uns eine fette und saftige Mahlzeit und eine Übernachtung in der Hütte am Rande ihres Gartens.

Als wir am Morgen erwachten, waren Welwele und ich ratlos: Wie sollten wir nun weiterleben? Zu unserem Glück kam Lea, Welweles Schwester, aus dem schrecklichen Frauenlager von Ravensbrück zurück. Trotz der Leiden und Qualen, die sie im Vernichtungslager erlebt hatte, zeigte sich Lea als ein aktives Mädchen mit viel Einfallsreichtum und einer wunderbaren Lebensfreude, das unser Leben wie mit einem Zauberstab veränderte. Dank ihrer beeindruckenden Erscheinung, ihrer Überzeugungsgabe und ihrer guten Manieren organisierte sie uns noch am selben Tag – mit Hilfe der lokalen Verwaltung – eine Wohnung in einem der Häuser, deren jüdische Besitzer nicht zurückgekommen waren. Ebenso fing Lea an, wieder in ihrem Beruf zu arbeiten – sie war eine perfekte Schneiderin. Auch Welwele und ich bekamen Arbeit bei einem Einzelhändler in einem Lebensmittelladen, der einem Halbjuden gehörte, der mit den Partisanen kooperiert hatte und vom Schicksal der Juden verschont worden war, weil die Familie seiner Frau, die Deutsch und christlich war, die Nazis unterstützt hatte. Durch ein Wunder war dieses Geschäft noch nicht vergesellschaftet worden. Welwele diente als Einkäufer und fuhr überall im Land herum, dessen Infrastruktur noch nicht geordnet war, weshalb ein Produkt, das in einem Bezirk fehlte, in einem anderen im Überfluss vorhanden war und zum halben Preis verkauft wurde.

Ich arbeitete im selben Geschäft als reisender Agent für die Lebensmittelgeschäfte in den Dörfern der Umgebung. Ich zeigte die Ware, notierte Bestellungen und kassierte Vorauszahlungen. Ich lieferte bestellte Waren aus und kassierte die Restzahlung. Mein Transportmittel war ein Fahrrad, das früher einmal bessere Tage gesehen hatte. Es war gut im Sommer, aber an den regnerischen Tagen auf unebenen Wegen und mehr noch in der Wintersaison, geschlagen von ärgerlichen Winden und schneebedeckten Wegen, war ich genötigt, das Fahrrad mitsamt der Ware zu schieben, bis vielleicht ein Bauer mit seinem Wagen vorbeikam und mich und mein Rad mitnahm.

Der Lohn für unsere Arbeit konnte unsere tagtäglichen Bedürfnisse kaum decken. Aber der Winter kam, und wir benötigten verzweifelt Brennholz. Auf unserer Suche nach irgendetwas Brennbarem fanden wir im Keller des Hauses, in dem wir wohnten, eine Sammlung von Möbeln und andere Gegenstände wie Wanduhren, Ölbilder und diverse Antiquitäten. Es war unklar, ob es jüdischer Besitz war, den die Nazis mit der Vertreibung der Besitzer konfisziert hatten, oder etwa der Besitz der deutschen Minderheit, den die serbischen Kommunisten nach der Vertreibung der Besitzer eingesammelt hatten.

Es fiel uns eine Installation zum Spannen von Tüchern vor dem Bügeln auf, die aus dicken Holzbalken gefertigt war. Sie versprach unseren schmerzenden Knochen für mehrere Tage eine angenehme Wärme, und es reichte tatsächlich aus, ein Zimmer drei Wochen zu heizen. Aber der Winter weigerte sich zu verschwinden, und deshalb holten wir von Zeit zu Zeit weitere Möbel aus dem Keller. Eines Tages betrat Frau Selesz unseren Hof, um nach unserem Befinden zu fragen, als ausgerechnet ich mit einer großen Axt damit beschäftigt war, eine antike Wanduhr auseinanderzunehmen, um mit den Holzteilen zu heizen. Als sie das sah, erfasste die vornehme Dame ein Schrecken, und laute Schreie stiegen aus ihrem Hals. Nachdem sie sich ein wenig beruhigt und ich ihr den Sinn unserer Aktivität erklärt hatte, antwortete sie scharf, dass wir fürs Heizen doch Unterstützung vom Joint bekämen. Als ich ihr klarmachte, dass wir nichts bekommen haben, regte sie sich maßlos auf und rannte zum Sekretär der Gemeinde, der sich anfangs weigerte, das Unrecht zu korrigieren, dann aber aufgrund der Drohung von Frau Selesz, die Polizei zu informieren, uns die Unterstützung gab, die uns zustand.

Unser Leben begann, in geordneten Bahnen zu laufen. Langsam, langsam fingen wir an, aus der Gleichgültigkeit auszubrechen, in der wir bisher gefangen waren. Wir sahen uns Kulturveranstaltungen an und nahmen teil an Volksfesten in den Dörfern der Umgebung. Welwele fand eine Partnerin, Lea fand auch einen Partner, ich dagegen war dafür noch nicht vorbereitet, auch wenn einige hübsche Mädchen, in der Regel älter als ich, ihren Wunsch nach einer tieferen ›Freundschaft‹ nicht verbargen.

Eines Tages ging ich im Auftrag meiner Cousine Lea in ein kleines Lebensmittelgeschäft, um etwas zu besorgen. Während der untersetzte Ladenbesitzer mit dem gewaltigen Schnauzbart mir die Ware reichte, warnte er mich auf Ungarisch, dass ich es nicht wagen sollte, mich seiner Tochter zu nähern. Das stämmige Mädchen pflegte mir nämlich Augen zu machen. Aber ich hatte sie immer vollkommen ignoriert. Wahrscheinlich pflegte sie vor ihren Eltern anzugeben mit ihren angeblichen Errungenschaften. Jetzt, da ich amüsiert war, bat ich den Schnauzbart, mir seine Tochter vorzustellen, damit ich weiß, wem ich mich nicht annähern solle. Der Dicke wurde wütend und zischte: »Du wagst es noch, über mich zu spotten, stinkender Jude!?« Für einen Augenblick war ich erschrocken, aber sofort antwortete ich: »Gut, dann werde ich jetzt gehen und die serbischen Burschen fragen, die ›Fans‹ der Ungarn bei der Miliz, was sie von einem Pfeilkreuzler wie dir halten.« Als die Frau des Wütenden das hörte, verließ sie im Laufschritt ihre Küche, ging vor mir auf die Knie und bat um das Leben ihres Mannes. Ich fühlte mich sehr schlecht angesichts dieser kleinen, armseligen Frau, kehrte um und sagte: »Was denkst du denn, dass ich mich beleidigen lasse von diesem Wurm?«

Meine Stimmung wechselte damals zwischen Depression und Fröhlichkeit, und diese Mischung drückte sich oft in unüberlegten Taten aus. Einmal drang eine kinderreiche Familie mit einem Krüppel an ihrer Spitze in unsere Wohnung ein. Es war Lizcanin, ein Bürger aus einer zurückgebliebenen Provinz, der sofort damit begann, seine Kinder in den Zimmern zu verteilen, als gehörten sie ihm. Mit ziemlicher Aufregung schrie ich ihn an (auf Serbisch, was ich schon beherrschte), dass er unsere Wohnung mit seinen Bastarden verlassen solle. »Wie wagst du es, so mit mir zu reden?«, schrie der Mann, »Ich bin vom Kommissar hierhergeschickt worden! Weil ich mit den Partisanen gegen die Deutschen gekämpft habe!« »Du hast gekämpft bei der Blöße deiner Mutter«, sagte ich zu ihm, »bei der Blöße deiner Mutter hast du gekämpft!« Die Sache hätte schlimm enden können, wenn sich nicht meine Cousine Lea eingemischt hätte, die den Mann bat, »das Kind nicht zu beachten«, und um meine Lage zu demonstrieren, drehte sie ihren Finger einige Mal um ihren Schädel. Am Ende gegenseitiger Entschuldigungen mit Händedrücken und Klopfen auf die Schultern verschwand der Mann mit seinem ganzen Stamm.

In dieser Zeit erfuhren wir nach und nach, was in der Nazizeit mit der Familie von Welwele und Lea geschehen war:

Der Vater Simcha, die Mutter Freda, ihre Schwiegertochter Bella und ihre Enkelin, das Baby Agi, wurden in den Gaskammern von Auschwitz-Birkenau ermordet.

Der älteste Sohn, Chajim-Aaron, Bellas Ehemann, wurde getötet, während er im Rahmen des ungarischen Arbeitsdienstes Minen in der Ukraine räumen sollte.

Der zweite Sohn, Naftali, wurde im Süden Jugoslawiens in den schrecklichen Kupferminen von Bor ermordet, auch er im Arbeitsdienst.

Die Töchter Wilma und Ahuva, die zusammen mit ihrer jüngeren Schwester Lea in verschiedenen Vernichtungslager waren, starben beide, eine aus Erschöpfung im Konzentrationslager Ravensbrück und die zweite unmittelbar nach der Befreiung an Typhus – in einem Feldlazarett der russischen Armee.

Nachrichten

Und wie war das Schicksal meines Vaters und meines älteren Bruders Jeschajahu, die seinerzeit aus dem Ghetto in die Arbeitsbrigaden verschleppt worden waren? Bis jetzt gelang es mir, fast jeden Gedanken über meine Mutter und meine drei kleinen Brüder zu verdrängen, und ich vergaß vorübergehend den Tod meines geliebten Bruders Avraham, auch wenn in den Nächten in meinen Träumen sie alle wie lebende Menschen erschienen und wieder verschwanden, wobei ihr Lächeln traurig und zurückhaltend war, als ob sie sagen wollten: »Siehe, wir leben.«

Nun aber, etwa ein halbes Jahr nach der Befreiung von den Nazis, mache ich mir Mut und formuliere auf Ungarisch einen Brief aus meinem Wohnort in Jugoslawien an die ›Jüdische Gemeinde‹ in meiner Stadt:

»Verehrte Herren, ich bin Shalom, der Sohn von Itzchak und Rivka Weiss, und unsere Adresse vor dem Krieg war … Meine Mutter und meine drei kleinen Brüder, Naftali, Chajim und Ascher, wurden in den Gaskammern in Auschwitz ermordet, und mein Bruder Avraham starb nach unserer Befreiung an Typhus in Bergen-Belsen. Ich bitte euch, wenn euch das Schicksal meines Vaters und meines Bruders Jeschajahu bekannt ist, lasst es mich wissen.«

Nach einigen Wochen erhalte ich eine Antwort in der Handschrift meines älteren Bruders Schaje, der schreibt, dass er die ungarischen Arbeitsdienste überlebt hat, aber dass Vater auf dem Weg zum Arbeitsdienst von der ungarischen Polizei festgehalten wurde und dann mit den Juden der Stadt nach Auschwitz vertrieben wurde. Von dort brachte man ihn zum Arbeitslager Buna, und dort sprang er, nach Aussage eines Augenzeugen, bei einem Fluchtversuch aus einem fahrenden Transportzug und wurde erschossen. Der genaue Todestag von Vater ist nicht bekannt, daher bestimmte mein Bruder das Datum auf den siebten Adar. Mein Bruder beendet den Brief mit der Anweisung, dass ich schnellstens ›nach Hause‹ zurückkehren solle.

Die Zeichen der Frömmigkeit im Brief meines Bruders, Worte wie »mit der Hilfe Gottes«, seine Sorge um die »Jahreszeit« und Ähnliches – all das ist mir sehr fremd, da ich mir nicht vorstellen kann, dass ein Jude nach dem Massaker an seiner Familie und der Vernichtung der Mehrheit des europäischen Judentums gläubig und fromm geblieben ist.

Ich prüfe mich selbst: Bereitet mir die Nachricht über den Tod meines Vaters Leid, wie es sich gehört? Und erfreut mich das Überleben meines Bruders, wie es notwendig wäre? Aber ich scheitere in beiden Fällen, und selbst dieses Scheitern ist mir vollkommen gleichgültig.

Auch der Brief meines Bruders ist sachlich formuliert und zeigt keine besonderen Gefühle der Freude über meine Rettung.

Seefahrt

Meine Lage hier in Jugoslawien ist nicht gut. Es gibt keine Juden in meinem Alter, und mein Einkommen ist bescheiden. Aufgrund der Bitte meines Bruders entscheide ich im Einklang mit meinem Cousin und meiner Cousine, ohne Zögern von Jugoslawien ›nach Hause‹, nach Ungarn überzusiedeln.

Aber wie? Gesetzlich gibt es dafür keine Möglichkeit, sowohl wegen der totalen Trennung zwischen dem kommunistischen Regime in Jugoslawien und Ungarn, das noch nicht zum kommunistischen Block zählt, als auch wegen des Fehlens meiner Staatsbürgerschaft, ein Grund, der jederzeit zur Verhaftung führen könnte.

Hier kam mir unser Freund Mischka Gross zur Hilfe, der Beziehungen zur Bezirksverwaltung hatte. Und so war der Plan: Vor kurzem, sagte Mischka, fasste die Partei eine Gruppe von Arbeitern zusammen, deren Aufgabe darin bestand, Schiffe aus den Tiefen der Donau herauszuholen, die während des Krieges untergegangen waren.

Diese ›Gruppe zur Bergung untergegangener Schiffe‹ hat schon mit ihrer Arbeit begonnen, und sie ist in der Lage, so Mischka, in die Gegend der oberen Donau zu fahren, auf ungarisches Gebiet, um von dort einen jugoslawischen Schleppkahn zu holen. Dort könnte ich, so der Plan, desertieren und in Ungarn bleiben.

Und in der Tat wurde ich zur Arbeit als Staatsdiener angenommen und bestieg das Hausboot, das auf der Donau fährt, und ich trug ein kleines Paket, darin eingepackt Waschzeug und andere Bekleidungsstücke, also mein ganzes Vermögen.

Die Zusammensetzung der Gruppe in die auch ich aufgenommen wurde, war wie folgt: ein serbischer ›Ingenieur‹ (auf Geheiß der Partei), ein Taucher aus Slowenien, ein Staatsbeamter, eine kroatische Köchin, sechs Arbeiter und Seeleute aus Serbien, Kroatien und Bosnien – und schließlich ich, als einziger Jude: das Mädchen für alles.

Die ganze Männermannschaft wohnte in einem Boot, das ein Zimmer hatte und darin zweistöckige Betten sowie eine weitere Kombüse, die als Küche und Schlafplatz für die Köchin diente – sie hieß Jovanka.

Diese Jovanka war ausgesprochen weiblich und freizügig, und sie bediente abwechselnd die Männer der Crew. Ihre Lustschreie wurden immer wieder im ganzen Hausboot gehört, sowohl in der Freizeit wie auch während der Arbeitszeit, zwischen der Zubereitung der Suppe und dem Grillen der Donaufische, und auch ich wurde von ihr von meiner Jungfräulichkeit erlöst und erhielt, als ich an der Reihe war, ihre überströmende Gunst.

Das Heraufholen der gesunkenen Schiffe ist eine spannende Arbeit, die schrittweise erledigt wird:

1. Lokalisierung des untergegangenen Objekts, wenn es nicht aus dem Wasser reicht, mit Hilfe eines Eisenstabs, der den Grund des Flusses abtastet.
2. Kennzeichnung der genauen Stelle mit einer Boje.
3. Reichen von Stahlkabel unter dem gesunkenen Schiff durch einen Taucher.
4. Verbinden der Enden des Kabels an einen handbetriebenen Kran, der auf festen Stahlträgern befestigt ist.
5. Betätigung des Krans, der das Schiff zwischen beiden Flößen heraufholt.
6. Provisorische Abdichtung der defekten Stelle am gesunkenen Schiff mit Zement.
7. Abschleppen des Schiffes zum Dock zur gründlichen Untersuchung und Reparatur.

In der Freizeit beschäftigt sich die Crew mit Angeln, um die magere Nahrung zu ergänzen, die vom Arbeitgeber geliefert wird. Fische, die als ungenießbar gelten, werden mit einem Fluch und einem Spuken zurück in den Fluss geworfen.

Eine andere Möglichkeit, die Speisekarte zu ergänzen, ist das ›Abschleppen‹ von allem, was zwischen die Finger kommt – aus den Höfen der Bauern in der Umgebung: Hühner, Ferkel, Honig und vieles mehr.

Von Zeit zu Zeit versammeln sich alle Kameraden und singen spontan im Chor mit verschiedenen Stimmen und einer wunderlichen Koordination (als ob sie geübt hätten) neue patriotische Lieder wie ›Tito ist gegangen‹ oder ›Hier marschiert die Garde von Tito‹ und auch Lieder über enttäuschte Liebe wie ›Schon 72 Tage ist der Schmerz in meinem Herzen‹ …

Und manchmal, nach dem Genuss ihres geliebten Sliwowitzes, fangen sie einen Tanz an, einen wilden ›Kolo‹, dem sich auch die Köchin Jovanka anschließt, deren elegante Bewegungen ihre gesegnete Weiblichkeit betonen, im Gegensatz zur Schwerfälligkeit der Männer.

Auch ich werde aufgefordert, mich an dem wilden Tanz zu beteiligen, aber ich lehne höflich ab, da ich wegen meiner Abstammung sowieso nicht einer von ihnen bin, denn ich bin ja auch nie beteiligt an ihren Trinkgelagen.

Meine Haupttätigkeit besteht darin, jeden Monat durch einen Gesandten den Lohn der Arbeiter in Empfang zu nehmen und ihn nach einer Gehaltsliste zu verteilen, wobei ich aber ein schweres Problem habe: Ich beherrsche schon ziemlich gut die serbische Sprache, aber die kyrillische Schrift verstehe ich nicht, und nur durch Versuche, Vermutungen und Entziffern der Buchstaben nach der Ordnung der Namen gelingt es mir, die Liste zu entschlüsseln und die Buchstaben des kyrillischen Alphabets zu lernen.

Nachdem wir einige Wochen auf der Donau herumgefahren sind, wird uns mitgeteilt, dass wir in das Gebiet Ungarns müssen, um ein jugoslawisches Schiff zu bergen, aber vorher sollen wir den Zustand eines versunkenen Schleppschiffes untersuchen, das am Oberlauf der Save liegt, eines Nebenflusses der Donau.

Um diese Aufgabe zu erledigen, hätte man sich mit einem Ingenieur oder einem Taucher begnügen können, aber so eine Fahrt gilt als ein wunderbares gesellschaftliches Vergnügen. Deshalb wurde beschlossen, dass die ganze Mannschaft an dieser Vergnügungsfahrt teilnehmen sollte, mit Ausnahme eines Mannes, der vor Ort blieb, um auf die Ausrüstung aufzupassen. Selbstverständlich fiel der Würfel auf mich, den kleinen Juden.

Einige Stunden verbrachte ich in äußerster Sorglosigkeit, während ich mich an den Sonnenstrahlen wärmte und faul die Bewegung der Wolken beobachtete. Nur das Rauschen der Wellen war hörbar, als ein Milizionär mit einem gewaltigen Schnurrbart und einem Bärtchen im Stil von Kaiser Franz Josef II. das Deck betrat und mir mitteilte, dass das Motorboot, in dem die Mannschaft war, auf eine Magnetmine gefahren war und samt aller Insassen zerschmettert wurde. Nicht einer hatte überlebt.

Daher wurde mir befohlen, das Schiff sofort zu verlassen und nach Hause zurückzukehren. Ferner ermahnte mich der höfliche Mensch, indem er mit einem durchdringenden Blick seinen Finger hob, niemandem von dem Unglück zu erzählen, so etwas dürfe nicht geschehen sein. Ein solcher Bericht, fügte der nette Genosse hinzu, würde als ein regimefeindlicher Akt bewertet.

Meine naive Frage, wie ich meinen Lohn für den letzten Monat bekommen würde, bemühte sich der Milizionär gar nicht zu beantworten, er zeigte nur mit einer nervösen Bewegung in Richtung des Ufers.

Wenn das so ist, sagte ich laut, doch wie zu mir selbst, bleibe mir nichts anderes übrig, als den Genossen Branković zu fragen. Sofort erschrak dieser Franz Josef und fragte, woher ich den Genossen Branković kenne. Ich kannte gar keinen Genossen Branković, deshalb antwortete ich kurz und völlig gleichgültig: »Ich habe gekämpft« (eine verbreitete Aussage bei den gewöhnlichen Serben, dass man als Partisan gegen die Nazis gekämpft hat). Als Antwort steckte mir der Milizionär einen Haufen Geldnoten zu und bat mich, bei erster Gelegenheit dem Genossen Branković einen Gruß vom Genossen Zlatko Šešić zu übermitteln.

Mir tat das Schicksal der ganzen Bande leid. Aber besonders tut es mir leid wegen Jovanka, der großherzigen Köchin. Ich tröste mich mit dem Gedanken, dass ihre Herzensgüte, mit der sie einsame Männer und alleinstehende Knaben beschenkt hatte, ihr im Himmel zugutekommen wird und alle Engel sich in einer Reihe aufstellen, um von Jovanka beschenkt zu werden.

Auf dem Weg ›nach Hause‹

Wieder bin ich mit Lea und Welwele zusammen, und wir beraten, wie ich nach Hause kommen kann, um meinen älteren Bruder zu treffen. Da kam mir Schamu Buksbaum aus der nahegelegenen Stadt Sombor zu Hilfe. Schamu ist ein zionistischer Aktivist und beschäftigt sich insgeheim mit der Organisation der Überführung von Überlebenden aus unserem Volk nach Ungarn – auf ihrem Weg nach Eretz-Israel.

Schon bei unserem ersten Treffen begeisterte ich mich für die zionistische Idee, da doch all meine Jahre von Sehnsucht zu dem Land der Väter getränkt waren. Die Ereignisse der letzten Jahre haben diese Erwartungen aber erschüttert. Die Geschichten von Schamu über das Heldentum der Juden in Eretz-Israel (wie auch in meiner Kindheit vor der Shoa) haben mich jedoch gefesselt, und da war bei mir der Wille entstanden, teilzunehmen an diesem Wunder der Auferstehung Israels. Aber zuerst, so glaubte ich, musste ich meinen Bruder treffen, den einzigen Überlebenden meiner Familie, um dann mit ihm zusammen nach Eretz-Israel ›aufzusteigen‹.

Die Bedingungen für den Übertritt der Grenze wurden vereinbart, das Treffen mit den zionistischen Aktivisten und der Gruppe der Jugendlichen auf ihrem Weg ›ins Land‹ fand statt in der jugoslawischen Grenzstadt Subotica, und das Ziel in Ungarn wurde mündlich übermittelt und auswendig gelernt für den Fall, dass wir uns in Jugoslawien oder Ungarn würden trennen müssen.

Nach erfolgreicher Überquerung der Grenze trenne ich mich von der Gruppe mit dem gegenseitigen Versprechen, sich bald in Eretz-Israel zu treffen, und beginne mit einem mühseligen Marsch ohne jegliche Verpflegung, bis ich zu dem Haus eines Rabbiners in einem ungarischen Grenzdorf komme, das Baja heißt. Als ich in der Dunkelheit der Nacht ankomme, fragt mich der Rabbi lange über meine jüdische Identität und meine Pläne für die Zukunft aus. Er spendet mir eine Kopfbedeckung, da ich meinen jugoslawischen Turban weggeworfen habe, als ich die Grenze überquerte. Ferner verspricht der Rabbi, mir in den nächsten Tagen eine Fahrgelegenheit in meine Stadt zu besorgen, und bis dahin wird er mich im Bekleidungsraum der zerstörten Mikwe unterbringen.

Schließlich reichte er mir eine Packung amerikanischer Zigaretten. Als ich sie mit der Bemerkung, dass ich nicht rauche, ablehnte, lächelte er nur und sagte: »Nimm sie, wenn du in der Stadt herumläufst, wirst du sehen, dass sie nützlich sein wird.«

Und tatsächlich, als ich in der Stadt herumlief, beobachtete ich eine lange Schlange von Bürgern vor einer Kasse eines Kinos, während jeder der Menschen irgendein Bündel in der Hand hielt. Es stellte sich heraus, dass die ungarische Währung an einer solch galoppierenden Inflation litt, dass sie zu nichts mehr zu gebrauchen war und die Menschen Eintrittskarten fürs Kino mit Waren bezahlten, wie mit Eiern, Kartoffeln, Seifen und Toilettenpapier.

Auch ich wollte ›Moderne Zeiten‹ von Charlie Chaplin sehen, was mich (nach einer kurzen Verhandlung) vier Zigaretten der Marke Chesterfield kostete.

Es hat sich gelohnt! Ich habe Tränen gelacht über die Streiche von Chaplin, und mehr noch amüsierten mich die Reaktionen des bäuerlichen Publikums um mich herum und ganz besonders eines Riesen mit Bart, der seine Zufriedenheit und Bewunderung mit einer gewaltigen Stimme zum Ausdruck brachte: »Hoi, Chaplin, bei der Blöße deiner Mutter!«, oder »Chaplin, Chaplin, dass deine Mutter dich nicht beweint!«

Der gute Rabbi hält sein Wort. Am Ende der drei Tage bin ich in einem Lastwagen auf meinem Weg nach Hause – und was für ein Lastwagen! Und was für ein Fahrer! Der Mann namens Aladar riecht schrecklich nach Alkohol, und seine klebrige Kleidung und vor allem sein Filzhut sind vollgesogen mit Fett und Schweiß. Sein Fahrzeug, der Lastwagen, ist nicht besser als er: Das Fenster lässt sich nicht schließen, die Tür ist mit Stricken befestigt, Sprungfedern scheinen durch die abgerissenen Sitze, der Boden ist vom Rost zerfressen und durchlöchert. Es scheint mir, als hätte dieses wunderbare Fahrzeug zwei Weltkriege überlebt.

Aber der Fahrer selbst ist fröhlich und gutmütig. Er landet ein paar gewaltige Schläge auf meine magere Schulter als Zeichen der Ermutigung und sagt: »Mach dir keine Sorgen, mein Junge, diese Blechkiste wird rechtzeitig an unserem Ziel ankommen, auch wenn ich sie mit eigenen Händen dahin schieben muss.«

Und in der Tat, als wir uns auf den Weg machten, begann dieses Schrottauto zu hüpfen und aus dem Kühler dampfte es wie aus einem Vulkan.

»Macht nichts«, sagte Aladar, »das passiert manchmal«, trat als Fachmann an den Entwässerungskanal am Straßenrand und schöpfte Wasser in seinen Hut (der dank des Fetts ziemlich dicht war), goss es in den Kühler und spritzte auch zur Sicherheit etwas auf den Motor.

So gelangten wir gegen Abend zur Brücke über die Theiß, die seit dem Krieg zerstört ist. Es stellte sich heraus, dass die Fähre nur am Tage fährt. »Macht nichts!«, sagte fröhlich Aladar, »Ich bin sowieso durstig.« Er zog einen Flachmann aus der Innentasche und reichte ihn mir. Ich lehnte höflich ab und so leerte er die ganze Flasche. Dann stöpselte er sie sorgfältig wieder zu und warf sie in den Strom. Daraufhin schlief er sofort mit einem breiten Lächeln auf seinem Gesicht ein. Ich konnte die Gerüche, die von ihm aufstiegen, kaum ertragen und sein Schnarchen noch weniger, und ich überlegte, ob ich in der Kälte frieren oder mich an der Seite des stinkenden Fahrers wärmen wollte.

Am nächsten Tag kam der ›Kapitän‹ der Fähre, und nach einer langen Diskussion über den Preis der Überfahrt (fünf Zigaretten aus heimischer Produktion) fuhren wir weiterhin gut gelaunt zu unserem gemeinsamen Ziel. Aber etwa sechs Kilometer vorher gab das Fahrzeug endgültig seinen Geist auf, und so verabschiedeten wir uns mit knochenbrechenden Umarmungen. Der Vollmond leuchtete rosa, als ich mich aufmachte. Ich sang Schabbatlieder vor mir her, denn es war Freitagabend, und auch Melodien von Kálmán und anderen ungarischen Komponisten, bis ich ungefähr um Mitternacht zu unserer Wohnung kam. Dort würden mich sicher Essen und ein warmes Bett erwarten.

Die Zerstörung des Tempels

Ich stehe im Innenhof unseres Hauses, und mein Herz schlägt normal. Ich bin nicht mitgenommen angesichts des Hofes, der einst voll mit Kindern war, die es nun nicht mehr gibt. Auch bin ich nicht aufgeregt vor dem Treffen mit meinem älteren Bruder, dem einzigen Überlebenden unserer Familie, den ich nicht mehr gesehen habe, seitdem man ihn zum berüchtigten Arbeitseinsatz verschleppt hat. Und ich höre auch nicht Mutters Ruf zum verspäteten Abendessen, sondern gehe schnurstracks weiter und klopfe auf das Glas der Eingangstür zu unserer Wohnung.

Eine gedämpfte und zornige Stimme meldet sich: »Wer ist da?« Nachdem ich mich zu erkennen gegeben habe, fährt die Stimme fort: »Was willst du?!« Ich bin schockiert und stottere: »Was ist mit … wo ist Schaje Weiss?« »Es gibt hier keinen Schaje und keinen Weiss! Hau ab, bevor ich die Polizei rufe!«

Wohin geht ein Jude in der Dunkelheit der Nacht am Schabbat? Natürlich in die Synagoge, dort könnte zu einer so späten Stunde jemand aus unserem Volk sein, denke ich.

Die Synagoge der Reformierten und auch die der Orthodoxen sind dunkel und ihre Türen verschlossen, aber das chassidische Haus ist zwar auch dunkel, aber seine Tür ist nicht verschlossen. Und drinnen liegt jemand auf zwei aneinandergerückten Bänken, vollkommen angezogen, gegen die Kälte mit dem Vorhang des Heiligen Schreins und zwei Gebetsmänteln zugedeckt (wahrscheinlich ein Geschenk unserer Brüder aus Übersee), und seine Schuhe liegen wie ein Kissen unter seinem Kopf.

Der Mann liegt mit offenen Augen da und fragt nicht nach meiner Identität, aber ich erkenne ihn sofort als Israel Hochmann, den Uhrmacher und Goldschmied aus der Hauptstraße. Ich frage nach seiner Geschichte und dem Schicksal seiner Familie, seiner Frau und seinen beiden kleinen Kindern, aber er schüttelt sonderbar seinen Kopf und sagt immer wieder: »Ai, ai, ai – Treblinka, Majdanek, Auschwitz.«

Nachdem meine Augen sich rasch an die Dunkelheit gewöhnt hatten, betrachte ich den Innenraum des Lehrhauses und bemerke die große Zerstörung, zu der es dort während des Krieges gekommen war.

Israel wiederholt einige Mal sein »Ai, ai, ai« und rückt dann auf seiner Bank zur Seite. Ich sehe darin eine Einladung. Müde und kaputt willige ich ein. So bedecken wir uns mit dem Vorhang und den zwei Gebetsmänteln und fallen in den Schlaf, nachdem Israel noch einmal sein «Ai, ai, ai« von sich gegeben hat.

Und so, wie aneinandergefesselt, fallen wir in die Tiefe des Schlafes, jeder mit seinen Träumen und Traumata, die immer noch besser sind als die Realität selbst.

Überlebende

Beim ersten Licht überblicke ich die Synagoge. Es scheint, dass sie während des Krieges als Pferdestall benutzt wurde. Die meisten Bodenbretter sind zerbrochen. Hier und da kann man verzweifelte Renovierungsversuche feststellen, aber das Gebäude (das aus Lehmblöcken gemacht und von Natur aus schwach ist) kann jeden Augenblick zusammenbrechen und die mickrige Gemeinde der Betenden unter sich begraben.

Es ist Schabbatmorgen, und Überlebende der Lager und der Arbeitsbrigaden kommen tröpfchenweise in die Synagoge, das einzige offene Bethaus in der Stadt. Die Mehrzahl der Anwesenden ist aus den Dörfern der Umgebung, die sich zu ihrer Sicherheit in der Stadt versammelt haben.

Als erster meiner Freunde kommt David Kohn, ein kluger und sehr freundlicher Bursche, der sich freut, mich zu sehen. Anfangs erzählen wir uns viel über die Lage unserer Familien, das heißt – wer ist gegangen und wer geblieben. Und dann berichtet David sachlich über die Lage in der Stadt, ungefähr so: »Dein Bruder Schaje, der eine Lehrerlaubnis als Rabbiner bekam, ist streng orthodox geworden und hängt vollkommen an dem Satmar-Chassidismus. Er verlangt, dass jeder sich wie er verhält, und vor diesem Hintergrund hat er sich mit der ganzen Gemeinde zerstritten. Vor zwei Wochen verschwand er mit seiner jungen Frau. Wahrscheinlich begleitet er seinen Rebben auf dem Weg nach Amerika. Deine Verwandten im nahegelegenen Dorf, deren Tochter er geheiratet hat, wissen sicher seinen Aufenthaltsort.«

Dann fährt er fort: »Du hast wie alle Rückkehrer Anspruch auf etwas Hilfe vom Joint. Aber Stein, der Lehrer, der dafür zuständig ist, ist auf Reise, und erst nach seiner Rückkehr in einigen Tagen wirst du das Geld bekommen können. Bis dann kannst du im neologischen Altersheim schlafen, da wirst du einmal täglich eine Mahlzeit bekommen.

Und um nach Eretz-Israel auszuwandern, musst du dich an eine der zionistischen Parteien in Budapest wenden, am besten an die religiös-zionistische Partei Hapoel Hamisrachi.³ Keine Sorge, keine Sorge, ich weiß, dass du nicht mehr religiös bist, aber du wirst dich unter Thora-menschen besser fühlen, die Jiddisch sprechen und ›unsere Leut'‹ sind, nicht wie in diesem Meer aus Unwissenden, die sich nicht mit unserer Tradition und Kultur auskennen.«

Einige junge Leute in meinem Alter näherten sich mir und beglück-wünschten mich zu meiner Rückkehr. Sie umarmten mich herzlich, aber die Mehrheit der erwachsenen ›Familienoberhäupter‹ – darunter auch mein Pate – ignorierte mich (möglicherweise haben sie erwartet, dass ich zu ihnen komme und ihre Hände demütig küsse wie früher), sie bedeckten sich in ihren nach Osten gerichteten Sitzen bis über den Kopf mit ihrem Tallit, als ob nichts passiert wäre, als ob unsere alte Welt kei-ner Änderung bedürfte und als ob die Einstellung aus der Diaspora, herumzusitzen und auf ein Wunder warten, uns geholfen hätte.

Dieses Schauspiel wurde innerhalb einer Minute unerträglich für mich. Ich verließ das Gebäude noch vor dem Ende der Gebete, um nie mehr dorthin zurückzukehren.

Ich schwor mir und legte ein Gelübde ab, sobald wie möglich ein neues Leben in Eretz-Israel zu beginnen.

Bei Tante und Onkel

»Kinder, seht mal, wer gekommen ist! Kommt schnell, Schulem ist da!«

So wurde ich mit großem Jubel im Haus von Tante Jides, der Schwester meines Vaters, und ihrem Ehemann, Onkel Schlomo Itzchak Leib, empfangen. Nach dem Rufen meiner Tante, während ich noch verlegen mit meinem armseligen Bündel dastehe, kamen die Töchter Bracha und Nechama und der kleine Sohn Schmuel ben Tov Schraga gelaufen – der Onkel war noch zum Abendgebet in der Synagoge. Sofort wurde mir mitgeteilt, dass mein Bruder Schaje mit dem Gefolge des Rebben nach Deutschland gefahren war, um von dort aus nach Amerika zu reisen, und dass er erwartet, dass ich mich ihm anschließe. Ich verkündete umgehend, dass ich nicht vorhabe, nach Deutschland oder nach Amerika zu gehen, sondern nach Eretz-Israel.

Fast alle Söhne der Familie der Tante waren am Leben geblieben – außer dem Erstgeborenen Israel, der in einer anderen Stadt gewohnt hatte. Von dort war er mit seiner Familie nach Auschwitz transportiert worden. Die Frau und der Säugling wurden sofort in den Gaskammern ermordet, und Israel selbst wurde in das Lager der Zigeuner in Birkenau verbracht, wo er ermordet wurde.

Ein weiterer Sohn, Aaron, verließ das Haus, bevor der Krieg ausbrach, im Alter von 17 Jahren – trotz des Widerstandes seiner Eltern – und ließ sich in einem der Kibbuzim des Haschomer Hatzair[4] nieder, wo er eine Familie gründete.

Und hier die Geschichte der Rettung der Familie des Onkels: Alle Familienmitglieder mussten sich am Sammelpunkt für Juden in unserer Stadt einfinden, um von dort zur ›Wiedereinsiedlung in Galizien‹ (das heißt: zur Vernichtung in Auschwitz) geschickt zu werden. Die Juden an der Sammelstelle waren aber zu viele, um in einem Transport verschickt zu werden, sodass es zu einem zweiten Transport kam, der allerdings nicht nach Auschwitz gebracht wurde, sondern in das Durchgangslager Strasshof in Österreich. Dort wurden die Familienmitglieder zusammengehalten und hauptsächlich unter miserablen Bedingungen in der Landwirtschaft beschäftigt, aber alle überlebten wie durch ein Wunder.

Und das ist die Lage der Familie:

1. Der Onkel und die Tante, die Tochter Nechama, ihre jüngere Schwester Bracha und der siebenjährige Schmuel ben Tov Schraga befinden sich in ihrem Haus im Dorf, und sie haben alle vor, nach Eretz-Israel einzuwandern.

2. Die älteste Tochter Dvora, ihr Ehemann, ihre achtjährige Tochter und ein Baby befinden sich irgendwo auf dem Weg nach Eretz-Israel.

3. Die Tochter Jochewed wurde auf dem Weg nach Eretz-Israel in Zypern festgehalten und heiratete dort einen anmutigen Burschen namens Schabtai.

4. Die Töchter Gittel und Hinde, die verheiratet sind, die eine mit Dov Bär und die andere mit meinem Bruder Schaje, befinden sich in Deutschland, sind aber mit dem Rebben von Satmar auf dem Weg nach Amerika.

Die bäuerlichen Nachbarn hüteten damals das Haus des Onkels vor Plünderern und brachten die Hühner und Ziegen vollständig zurück in den Hof, sodass der Haushalt so blieb, wie er war, bevor die Familie ihn verlassen musste. Mit dem gepflegten Gemüsegarten und der blühenden Obstplantage ist er wie ein kleines Paradies.

Der Onkel empfing mich mit Liebe und großer Freude, was kein Wunder ist, da er in ausgezeichneter Beziehung zu meinen Eltern stand. Der Onkel pflegte zwei oder drei Mal im Monat bei uns zu Gast zu sein, wenn er wegen seiner Geschäfte in die Stadt kam. Dann saß er da an seinem festen Platz in der Küche und sprach in gepflegtem Ungarisch, elegant und mit Witz. Er vergaß nie, Mutters Speisen zu loben und ihr Komplimente zu machen, und die Kinder beschenkte er immer wieder mit kleinen, farbigen Süßigkeiten, sechs an der Zahl, damit keiner von uns sich übergangen fühlte. Bevor er ging, nahm er noch meinen Vater zu einem Männergespräch auf die Seite, in dem es vornehmlich um die Sicherung des Lebensunterhalts unserer Familie ging.

Meinen Entschluss, nach Eretz-Israel auszuwandern, hat er mit vollem Verständnis aufgenommen, und auf meine Bitte hin besorgte er für mich sogar eine Arbeit für ein paar Wochen, damit ich einige Groschen für die Reisekosten nach Budapest zusammenbekäme. Dort sollte ich mich dann zum Zwecke des ›Aufstiegs‹ im Büro des Misrachi melden.

Wie vereinbart erschien ich im Schuhgeschäft von Itzchak Brill, der auch den Arbeitsdienst überlebt hatte, um ihm in seinem ärmlichen Geschäft gegen einen anständigen Lohn zur Hand zu gehen, der für meine Reisekosten und einige Kleinigkeiten reichen sollte. Die Arbeit war sehr überschaubar, es wurden praktisch nur Gummistiefel verkauft, die bei Bestellung und im Voraus bezahlt werden mussten, aber meine Anwesenheit ermöglichte Itzchak das Herumtreiben, was er so liebte. Itzchak wusste, dass seine Familie (von der außer ihm keiner überlebt hatte) zusammen mit den Juden meiner Stadt nach Auschwitz transportiert worden war, und deshalb fragte er mich, ob ich etwas über das Schicksal seines Bruders Jidel wüsste. Ich erzählte ihm ausführlich über Jidels Todeskampf, als er nach dem Todesmarsch am offenen Waggon gesessen und in seinem Wachtraum leise, »Mütterchen, gib mir noch einen Becher Wasser« gesagt hatte, bevor er vor meinen Augen am 15. des Monats Schevat im Jahre 1945 starb.

Als er das hörte, brach Itzchak bitterlich weinend zusammen. Die Heftigkeit seiner Reaktion schockierte mich.

Eigenartigerweise änderte sich die Einstellung meines Onkels gegenüber meiner Auswanderung, und er versuchte, Druck auf mich auszuüben, mit meinem Bruder nach Amerika zu fahren oder ihn zumindest in Deutschland zu treffen, aber ich lehnte das energisch ab. Im Gegenteil, ich hatte es eilig und ich teilte ihm mit, dass ich jetzt genug Geld gespart hatte. Ich blieb noch einige Tage, um meine Arbeit im Schuhgeschäft abzuschließen, aber unmittelbar danach würde ich verschwinden.

Nach Dankesreden über die großzügige Gastfreundschaft und Umarmungen mit den Töchtern und der Tante nahm ich mein Bündel, in dem sich riesige Brotscheiben und Gänseleber in einem Glas befanden – Reiseproviant von der Tante. Ich stand kurz davor, meinen Weg zu gehen, aber der Onkel hielt mich zurück und sagte mir, dass ich ihm Unterhaltskosten zahlen müsste für die fast zwei Wochen, in denen man mich verpflegt und mir einen Schlafplatz geboten hatte. Es kann gar nicht anders sein, dachte ich, als dass der Onkel finanziell in großen Schwierigkeiten ist.

Er nannte mir die Summe, die er für angemessen hielt, ich rechnete nach und danach wusste ich, dass der Rest meines Geldes in etwa reichen würde, um eine Bahnkarte zu kaufen. Ich gab ihm also das Geld ohne Kommentar und ging frohen Mutes in Richtung der Bahnstation, in der Hoffnung auf eine noch bessere Zukunft.

Die Tante macht sich Sorgen

Endlich kam ich – nach dreimaligem Umsteigen – in den Ostbahnhof von Budapest. Von dort aus fuhr ich direkt in die Stadt, wo ich mich gleich in Richtung des Büros der Misrachi aufmachte, das am entfernten Ende einer langen Straße lag.

Ich gehe zu Fuß, weil mir kein Geld mehr für eine Straßenbahn übriggeblieben ist – und auch nicht zum Kauf eines Baigels oder eines anderen Gebäcks, dessen Duft meinen Magen reizt. Jedes Mal, wenn der Regen heftiger wird, muss ich irgendeinen Schutz suchen, da ich keinen Wintermantel habe, aber sehr gute Schuhe. Ich bekam sie – gebraucht, aber in bestem Zustand – als Bonus in Itzchaks Geschäft. Die Nässe dringt nicht in sie ein, da sie noch vor dem Krieg hergestellt wurden und Schuhsohlen aus Reifengummi haben. Als der Hunger mich zu überwältigen droht, verzehre ich beim Gehen den Rest des Brotes und der Gänseleber, die ich von der Tante als Proviant bekommen habe.

Satt und zufrieden marschiere ich kräftig und gut gelaunt, um ein neues Kapitel in Eretz-Israel zu eröffnen.

Die Begrüßung im Büro der Misrachi ist sehr freundlich, und ich erhalte auch Lob für meine Absicht ›aufzusteigen‹. »Aber«, sagt der Mitarbeiter, »es scheint mir, dass du die Fahrt nach Eretz-Israel nicht finanzieren kannst. Deshalb wäre es lohnenswert, wenn du dich vorläufig einer unserer Brigaden zur Ausbildung als Pionier anschließt, und danach würden wir dich so bald wie möglich in eines der Kibbuzim von Hapoel Hamisrachi in Eretz-Israel bringen.« Meine Frage nach den Lebensbedingungen in dieser Vorbereitungsbrigade beantwortete der Mann mit einem aufmunternden Lächeln und der Zusicherung, dass Nahrung und ordentliche Behausung gesichert seien und man auch für ordentliche Kleidung sorgen wolle.

Bis zu meiner Abfahrt zur zugesagten Vorbereitung wurde ich für wenige Tage in der Wohnung des niederen Stabes des Hapoel Hamisrachi untergebracht, wo die Mahlzeiten geregelt waren und es sogar ein Taschengeld gab, um nach Herzenslust in der Stadt herumzustreunen.

Das Erste, was mir in den Sinn kam, war, zu Onkel Schimon zu gehen, dessen Adresse mir aus der Korrespondenz meiner Mutter in Erinnerung war – wie alle Adressen der übrigen Familienmitglieder –, um festzustellen, ob dort jemand überlebt hat.

David Schimon ist der Bruder meiner Mutter, der jüngste Sohn, der nach fünf Mädchen geboren wurde. Eine tiefe Liebe herrschte zwischen Mutter, den anderen Schwestern und ihrem kleinen Bruder. Aber diese Liebe war begleitet von großer Trauer darüber, dass Schimon sich von der Tradition seiner Väter und der Befolgung der Gebote entfernt hatte. Meine Mutter und alle anderen Schwestern sprachen bei all ihren Treffen wütend (und in der Aufregung vergaßen sie, dass die Kinder zuhörten) über Lena, die Frau des Onkels, der sie nur verschiedene Schmachnamen gaben. Sie beschuldigten sie der Zauberei, weil sie den naiven Schimon in allen Lebenslagen beherrschte und für seine Zuwendung zum säkularen Leben verantwortlich war. Bei alldem war es kein Wunder, behaupteten die Tanten, dass diese Lilith[5] (die Frau des Satans, Mörderin von kleinen Kindern, Königin der Unzucht, Mutter alles Bösen) sich nur mit einer Geburt begnügte und nur eine Julia zur Welt brachte.

Vor dem Krieg pflegte Onkel Schimon unser Haus von Zeit zu Zeit zu besuchen, wenn er in die Gegend kam, weil er seiner Tätigkeit als Käufer von Schlachtvieh nachging. Er wurde immer mit Liebe empfangen, und er hatte immer (mit Hilfe eines Lastenträgers) eine Kiste Bierflaschen dabei. Uns Kindern gab er trotz der Proteste meines Vaters, nicht seine »Erziehung zu untergraben«, etwas Taschengeld in die Hände. Meine Cousine und Altersgenossin Julia war bei uns jedes Jahr in den Sommerferien zu Gast, um die Luft des Dorfes zu genießen, die hundertmal besser war als die zusammengepresste Luft in ihrem Wohnort, der Hauptstadt. Die Tante Lena aber sah ich nie.

Und nun klopfe ich an die Tür der Wohnung, und Schimon steht vor mir. Er erkennt mich sofort und beginnt zu meiner Überraschung bitter zu weinen, sodass er kaum Luft findet, um mich seiner Frau Lena vorzustellen, die den Kochherd nicht verlassen hat. Über die Tochter Julia wurde gesagt, dass sie noch im Gymnasium sei – und ich staune, dass es noch Jungs und Mädchen gibt, die eine Wohnung und Eltern haben und im Gymnasium lernen. Der Onkel erzählte, wie sie in der schlimmen Zeit gerettet wurden: Ein Geschäftspartner versteckte sie in einem Keller in der Stadt. Was mich und mein Überleben betrifft, danach wurde ich nicht gefragt und deshalb habe ich auch nichts erzählt über das, was meine Familie und ich durchmachen mussten.

Ich bekomme einen Kuchen und eine Tasse Tee, die meine kalten Hände von der Luft draußen auf dem Weg hierher wärmte. Während meines Gesprächs mit meinem Onkel Schimon über vergangene Tage und über die Familie bemerke ich, wie die Tante zwischen ihren Zähnen wieder und wieder etwas nervös in Richtung meines Onkels zischt, und ich verstehe, dass meine Anwesenheit hier nicht mehr erwünscht ist. Als ich erwähne, dass ich nur noch Julia sehen will, sagt die Tante – und das waren ihre einzigen Worte zu mir –, dass es keinen Sinn habe, auf sie zu warten, da man nicht mit Sicherheit wissen könne, wann sie erscheine.

Als ich gehe, begleitete mich mein Onkel bis zur Tür und reicht mir heimlich einige Banknoten. Ich lehne höflich und freundlich ab und gehe erleichtert zu meiner warmen Wohnung.

Vorbereitungsbrigaden

Endlich erreiche ich die Hachschara – die Vorbereitungsbrigaden – in einer Stadt, die den zungenbrechenden Namen Nyíregyháza trägt. Mein Erscheinen in den Abendstunden macht keinen besonderen Eindruck auf die Gruppe, die im Salon versammelt ist, und sie alle machen weiter, als ob nichts geschehen wäre. Ich stehe verlegen da, mein Bündel in der Hand, betrachte alle gründlich und bin angesichts dessen, was ich sehe, unsicher. Besonders zu schaffen macht mir das fortgeschrittene Alter der Jungs und Mädels, die meisten sind 20 Jahre alt und mehr – und ich bin kaum 17.

Einer der Jungs bemerkt mich, geht zu einem Erwachsenen (dem Leiter?) und versucht, ihn auf mich aufmerksam zu machen. Aber dieser scheucht ihn wie eine lästige Fliege weg und unterhält sich weiter lebhaft mit einem hübschen Mädchen, das unaufhörlich mit seinen großen Augen zwinkert, als wäre Rauch in sie eingedrungen – und tatsächlich, der Raum ist voller Zigarettenrauch und Pfeifenqualm.

Der Junge, dem es nicht gelungen war, die Aufmerksamkeit des Leiters auf mich zu lenken, kam näher, setzte mich in eine der ruhigen Ecken des Zimmers und stellte sich vor als Sebulon Garti, Sprössling einer berühmten Rabbiner-Familie, die ihn wegen seiner Zuwendung zur zionistischen Organisation verstoßen hatte, auch wenn sie ›religiös‹ war. Mit Umsicht fragte er mich nach meiner Familie, ohne neugierig zu sein und ohne nach der Geschichte meines Überlebens zu fragen. Dieser Sebu – der sich als kluger und empathischer Mensch erwies – wunderte sich sehr, dass man mich hierhergeschickt hatte, und versprach sich dafür einzusetzen, dass ich zur ›echten‹ Vorbereitungsbrigade versetzt würde, zur landwirtschaftlichen Brigade, in der Gleichaltrige sind. Ich bemerkte seine Anstrengung, die richtigen Worte für die Zustände an diesem Ort hier zu finden, ohne seine Kameraden zu diffamieren. Er versuchte zu erklären, dass wegen des fortgeschrittenen Alters der Jungs und Mädchen sie fast den ganzen Tag damit beschäftigt seien, Beziehungen untereinander zu knüpfen – einige Pärchen hätten schon verkündet, dass sie bald heiraten wollten, und so bliebe ihnen keine Zeit für die wesentlichen Dinge, um die es ging.

Sebu fragte mich auch auf Ungarisch, ob ich Hebräisch spräche, und ich antwortete ihm auf Hebräisch, als ob ich beleidigt wäre, dass meine Lehrjahre im Cheder und in der Talmudschule mich genau darauf vorbereitet hätten. Er lächelte geduldig und erklärte, dass er das moderne Hebräisch meinte, das in der sephardischen Betonung gesprochen würde. Ja, dieser Sebu nahm mich unter seinen Schutz und war mir fortan wie ein Vater und Wegweiser.

Alle Kameraden waren bei verschiedenen Stellen in der Stadt und Stadtverwaltung beschäftigt, während ich nun mit anderen Jungs und Mädchen in eine Pfeifenfabrik geschickt wurde.

Doch nach einigen Tagen missfiel mir diese eintönige und stupide Arbeit. Die Erlösung kam mit meiner Überführung zur landwirtschaftlichen Ausbildung in eine große Farm mit dem Namen Geszteréd, in ziemlicher Entfernung von dem abgelegenen Dorf gleichen Namens – auch das hatte ich vermutlich Sebu zu verdanken.

Als ich den Zug auf einem freien Feld in der Nähe des Dorfes Geszteréd verließ, mitten im Winter, und noch einsam im Schnee, der sich von allen Seiten häufte, wartete, erschien ein Bursche, dessen Kleidung verriet, dass er nicht aus der Gegend war. Er erkannte mich und begrüßte mich auf Hebräisch. Der Typ ritt ohne Sattel auf einem wunderschönen rötlichen Pferd und führte hinter sich eine rassige Stute, die noch schöner war, grauweiß gescheckt wie der Frost, auch sie ohne Sattel.

Noch bevor der Zug weiterfuhr und bevor der Bursche nach meinem Namen fragte, bemerkte er, dass ich meinen Mantel wohl im Zug liegen gelassen hätte, aber ich beruhigte ihn, indem ich sagte, dass ich sowas nicht besäße, worauf er sagte: »Macht nichts, die Brigade wird dir so bald wie möglich einen Wintermantel besorgen.«

Ich muss zugeben, dass ich noch nie auf irgendeinem Vieh geritten bin, aber da ich es bereits gesehen hatte, wusste ich, was ich zu tun hatte.

Und so erreichten wir langsam und vorsichtig wegen des tiefen Schnees die Farm, jeder auf seinem Pferd.

Die Bande, etwa zwölf Jungen und Mädchen, die auf uns warteten, saß tatenlos da – denn im Winter gibt es nur wenig Arbeit, abgesehen von der Pflege der Tiere, der Entfernung des Schnees von den Wegen im Hof, Besorgung von Holz für den Heizofen und Ähnliches – Arbeiten, die, wie ich hörte, alle von Ascher erledigt wurden.

Dieser Ascher, der um einige Jahre älter war als die anderen, lächelte unentwegt und war freundlich und voller Wärme. »Denn Gott ließ sie Weisheit vergessen, gab ihr an Verstand keinen Teil«[6], wie es heißt. Auch er verspätete sich, wie es aussah, als man die Weisheit, den Verstand und das Wissen verteilte. Demgegenüber hatte er einige Vorteile auf dem Gebiet des Körpers und der äußerlichen Schönheit (nach Ansicht aller Mädchen). Er war groß und stämmig und besonders war er gesegnet mit gewaltigen Händen und einer mächtigen Stimme, die Schlafende weckt und Tote belebt. Trotz alledem hatte Ascher ein empfindliches und besonders zartes Herz, immer bereit, auf der Stelle jede Hilfe zu leisten und jede harte Arbeit zu übernehmen, für die drei oder vier andere nötig gewesen wären. Die schlimmste Strafe für ihn war Nichtstun, denn er war ja nicht in der Lage, an den Spielen der anderen Knaben teilzunehmen, an ihren gegenseitigen Spitzfindigkeiten, mit denen sie um die Aufmerksamkeit der Mädchen buhlten. Deshalb saß er immer in der Ecke, überlegend und niedergeschlagen, bis jemand sich seiner erbarmte und irgendeine Tätigkeit für ihn fand, damit seine Augen glänzten und die Lebensfreude zu ihm zurückkehrte.

Auch ich rette mich vor den spöttischen Zungen der Bande. Da ich jünger als die Mädchen der Brigade bin, stelle ich keine Gefahr dar. Ich fühle mich gut innerhalb dieser lustigen Gruppe, wo alle – außer Avigdor – Jiddisch sprechen und den gleichen Hintergrund wie ich haben. Es ist gut, mit ihnen zu singen, alte Melodien und auch neue israelische, und Brettspiele zu spielen, hauptsächlich Schach. Aber es gibt ein Problem, weil ausgerechnet dieser Avigdor – der, gelinde gesagt, vom Talmud keine Ahnung hat – im Schach der Beste ist und jeden im Spiel besiegt. Diese Sache wundert und ärgert uns sehr, und deshalb wurde im Geheimen beschlossen, Avigdor ausgerechnet bei einem Spiel gegen den schwächsten Spieler reinzulegen. Alle Kiebitzer[7] um die beiden summen Lieder auf Jiddisch, wie für sich selbst, aber in Wirklichkeit beraten sie untereinander und führen den schwachen Spieler zu einem glänzenden Sieg. Unter dem Mantel der List und Verschlagenheit versucht die Gruppe so, ein wenig die Langeweile zu vertreiben, besonders in den langen Winternächten.

Ich genieße sehr das Reiten auf den Pferden, deshalb melde ich mich freiwillig für Botengänge in die Nachbarsdörfer. Als ich bei einem dieser Gänge zum Bezirksschneider gehen darf, bekomme ich endlich einen Wintermantel im ländlichen Stil der Gegend genäht, meinen ersten, seit ich in das Konzentrationslager gebracht wurde.

Zum Beginn des Frühlings werden ich und mein Freund Suse, der zwei Jahre älter ist als ich, ohne Erklärung in eine Gruppe von Jugendlichen im Dorf Tiszafüred verlegt, das an den Ufern der Theiß liegt.

Diesem Suse sind zwei Dinge in seinem Leben wichtig: Das Eine ist seine glühende Liebe zur Landwirtschaft, insbesondere zum Vieh, das Andere ist seine Abhängigkeit vom Rauchen. Kein Wunder also, dass er so mager ist und dass er so stark nach Nikotin riecht – auch nach der gemeinsamen wöchentlichen Waschung (zu der er wegen seines Geruchs gedrängt wurde).

Unmittelbar nachdem ich zu dieser Brigade gekommen bin, weiß ich, dass dies der passende Ort für mich ist. Noch bevor ich meinen neuen Wintermantel ausgezogen habe, versammeln sich alle Pioniere und Pionierinnen um uns herum. Alle jung, alle in meinem Alter. Und die Mädchen! Nur Schönheiten. Eine von ihnen, ein wenig rund, verkündet sofort, im Beisein aller Pioniere und Pionierinnen: »Du wirst mein ›Hofpferd‹ werden« (eine spaßige Übersetzung des Wortes ›Freier‹ auf Ungarisch), und ich bin nicht verlegen dabei, weil schon viele Mädchen verkündet haben, dass ich ein netter Bursche sei.

Mein Freund Suse, der mich bei dem Spitznamen ›Rebbe‹ nennt (wegen meiner relativ guten Kenntnisse der Halacha und der jüdischen Riten im Allgemeinen), stellt mich so stolz vor, als ob er an meinen Errungenschaften Anteil hätte. Er interessiert sich sofort für die Lage des Viehs in der Brigade, und er macht ein enttäuschtes Gesicht, als er hört, dass wir wegen der Begrenzung des Platzes im Hof des jüdischen Bauern, bei dem wir untergebracht sind, nur Platz für eine Kuh bekommen haben. Er tröstet sich ein wenig, als er erfährt, dass die Kuh Nechama nicht die Erwartungen erfüllt beim Spenden von Milch angesichts der Menge des Strohs, die ihr gereicht wird. »Wenn das so ist«, sagt er, »sehe ich es als meine erste Aufgabe an, für die Steigerung der Produktion dieser verwöhnten Dame zu sorgen.«

Der Wohnblock unserer Brigade befindet sich im Dorf in der Nähe des Ufers der Theiß, während unsere Felder auf der anderen Seite des Flusses sind. Deshalb ist unser täglicher Marsch jeden Morgen zur Arbeit und die Rückkehr gegen Abend verbunden mit der Überquerung des breiten Flusses mit Hilfe einer handbetriebenen Fähre, eine an und für sich lustige Angelegenheit, wenn sie nicht mit enormem Zeitverlust verbunden wäre. Im gepachteten Feld versuchen wir, unterschiedliche Gewächse zu züchten, ohne einen Schimmer von Erfolg.

Was machen wir falsch, wo irren wir uns? Wir haben extra einen Agronomen beschäftigt, einen Spezialisten für Feldanbau. Er ist ein älterer Jude, nett und sehr beliebt. Wir behandeln ihn gut und mit der nötigen Hochachtung, wir nennen ihn Weinstein Baczi. Wir sagen ihm, dass wir zur richtigen Zeit gepflügt und gedüngt haben, dass wir die allerbeste Saat benutzen, ausgedüngt und zur richtigen Zeit umgegraben haben, bis uns der Rücken gebrochen ist, dass wir eine Wachhütte gebaut haben, in der nachts einer von uns ist – und dennoch gibt es keinen Ertrag.

Es irrt, wer glaubt, dass wir über diesen Misserfolg traurig waren. Im Gegenteil, je schlechter unsere Lage wurde, desto mehr stieg unsere Stimmung.

Wir machten eine Menge Scherze, sangen religiöse und säkulare Lieder, alte und neue israelische Lieder und leichtsinnigerweise auch ungarische Lieder. Wir tanzten Hora[8] bei jeder Gelegenheit, auch im Feld, spontan während der Mittagspause. Wir unterhielten uns über unsere Kindheit vor dem Krieg und über alles Mögliche, nur über unsere Erlebnisse im Krieg sprachen wir kein Wort, obwohl wir wussten, dass wir alle Waisenkinder waren, Überbleibsel der Vernichtungslager der Nazis – was man an der Tätowierung auf unseren Armen sehen konnte.

Unsere Scherze sind nicht immer gutgegangen. So zum Beispiel eines Tages, als wir von unserem täglichen Fußmarsch aus den Feldern zurückkamen, unsere Spaten auf den Schultern und in unseren Kehlen ein lustiges ungarisches Marschlied – ungefähr so:

Dieses Mädchen ist nicht einmal sechzehn,
weiß offenbar nicht, wen sie lieben soll,
sie erreicht mit Mühe ihre volle Größe.
Und schon, denkt sie, kommt ein Infanterist zu ihr,
ein Infanterist – ein ungarischer Held – wird kommen.

Und plötzlich bemerken wir in der Ferne unsere Freundin Bruria, die sich wie immer beeilt, in ihren zarten Händen ein riesengroßer Krug, um beim benachbarten Bauern Milch zu kaufen, weil unsere geliebte Kuh Nechama zu wenig für uns alle gibt. Um Brurias Stimmung zu heben, haben wir das Lied sofort umgestellt und mit einem betont ungarischen Akzent gesungen:

Diese Bruria ist nicht einmal sechzehn,
weiß offenbar nicht, wen sie lieben soll,
sie erreicht mit Mühe ihre volle Größe.
Und schon, denkt sie, kommt ein religiöser Pionier zu ihr,
ein religiöser Pionier von Bne Akiva[9] *wird kommen.*

Doch statt sich über die Aufmerksamkeit zu freuen, ist sie verletzt und beleidigt, weint und wirft uns vor, wir seien grob, roh und frech, und sagt, dass sie diese Gemeinheit nie verzeihen und vergessen könne.

Diese traurige Geschichte hat unseren Geist allerdings nicht gebrochen, aber recht bald danach wurde uns zu unserer Überraschung mitgeteilt, dass wir innerhalb weniger Tagen mit unserem Gepäck in eine Farm neben dem verlassenen Dorf Petneházy umziehen sollten. Die Mitglieder der dortigen Brigade hätten alles verlassen, um – illegal natürlich – nach Eretz-Israel auszuwandern. Wir freuten uns sehr, das zu hören in der Hoffnung, dass auch wir bald an der Reihe sein würden, aber dann tauchte die Frage auf, wie wir unsere geliebte Kuh Nechama mit uns transportieren sollten (da ihr geringer Wert das Mieten eines Lastwagens nicht gerechtfertigt hätte). Einer der Jungs schlug vor, sie einfach zurückzulassen, da sie sowieso wegen ihres hohen Alters immer magerer werde und sie auch für Menschen nicht zum Verzehr geeignet sei. Als sie das hörten, protestierten die Mädchen laut und verkündeten, dass sie, solange sie noch am Leben seien, eine solche Grausamkeit nicht zulassen würden. Das Problem wurde gelöst durch das freiwillige Angebot unseres Freundes Suse, die Milchprinzessin zu Fuß etwa 100 Kilometer in ihren neuen Palast zu bringen. »Sorgt euch nicht um uns«, sagte Suse, »die Kameradin Nechama wird am Straßenrand grasen, sie wird so freundlich sein, mir ein wenig Milch zu schenken, und mir gebt bitte Tabak, Zigarettenpapier zum Drehen und Streichhölzer. Das ist alles, was ich brauche.«

Und so war es auch.

Vor der Einwanderung

In unserem neuen Haus im Dorf Petneházy hat uns Luzi empfangen, der junge und energische Agronom, und hat uns stolz die Gebäude gezeigt, die Stallungen für das Vieh und das Feld. Das geräumige Haus liegt mitten im Dorf: Der Wohnbereich ist sehr ordentlich, erfüllt alle Bedürfnisse, es gibt ein großes und schönes Schlafzimmer für die Mädchen und ein ähnliches Zimmer für die Jungen, und dazwischen liegt ein prächtiger Salon, gut belüftet und sehr hell. Dieser Salon dient als Wohnzimmer für Versammlungen, für Gespräche und gemeinsamen Zeitvertreib, als Speisezimmer und Gebetraum mit einem Thora-Schrein, in dem die Gebetbücher und alles Notwendige für das Gebet und den Kult versteckt sind.

Die Wohnung liegt etwa ein halbes Stockwerk über dem Boden. Eine breite und prächtige Treppe führt zu ihr aus einem mit Rosensträuchern, die angenehm riechen und berauschen, geschmackvoll gestalteten Innenhof. Eine Treppe hinter dem Haus führt zu einem Gemüsegarten, einem Obstgarten mit verschiedenen Obstbäumen und einem kleinen Weinberg, einem Hühnerstall für allerlei Geflügel, einer Scheune und zu anderen Lagerräumen, und in der Mitte des Innenhofs steht prächtig ein riesengroßer Bauernofen.

Der vordere Hof ist noch viel schöner. Das Eingangstor ist geschmackvoll gestaltet, hohe Nussbäume geben einem Brunnen, dem Kuhstall, dem Pferdestall, einem Werkzeug- und landwirtschaftlichen Geräteschuppen Schatten.

Im Kuhstall stehen zwei gesunde Kühe, deren Euter voller Milch sind, und ein Paar Stiere mit gewaltigen Muskeln, die aussehen, als würden sie jede Feldarbeit bewältigen. In diesem Stall ist noch ein Platz frei für unsere Prinzessin, die alte Nechama, wenn sie denn mit Suse ankommen wird.

Im Pferdestall stehen vier wunderschöne Pferde, geradezu »Postpferde aus den königlichen Gestüten«,[10] schnelle Reitpferde, die aber auch geeignet wären, leichte Wagen hinter sich zu ziehen.

Und die Felder: Wunder über Wunder, ein sich windender Fluss trennt sie und gibt ihnen Wasser, um alle Gewächse zu nähren: das Getreide, den Mais, die Melonen, das Gemüse und alles Übrige »vom Tau des Himmels, vom Fett der Erde, viel Korn und Most«.[11]

Luzi, der Agronom, führt den Hof stolz und aufrecht, mit Geduld und Liebe, besonders für die Jungen, die das Vieh lieben, und etwas weniger auch für diejenigen, die im Feld fleißig sind. Aber ich, zu meinem Bedauern, bin nicht mit diesen Eigenschaften gesegnet, und deshalb gefalle ich Luzi nicht. Dazu kommen meine relativ guten Kenntnisse der Halacha und der jüdischen Gedankenwelt (trotz meiner Bemühungen, das nicht zu demonstrieren), etwas, was in seinen Augen wohl als Überheblichkeit angesehen wird. Manchmal sieht er mich voller Verachtung und Feindschaft an, und seine entschiedene Meinung über mich erklärt er heimlich meinen Freunden, seinen Günstlingen.

Aber diese Tatsache macht mich nicht im Geringsten traurig. Statt mich mit Arbeiten zu beschäftigen, die ich nicht mag, finde ich verschiedene Beschäftigungen, die auch nützlich sind, wie die Beheizung des bäuerlichen Ofens im Hof, das Kneten und Backen des Roggenbrotes, das Zubereiten vom Brotkuchen für den Schabbat, diverse Tischlerarbeiten, Glasarbeiten, Wasserschöpfen und Holzfällen und noch viele andere Arbeiten. Zudem diene ich als Vorbeter, Vorleser, Entscheider in Fragen der Halacha aus dem Gedächtnis oder indem ich im Schulchan Aruch nachschlage.

Beim Backen des Roggenbrotes ist mir ein schwieriges Problem begegnet. Bekanntlich erfordert das Backen eines solchen Brotes eine sehr hohe Hitze – viel mehr als beim Backen von Weizenmehl. Aber wenn ich die Hitze im Ofen mit Hilfe von Stroh und Reisig gesteigert habe, ist der obere Teil des Brotes gut gebacken und sogar angesengt worden, während sein Unterteil teigig und ungenießbar bleibt. Ich fragte unsere bäuerlichen Nachbarn um Rat, aber sie zuckten nur mit den Schultern, ohne zu antworten. Schließlich fand ich die Antwort selbst: Der Untersatz des Ofens erwärmt sich ausgerechnet an den Flächen, die frei blieben und nicht über dem Feuer und der glühenden

Asche. Deshalb muss man den Boden des Ofens immer wieder freimachen. Und das war die Lösung.

Diese Zeit war für mich und meine Freunde ein fortwährender Genuss. Wir arbeiteten schwer und sahen Segen in unserer Arbeit. Wir unterhielten uns über alles (außer über unsere Erfahrungen in den Todeslagern, als ob wir sie vergessen hätten), wir sehnten uns danach, als Pioniere in Eretz-Israel zu kämpfen. Wir sprachen Hebräisch, wir sangen und tanzten, bis wir nicht mehr konnten. Im Herbst und im Winter nahmen wir teil an den Festen im Dorf wie zum Beispiel dem Erntedankfest, aber beim schönsten Fest von allen, bei dem ein Schwein geschlachtet wurde, nahmen wir aus naheliegenden Gründen nicht teil. Aber wir beobachten die Szene durchaus mit Bewunderung. Auch die Hunde der Gegend versammelten sich rund um das Geschehen in der Hoffnung, dass vielleicht ein Rest in ihre Schnauzen fällt, und nur ihr Jaulen wurden zuweilen gehört, wenn ein ärgerlicher Bauer sie mit seinem genagelten Stiefel trat.

Und nach der Schlachterei kam das große Fressen, das hauptsächlich aus frischem häuslichen bäuerlichen Brot und Innereien des geschlachteten Viehs bestand, und all das wurde schließlich mit einem gewaltigen Strom von Wein heruntergespült.

Wenn wir unter uns waren, amüsierten wir uns sehr über unsere Scherze und lachten Tränen über jede komische Sache und jede Dummheit. Zum Beispiel machte vor einer Woche der Rabbiner Guschelensky einen seiner seltenen erzieherischen Besuche bei unserer Brigade. Wir alle saßen am verlängerten Tisch, und an dessen Spitze vertiefte sich der ehrenvolle Gast in die Erläuterung einer komplizierten halachischen Frage. Und da kam plötzlich die Tante Marischka in unseren Salon, die Inhaberin des Lebensmittelladens im Dorf, und führte ein sachliches und ziemlich ruhiges Gespräch mit Reuven, unserem Hauswirt, an der entfernten Spitze des Tisches. Der Rabbiner, höflich und großzügig, fühlte sich belästigt und bat Reuven in einem vornehmen Ungarisch: »Bitte, ich flehe Sie an, erledigen Sie Ihre Sache mit der Tante nach dem Vortrag!« Da stand Tante Marischka von ihrem Platz auf, wandte sich an den ehrwürdigen Rabbiner und verkündete laut: »Hör mal zu, junger Mann, es gibt keinen Grund mich reinzulegen, man hat mich schon entjungfert – von allen Seiten.« Beim Hören dieser Worte brach die ganze Bande in ein anhaltendes Gelächter aus, das nicht aufhörte und sogar stärker wurde, als der Rabbiner selber sich nicht mehr zusammenreißen konnte und sich dem Chor anschloss.

Die landwirtschaftliche Arbeit nahmen wir sehr ernst. Deshalb war es kein Wunder, dass wir den ersten Preis beim lokalen Landwirtschaftswettbewerb gewannen, der von der kommunistischen Partei ausgeschrieben wurde. Aber der Erfolg bei den Einnahmen brachte nicht immer das gewünschte Ergebnis. Ein Beispiel dafür war der Anbau von Kohl, den wir nach den verpflichtenden Plänen der Regierung und der Partei pflanzen mussten. Zu unserer Freude brachte der Kohl gute Ernte, und wir sammelten in unserem Hof etwa 80 Tonnen auf einem riesigen Haufen, aber die Verwaltung weigerte sich, diese Mengen Kohl abzunehmen und dafür zu zahlen. Der Kohl fing bald an zu faulen und erfüllte mit seinem schrecklichen Gestank die Luft des Dorfes und seiner Umgebung. Schließlich blieb uns keine andere Wahl, als den Kohl wieder als Dünger auf die Felder zu verteilen. Aber diese traurige Angelegenheit entmutigte uns nicht, im Gegenteil, sie diente als weitere Quelle für Witze und Spaß.

Irgendwann wurde ich nach Budapest zu einem ›Kurs für Untergrundverteidigung‹ beordert, der in den Bergen von Buda stattfand. Hier sollten wir lernen, gegen das britische Militär zu kämpfen, wenn es versuchen sollte, uns am Strand von Eretz-Israel am Verlassen des Schiffes zu hindern. Man brachte uns dort militärische Ordnung bei und verschiedene Sportarten sowie Nahkampftechniken. Den Kurs leitete ein junger Mann aus Eretz-Israel namens Haim Gouri.[12] Er lehrte uns, den Überlebenden der Shoa, voller Sehnsucht zu kämpfen und damit unsere frühere Ohnmacht zu überwinden. Wir betrachteten diesen gutaussehenden Dichter und Kämpfer von der Palmach[13] voller Bewunderung und Verehrung, wie er in seinen kurzen Hosen vor uns in der bitteren Kälte stand.

Zu meinem Bedauern wurde ich nach einiger Zeit von der Verwaltung in Budapest gebeten, in eine südliche Stadt zu wechseln, dort die Stelle meines Vorgängers, der nach Eretz-Israel gebracht wurde, zu übernehmen und ein Kinderheim mit Waisenkindern zu führen. Es gab dort etwa 25 Jungen und Mädchen im Alter von 3 bis 15 Jahren.

Die Verwaltung des Instituts bestand, abgesehen von mir, aus einem Sekretär in Teilzeit und einer gewichtigen jüdischen Köchin, die auch für die Sauberkeit des Ortes verantwortlich war. Ich beschäftigte mich mit der Erziehung der Kinder: dem Beibringen von allgemeingültigen gesellschaftlichen Regeln und von jüdischen und zionistischen Vorschriften. Dabei ging es vor allem um die Einhaltung der öffentlichen Gebete, die Durchführung traditioneller jüdischer Zeremonien, das Erlernen der hebräischen Sprache, des Lesens und Schreibens, das Kennenlernen der allgemeinen Literatur, die Erweiterung des Wissens über das Volk der Juden und alle möglichen Fragen und Probleme, die hin und wieder im Alltag einer Gruppe oder eines Einzelnen auftauchen.

Ich hatte freilich keine Erfahrung und es gab keinen in meiner Nähe, mit dem ich mich beraten konnte, weshalb mich die Beschäftigung mit Problemen, die mich mehr oder weniger überforderten, sehr belastete.

Nach einem halben Jahr war ich allerdings gezwungen, vor der ungarischen kommunistischen Polizei zu fliehen, die in meiner zionistischen Tätigkeit eine regimefeindliche Tat sah, nämlich den Versuch, die arbeitende Jugend zu verderben.

Und das war so gekommen: Zu meiner Überraschung und meinem Glück wussten die Kinder, wo sie mich suchen sollten, wenn ich vom Heim abwesend war. Sie fanden mich bei meiner Freundin Eva (der ein riesengroßes Kreuz im Dekolleté baumelte), die ich von meinem Vorgänger geerbt hatte. Die Kinder teilten mit aufgeregt mit, dass zwei Polizisten nach mir gefragt hätten, und nachdem sie behauptet hätten, dass sie nicht wüssten, wo ich sei, beauftragten die Polizisten sie, mir mitzuteilen, dass ich mich sofort in der Polizeistation melden sollte. Meine Freundin Eva versteckte mich in dem Institut, wo sie als Kassenwärterin arbeitete, und stellte eine Verbindung mit dem Sekretär her. Dieser besorgte mir Bargeld und Anweisungen für meine Reise zu einer Adresse in der nördlichen Stadt Miskolc, um von dort nach Eretz-Israel auszuwandern. Meine gute Freundin begleitete mich sogar bis zur Bahnstation, um die Polizisten abzulenken, die mich suchten.

Dafür werde ich dieser Eva immer dankbar sein – wie auch für alle anderen Gunsterweisungen.

Und nun begann endlich der Vorgang meiner ›Alija‹.

Alija – Einwanderung

Wir versammelten uns in der Stadt Miskolc im Nordosten Ungarns – Jungen und Mädchen, Überlebende der Todeslager, der Arbeitsdienste, solche, die sich versteckt hatten, solche, die konvertiert sind, und alle, die die Schrecken des Krieges erlitten hatten, weil sie Juden waren und jetzt ›Shoa-Überlebende‹ genannt werden. Wir wurden in Wohnungen untergebracht und fühlten uns sofort wie zu Hause. Fröhlich und glücklich – wo doch jeder ein Bett für sich selbst bekommen hat. Das Essen war relativ reichlich und das Wasser – ohne Begrenzung, direkt aus dem Wasserhahn!

Derweilen spielten wir Schach, sangen israelische Lieder, tanzten Hora, stiegen den Mädchen nach, haben sie beeindruckt und sie haben uns beeindruckt, und meistens murrten und beschwerten wir uns über unser Schicksal – zu warten, ohne etwas tun zu können, während das Volk ›im Lande‹ sein Blut vergießt und um seine Existenz kämpft. Nach einigen Wochen wurden wir um Mitternacht heimlich zur Grenze und vorwärts – zu Fuß – in die Tschechoslowakei gebracht.

Der Fußmarsch in der Dunkelheit zwischen Bergen und Felsen auf Wegen, die keine Wege waren, war mühsam, besonders für diejenigen, die schwere Koffer mit sich trugen. Ich, dessen Habseligkeiten im Kinderheim geblieben waren, als ich vor der Polizei weglaufen musste, und andere Pioniere, die ihre Rucksäcke auf dem Rücken trugen, marschierten ziemlich leichtfüßig. Ein kleines und dürres Mädchen (nicht hübsch und ziemlich unauffällig) schleppte einen großen Koffer, stand endlich außer Atem da, verzweifelt und ratlos, während die Karawane weiterging.

Kein Mensch kümmerte sich um sie, und ich trug mit Mühe ihre Last, die auch für mich zu schwer war, bis wir zu dem Dorf auf der slowakischen Seite der Grenze kamen. Das Mädchen bedankte sich nicht und ignorierte mich, wahrscheinlich weil sie glaubte, dass ich irgendetwas als Belohnung für meine Anstrengung von ihr fordern würde.

Als wir endlich im Morgengrauen eines der Häuser im dunklen Dorf betraten und alle Hunde des Dorfes gegen uns die Zähne fletschten, war es uns unmöglich zu glauben, dass die Behörden von unserer Ankunft nichts wussten. Aber sie drückten ein Auge zu – und sie hatten wohl ihre Gründe. Wir, gebrochen vor Müdigkeit, fielen sofort für ein, zwei Stunden in einen tiefen Schlaf, und dann wurden wir aufgeladen in einen Zug und durchquerten als ›polnische Flüchtlinge‹ die Slowakei bis zur Stadt Bratislava (die Stadt des vielgelobten Rabbiners Mosche Sofer) nahe der österreichischen Grenze. Wir wurden im Mikwe-Saal der jüdischen Gemeinde untergebracht, und dort weilten wir untätig zwei oder drei Monate.

Am 15. Mai 1948 werden wir über die Gründung des jüdischen Staates informiert. Wir jubeln und sind glücklich über die Erfüllung unseres Traums, aber traurig und enttäuscht, dass es uns unmöglich war, dort zu sein und unsere Heimat mit Waffen in der Hand zu verteidigen. Wir freuen uns und sind erregt über die Erfolge der Jischuw[14] in ihrem Kampf gegen die arabischen Armeen und Banden, und wir trauern über jeden unserer Gefallenen.

Endlich geht es weiter mit einem Lastwagen zur österreichischen Grenze. Wir werden von der Roten Armee kontrolliert (die im Osten des Landes herrscht) und erreichen unser vorläufiges Ziel, das Rothschild-Spital in der Hauptstadt Wien. Im Verwaltungsbereich der amerikanischen Armee (oder der britischen) atmen wir erleichtert auf, da wir uns in freier Atmosphäre befinden, die sofort bemerkbar wird im Vergleich zur Angst und Depression, die in den Ländern herrschen, die der kommunistischen Unterdrückung unterworfen sind, Jugoslawien, Ungarn und die Tschechoslowakei, in denen wir bisher gefangen waren.

Das Rothschild-Spital ist belegt mit vielen Juden von überallher, die meisten sind junge Shoa-Überlebende auf ihrem Weg nach Israel. Der Ort wird beherrscht durch den Joint und die Jewish Agency for Israel, und der Lärm dort ist gewaltig.

Die Stadt Wien ist kurz nach dem Ende des Krieges noch zerstört, aber das Leben dort sprudelt und schäumt, und man kann sich amüsieren (wenn man das nötige Kleingeld hat). Wunderbar sind die bekannten Annehmlichkeiten wie leckeres Gebäck, schöne Aussichten wie das Schloss Schönbrunn und die Gärten drum herum und großartige Musik von Mozart bis Strauß.

Aber unser Aufenthalt in Wien ist endlich, und schon bald werden wir alle als eine Gruppe zur Spitze des italienischen Stiefels verfrachtet, in die Stadt Bari. Auch hier warten wir, bis wir grau werden, machen zwischendurch einen Sprung nach Neapel und kommen sogar bis nach Rom. Wir lernen ein wenig Italienisch und sind mit vielen Italienerinnen und Italienern zusammen, singen Heimatmelodien, tanzen wieder Hora und sehnen uns danach, in das Land Israel zu kommen, das erst vor kurzem geboren wurde.

Eines Tages, als ich durch die Märkte der Stadt Bari schlenderte, wollte ich die Kameraden mit einer Kiste Orangen überraschen, die in unseren Gegenden selten und in der südlichen Stadt im Überfluss vorhanden waren. Aber es fehlten mir einige tausend Lire dafür, deshalb trennte ich mich schweren Herzens von meinem Tintenfüller (mit goldener Schreibfeder), den ich seit Jugoslawien bei mir hatte. Ich schleppte die schwere Orangenkiste und lächelte vergnügt, da ich an die Überraschung und Freude meiner Kameraden dachte. Aber ich war es, der überrascht war, unser Zimmer vollgefüllt mit Orangen zu sehen, die in meiner Abwesenheit von einem der Institute geliefert worden waren, weil niemand sie hatte haben wollen.

Und dann kam der Tag, den wir seit Jahren ersehnten: Am Morgen des 18. April 1949 bestiegen wir das Schiff ›Galila‹, das voll war mit Tausenden von Shoa-Überlebenden, und fuhren dicht gedrängt und glücklich nach Israel.

Erster Tag im Land

»Wir ankern im Hafen von Haifa, ihr könnt dann in einen Kibbuz oder in die Armee gehen«, wird uns verkündet – und ich wähle, ohne zu zögern, die Armee. Mit Ehrfurcht und voller Liebe gehe ich die Rampe hinab, und als ich den Boden der Heimat im Hafen von Haifa betrete, steht mir ein wunderschönes israelisches Mädchen gegenüber und reicht mir und jedem Einwanderer, der vom Schiff kommt, mit einem herzergreifenden Lächeln eine große Orange.

Kaum habe ich mich von diesem wunderschönen Erlebnis erholt, stehe ich schon in einer langen Schlange am Landungssteg für irgendeine Registrierung, und als ich an der Reihe bin und nur noch ein Knabe vor mir ist, stoppt die Registrierung, weil der Knabe außer Ungarisch keine andere Sprache spricht und der Beamte viele Sprachen spricht – außer Ungarisch. Zunächst höre ich diesem Gespräch von Taubstummen zu, das durch Handbewegungen begleitet wird, aber nicht von der Stelle kommt:

Beamter: »Wie ist dein Name?«
Ungarischer Knabe: »Mi van? (*Was ist?*)«
Beamter: »Wie heißt du?«
Ungarischer Knabe: »Amit mond? (*Was sagt er?*)«
Beamter: »Jiddisch?«
Der Junge schüttelt nur den Kopf.
Beamter: »Englisch?«
Ungarischer Knabe: »Mi ez? (*Was ist das?*)«
Der Beamte zeigt auf seine Brust und sagt mit einer kleinen Verbeugung »Cohen Avraham«. Danach deutet er mit erhobenen Augenbrauen auf die Brust des Knaben, als wartete er auf eine Antwort.
Mit einem Funken von Verständnis in den Augen verbeugt sich der Knabe elegant und ruft: »Aha! Scheinberg Eladar!«

Der Beamte legt die Finger auf die Wangen, als hätte er einen Bart, und krümmt den Rücken wie ein alter Mann: »Und der Name deines Vaters?«

Ungarischer Knabe: »Mit akar? (*Was will er?*)«

Das geht hin und her, bis ich die Geduld verliere und dem verzweifelten Beamten sage: »Mein Herr, ich könnte der ›Meilitz‹ (Vermittler) zwischen euch sein.« Der erschöpfte Beamte lächelt erleichtert und sagt in einem väterlichen Ton: »Sehr schön, aber auf Hebräisch sagt man ›Meturgeman‹ (Übersetzer).« »Da irren Sie sich, mein Herr«, wage ich zu sagen, »auf Hebräisch sagt man Meilitz, und Meturgeman ist ein aramäisches Wort!«

Das war meine erste Begegnung (und nicht die letzte) mit unserer Bürokratie.

Nach der Registrierung wurden wir auf einen zivilen Lastwagen geladen. Einige fanden einen Sitzplatz und andere fuhren stehend, indem sie sich an einer Stange hielten, die längs am Wagen befestigt war. Nach etwa 40 Minuten in Richtung Süden (das große Meer zu unserer Rechten) erachtete ich es für richtig, als ich die Straße mit einer dicken Sandschicht bedeckt sah, meine Kenntnisse der Geografie des Vaterlandes zu demonstrieren, und sagte: »Sieh mal, wie klein unser Land ist – schon sind wir im Negev angekommen!« Aber mein Irrtum wurde schon nach einer Viertelstunde aufgedeckt, als wir in der Stadt Chadera angekommen waren.

Von da fuhren wir weiter gemütlich gen Süden, und als wir zu einem gewaltigen Zeltlager kamen, wendeten wir in Richtung Osten und landeten in einem Militärlager aus Zelten in der Nähe von Kfar Jona.

Der Kommandeur des Lagers, der einen Stern auf der Schulter trug, hielt eine feurige Rede auf Hebräisch, die keiner von uns verstand, und unverzüglich wurden wir danach in ein Lagerhaus hineingeführt, wo jeder von uns einen Sack bekam, in dem sich Essgeschirr, Waschzeug, Kleider und Schuhe befanden. Die Kleider waren zum Teil gebraucht, die Farben verschieden, als wären sie zufällig aus den Überresten anderer Armeen gekauft worden. Die Hüte waren aber einheitlich, neu und prächtig angefertigt aus glänzendem Gabardinestoff, wobei ihre Form den Hüten der Fremdenlegion oder denen französischer Generäle (wie man sie in Filmen sehen kann) ähnelte. Der Hut ist rund und wie aus Metall gemacht, vorne ist ein Vordach, das Schatten gegen die brennende Sonne der Kalahari-Wüste spendet, und auf der anderen Seite ist ein Stück Stoff gefaltet, das man zum Schutz gegen Sandstürme ausbreiten kann. Ein schneller Blick in das Innere des Hutes wirft Licht auf das Rätsel seiner Herkunft, da dort in klaren Druckbuchstaben geschrieben steht: »A matune fin a jiddischer hitlmacher«, also ein Geschenk eines jüdischen Hutmachers.

Nach der Einkleidung bekamen wir einige Stunden Urlaub, um das Land kennenzulernen und die Düfte der Orangenhaine einzuatmen. Da trafen wir einen seltsamen alten Juden mit einem netten Gesichtsausdruck, der uns irgendwie fremd vorkam. Nach einer kurzen Unterhaltung stellte sich heraus, dass er aus dem Jemen war. Auf unsere Frage, ob wir eine oder zwei Früchte essen dürften, antwortete er: »Natürlich, wenn du in den Weinberg eines anderen kommst, darfst du so viel Trauben essen, wie du magst und bis du satt bist, nur darfst du nichts in ein Gefäß tun«.[15] »Seht«, sagte ich, »wie gebildet ist das Volk in Israel. Sogar ein einfacher Wächter in einem Orangenhain kann aus der Bibel zitieren.«

Auf meinem Weg zurück zum Zeltlager, neben dem sich ein Kino befand, beobachtete ich ein hübsches Mädchen, das alleine war. Ohne zu zögern, trat ich auf sie zu und schlug ihr vor, mit mir zu gehen und den Film anzusehen. Das Mädchen sah mich voller Verachtung an und zischte zwischen seinen schönen Zähnen: »Verpiss dich, du Abscheu.« Ich habe mich getröstet, dass ich das Mädchen zwar nicht erobert, aber mir dafür ein neues Wort angeeignet habe.

Und abends ging ich mit den Kameraden zu Fuß durch die Orangenhaine, etwa 13 Kilometer hin und zurück) nach Netanja, passierte die Hauptstraße und ging in das erste Haus hinein, aus dem hebräische und russische Volksmusik ertönte. Dort warteten hübsche Mädchen mit kurzen Röcken, mit denen wir schon nach kurzer Zeit den Krakowiak tanzten.

Ein Lied zum Frühstück

Eine scharfe Sirene durchschneidet die Stille des Morgengrauens. Der dicke und energische Feldwebel namens Kurz läuft auf der Stelle zum Zelteingang und brüllt: »Zug drei und Zug vier! Aufstehen und sofort mit Laufen beginnen!« Wir erschrecken: »Was ist los?« – und wir beeilen uns, das Zelt zu verlassen, barfuß und in Unterwäsche. »Idioten!«, brüllt der höfliche Feldwebel, »Zieht Schuhe an und verduftet sofort nach draußen!« Wir ziehen die schweren Militärschuhe an, schnüren sie halb zu und schließen uns den Veteranen-Zügen eins und zwei an (die schon eine Woche im Land sind), die sich in Warteposition gedulden. Der Feldwebel ›Kurzele‹ verkündet mit einer schrecklichen Stimme: »Zug Nummer drei zum Morgenlauf – vorwärts marsch!« Und schon sind wir unterwegs.

Die Veteranen brechen sofort in ein aufmunterndes Kriegsgeschrei aus, wie: »Hey babariba, Brot mit Riba (Marmelade)!« und rufen sich aufmunternde Sprüche zu, die eine Weltanschauung manifestieren (in einem hebräischen Kauderwelsch) wie:

»Zwei Ufer hat der Jordan, hat der Jordan,
er ist unser, auch er, auch dann.
Zwei Ufer hat der Jarkon, der Jarkon,
er gehört uns, Ben-Gurion, Ben-Gurion.«

Und sofort am Ende des erfrischenden Laufs steht man in einer langen Schlange mit dem Essgeschirr zum Frühstück in der Hand. Zufällig gerate ich in eine Gruppe von lustigen Einwanderern aus der Türkei, die heftig mit ihren Messern und Gabeln auf das Geschirr schlagen, das an ihrem Hals hängt, und in ihrer komischen Sprache ununterbrochen einen kurzen Spruch hören lassen, der sich unzählige Male wiederholt. Ich frage einen von ihnen mit Hilfe von Handbewegungen nach dem Sinn des Ganzen, aber so richtig kann mir keiner erklären, worum es sich handelt.

Ich sinne noch immer dem türkischen Spruch nach, da stehe ich am Eingang zum Speisesaal und schaue entsetzt auf das Schauspiel, das meine Augen entdecken. Vor mir eine lange Bank, beladen mit einer Reihe von Aluminium-Kochtöpfen, von außen abstoßend und bedeckt mit rostigen Altersflecken und voller Ruß wie der Mond in der Weihnachtsnacht. Aber ihr Inhalt, was für ein Wunder: die Köstlichkeiten des Landes. Und hinter jedem Topf steht ein diensthabender Rekrut, um deinen Wunsch und den Wunsch deines Magens zu erfüllen. Du musst um nichts bitten, du musst nur auf ein Gericht deiner Wahl mit dem Finger zeigen, und schon wird dein Teller bis zum Rand gefüllt. Im ersten Topf ist ein Brei aus weißem glänzenden Gries, und die Neonlampe (eine neue revolutionäre Erfindung) spiegelt sich in ihm, als wollte sie andeuten: »Nimm von mir viel und schnell, ich verspreche dir, du wirst es nicht bereuen.« Daneben, in einem anderen Topf, ein wunderbarer Reisbrei. Ich werde von beidem nehmen! Wirklich! Es ist schon fast ein Verbrechen, meinen Gaumen so zu reizen. Dann nehme ich noch Hering in einer sauren Sauce, und vor mir gibt es noch viele verlockende Speisen, unsere Soldaten werden keine mageren Zeiten kennen!

Beladen mit allen Köstlichkeiten wende ich mich an einen der Tische, und auch darauf sind Leckerbissen verteilt wie frisches Weißbrot, Margarine, zwei Sorten Marmelade, Obst aus Südafrika (offensichtlich ein Geschenk unserer Brüder aus dem Ausland) und noch verschiedene Arten von Gemüse für einen Salat, aber ich kann mich nicht zurückhalten und probiere zuerst von einer exotischen Frucht, die ich mir genommen habe. Zu meiner großen Überraschung stellt sich heraus, dass sie sauer schmeckt, etwas bitter und abweisend, sodass ich sie mit Verachtung ausspucke und mich bei meinem Tischnachbarn entschuldige, indem ich sage, dass diese Frucht verdorben sei. Sofort regt sich einer der Veteranen auf und erklärt mir meinen Irrtum. »Nein, nein, nein! Das sind frische grüne Oliven, sie sind sehr schmackhaft, und du solltest wissen, dass sechs solcher Oliven so viel Kalorien wie ein ganzes Ei haben!« Angesichts dieser Erklärung probiere ich mit äußerster Vorsicht die Olive erneut – und was für ein Wunder: Jetzt schmeckt sie meinem Gaumen sehr.

Mit wirklich erhabenen Gefühlen und einem Lied auf den Lippen beende ich das prächtige Mahl mit einer Tasse süßen Kaffee und auch mit einem Glas Tee. Warum nicht? Man sagte schon in der Diaspora auf Jiddisch: »As man get getman, as man schlugt antloiftman«, das heißt: Wenn man dir gibt – nimm. Wenn man dich schlägt – laufe weg.«

Wer weiß, wann ich wieder die Gelegenheit habe, eine solche Mahlzeit zu genießen!

Givati[16]

»Ihr gehört ab heute dem Regiment 52 der ruhmreichen Givati-Brigade an, die für ihre Schlachten, Siege und Opfer im Unabhängigkeitskrieg berühmt ist. Ihr könnt stolz sein, euch den verschiedenen Kompanien des Regiments anschließen zu dürfen, also strengt euch an, ihnen würdig zu sein.«

Und weiter sagte der Feldwebel mit dem dichten Schnurrbart: »Denkt nicht, dass der Krieg schon zu Ende ist und wir uns auf unseren Lorbeeren ausruhen können. Absolut nicht! Unsere Feinde drohen, gegen uns eine zweite Offensive zu starten, und wir müssen darauf vorbereitet sein, wie Ben-Gurion sagte: ›Wer Frieden will, soll auf den Krieg vorbereitet sein.‹ Es steht auch geschrieben: ›Der Herr gebe Kraft seinem Volk. Der Herr segne sein Volk mit Frieden.‹[17] Das heißt: Nur, wenn wir stark werden, kommen wir zu Frieden.« Und der Feldwebel fuhr fort: »Wir befinden uns jetzt in Alarmbereitschaft, die Armee von Trans-Jordanien anzugreifen und uns mit Gewalt das ›kleine Dreieck‹, die Städte Tira und Tayyibe, zu nehmen, die uns nach dem Waffenstillstandsabkommen gehören.«

Dieser überzeugende Vortrag berührte mein Herz, und ich schwor mir, mich danach zu richten bei allem, was ich in meinem Armeedienst tun würde.

Ohne Zeit zu verschwenden, wurden wir einer nach dem anderen in einer der Einheiten im Regiment aufgestellt. Ich kam in die Gruppe B, 2. Kompanie, 1. Zug. In meinem Zug waren auch der Rekrut Scheinberg Aladar und noch acht Jungen aus Marokko. Wir alle wurden in einem gebrauchten indischen Zelt aus den Überresten der britischen Armee einquartiert.

»Schau mal, schau mal, was sie tun! Was ist das? Warum schreien sie so? Was ist das? Schau mal, schau, sie sind dabei, einander umzubringen!« So wunderte sich und fragte Aladar in seinem schweren Ungarisch, ganz aufgeregt und verängstigt, und schlug mit seinem Ellbogen mit aller Kraft tief in meine Rippen, die zu brechen drohten. Als ich den Ruhigsten der Marokkaner, Kadosch, nach dem Grund des Tumultes fragte, antwortete er mir in einem einfachen Hebräisch, dass es sich um eine freundliche Unterhaltung auf Marokkanisch unter Kameraden handelte, und zwar über die Frage der Verteilung der Betten. Aber der Tumult nahm kein Ende, wurde sogar noch heftiger, nachdem das Problem durch den Kommandanten des Zuges beigelegt worden war. Die lauten Stimmen meiner Zugkameraden, die von wilden Gesten begleitet werden, hört man ohne Pause auch nach dem Ausschalten des Lichtes …

Eines Tages bekamen wir unser erstes Monatsgehalt – 21 Lira. Und das zusammen mit einer Packung Zigaretten, Waschzeug und Ähnlichem. Das war der erste Geldbetrag, den ich im Land erhielt. Mein Freund Aladar Scheinberg (der seinen Namen in Elidar änderte) und ich sparten den ›Schatz‹ für die Not. Nicht so unsere Freunde, »die Wundersamen« – wie mein Freund Elidar sie nannte. Sie rannten aufgeregt zur Kantine (und vielleicht zu einem Kiosk in der Gegend) und erwarben mit all ihrem Geld irgendwelche Luxusgüter. Einer von ihnen kaufte Brillantine, Fett für die Haare, und kämmte sie sich im Stil von Clark Gable. Ein anderer kaufte Schnupftabak in einer prächtigen Kiste aus Olivenholz, und sein Freund schmückte sich mit einem Feuerzeug made in Austria (obwohl er nicht rauchte). All das versteckten sie unter ihren Matratzen, unter erneut enormem Lärm und begleitet von aufgeregten Handbewegungen.

Mein Freund und ich saßen auf unseren Betten und beobachteten mit Interesse dieses absurde Schauspiel: Der Mann mit dem Schnupftabak verließ das Zelt, um sich zu ›erleichtern‹, und der Mann mit der Brillantine ging zum Bett seines Freundes, hob dessen Matratze hoch und schob eine kleine Prise Schnupftabak in sein Nasenloch. Sofort fing er an, wild zu husten, bis der Besitzer des Schnupftabaks zurückkam und seine Freunde laut und voller Schadenfreude auf den armen Hustenden zeigen. Der geschädigte Inhaber trat jetzt sofort an das Bett des Räubers, hob dessen Matratze hoch, zog die Flasche mit Brillantine heraus, leerte den ganzen Inhalt auf seinen Kopf und verrieb ihn auf seinen kurzen Haaren.

So sahen wir in diesen Burschen sehr seltsame Menschen, so wie sie gewiss in uns seltsame Gestalten aus fremden Welten sahen. Erst mit den Kriegsübungen unseres Zuges – bei der Aufteilung der Streitkräfte in Flankenangriffe, Täuschungen, Defensiv- und Offensivaktionen – und weiteren schweren Übungen, die während einer ganzen Woche sowohl in der Nacht als auch bei brennender Hitze und strenger Rationierung von Wasser stattfanden, erst dann gewöhnten wir uns aneinander, verstanden die Unterschiede und die Gemeinsamkeiten zwischen uns und wurden eine Kampfgruppe.

Ein israelischer Soldat

Nach einer Woche Übungen, in der wir kämpfende Soldaten wurden, haben wir, Neulinge wie Veteranen, in der Nähe von Kfar Saba gezeltet, in Angriffsstellung gegenüber der arabischen Siedlung Qalqiliya. Ich wurde an einen Beobachtungsposten beordert, schwer bewaffnet, es war mitten in der Nacht. In der Instruktion davor wurde uns die Parole übermittelt, und wir sollten in jedem Verdachtsfall zwei Mal laut rufen: »Halt! Parole! Ich schieße!« Und wenn keine befriedigende Antwort komme, müsse man das Feuer eröffnen, um zu töten.

Kaum hatte ich meine Stellung eingenommen, da hörte ich, etwa zwei, drei Meter vor mir, zwischen den Sträuchern ein verdächtiges Rascheln, als würden Menschen flüstern. »Halt! Parole!«, schrie ich, und als keine kam, auch nicht nach meiner zweiten Verwarnung, betätigte ich meine Sten – meine Maschinenpistole – und leerte das ganze Magazin in Richtung der Quelle des Geräuschs, bis es verstummte. Wegen der knatternden Schüsse wachten alle Soldaten der Kompanie auf und kamen erschrocken mit ihren entsicherten Waffen in den Händen angelaufen und an ihrer Spitze der Kommandant. Nachdem ich über den Vorfall Meldung gemacht hatte, wurde das Gebiet beleuchtet, um eine genaue Durchsuchung durchzuführen. Aber statt zerschmetterte Leichen wurde, zur Freude der Soldaten und ihrer Kommandeure, nur das Funkgerät der Kompanie gefunden, total durchlöchert und nicht mehr wiederzuerkennen.

Ich schämte mich und war niedergeschlagen, aber der Kommandant der Kompanie munterte mich auf: »Die Soldaten« sagte er, »die das Gerät im Feld zurückgelassen haben, obwohl es noch an war, sind diejenigen, die über diesen Schaden Rechenschaft ablegen müssen.«

Am nächsten Tag wurde ich in das Stabszelt zu einem Gespräch mit dem Chef des Regiments, über verschiedene Themen gerufen. Unter anderem fragte mich der Regimentskommandant, warum ich nicht zu ihm gekommen sei, um einen Befehl zu erhalten, bevor ich auf das Funkgerät geschossen habe. Ich schaute ihm tief in die Augen und sagte: »Ich war überzeugt, dass dort Feinde waren, mindestens zwei, deshalb handelte ich nach Vorschrift, so wie du es uns gelehrt hast.« »Und hast du keine Angst gehabt?«, setzte der Kommandant fort. »Warum soll ich mich fürchten, wenn ich eine Waffe in der Hand habe?«, antwortete ich unverzüglich. Am Ende der Unterhaltung sagte mir der Kommandant, dass man mich, wenn meine Haltung in den kommenden Wochen so sein würde wie erwartet, zum ersten Lehrgang der Givati-Brigade für Zugführer schicken würde. Ich wurde nicht nach meiner Zustimmung gefragt – und ich habe auch nichts gesagt. Aber meine Zufriedenheit konnte man mir sicher ansehen.

Ich verließ den Stab jedenfalls mit erhobenem Kopf: Ich habe es nicht erwartet, ein Soldat in Israels Armee zu sein, und jetzt bekomme ich das Verdienst, ein Kommandeur und Kämpfer zu sein. In der Tat, wie gut, wie angenehm ist mein Schicksal!

Bunker und Vergnügen

»Wir bekommen das kleine Dreieck mit den Dörfern Tira und Tayyibe, so wie es im Waffenstillstandsabkommen mit dem jordanischen König- reich vereinbart wurde. Man braucht uns hier nicht mehr – und wir siedeln um nach Jerusalem«, sagt der Kommandant. Sofort steigen wir auf zivile Fahrzeuge und fahren zur Stellung Miss Kerry, genannt ›Tem- pel der drei Religionen‹, auf dem Gipfel des Berges über dem Dorf En Kerem. Was für eine Aussicht! Was für eine Höhenluft! Wir blicken traurig auf den dicht belaubten Baum, der den Standort von Kfar Et- zion markiert und der aussieht, als wäre er nur eine Armeslänge ent- fernt, aber dennoch für uns unerreichbar.

Die Veteranen beschweren sich über die schlechte Verpflegung, die immer zu spät kommt, wenn überhaupt. Aber ich bin froh und sage ins- geheim, Gott behüte mich vor den Kameraden: »Gebt mir nur Kampf- rationen und gesalzene trockene Kekse, die es hier in Mengen gibt, zu- sammen mit kaltem und reinem Brunnenwasser, und ich verpflichte mich bis zum letzten Tag.«

In den vielen freien Stunden, wenn wir keine Wache schieben müs- sen, umgehen wir die russischen Kirchen, gleiten in das malerische Dorf En Kerem und landen auf der Hauptstraße, versuchen einen Wagen an- zuhalten oder gehen weiter zu Fuß nach Jerusalem.

Hoi, Jerusalem, Jerusalem! Der Mittelpunkt all meiner Gebete seit eh und je. Wie schön diese Stadt ist! Eine Schönheitskönigin, die Freude der Welt. Eine gewaltige Erregung erfasste mich, als ich zum ersten Mal Israels Heiligtum sah, die treue und erhabene Stadt, alle ihre 70 Namen durchliefen mein Gehirn, und ich fand sie wunderbar und richtig. Wir besuchten alles, was sie zu bieten hatte, aber konzentrierten uns auf die Straßen King George, Jaffo und Ben-Jehuda. Wir durchkämmten dieses Dreieck ein Dutzend Mal, um unsere Augen an den Mädchen der Stadt zu sättigen. Außerdem trafen wir Juden (wie es aussah, sprachen sie unter sich Jiddisch), die an Purim im brennenden Chamsin[18] Winterkleider tragen und wie Kosaken aussehen oder polnische Gutsherren aus dem finstersten Mittelalter. Das war in meinen Augen doch sehr merkwürdig. Als Gegengewicht dazu machten wir noch eine Runde, um unseren Augen etwas Gutes zu tun und den Anblick der jüdischen Mädchen in unserem Gedächtnis zu verfestigen.

Und jetzt werden wir einen Autofahrer finden, der uns zum Berggipfel oder in seine Nähe mitnimmt. Ansonsten werden wir genötigt sein, mit unseren eigenen Kräften zu unserer geliebten Stellung zu klettern.

Kaum haben wir uns an einen Ort gewöhnt, werden wir schon wieder in eine andere Stellung verlegt. So pflanzten wir unsere Zelte in der Stellung neben Bait Machsir und von dort nach Bab el Wad zum Castel und in die Stadt in das Kloster Notre-Dame und zum Mandelbaumtor und an noch viele andere Orte.

In diesen Tagen wurde ich tatsächlich zum Kommandanten eines Zuges befördert und ich bekam den Rang eines Gefreiten. Das Zeichen des Ranges habe ich natürlich nicht an meinen Arm angeheftet, da es bei uns, bei Givati, nicht üblich war, den Rang zu zeigen – das taten nur hohe Offiziere und gewöhnliche Angeber.

Meine erste Erfahrung als Kommandeur eines Zuges machte ich in der Stellung in Har Zion. Unmittelbar nachdem wir dort angekommen waren, musste ich mich mit schwierigen Situationen auseinandersetzen, da ich einen Zug zur Verfügung hatte, der keine Erfahrung hatte und zudem unterbesetzt und -bewaffnet war. Die Scharfschützen der ›Legion‹ trennten uns nicht selten vom Stab des Regiments, der im Allenby-Lager untergebracht war. Deshalb mussten wir uns oft mit dem Essen von Kampfrationen und Keksen begnügen, die bei den Kameraden verhasst waren (und bei mir beliebt), obwohl der Stab ja in Sichtweite war.

Aber die größte Schwierigkeit bestand darin, die Zivilisten unter Kontrolle zu halten, die in Massen zum Berg kamen. Hauptsächlich an Samstagen und Feiertagen. Die Menge kam, um die Gelegenheit zu nutzen, vom Dach des Grabes von König David auf einen Teil der Klagemauer zu blicken oder einen Besuch im Keller des Shoa-Museums zu machen, das erst kürzlich für Besucher eröffnet wurde. Es gab auch viele Menschen, die gekommen waren, um zwischen den zerstörten und verlassenen Häusern der arabischen Bevölkerung zu streunen, und Menschen, die im Unabhängigkeitskrieg von hier geflohen sind und nach Andenken suchen, die dort liegengelassen wurden. Jenseits des moralischen Aspekts lag darin eine tatsächliche Gefahr durch den Einsturz von wackeligen Häusern oder das Treten auf Minen oder andere gefährliche Gegenstände, die dort möglicherweise eingegraben waren.

Trotz alledem hatten wir Erfolg bei unserer Arbeit ohne irgendwelche ernsthafte Störungen, und schon bald wurde ich über meine Teilnahme an dem ersten Kommandeurslehrgang der Brigade unterrichtet, der in wenigen Tagen stattfinden sollte. Deshalb erhielt ich vier Tage Urlaub.

In diesem ersten Urlaub fuhr ich voller Stolz in meiner Armeeuniform per Anhalter nach Haifa, um eine nette Freundin aus der Vorbereitung in Ungarn zu besuchen. Zofia wohnte mit ihrer älteren Schwester in einem feuchten Kellerzimmer in einem Haus, das ein ›verlassenes Eigentum‹ war, in Chalissa, einem ehemaligen arabischen Bezirk in Haifa. Zu meinem Bedauern konnte ich, wegen ihrer ledigen und herrschsüchtigen Schwester, keine intimen Beziehungen mit Zofia beginnen. Dennoch konnte ich dort meinen ganzen Besitz in meinem kleinen abgenutzten Koffer, der meine Zivilkleidung enthielt (nicht alles gebügelt), zur Aufbewahrung hinterlassen.

Von dort fuhr ich nach Tel Hanan und ging zu Fuß nach Hawassa, um entfernte Verwandte zu besuchen, die fromm geblieben waren wie alle übrigen Verwandten. Der Besuch ging schief und endete sehr schnell wegen meines Verlassens des ›Erbes der Väter‹ und meiner Zuwendung zur ›verdorbenen Kultur‹. Ich bin dann zu Fuß zum ›Checkpost‹ abgestiegen, weil die Fahrkarte von dort nach Haifa billiger ist.

Nun blieb mir nur noch ein Urlaubstag. Die Übernachtung in Haifa organisierte ich durch den Stadtkommandanten. Deshalb ging ich natürlich zu Fuß bis zu einem Durchgangslager für Neueinwanderer im Süden von Haifa. Dort traf ich zufällig meinen Bekannten Menasche, ein Intellektueller, ein Soldat, ein Neueinwanderer, ebenfalls ledig. Menasche teilte mir mit, dass er im Besitz einer Doppelkarte für das Stück »In den Steppen des Negevs« im Habimah[19] sei. Er fragte, ob ich ihn in das Kino ›Armon‹ begleiten wolle, wo am Abend das Stück aufgeführt werde. Ich akzeptierte mit Freude, da doch die ganze Bevölkerung dieses Stück von Igal Mossinsohn lobte. Das tragende Lied des Stücks – das auch »In den Steppen des Negevs« hieß – wurde von Yafa Yarkoni[20] gesungen, die auch bei der Givati-Brigade war. Das Lied wurde oft im Radio gespielt, und man hörte es von Dan bis Eilat:

In den Steppen des Negevs glänzt der Tau,
in den Steppen des Negevs fiel ein wackerer Mann,
nicht mehr atmen konnte der Knabe und das Herz stand still,
die Haarmähne wird der Wind streicheln.

Ein Schock und Trauer und schrecklicher Kummer,
eine alte Mutter steht auf und sagt ihre Worte,
die Tränen fließen aus den Augen der Mutter,
es kam eine Kugel aus Blei und spaltete dein Herz.

Menasche und ich gingen zur Hauptstraße, um mit dem Bus zum Kino ›Armon‹ zu fahren. Wir warteten unendlich lange an einem schweren ›Chamsin-Tag‹, und als der Bus endlich kam, sahen wir uns gegenseitig an, denn keiner von uns hatte genug Geld, um die Fahrt zu bezahlen. Wir lachten uns zu Tode, stiegen aus, liefen den Berg hinauf und kamen schweißnass im Kinosaal an.

Das Stück war offensichtlich sehr interessant, weil die Schauspieler mit Begeisterung diskutierten und das Publikum gespannt zuhörte, aber ich verstand wegen der miserablen Akustik und wegen des schweren russischen Akzents das Meiste nicht. Wenn ich nicht Rücksicht auf meinen Freund Menasche genommen hätte, hätte ich die Aufführung schon am Anfang verlassen und mich nicht bis zum ersehnten Schluss gelangweilt. Als wir den Saal verließen, beichtete Menasche, dass er überhaupt nichts verstanden hatte, was auf der Bühne passiert war und nur meinetwegen geblieben war. Wir brachen in ein gewaltiges Gelächter aus, bis unsere Augen, zum Erstaunen der Spaziergänger in diesem vornehmen Wohnviertel von Haifa, sich mit Tränen füllten.

All das passierte, als ich noch ein Neueinwanderer war, aber jetzt, nach einem Monat im Lande und am Vorabend des Lehrgangs zum Zugführer, bin ich erfahren, und bevor ich mich wieder dem Vergnügen eines Urlaubs zuwende, werde ich etwas Geld verdienen für ein echtes Vergnügen. Meine einsamen, weisen Soldaten lehrten mich: Arbeite zwei Tage, verdiene Geld, und dann kannst du dich an den nächsten zwei Tagen amüsieren. Und so habe ich es getan: Ich habe im Steinbruch im Castel ›Debisch‹ (in der Sprache der arabischen Bauarbeiter: behauene Steine für den Bau) auf Lastwagen geladen, bis mir alle Rippen und Muskeln wehtaten.

Ich weiß sehr genau, dass Arbeit außerhalb des militärischen Bereichs ein schlimmes Vergehen ist, aber ich hoffe, dass die Sache bis zu ihrer Verjährung geheim bleibt.

Ein angenehmer Urlaub

Wir versammelten uns, etwa 40 junge Soldaten, die meisten Einwanderer, neben der Bushaltestelle in der Jaffastraße in Jerusalem. Die Soldaten kamen aus den Givati-Regimentern, um am ersten Lehrgang der Brigade ›nach 2000 Jahren‹ teilzunehmen (wie man sich in diesen Tagen auszudrücken pflegt). Schon beim ersten Anblick konnte man beobachten, dass diese Soldaten sorgfältig ausgesucht worden waren: Ihr zurückhaltendes Benehmen, ihre ruhigen Unterhaltungen und ihre ordentliche Kleidung sprachen für sich.

Man kann wohl erwarten, dass diese Soldaten nach einer ordentlichen Ausbildung in der Lage sein werden, die Herausforderungen, vor denen der Kommandant eines Infanteriezugs steht, der tagtäglich mit seinen Soldaten wie einer von ihnen lebt, zu bewältigen. Gleichzeitig muss er seine Kompetenz demonstrieren, um eine disziplinierte Einheit zu schaffen, gefestigt und gut vorbereitet auf den Zeitpunkt des Krieges, wenn fachliches Niveau und seelische Verfassung vor einer echten Prüfung stehen werden.

Zur vereinbarten Zeit wurden wir mit einem zivilen Lastwagen nach Dir Amar gefahren, das zwischen dem Kibbuz Zowa und der Stadt Ramat Raziel liegt. An diesem Ort war früher eine Landwirtschaftsschule für weiße arabische Jungen. Auf dem Gipfel des Berges steht ein großes und schönes Gebäude und seitlich ein Gartenhaus. Um die Gebäude herum und in den tiefen Tälern und den angenehmen Abhängen sind viele Gärten, Weinberge und andere landwirtschaftliche Flächen. Besonders imponierte uns ein gewaltiger Nussbaum, der reife Früchte trägt und vor allen Augen im Wadi versteckt ist – genau neben der letzten Kurve der Straße am Eingang zum abgegrenzten Gebiet von Dir Amar.

Die schweren Übungen beginnen sofort, nachdem jeder Ausbilder (ein Offizier aus der Brigade), der im Wettbewerb mit seinen Freunden steht, die Last auf die Schulter der armen Lehrlinge gedrückt hat. Am schlimmsten von allen ist Oberleutnant Feyer, der für die Körperübungen Zuständige, der uns mit dem Morgenlauf in den felsigen Hügeln für den Rest des Tages das Mark aus den Knochen gepresst hat.

Nach unserem Gefühl basiert die Methode der Übungen nicht auf einem Plan, der im Voraus durch frühere Erfahrungen erstellt wurde, denn der Lehrgang wird ja zum ersten Mal durchgeführt, und man musste bei allem improvisieren. In einer der Übungen zur Überquerung von Hindernissen schoss der Ausbilder echte Munition über die Köpfe der Zöglinge, um Gefechtsatmosphäre zu simulieren. Dabei wurde eine Frau getötet, als sie eine solche Kugel in die Stirn traf, wie sie gerade aus dem Bus aussteigen wollte. Uns, den Lehrlingen, ist nicht bekannt, ob es darüber später eine Untersuchung gab (und was kann man da schon machen, wo gehobelt wird, da fallen auch Späne), und die Übungen wurden auch danach noch mit echter Munition begleitet.

Die schweren Übungen liefen weiter, und ich war fast am Zerbrechen. Zu meinem Glück verstauchte ich eines Morgens bei einem Lauf in einer felsigen Gegend meinen Knöchel, der sofort anschwoll, sodass ich nicht mehr auftreten konnte. Ich wurde an die Seite gesetzt, aber die Lage verschlimmerte sich, und ich wurde für zehn Tage zum Verbleib in der Wohnbaracke gezwungen. Eine ärztliche Untersuchung kam niemandem in den Sinn.

Nach ein, zwei Tagen des Nichtstuns überfiel mich eine fürchterliche Langeweile, weil nichts im Wohnheim zu finden war, das mich beschäftigen konnte. Bei gründlicher Suche fand ich ein Grammophon – eines mit einem Drehgriff und einem großen Lautsprecher in Form eines Horns – und daneben vier Schellackplatten, die die vierte Symphonie von Tschaikowski enthielten und noch eine kleine Arie aus ›Carmen‹ von Bizet. Keiner wusste, woher diese Gegenstände stammten.

Jetzt, da ich wegen der Verletzung des Knöchels ans Haus gefesselt und einsam war, während meine Kameraden auf dem Übungsfeld schwitzten, betätigte ich das Grammophon, da es keine andere Tätigkeit gab, und in mein Ohr drang ein Durcheinander von furchtbaren und abgehackten Tönen. Alle Platten abgesehen von der Arie waren kaputt, dafür liebte ich diese schon beim ersten Hören. Aber da die Langeweile mich immer wieder zu deprimieren drohte, betätigte ich das Gerät immer wieder, bis die Musik sich zu verbinden begann, zuerst einsame Stellen, am Ende die ganze Symphonie. So wurde ich zu einem Liebhaber klassischer Musik. Eine besondere Ecke bewahre ich in meinem Herzen für die dramatische und gewaltige, aber volkstümliche vierte Symphonie von Tschaikowski.

Wie jede Sache auf der Welt kam auch dieser Lehrgang zu einem Ende, und ich war einer der besten Teilnehmer trotz meiner häufigen Abwesenheit wegen der Verstauchung und vielleicht als Entschädigung für das Leid, das ich zu tragen hatte.

Nach dem Ende einer feierlichen Party und dem Anbringen von zwei Streifen auf dem Ärmel unserer Uniform wurde jeder in seine Einheit entlassen – aber vorher bekamen wir eine ganze Kitbag[21] mit Nüssen und seltenem Obst, das in diesen wirtschaftlich genügsamen Tagen kaum zu beschaffen war. Diese teure Beute wurde bei nächster Gelegenheit nach Hause gebracht. Auch ich habe sie für meinen nächsten Besuch bei Verwandten und Bekannten behalten, damit ich nicht mit leeren Händen dorthin komme.

Zur Ausbildung

»Heute wird im Stab die Eintragungsliste für den Offizierslehrgang aus-gehängt«, teilt mir der Proviantmeister, Feldwebel Mosche Gross, mit. Dieser Mosche ist ein Propagandist der Mapai (einer Arbeiterpartei, die gerade an der Regierung beteiligt ist) und stellt mir unermüdlich nach in der Absicht, mich als Genosse für seine Partei zu rekrutieren.

Ich versuche höflich, das zu vermeiden, aber er bleibt dabei: »Warum trägst du dich nicht ein? Sieh, wie alle sich eintragen und vorwärtskom-men.«

»Ich ziehe es vor, mit eigenen Kräften vorwärtszukommen.«

»Hast du irgendwelche Beziehungen? Jemanden in der Jewish Agency for Israel? In der Regierung, in der Partei? Hast du nicht! Nur mit Hilfe der Partei kannst du vorwärtskommen.«

»Sieh mal, Mosche«, versuche ich ihn höflich loszuwerden, »ich schätze die Wege der Partei und ihre Erfolge bei der Gründung und Führung des Staates sehr, und ich kann sie unterstützen und wählen. Und vielleicht ist es dumm von mir und ich will um Gottes willen keine Vergleiche ziehen, aber wegen meiner Erfahrung mit den Parteien im Nationalsozialismus oder im Kommunismus kann ich einfach kein Ge-nosse in irgendeiner Partei sein.«

Nach dieser Aussage hoffte ich, dass Mosche sich beleidigt fühlt und von mir ablässt, aber ein Mensch wie Mosche gibt nicht leicht nach, zumal er meine Leidenschaft für Lehrgänge kennt. Nachdem ich die Lehrgänge für Feldwebel, Scharfschützen, Körperübungen, Fallschirm-springen und noch andere beendet habe, versucht er mich weiter zu überzeugen: »Warum geht ein so begabter Junge wie du nicht zum Of-fizierslehrgang?«

»Ich kann nicht angenommen werden, weil ich kein Abitur habe und noch nicht einmal einen Abschluss von der Volksschule.«

»Mach keine Witze«, sagt Gross mit bösem Gesicht, »schließe dich der Partei an, und wir werden sehen, wie wir dir helfen können, so wie wir vielen Kameraden, die du kennst, geholfen haben.«

In die Partei bin ich nicht eingetreten, aber ich beschloss, wenn die Zeit kommt, mein Abitur nachzuholen und das Reifezeugnis zu erwerben, und dann würde ich mich zum Offizierslehrgang anmelden.

Inzwischen haben meine Vorgesetzten meine Begabung bei der Führung von Rekruten, bei der Arbeit mit Waffen und vielem anderen erkannt. Deshalb werde ich zum Regimentskommandeur gerufen, der mir mitteilt, dass er mich bedauerlicherweise in ein Ausbildungslager für Rekruten zu entsenden habe.

Ich freute mich sehr, mich vom Regimentsschlamm zu trennen. Immer schon habe ich ja neue Situationen geliebt. Auch auf der Rampe in Birkenau habe ich darauf bestanden, zur Arbeit zu gehen … Aber gleichzeitig bedauerte ich es jetzt, mich von vielen guten Freunden trennen zu müssen. Es tat mir besonders leid, mich vom Kommandanten des Regiments, dem Hauptmann Mordechai Bar-On, zu verabschieden, den wir alle nur ›Morele‹ nannten.

Es war eine große Bereicherung für mich, unter seinem Befehl zu dienen. Zu meinem Bedauern war es mir nie möglich gewesen, längere Zeit an seiner Seite zu verbringen, da ich mich während meiner Dienstzeit bei Givati die meiste Zeit in Stellungen rund um Jerusalem befand und in einer Reihe von verlassenen Gegenden, weit entfernt vom Stab. Ich weilte als Feldwebel der Militärpolizei auf dem Skopus Berg, der sechs Wochen belagert war (und nicht einen Monat, wie es immer wieder heißt). Zur Erfüllung einer besonderen Aufgabe wurde ich mit meinem Zug im Rahmen einer Sicherheitsmaßnahme der Militärverwaltung in die Dörfer Tira und Tayyibe beordert, nachdem wir sie genommen hatten. Ich nahm an einigen Lehrgängen teil. Aber es genügte die kurze Zeit, in der ich in der Nähe von Morele war, um ihn zu beobachten und seinen guten Charakter, seine Aufgeklärtheit, seinen Weitblick, seine Großzügigkeit und Geduld zu schätzen.

Ich fürchte, dass ich die bescheidenen wie intensiven Begegnungen, die Morele gelegentlich für seinen Stab veranstaltet hatte, vermissen werde. Die Treffen fanden in der Cafeteria ›Hauga‹ in der Jaffastraße in Jerusalem statt. Wir hörten aufmerksam seinen lehrsamen und klugen

Worten zu, die von Kleinigkeiten und von Weltproblemen handelten. Es war allerdings ein Tabu, über die Arbeit beim Militär zu sprechen.

Doch das Geschehene kann man nicht rückgängig machen, und so finde ich mich vor einer vorbildlich gepflegten Baracke mit dem Schild ›Adjutantur‹ ein. Ein großer Spiegel empfängt mich und darauf steht geschrieben: »Soldat! Achte auf deine Erscheinung!!!« Das glänzende Möbelstück ist in einem Garten aufgestellt, umgeben von weiß getünchten Benzinkanistern in sorgfältiger militärischer Ordnung.

Ich nähere mich jetzt dem Eingang, dort steht ein Wächter, ordentlich ausgerüstet mit einem Bajonett am Gewehr, sein Helm, seine Gurte und seine Wickelgamaschen sind weiß wie Schnee. Alle seine Knöpfe, Gürtelschnallen, die Zeichen der Armee und der Einheit und auch seine Schuhe glänzen. Seine Majestät war von meinem Erscheinen überrascht und herrschte mich mit seiner tiefen Stimme an: »Was willst du?« »Zum Adjutanten«, sagte ich und beeilte mich, mit meinem Seesack, in dem sich mein ganzer Besitz befand, hineinzugehen. Der Riese lief mir in die Stube hinterher. Dort empfing uns die Sekretärin der Adjutantur erstaunt.

Wegen der Unruhe in der Stube kam der Adjutant aus seinem Büro heraus – ein Hauptmann –, schaute um sich und sagte mit ruhiger Stimme: »Lasst ihn rein.«

Er setzte sich hinter seinen Schreibtisch und ich setzte mich vor ihn, sah ihn genau an und verstand sofort, dass vor mir ein kluger Mann saß, sachlich und kompetent. Nachdem ich mich identifiziert und den Grund meines Kommens mitgeteilt hatte, sagte er mit einer angenehmen Stimme: »Sehr schön. Die Sekretärin wird dir einen Fahrschein geben. Du kehrst zurück zur Brigade und wirst deinem Vorgesetzten sagen, dass er dir eine ordentliche Uniform besorgen soll mit den Zeichen des Ranges an den Ärmeln, dass er dir Höflichkeit und Benehmen beibringen soll und besonders Haltung vor höheren Dienstgraden. Dann besorgst du dir ein Formular für deine Versetzung – und dann kehrst du hierher zurück.«

Sofort verstand ich, was von mir erwartet wurde, stand stramm, salutierte und sagte: »Ja, Herr Kommandant.« Auf meinem Weg nach draußen sandte ich ein verführerisches Lächeln in Richtung der netten Sekretärin und stellte mich auf die Spitzen meiner Zehen, um auf der

Schulter des Riesen einen freundschaftlich leichten Klaps zu landen.

Mein Kommandant kann warten, dachte ich, und fuhr erst einmal nach Tel Aviv, vielleicht um irgendein Mädchen kennenzulernen. Ich hatte Glück und schon im Bus traf ich ein niedliches Mädchen, das irgendein Seminar besuchte und allein in einem gemieteten Zimmer in der Nähe der Allenbystraße wohnte. Ich quartierte mich dort für drei Tage ein und konnte endlich auch eine warme Dusche und duftende Seife genießen. Oho! Wie schön, wie schön ist das Leben!

Sofort nachdem ich wieder im Lager in Jerusalem angekommen war, ging ich ohne zu zögern zum Kommandanten, übermittelte die Worte des Adjutanten und fügte noch dieses und jenes hinzu. Der Kommandant kratzte sich verlegen am Kinn und sagte: »Was für eine Dummheit von mir, wo doch jeder den Adjutanten als harten Zögling der Armee Seiner Majestät kennt, ein Fachmann für Formalitäten und militärische Disziplin. Gut, das machen wir: Ich werde mit Mordi, dem Zahlmeister, sprechen, der das Formular vorbereitet, und du – gehst zu Schaike, dem Quartiermeister, damit er dir die besten Kleider gibt, die er hat.«

Ich fand Schaike im Wohnblock der Mädchen außerhalb des Lagers, und er reichte mir den Schlüssel, ohne seinen Blick von einer der Schönen abzuwenden: »Nimm selber!«

Nachdem ich selbst noch einige Zeit im Wohnblock der Mädchen verweilt hatte, öffnete ich das Kleidermagazin. Ein Haufen Uniformen, Hosen und Schuhe, alle gebraucht und glanzlos, glitten in einem Durcheinander heraus und drohten mich zu begraben. Ich wühlte und wühlte, bis ich ein Paar Hosen und Schuhe, die mehr oder weniger passten, gefunden hatte, aber eine ordentliche Uniform war nicht dabei. Ich wollte schon aufgeben, als ich plötzlich das gesuchte Kleidungsstück entdeckte, in einem fast neuen Zustand und passend zu meiner Figur. Zusätzlich nahm ich auch noch eine passende Strickjacke mit und verließ den Ort in voller Zufriedenheit.

Erst nach einigen Wochen stellten die Mädchen zu ihrem Amüsement (und zu meiner Schande) fest, dass ich eine Uniform für Mädchen trug, was man anhand der Richtung der Knöpfe und der Brustnaht sehen konnte.

Schön ist das Leben in der Armee

»Feldwebel Weiss, wir schätzen deine Tätigkeit in der Brigade sehr, und ich ernenne dich hiermit zum Oberfeldwebel!« – so der Kommandeur der Basis.

Tatsächlich, obwohl ich mich nicht besonders angestrengt habe, war ich ziemlich erfolgreich. Öfter war ich aufgefordert worden, besondere Aufgaben und Projekte zu übernehmen, wie zum Beispiel die Vorbereitung von Unterrichtsstunden für die Fächer Feldkampf oder Waffenkunde für alle Anführer in der Basis, und ebenso diente ich als einziger Anführer für alle militärischen Themen in den Lehrgängen der Offiziere der Sanitätstruppe – besonders in denen für Neueinwanderer, die vorher nicht in der Armee gedient haben. Dafür erhielt ich sogar ein Anerkennungsschreiben vom Direktor der Schule für Militärmedizin.

Ohne eine andere Wahl zu haben, überwand ich meine Ablehnung des starren Regimes und der übertriebenen Zeremonien, die in der Kaserne üblich waren, und gewöhnte mich an die neue Lage. Es gab nichts daran, was meine Zufriedenheit mit dem Leben dort überschatten konnte.

Ich liebte besonders die Schabbatabende, an denen wöchentlich, organisiert vom Soldaten-Komitee, eine Aufführung sehr guter Künstler für die Soldaten und Soldatinnen stattfand, die in der Kaserne geblieben waren, um ihre Pflicht zu erfüllen, und auch für alleinstehende Soldaten wie mich. Das Hauptvergnügen kam nach dem Ende der Aufführung mit der Tanzmusik. Wie die Zeiten sich ändern. Bis jetzt wurden hebräische Tänze getanzt, die für mich und für die ganze Nation das neue Leben in Israel symbolisierten – aber jetzt nicht mehr. Sie wurden von klassischen Salontänzen wie Tango, Walzer, Rumba, Paso Doble und anderen abgelöst. Ich bin kein besonders guter Tänzer, ganz im Gegenteil, ich mag Tänze nicht besonders (ich würde nie von mir aus mit einem Tanz beginnen, auch nicht bei übergroßer Freude), aber ich mag nicht auf die Gelegenheit verzichten, während des Tanzens die warme Berührung schöner Mädchen zu genießen. Und tatsächlich kommen viele schöne Mädchen an diesen Samstagabenden in die Basis, besonders von einer benachbarten Basis der Luftwaffe, sowie hübsche Mädchen aus der Schule für Krankenschwestern.

Und in der Tat habe ich nicht wenige Mädchen kennengelernt und habe mich sogar in einige verliebt. In einem Fall erwähnte ich vor der jungen Dame, einer Lehrerin und Soldatin, die Möglichkeit zu heiraten. Der Versuch wurde sofort abgelehnt mit der rhetorischen Frage: »Und wo werden wir wohnen?«

Ich hatte bald auch viele Freunde in der Kaserne – aus allen Schichten der Gesellschaft. Wir haben gearbeitet, uns amüsiert und vergnügt, zusammen in Freundschaft und Brüderlichkeit getobt, aber keiner, auch nicht die Mädchen, hat mich je in sein Haus eingeladen. Die Sache ist freilich gar nicht seltsam und erstaunte mich wenig: Es ist nicht besonders angenehm, von Angesicht zu Angesicht einem Überlebenden der Shoa gegenüberzustehen, einem Einsamen und Kinderlosen zumal. Nur einmal brachte mich mein guter Freund, Oberfeldwebel Itan Drabkow, in die Wohnung seines verwitweten Vaters. Der Vater empfing uns – auch mich – sehr freundlich und lud uns beide auf eine Portion Eis in die nahegelegene Konditorei ein. Die väterliche Geste hat mich sehr beeindruckt und erinnert an Ereignisse aus meiner Kindheit, die so unendlich fern waren (und das nicht nur an Jahren).

Als ich damals nämlich von der Schule nach Hause ging, einen Rucksack auf meinem Rücken, und immer noch in der ersten Klasse war, traf ich meinen großen Cousin Arno, der schon im Bar-Mizwa war. Dieser Arno, der mich in der Regel zu ignorieren pflegte, rief mich diesmal bei meinem Namen und gestikulierte mit seinem Finger, mich ihm zu nähern. Überrascht von der Aufmerksamkeit und der erfreulichen Tatsache, dass er überhaupt meinen Namen kannte, ging ich zu ihm. Er nahm mich an meinem Kragen, rückte die Augenbrauen streng zusammen und sagte: »Da hast du zehn Münzen, geh in diese Konditorei – die nicht koscher ist! – und bring mir ein Schokolade-Vanille-Eis, aber wehe, du leckst unterwegs daran. Und noch etwas«, sagte er, indem er seine Stimme erhob, »schwöre mir, dass du niemanden etwas erzählst, denn wenn die Sache bekannt wird«, fügte er zur Sicherheit hinzu,

»werde ich dir all deine Knochen brechen.« Ich schwor schnell bei der Bibel, da ich dringend Luft zum Atmen brauchte.

Ich kaufte und reichte ihm das Eis wie befohlen. Ein wenig verängstigt vom Vorfall, aber nicht weniger stolz wegen des Vertrauens, das mir entgegengebracht wurde, machte ich mich sofort auf den Weg nach Hause. Und dort, Wunder über Wunder, erwartete mich Vater mit einem sehr ernsten Gesicht. Ist es möglich, dachte ich, dass die Sache schon bekannt war? Ich wusste sehr gut von meiner Mutter, dass »hier jeder alles über jeden weiß«, aber so schnell? Es konnte nicht sein. Aber es war doch so. Vater verlangte zu wissen, woher das Geld sei und warum ich ein nicht koscheres Eis gekauft hätte. Ich habe ihm alles erzählt, aber nicht den Namen dessen, der das von mir verlangt hatte, weil er mich schwören ließ, dass ich seine Identität nicht preisgebe. Vater befreite mich sofort von dem Schwur, aber ich erklärte ihm die Drohung, dass meine Knochen in Gefahr wären. »Verlass dich auf mich in dieser Sache«, sagte Vater, »denn wenn du ihn nicht verrätst, dann werde ich es sein, der deine Knochen bearbeitet. Nicht einmal Staub wird von ihnen übrigbleiben.« Vor einer solchen Drohung konnte ich nicht mehr halten und erzählte alles. Danach aber habe ich die Wohnung meines Cousins viele Tage umgangen.

Ein wenig von alledem fühlte ich, als der Steuerbeamte Drabkow seinen Sohn, Oberfeldwebel Itan, und mich zu einer Portion Eis in die benachbarte Konditorei eingeladen hatte.

Und als die Tage so vergingen, rückte der Zeitpunkt meiner Entlassung immer näher. Wohin würde ich gehen, wo würde ich wohnen, wovon würde ich leben? Ich wusste zwar von der Existenz einer Einrichtung mit Namen ›Hilfe den ausgemusterten Soldaten‹ oder so ähnlich, aber ich, warum auch immer, war nicht in der Lage, um Hilfe zu bitten, auch nicht in aussichtslosen Situationen. Ich beschloss also, mich als Berufssoldat für zwei Jahre zu melden – in der Hoffnung, dass ich am Ende dieser Periode einen Weg finden würde, um meine Dinge irgendwie einordnen zu können.

Das Leben in der Kaserne verläuft gleichmäßig alle Tage der Woche, außer an den Freitagen, an denen in der Regel die Rekruten und auch die höheren Ränge einen Wochenendurlaub bekommen. Alle sind dann aufgeregt und gespannt vor der Rückkehr zur Familie, verpacken die schmutzige Uniform und die durchgeschwitzten Socken in Bündel und stopfen sie in den Kitbag zur Wäsche – und vorwärts zum Ausgangsappell! Und dann ertönt auf den Befehl »Ihr seid frei« ein gewaltiges Brüllen, und es beginnt ein wilder Wettlauf zum Tor, um eine Fahrt in Richtung des heimatlichen Hauses zu ergattern.

Auch ich beteilige mich an diesem Wahnsinn (mit einiger Zurückhaltung, wie es sich gehört) mit dem beladenen Kitbag, aber ich besteige kein Fahrzeug, sondern gehe zu Fuß um die Kaserne herum und kehre durch ein anderes Tor zurück, damit auch der Wächter am Tor nicht herauskriegt, dass ich keinen Ort habe, wo ich hingehen sollte.

In meiner Baracke in der Kaserne entleere ich dann die schmutzige Wäsche, gieße heißes Wasser in die Badewanne und trete sie, um sie zu waschen, wringe sie aus und lege die Kleidung unter die Matratze, damit die Wäsche nach der Nachtruhe wie gebügelt ist. So bin ich vorbereitet auf ein Abendessen und auf die Vergnügungen danach.

Und wer braucht mehr als das? Ich bin glücklich und sehr froh.

Man fährt nach Amerika

Mein älterer Bruder Schaje, der einzige aus meiner Familie, der am Leben blieb, weilt im Schatten des Rebbe Julisch innerhalb der Gemeinde der Satmar-Chassidim, den Feinden des Zionismus, in Brooklyn, New York. Zu Beginn der Shoa wurden wir getrennt, und seitdem haben wir uns aufgrund der Umstände, die nach dem Zweiten Weltkrieg in Osteuropa herrschten, bis zum heutigen Tag nicht getroffen. Unsere Wege haben sich getrennt, er wurde ein Ultra-Orthodoxer, der seine Einstellung jenseits dessen polarisiert hat, was in unserer Gegend vor der Shoa üblich war, und ich dagegen wurde ein Säkularer mit einer äußerst liberalen Einstellung, der die Tradition und Kultur und die jüdische Weisheit aus allen Generationen liebte, und ein begeisterter Zionist. Anfangs versuchte mein Bruder, mich mit verschiedenen Methoden zur Umkehr zu bewegen, mit offenen und versteckten und sogar mit unanständigen Tricks. Es kam zu einigen seltsamen Versuchen, meine Freiheit einzuschränken, und er mobilisierte Familienangehörige gegen mich – aber im Laufe der Jahre ließ sein Druck auf mich nach, da ich seiner Meinung nach, so dachte ich, die äußersten Tore der Unreinheit (des moralischen und geistigen Niedergangs, aus dem man nicht mehr entkommen kann) überschritten hatte. Die Verbindung zwischen uns war sehr lose und beschränkte sich auf die jährliche Mitteilung über die Erweiterung seiner Familie durch die Geburt eines weiteren Kindes.

Plötzlich aber bekam ich einen sehr emotionalen Brief über seine Sehnsucht, mich zu sehen, und seine Absicht, mir seine Familie vorzustellen. Er bat mich, zu kommen und sie alle in ihrem Haus in Brooklyn zu besuchen. Sofort kam mir in den Sinn, dass hinter der Einladung ein weiterer verzweifelter Versuch stecken mochte, mich zu bekehren. Trotzdem beschloss ich, nach Amerika zu reisen aus der festen Überzeugung heraus, dass der Weg, den ich gewählt habe, für mich der richtige ist.

Den israelischen Pass »für alle Länder außer für Deutschland« bekam ich leicht, und so brauchte ich nur noch eine Ausreiseerlaubnis und ein Visum für die Vereinigten Staaten. Um die Ausreiseerlaubnis zu bekommen, musste ich eine Bestätigung aller Banken vorzeigen, dass ich keine Schulden bei ihnen hätte, und auch eine Bestätigung der Einwanderungsabteilung der Jewish Agency for Israel, dass ich alle Vergünstigungen, die ich als Neueinwanderer bekommen hatte, zurückbezahlt hätte. Da ich wusste, dass ich weder bei den Banken noch bei der Einwanderungsbehörde Schulden habe – da ich doch gleich nach meiner Ankunft in Haifa in die Armee eingezogen wurde –, war ich sicher, dass mir das keine schwere Aufgabe sein sollte. Ich vertraute absolut der Wachsamkeit der Behörden und schätzte ihre Bemühungen, jede Möglichkeit zu unterbinden, dass Neueinwanderer die Erleichterungen, die sie erhalten, missbrauchen. Aber ich verachtete die übertrieben motivierten Beamten, die mich verdächtigten, dass ich auswandern wollte, und mir so viele Schwierigkeiten wie möglich machten. Ich habe jedoch meine Geduld nicht verloren. Ich machte weiter und gab nicht nach, bis ich alle Papiere und Dokumente für die Ausreiseerlaubnis hatte.

Nun aber stieß mein Ersuchen, ein Visum für die Vereinigten Staaten zu bekommen, auf Schwierigkeiten – wegen meiner Abstammung und meines Aufenthalts in Ländern mit einem kommunistischen Regime –, und das trotz meiner notariell beglaubigten Bestätigung von Hapoel Hamisrachi, dass ich »aktiver Ausbilder innerhalb der Jugend der religiösen zionistischen Bewegung in Ungarn zwischen den Jahren 1946 und 1949« war.

Bei einer der Befragungen im amerikanischen Konsulat wurde ich unter anderem gefragt, wie ich bei den Parlamentswahlen in Jugoslawien und in Ungarn gewählt hätte. Ich erklärte, an diesen Wahlen nicht teilgenommen zu haben, weil ich damals noch minderjährig gewesen war. »Alles klar«, sagte der Untersuchungsbeamte, »aber welcher Partei hättest du deine Stimme gegeben, wenn du hättest wählen können?«

Das war der letzte Tropfen, der mich dann vollends und endgültig dazu brachte, auf den Versuch, meinen Bruder und seine Familie in Amerika zu besuchen, zu verzichten.

Aber da ich schon einen begründeten Urlaubsantrag gestellt hatte, erreichte mich ein Brief von der Armee, der die Annullierung des Vertrages über meinen Armeedienst bestätigte. Wie es meine Art war, wandte ich mich auch diesmal an niemanden, auch nicht an meine Vorgesetzten, die möglicherweise die Entscheidung zurückgenommen hätten.

»Macht nichts«, dachte ich, »ich war schon in schwierigeren Situationen. Was sind denn die Sachen, die ich wirklich brauche? Arbeit zum Überleben, ein Bett zum Schlafen und ein gutes Buch für die Seele.«

In den Grenzgebieten

Ohne festen Wohnsitz und feste Arbeit bekam ich durch Freunde bald eine Anstellung und war nun zuständig für schwere mechanische Ausrüstung bei der privaten Gesellschaft eines amerikanischen Juden, einer der Gründer unserer Marine, dem Reservegeneral Paul Shulman. Die Gesellschaft mit dem grandiosen Namen »Die nationale Gesellschaft für Maschinenbau« beschäftigte sich mit Erdarbeiten und Tiefbau hauptsächlich in den Grenzgebieten.

Ich habe bei Ausgrabungen in Sodom und beim Einsammeln und Umladen trockener Salzkristalle gearbeitet, die als Rohstoff für die Produktion von Pottasche, Magnesium und mehr dienen. Ich fuhr einen kleinen Lastwagen ohne Fahrerlaubnis und war bei anderen Arbeiten beschäftigt, wenn es notwendig war, sogar unter der brennenden Sonne. Und mehr als einmal wurde ich in einem plötzlichen Noteinsatz mit meiner vollen Ausrüstung zu Arbeiten an der Umleitung des Jordans gerufen, unter dem Feuer syrischer Scharfschützen.

Diese Arbeit der Umleitung des Jordans auf das Gebiet des Staates Israel und dann in die Wüste wurde von der UNO als eine ernsthafte Verletzung des Waffenstillstandsabkommens betrachtet. Deshalb war es wichtig, von Zeit zu Zeit ›vollendete Tatsachen‹ am Boden zu schaffen, vor der Zusammenkunft des Sicherheitsrates der UNO, der immer wieder mit Sanktionen drohte und die Beendigung unserer Arbeit forderte. Und so wurden wir Arbeiter gebeten, die ganze Kapazität der Geräte auszunutzen und sie ununterbrochen Tag und Nacht zu benutzen. Auch wenn wir uns zeitweise nach vielen Arbeitsstunden mit dem schweren Gerät ausruhen durften, wurden wir in der Regel nicht zu einer der nahen Siedlungen gebracht, um dort zu essen und zu duschen. Zum Essen bekamen wir von der Armee die ›Kampfrationen‹, die ich eigentlich nicht mehr sehen und riechen konnte. Da passende Kleidung fehlte, lösten wir das Problem der Kälte und des Schlafens, indem wir uns ohnmächtig zum Schlafen neben den Auspuff eines Generators oder Kompressors legten, die im Gelände verstreut waren und angenehme Wärme abstrahlten, aber auch einen ohrenbetäubenden Lärm und stickenden Rauch dazu.

Ab und zu gelang es mir, mich von den Leiden meiner Arbeit zu erholen, da ich zum Ersatzdienst in der berühmten Infanteriebrigade 9 gerufen wurde, mit der ich die Ehre hatte, an zwei ruhmreichen Siegen teilzunehmen. Der eine war der Sieg über die ägyptische Armee bei der Eroberung von Scharm asch-Schaich, und der zweite war ein nicht weniger glänzender Sieg über unsere eigene Fallschirmbrigade, indem wir bei der Eroberung des Ortes vor ihnen angekommen waren.

Mein Hauptproblem, abgesehen von den Arbeitsbedingungen unter schweren klimatischen Bedingungen von Sodom und dem Jordan-Tal, waren die freien Stunden nach der Arbeit, da wir in der Regel vollkommen von der Zivilisation abgeschnitten waren. Ich beschäftigte mich mit einem Buch in meiner Baracke, während meine Freunde sich zusammentaten, um verschiedene Spiele im Speisesaal zu spielen. Meine Lage hat sich dann für mich grundlegend verbessert mit der Ankunft von Lotzi Teili, der ein erfahrener Maschinist war. Lotzi, in meinem Alter und gebürtig in Budapest, wurde als mein Partner zur wechselweisen Betätigung der schweren Geräte eingestellt und wurde auch mein Zimmergenosse in der Baracke in der Nähe des Toten Meeres. Sofort stellte sich zwischen uns eine freundschaftliche Verbindung ein, die mit der Zeit stärker wurde.

Lotzi war in jeder Hinsicht ein positiver Mensch, mit guter Laune, klug, gebildet und aufgeklärt, jedoch ein echter und frommer Kommunist und Mitglied der Kommunistischen Partei Israels. Das hatte er offensichtlich von seinem Vater geerbt, der einst ein Arbeiter bei einer Druckerei in Budapest und Kommunist im Untergrund war, einer der typischen proletarischen, intellektuellen Druckereiarbeiter. Die Tatsache, dass er Kommunist war, hinderte Lotzi nicht daran, im Pionierkorps der Armee zu dienen und ein Zionist zu sein. Lotzi stammte aus einer assimilierten Familie, und seine Kenntnisse vom Judentum und jüdischer Kultur waren so gering wie meine Kenntnisse der Weltkultur. In unserer Freizeit unterhielten wir uns lange, und einer regte den anderen an. Wir amüsierten uns auch, wie es unter jungen Leuten üblich war, beim Lösen von Kreuzworträtseln und spaßigen Übersetzungen von Liedern und Sprichwörtern aus dem Ungarischen ins Hebräische und Jiddische und umgekehrt.

Wir erzählten uns gegenseitig viel über unsere Kindheit, aber sehr wenig über unsere Erlebnisse in der Shoa, und ich weiß nur wenig darüber, dass er Überlebender der Todeslager war und dass seine ganze Familie in der Shoa umgekommen war.

Mein Freund Lotzi war groß und sehr dünn. Er sah recht schwach aus, und im Nachhinein wundere ich mich, dass er das schwere Gerät unter den unmöglichen Bedingungen von Sodom und dem Jordan-Tal betätigen konnte. Und tatsächlich klagte er eines Morgens über starke Kopfschmerzen, die immer heftiger wurden – bis er abends bewusstlos war. Einige Tage später wurde er im Friedhof von Be'er Scheva begraben. Nur einige wenige Freunde, Arbeiter wie er, begleiteten ihn, weinend und wortlos. Es gab keinen Minjan und es wurde auch nicht das Kaddisch[22] aufgesagt. Ich denke, dass Lotzi darauf auch selber verzichtet hätte.

Und so vereinigte sich Lotzi im Tod mit seiner Familie: Die Zwangsarbeiter im ungarischen Arbeitsdienst, darunter sein Vater, wurden in einer Scheune versammelt. Die ungarischen Soldaten steckten die Scheune in Brand und ermordeten alle Insassen im Feuer.

Die Mutter Alisa und ihre zwei kleinen Töchter wurden während des Todesmarsches von etwa 70 000 Juden aus Budapest auf das Gebiet von Österreich erschossen, wobei im Oktober 1944 eine Strecke von 220 Kilometern zurückzulegen war.

Die Geschichte von Lea

Von Mal zu Mal pflegte ich in meinem Urlaub das Haus der Pionierinnen des Hapoel Hamisrachi in Haifa zu besuchen und einige Mädchen zu treffen, meine Zöglinge aus dem Kinderheim aus der Zeit vor meiner Einwanderung. Dort, im Haus der Pionierinnen, habe ich Lea kennengelernt. Es war Liebe auf den ersten Blick, denn abgesehen von der natürlichen jugendlichen Anziehung zwischen uns war es unser Hintergrund und die ähnlichen Erlebnisse unserer Jugend, die uns zusammenbrachten. Es scheint, dass wir uns gesucht und gegenseitig gefunden haben, als Heftpflaster für die verborgene Sehnsucht nach unserer verlorenen Kindheit – zudem hielten wir beide es für nötig, unser Leben im Lichte der Shoa zu ändern. Beide wuchsen wir in religiös orthodoxen Häusern voller Thora und Gottesfurcht auf, in denen sich seit Generationen alles um die Erhaltung der Werte des Judentums drehte. Gleichzeitig war die Umgangssprache in beiden Häusern Ungarisch, und neben den religiösen Büchern, dem Alten Testament, der Gemara und dem Schulchan Aruch konnte man in einiger Entfernung auch die Werke von Mór Jókai und die Dichtung von Sándor Petőfi und János Arany finden.

Auch unser Schicksal und das Schicksal unserer Familien in der Shoa glichen sich – wir beide überlebten die Todeslager, in denen unsere Eltern und Geschwister ermordet wurden, mit Ausnahme je eines älteren Bruders, der die Schrecken der ungarischen Arbeitsdienste überlebte. Beide führen nun, im Gegensatz zu uns, ein streng orthodoxes Leben.

Am Ende des Krieges kehrten wir beide auf krummen Wegen nach Hause zurück – Lea war 15 Jahre alt und ich 16 –, und wir fanden unsere Familien nicht, deren Schicksal uns zu diesem Zeitpunkt unbekannt war. Wir blieben körperlich und seelisch verwundet, einsam und ratlos. Wir waren uns nicht bewusst, in welcher Lage wir waren, unsere

Gefühle waren gedämpft, und schließlich verdrängten wir die Verluste und die schreckliche Vergangenheit. Wir machten uns keine Sorgen um unsere Zukunft, aber wir froren wegen fehlender Kleidung, und oft wussten wir nicht, woher unsere nächste Mahlzeit kommen und wo wir die Nacht verbringen sollten.

Beide hatten wir Onkel, Tanten und Cousinen, die aus verschiedenen Gründen nicht in die Todeslager gebracht wurden und die Shoa überlebt haben. Unsere Begegnung mit diesen Verwandten nach den Ereignissen der Shoa war emotional sehr beladen. Im Gegensatz zu der Nähe, die die Beziehung zwischen unseren Familien früher bestimmt hatte, herrschten jetzt Fremdheit und Spannungen zwischen uns.

Dieses Phänomen der Entfremdung trat besonders in Fällen wie dem unseren auf, in denen der Glaube nicht zurückkam, seitdem die Überlebenden ihn in Auschwitz verloren hatten. Dies geschah im Gegensatz zu diesen Verwandten, deren Festhalten an der Religion so geblieben ist, wie es war, wenn nicht sogar noch stärker wurde, da sie das Wunder des Überlebens ihrer Familien der »großzügigen« Hand und dem unendlichen Erbarmen Gottes zugeschrieben haben und nicht an die Millionen Opfer dachten, die diese Hand auch zu verantworten hatte.

Die Bemühungen meiner Verwandten, mich zu bekehren – anfangs durch Überzeugen und später durch Drohungen oder Manipulation –, habe ich entschieden zurückgewiesen, und so entstand zwischen uns eine Entfremdung und oft eine komplette Trennung.

Die Beziehungen zwischen Lea und ihren ›frommen‹ Verwandten entwickelten sich vollkommen anders, und das wegen des entschiedenen Willens von Lea, enge Familienbeziehungen zu bewahren. Ein im Prinzip aussichtsloser Wille, besonders wegen des speziellen Verhältnisses der jüdischen Tradition zu Frauen allgemein und, ganz speziell, zu jungen Mädchen, die unter den schrecklichen Verhältnissen der Shoa und danach ohne Aufsicht vom Vater oder einer anderen männlichen Autorität leben mussten. Die Verwandten, und besonders die Frauen unter ihnen, sagten häufig: »Wer weiß, wie tief die Unreinheit ist, die ihre Wärter oder Befreier in sie versenkt haben, und wie entsetzlich ihr Schicksal auf die reinen Seelen unserer Kinder wirken wird, sollte sie ihnen je davon erzählen.«

Lea, meine Frau, vermied es in ihrer vornehmen Art, die zurückliegenden Geschehnisse ihren Verwandten gegenüber zu erzählen, und zog es daher vor, die Geschichte ihrer Freundin aus dem Pionierhaus zu erzählen, deren Schicksal dem ihren sehr ähnlich war:

»Als ich aus dem schrecklichen Frauenlager von Ravensbrück zurückkam, war ich damals 15 Jahre alt«, erzählte Lea, »als ich keinen Menschen aus meiner näheren Familie fand, zog ich weiter in das Haus der Tante zur Schwester meiner Mutter und ihrem Ehemann und ihren zwei Töchtern, die einige Jahre älter waren als ich. Bei meinem Eintritt in die Wohnung wurde ich sofort von Entsetzen ergriffen: Alle Möbel standen an ihrem Platz, die Vorhänge waren geordnet, Falte an Falte, die Kristallleuchter verbreiteten leuchtendes Licht, die Tante war keusch gekleidet, aber sehr vornehm, wie es sich gehört für eine Mahlzeit am Schabbat. Der Onkel war ein wohlhabender Mann, sein Bart war lang, aber herrlich gepflegt, und er trug einen Kaftan aus Seide, farbenfreudig, so wie es sich für einen reichen Menschen gehört.«

»Gegenüber dieser Pracht und Vornehmheit«, fuhr sie mit ihrer Geschichte fort, »stand ich festgenagelt am Eingang zum Wohnzimmer, mit meinen schmutzigen und abgelaufenen Männerschuhen – in einem Rock, den ich mit eigenen Händen aus einer gebrauchten Decke genäht habe, und darüber einer Männerjacke, viel zu groß für mich, ein Geschenk des großzügigen Joints. Mein Kopfhaar ist ein wenig gewachsen, seitdem es in Ravensbrück geschoren worden war, und erhob sich auf meinem Kopf wie bei einem frechen Jungen.«

»Es war der Onkel, der als Erster zu sich kam und mich mit einer plötzlichen Bewegung an sein Herz drückte, seine Augen gen Himmel verdrehte und mit zittriger Stimme verkündete: ›Wir haben gehört, was mit deinen Eltern, Brüdern und Schwestern passiert ist, aber mach dir keine Sorgen, denn bisher hatte ich zwei Töchter – ab jetzt habe ich drei.‹«

»Aber die Tante, die bekannt war für ihre sachliche und direkte Art, machte der fast feierlichen Stimmung sofort ein Ende und annullierte mit einer Handbewegung die großzügige Geste ihres Ehemannes, indem sie sagte: ›Väterchen, wir müssen zuerst für das Wohl unserer Töchter sorgen, für ihre körperliche und seelische Unversehrtheit. Wer weiß, welche Krankheiten dieses Mädchen mit sich trägt und welche schrecklichen Geschichten, die sie den zarten Seelen unserer Kinder übertragen könnte. Ich verstehe dich nicht‹, fuhr die Tante mit offener Boshaftigkeit fort, ›das Verhältnis der Nazis zu Frauen ist bekannt! Auch nach ihrer Befreiung sind diese Mädchen doch unbeaufsichtigt herumgestreut. All das hat schließlich ihre Moral nachhaltig beeinflusst.‹«

»Als Erwiderung auf diese klare Haltung teilte ich der Tante mit – die anderen Familienmitglieder verschwanden in alle Richtungen –, dass es nicht meine Absicht war, bei ihr zu bleiben und mit meiner Gegenwart die Familie zu belasten und dass ich morgen früh in die Hauptstadt fahre, um mit der Hilfe von Hapoel Hamisrachi nach Eretz-Israel auszuwandern.«

»Die Tante nahm mit erkennbarer Erleichterung meine Mitteilung auf, redete mir zu, meine Absicht zu verfolgen, und erklärte, dass auch sie und ihre Familie dasselbe tun würden nach der Ordnung ihrer Besitztümer. ›Aber‹, sagte die Tante und hob ihren Zeigefinger, wobei ihr Gesichtsausdruck noch ernsthafter wurde, ›du kannst nicht das Andenken deiner gerechten Eltern verletzen wollen und zur schrecklichen zionistischen Ausbildung und Vorbereitung gehen, an einen Ort, wo Jungen und Mädchen zusammenleben. Das wird den guten Namen der Familie treffen! Du musst zu Onkel Kalmen fahren oder zu anderen Verwandten der Familie deines Vaters. Sie werden sich sicher freuen, dich aufzunehmen, und werden es nicht zulassen, dass du dich in diese unkoschere zionistische Ausbildung begibst.‹«

»Ich aber«, fährt die Freundin mit ihrer Geschichte fort, »schloss mich den Vorbereitungsbrigaden an, die nach meinem Geschmack ›koscher‹ waren, wanderte mit ihnen ins Land ein und ging in das Pionierhaus der Hapoel Hamisrachi.«

»Um die Wahrheit zu sagen«, fährt die Freundin fort, »ist der Glaube nicht zu mir zurückgekommen und ich habe das auch nicht verheimlicht. Die Rabbiner der Partei sagten: ›Es macht nichts, aus dem Nichtglauben wird Glauben entstehen.‹ Mir war es aber angenehm, mit meinem kulturellen Hintergrund unter Mädchen zu sein, deren Schicksal ähnlich war – Überlebende aus der Shoa, die wie ich das religiöse Leben ihrer Verwandten satt hatten, die so getan haben, als ob sich nichts ereignet hätte, und die uns nicht in ihre Häuser aufgenommen haben, weil sie uns offensichtlich nicht ertragen konnten.«

»Inzwischen sind die meisten der Familien unserer Verwandten ins Land eingewandert. Ein Teil von ihnen ging mit dem Rebben nach

Brooklyn. Nachdem sie von meinem Aufenthalt im Pionierhaus erfahren hatten, begann eine wilde Auseinandersetzung unter den Familienmitgliedern, von denen viele mich aus dem schrecklichen Pionierhaus befreien wollten. Ich habe klar und deutlich erklärt, dass ich mich keiner der Familien meiner Verwandten anschließen wollte – und so stellen sie mich dar als eine, die bis auf die unterste Stufe gefallen ist.«

»Besonders aktiv war einer meiner Verwandten, der ja nur mein Gutes wollte und der einen Detektiv beauftragte, der meine Schritte beobachtete und mich in Begleitung eines jungen Mannes von sephardischer Abstammung sah. Sofort wurde das Gerücht verbreitet, dass die Tochter von Schlomo Leib mit arabischen Männern zusammen sei. Und so ging es weiter«, beendet die Freundin ihre Geschichte, »bis ich meinen Freund traf, mit dem ich dann zusammenlebte, noch bevor wir geheiratet haben. Diese Tat vereinte schließlich die ganze Familie, die mich endgültig einstimmig aus ihrer Mitte warf.«

Eine eigene Wohnung

Die Liebesbeziehung zwischen Lea und mir wurde immer enger – im Briefwechsel, bei den Begegnungen an den Wochenenden und an den seltenen Urlaubstagen. Nach wie vor arbeitete ich als Verantwortlicher für schweres mechanisches Gerät, abwechselnd in Sodom und im Jordan-Tal, während Lea, die seit ihrer Einwanderung im Rambam-Krankenhaus tätig war, zuerst als Putzfrau und danach als stellvertretende Direktorin für den Haushalt des Krankenhauses arbeitete.

Nach einem halben Jahr Bekanntschaft beschlossen wir, unseren Besitz zu vereinigen und eine gemeinsame Wohnung zu mieten. Ich, dessen Lohn relativ hoch war, gab Lea mein ganzes Vermögen, 300 Lira, und sie fügte diese Summe zu den 30 Lira, die sie besaß.

Nach langer Suche fanden wir zu unserem Glück eine teilweise möblierte Einzimmerwohnung mit einer kleinen Terrasse, die als Küche dienen sollte, mitten in der deutschen Siedlung in Haifa. Die Wohnung passte uns sehr gut wegen ihrer Nähe zu Leas Arbeitsplatz und weil sie ganz in der Nähe der zentralen Busstation war, von der aus ich zu meinen verschiedenen Arbeitsplätzen fahren konnte. Den Korridor und das Badezimmer (mit einer Badewanne und einer Dusche) teilten wir mit zwei weiteren Familien, deren Oberhäupter, so die Maklerin, etwas Besonderes waren: »Der eine ist ein hoher Beamter bei der Stadtverwaltung und der andere Arzt!«

Wir waren endlos glücklich beim Einzug in die Wohnung und dem Beginn unserer Zweisamkeit. Einige Sachen konnten zwar unsere Begeisterung verdunkeln, aber wir genossen alles und empfingen mit Freude die Erfolge und auch die Misserfolge, und diese waren wie folgt:

1. Der gemeinsame Mieter, der von der Maklerin als ›hoher Beamter‹ bei der Stadtverwaltung vorgestellt wurde, war zwar tatsächlich hoch, mindestens eins achtzig, aber er arbeitete als untergeordneter

Beamter im Gesundheitsamt. Und der ›Arzt‹ war nicht einmal ein Sanitäter. Und als wir uns ernsthaft darüber beschwerten, rechtfertigte sie sich: »Ihr habt mich wahrscheinlich nicht verstanden, ich sagte auf die Schnelle: Der andere Mieter ist ›Ofe‹ (Bäcker) und ihr habt verstanden ›Rofe‹ (Arzt).« Darüber mussten wir gemeinsam Tränen lachen.

2. Da die Küchenterrasse nur halb geschlossen war, baute sich dort, genau über dem Herd, ein Pärchen Turteltauben sein Nest, zusammen mit seinen Küken, die nicht zögerten, ihre Notdurft direkt in das Kochgeschirr zu machen. Mein Vorschlag, sie zu vertreiben (wenn die Küken größer sind) und das Loch zuzumachen, traf auf die energische Ablehnung Leas. Deshalb habe ich unterhalb des Nests ein Brett angebracht, welches allerdings täglich gesäubert werden musste.

3. Im gemeinsamen Korridor standen Eiskühlschränke, einer für jede Familie. Also musste der ›Eismann‹ einen freien Zugang erhalten, um täglich einen Eisblock reinzustellen, auch wenn die Mieter abwesend waren. Aber das Abführen des abgetauten Wassers – mindestens einmal am Tag – musste durch die jeweiligen Mieter erfolgen, die häufig etwas vergesslich waren. Das führte zu Überschwemmungen, sodass immer wieder Wasser in die Wohnungen eindrang. Das Problem war, dass wir uns bei niemandem beschweren konnten, da auch wir gesündigt hatten; wie alle Mieter waren auch wir für dieses Versagen verantwortlich.

4. Das Badezimmer sah schrecklich aus und wurde daher nicht benutzt, aber um zu duschen, musste man es betreten. Aber die Dame Sonja, Ehefrau des ›hohen Beamten‹, besorgte, wie es sich für eine ausgezeichnete Hausfrau gehört, am Anfang jeder Woche Karpfen. Um aber zu gewährleisten, dass sie am Schabbat Gefilte Fisch kochen konnte, musste sie die Karpfen bereits früh in der Woche kaufen, weil man sich zu dieser Zeit noch nicht sicher sein konnte, dass es gegen Ende der Woche noch welche gäbe. Deshalb füllte die kluge Dame die Badewanne schon am Anfang der Woche, um so die Fische bis Freitag am Leben zu erhalten und eine frische Köstlichkeit zu Ehren des Schabbat zubereiten zu können, zum Ruhm ihres Ehemannes und ihrer geliebten Kinder. Und nicht nur das:

Zur Beruhigung ihrer Nachbarn, die das Duschen auch mitten in der Woche liebten, stellte die umsichtige Dame einen großen Eimer auf, damit man die Fische dort hineinlegen konnte, während man duschte.

Trotz alledem war das Leben mit allen Mietern der Wohnungen in unserem Haus und in allen Häusern der eng besiedelten Wohnsiedlung mit Neueinwanderern ›aus allen Ecken der Welt‹ friedlich und freundschaftlich.

Und bei mir wurde die Arbeit immer schwerer und, gesellschaftlich gesehen, war ich einsam, besonders nach dem Tod meines Freundes Lotzi. Ich wurde von den Arbeitern, die ihre Freizeit mit allen möglichen Glücksspielen und Beschreibungen des Erfolgs ihrer Männlichkeit verbrachten, als ›seltsamer Vogel‹ betrachtet, während ich, einsam in meiner Baracke, Bücher las, Briefe schrieb und fleißig lernte, wie ich es Lea versprochen hatte, um das Abitur nachzuholen.

Lea wusste, wie hart meine Arbeit war, wenn sie meine verbrannte Haut und meine tränenden Augen sah, deshalb machte sie Druck auf mich, mit der Arbeit in der Grenzzone Schluss zu machen und eine Arbeit in Haifa oder Umgebung zu finden. Ich stimmte ihr zu, schlug aber vor, die Sache bis zum Monatsende oder bis zu einer anderen passenden Gelegenheit zu verschieben.

Gleichwohl kam der Tag, und heute arbeite ich bei der Aushebung des Kanals für die nationale Wasserstraße, irgendwo in den Bergen von Galiläa, betätige einen sehr großen Bagger und bin umgeben mit weiteren lärmenden und rauchenden Werkzeugen. Ein sehr warmer Wind weht von den Bergen im Osten und verstärkt den Flug der heißen Staubwirbel. Meine männlichen Freunde, die von ihrer Schicht kommen, sitzen halb tot, fast nackt, außerhalb der Baracke, die zum Ausruhen vorgesehen, aber unbenutzbar ist wegen ihres brennenden Wellblechdachs.

Plötzlich sehen meine Augen, wie bei einer Fata Morgana, eine junge wunderschöne Frau, elegant angezogen und um sich blickend, als suche sie etwas. Es war meine Lea, die mit eigenen Augen die Bedingungen meiner Arbeit prüfen wollte. Sie benötigte nicht viel Zeit, denn sofort, als ich aus den Höhen des Geräts herunterkam, verkündete sie: »Wir gehen weg von hier, jetzt und sofort und ohne je zurückzukehren.«

Das Finden eines Arbeitsplatzes in der Nähe von Haifa war überhaupt kein Problem. Zuerst arbeitete ich als Kranführer beim Aufbau einer Zuckerfabrik (die die Zuckerrüben aus den Höfen der Umgebung verarbeiten sollte; erst als die Fabrik stand, nahmen sich die Verantwortlichen die Zeit, um festzustellen, ob der Boden des Tals, in dem sie stand, überhaupt für ihr Saatgut geeignet war). Ich näherte mich Haifa, als ich beim Aufbau der Stahlstadt geholfen habe, und schließlich warf ich, als Führer eines Krans, Anker in der Bucht von Haifa, wo kleine Boote gebaut, repariert und erneuert wurden.

Aber nach wenigen Monaten wurde ich mit vielen anderen Arbeitern entlassen, die wegen der neuen großen Fabrik »Israel Werft« überflüssig wurden. Ich ging sofort zum Arbeitsamt, und zu meiner Überraschung empfing mich der Beamte dort mit großer Freude und schickte mich sofort zu den Raffinerien, die vom Standpunkt des Lohns und der Arbeitsbedingungen als einer der besten Arbeitsplätze Israels angesehen wurden. Der Beamte erklärte mir, dass aus Sicherheitsgründen jüngst alle Mitglieder der Kommunistischen Partei von den Raffinerien entlassen worden waren (die meisten waren arabische Israelis), und so blieb die Fabrik ohne Kranführer, die notwendig waren, um verschiedene Gegenstände zu bewegen. Und die Direktion bemüht sich verzweifelt, neue Kranführer einzustellen.

Ausgerüstet mit diesem wichtigen Wissen, stellte ich mich sofort bei den Raffinerien vor (ohne die restlichen Urlaubstage bei meinem Arbeitgeber in der Bucht auszunutzen). Der Angestellte im Lohnbüro schlug mir die niedrigste Lohnstufe vor, die für neue Arbeiter vorgesehen war, aber ich verlangte die höchste Stufe, die es bei dieser Arbeit gibt. Der Angestellte war nicht befugt, eine solche Abweichung vom Verfahren zu genehmigen, und verwies mich an seinen Vorgesetzten und dieser dann an seinen Vorgesetzten, bis ich zum stellvertretenden Direktor gelangte, der meinen Wunsch mit einem Zähneknirschen genehmigte. So wurde ich zum Kranführer in den Raffinerien ernannt.

Meine neuen Kameraden in der Transportabteilung fragten mich, jeder heimlich, wer mich denn ›geschickt‹ habe, ob es der Sekretär der Mapai im Arbeiterrat von Haifa oder vielleicht sein Kollege bei der Mapam war. Keiner von ihnen glaubte die einfache Wahrheit, dass man in der Not auch ohne Hilfe einer der Parteien eine gute Stelle bekommen kann.

Die Arbeitsbedingungen passten mir sehr, auch weil sie mir ermöglichten, am Ende der vorgesehenen Arbeitsstunden täglich mit einer Fahrt durch die Fabrik nach Hause zurückzukehren, wo Lea mich erwartete. Voller Liebe reichte sie mir eine reichhaltige Mahlzeit, und ich merkte, dass sich ihr Geschick beim Kochen täglich verbesserte. Wir hörten auch Musik aus dem großen Radio der Marke ›Schneider‹, das in Israel produziert wurde (!) und das wir erst neulich gekauft hatten, wobei wir hoffen, zukünftig genug Geld zu sammeln, um einen Plattenspieler und Platten zu kaufen.

Alles fügt sich gut zusammen. Ich musste nun nur noch im Studium vorwärtskommen, um eine Arbeit zu finden, die meiner Begabung entspricht und gut bezahlt wird.

Man heiratet

Die nahen Verwandten von Lea und mir, mit denen nur eine lose Verbindung bestand, beeilten sich, das Unrecht wiedergutzumachen, als sie hörten, dass wir zusammenwohnen und in ›Sünde leben‹ ohne Chuppa[23] und Segen. Im Gegensatz zu ihrer Haltung früher waren sie diesmal zuvorkommend und baten darum, ihnen die Gelegenheit zu geben, an unserer Freude teilzunehmen, in Andenken an unsere reinen und heiligen Eltern. Jeder Einzelne versprach uns jede erdenkliche Hilfe bei der Organisation der Hochzeit und sogar noch mehr, je nach Notwendigkeit.

Wir begannen mit den Vorbereitungen: Wir legten den Termin fest, trugen uns beim Rabbinat ein, reichten eine Bitte beim Versorgungsamt ein (es war im Jahr 1954, dem schlimmsten Jahr in der wirtschaftlichen Entwicklung) und bekamen eine Zuteilung von einem Kilo Wurst und einigen Flaschen Wein zur Ausrichtung der Hochzeit. An den Schwarzmarkt, der in solchen Fällen beliebt war, wandten wir uns nicht.

Lea und ihre Freundinnen haben sich beim Nähen des Brautkleids und -schleiers trefflich amüsiert (wobei Ersteres eigentlich ein Verschnitt aus einem Rock und einer Bluse war). Die Mädchen entwarfen, verkleinerten und hantierten mit Sicherheitsnadeln, indem sie endlos und immer wieder Maß nahmen. Auch mir wurde ein bescheidener Anzug gekauft – der erste seit meiner Bar-Mizwa. Einen passenden Filzhut bekam ich von einem unserer frommen Verwandten geliehen – zur einmaligen Benutzung und für Erinnerungsfotos.

Der Ort für die Chuppa-Zeremonie und Pflichtmahlzeit wurde auf den schmalen Hof des ausführenden Rabbis in Haifa festgelegt. Einladungen wurden nicht verschickt; die Gäste wurden nur mündlich geladen bei Treffen und Besuchen von Tür zu Tür.

Und dann kam der große Tag der Hochzeit. Die ersten Gäste waren die Trauzeugen: seitens der Braut Onkel Schamu, dem wir seine Verleugnung von Lea vor neun Jahren nachsahen, und seine Frau, Tante Chana, die versprochen hatte, einen Kuchen als Hochzeitsgeschenk zu bringen, diesen dann aber unterwegs – im Zug – stehengelassen hatte.

Die Trauzeugen seitens des Bräutigams waren Onkel Itzchak Leib, dem vergessen und verziehen wurde, dass er für meinen zehntägigen Aufenthalt bei ihm und seiner Familie Geld verlangt hatte, und seine Frau Tante Jides, die Schwester meines Vaters, die ihre Liebe zu mir gezeigt hatte, als sie mir Gänseleber und selbstgemachtes Gebäck als Reiseproviant gegeben hatte, als ich nach Eretz-Israel fuhr. Dieses alte Paar, Neueinwanderer, denen es jetzt nicht gut ging, machte eine große finanzielle Anstrengung und brachte als Hochzeitsgeschenk einen ›Wundertopf‹ mit – ein rundes Gerät aus Aluminium zum Kuchenbacken.

Alle übrigen Gäste, etwa 50 Personen, junge Familienangehörige und Arbeitskollegen, besorgten ihre Geschenke ganz nach ihren Möglichkeiten – und fast alle hatten sie an unseren Haushalt gedacht, sodass wir am Ende sechs Blumenvasen und weitere fünf Wundertöpfe besaßen (»Macht nichts«, sagte Lea erleichtert: »Wir sind jetzt vorbereitet auf fünf Hochzeiten, auf die wir in Zukunft eingeladen werden«.) Und Onkel Schimon-Oiser, der vor dem Krieg ins Land gekommen war und eine Fabrik in der Bucht von Haifa gegründet hatte – und als der Reiche in der Familie betrachtet wurde –, lächelte und flüsterte mir ins Ohr: »Keine Sorge, ich werde euch mein Geschenk später überreichen.«

Die Hochzeitszeremonie begann, der Rabbiner segnete die Anwesenden, der Bräutigam sagte »Hiermit bist du«, zerbrach das Glas (beim ersten Versuch), und der Rabbiner begann, den Ehevertrag, der vorher niedergeschrieben worden war (auf Aramäisch, einer Sprache, die den meisten Gästen nicht bekannt war), vorzulesen. Als er zu der Stelle kam: »Wir sind Zeugen, wie Shalom ben Itzchak Halevi Weiss die Jungfrau Lea, Tochter von Ben-Zion Levi …«, war plötzlich ein schreckliches Geschrei aus dem Munde von Onkel Schamu (der bekannt dafür ist, bei jeder Gelegenheit ein Drama zu veranstalten) zu hören:

»Stop! Stop! Alles ist null und nichtig!«

»Was ist passiert?«, fragte der Rabbiner besorgt.

»Was ist passiert?«, wiederholte der Onkel vorwurfsvoll, »der Name des Vaters der Braut ist nicht Ben-Zion, sondern Jehoschua Ben-Zion!«

Und tatsächlich, Lea erinnerte sich, dass ihrem Vater Ben-Zion in seiner Kindheit nach einer schweren Erkrankung der Name Jehoschua hinzugefügt wurde, der dann aber immer mehr vergessen und nie mehr gebraucht worden war.

»Das macht doch nichts«, sagte der Gemeinderabbiner erleichtert, indem er zu seinem ›Montblanc‹-Füllfederhalter mit der goldenen Feder griff, »wir werden den Fehler korrigieren« – und trug den zusätzlichen Namen in den Ehevertrag ein.

»Nein, nein, um Gottes willen, nein!«, schrie der Onkel, »man muss einen neuen koscheren Ehevertrag schreiben anstelle dieses unreinen Ehevertrages.«

Und schon begann eine lange und ermüdende Diskussion, deren Ergebnis angesichts der hartnäckigen Standhaftigkeit des Onkels vorhersehbar war. Eine halbe Stunde nachdem der neue Ehevertrag geschrieben war, wurde die Zeremonie fortgesetzt und kam mit Gottes Hilfe zum erfolgreichen Abschluss. Sofort begann das ausgehungerte Publikum in den Saal zu strömen, dort erwarteten sie Sandwiches und alles, was von den Getränken noch übrig war. Aber Onkel Schamu stellte sich mit seinem breiten Körper vor den Eintritt und hielt eine feurige Rede über die Notwendigkeit zur sofortigen Umkehr. Schließlich endete er mit einem gewaltigen Crescendo und viel Pathos auf: »Nicht Ben-Gurion ist der Messias, oh, oh, oh, nein! Der Sohn Davids ist es!«

Endlich saßen alle und genossen die großzügige Aufwartung, aber der Onkel war mit seinen Ausführungen noch nicht zu Ende. Plötzlich schrie er, wie es seine Art war, seine Frau an, die mit allen Frauen bei den hinteren Tischen saß, getrennt von den Männern, die vorne saßen:

»Chana!!! Chana! Was machst du?!«

»I-i-ich esse ein Sandwich«, erwiderte sie erschrocken.

»Aber es ist nicht koscher!«, schrie der Onkel.

»Nein, es ist … es ist koscher«, antwortete die Tante zögernd.

»Wer hat dir das gesagt?!«

»Der Bräutigam«, hielt sich die Tante an ihren letzten Strohhalm.

»Oh, dieser Bräutigam«, seufzte der Onkel mit einem leidvollen Gesichtsausdruck und gab mit einer abschätzigen Handbewegung seine Meinung über die Eignung des Bräutigams kund.

Kaum hatte nun Onkel Schamu seinen Auftritt beendet, stand Onkel Schimon-Oiser auf, der Reiche aus der Familie, beruhigte die Gäste, indem er mit seinem schweren Goldring an ein Glas klopfte, und hielt ebenfalls eine kurze elegante Rede, an deren Abschluss er einen großen Umschlag aus der Innentasche seines vornehmen Anzugs zog und ihn mir mit einer dramatischen Geste überreichte:

»Und das wird euch helfen bei euren ersten Schritten in eurem gemeinsamen Leben.«

Diese ritterliche Tat ließ bei den feiernden Gästen Stimmen der Anerkennung aufkommen und sogar Händeklatschen einiger verzauberter Frauen (der Onkel war ein stattlicher Mann, abgesehen davon, dass er reich war). Ich steckte das vielversprechende Couvert in die Innentasche meiner Jacke, aber es lag dort nicht in Ruhe, sondern sandte warme Wellen zu meinem Herzen, als ob es sagen wollte: »Hier liegt die Chance für die Verbesserung unserer Zukunft begraben.«

Als die Feier zu Ende war, blieben Lea und ich allein. Ratlos saßen wir da mit der Beute von Wundertöpfen und anderen Geräten. Ich öffnete erregt den Umschlag, und tatsächlich – das Geld reichte gerade, um ein Taxi zu unserer geliebten Wohnung zu finanzieren.

»Der Onkel hatte recht«, bemerkte Lea, »als er sagte, dass es uns bei den ersten Schritten helfen würde. Aber sein großzügiges Geschenk hat unsere ersten Schritte eigentlich verhindert und vielmehr ermöglicht, in einem Taxi nach Hause zu kommen, wie es sich für Braut und Bräutigam gehört.«

Und die Nachbarinnen, die Abend für Abend im Hof unseres Hauses saßen und schwatzten, sahen erstaunt zu, wie Lea, die sie als längst verheiratete Frau angesehen hatten, das Taxi mit all ihrer Pracht verließ, noch angezogen im jungfräulichen Brautkleid und hinter ihr der Bräutigam, voll beladen mit Wundertöpfen, Vasen und anderen überflüssigen Gegenständen.

Wir beide waren glücklich und lachten lange, als wir die Ereignisse des Abends Revue passieren ließen.

Ruhe und Besitz

Die Zeit vergeht sehr schnell, das Leben tritt in die israelische Routine ein, man erwirbt eine Wohnung und wechselt in eine größere, bessere. Man macht seinen Reservedienst, nimmt von Zeit zu Zeit gezwungenermaßen an einem neuen Krieg teil und bringt Kinder auf die Welt. Zwei Töchter wurden uns geboren, die ältere nannten wir Ilana, nach Ilana seligen Andenkens, der Mutter von Lea, die in der Shoa umgekommen war, und ihre Schwester nannten wir Rivka, nach meiner Mutter seligen Andenkens, auch sie ein Opfer der Shoa.

Mit den Jahren kam ich vorwärts in den Raffinerien – von der Beschäftigung als Kranführer bis in den Bereich der Personalleitung. Nach einiger Zeit wechselte ich zum technologischen Teil und wurde Direktor der Abteilung Produktion und Verwaltung. Mein Gehalt und meine Arbeitsbedingungen verbesserten sich deutlich.

Die Töchter wuchsen prächtig, machten Abitur, dienten in der Armee, versuchten verschiedene Tätigkeiten und lernten immerzu – Ilana als Bibliotherapeutin und Rivka als Psychologin. Beide sind erfolgreich in ihrer Arbeit. Sie sind verheiratet, Ilana mit Dani, einem ausgezeichneten Arzt und wundervollen Menschen, und Rivka mit Marcelo, einem ausgezeichneten Bauingenieur und geborenen Familienvater. Auch Enkel gibt es – Eran, Noa und Naama, die Kinder von Ilana, sowie Tamar und Daniela, die Kinder von Rivka, und alle sind sie klug und erfolgreich in der Schule.

Als ich 65 Jahre alt wurde, ging ich unter sehr guten Bedingungen in Rente und bereitete mich darauf vor, in Ruhe mein Alter innerhalb meiner kleinen, aber vereinigten Familie zu genießen.

Doch das Schicksal schlug uns. Mein Schwiegersohn Dani wurde im Reservedienst verwundet, als Arzt einer Kampfeinheit im Libanonkrieg, kehrte jedoch zurück zum Reservedienst, bis er bei einem Unfall auf seinem Weg zum Militärkrankenhaus starb. Meine Frau Lea, die diesen Verlust nicht verschmerzen konnte, erkrankte, kämpfte gegen ihre Krankheit einige Jahre an und starb im Alter von 72 Jahren.

Ein Trost war es für uns, dass sie ihre reine Seele, wie sie es wollte, in ihrem Bett zu Hause und bei ihrer geliebten Familie aushauchen konnte.

Die Tage vergehen, und ich beschäftige mich viel mit der Shoa und meinen persönlichen Erfahrungen, indem ich Vorträge in Schulen und anderen Institutionen halte und Schüler bei ihren Reisen zu den Todeslagern begleite, Lager, in denen ich als Sklave gehalten wurde, und andere Orte, in denen die jüdischen Gemeinden in Polen vernichtet wurden.

Viele meiner Gesprächspartner fragen oft, wie ich die Schrecken der Todeslager überleben konnte, in denen so viele umgekommen waren, und sie sehen darin ein persönliches Heldentum. Ich lehne diesen Ehrentitel entschieden ab, denn Heldentum ist in meinen Augen Überwindung von Angst. Ich und andere, die am Leben blieben, hatten Angst. Allerdings verdrängten wir unter den Bedingungen, die wir in den Todeslagern vorfanden, sofort und vollständig, ohne jedes Bewusstsein, jegliche Gefühle von Mitleid, Hoffnung, Trauer und Leid (selbst über den Tod unserer Lieben) und von Sorge und Angst, Liebe und Hass und jedes andere Gefühl, das nicht unmittelbar mit dem Überleben zu tun hatte, und auch das nicht mit der bewussten Absicht, dem Tode zu entrinnen, sondern aus einem natürlichen Instinkt, dem Überlebensinstinkt, den alle Lebewesen besitzen. Den Hunger, zum Beispiel, kennt jeder Häftling in den Vernichtungslagern. Das schreckliche Leid, das dieser in den ersten Wochen mit sich bringt, wird immer schwächer und löst sich am Ende vollkommen auf, wenn der Körper und das Bewusstsein sich daran gewöhnt haben. Es versteht sich von selbst, dass die Lebensgeister immer schwächer werden, bis der Hungernde schließlich einschläft und seine gemarterte Seele an seinen Schöpfer zurückgibt – ohne Schmerz, mit einem Todeskuss. Und in der Tat, viele der ausgehungerten Häftlinge, wenn nicht sogar die meisten, gaben sich dem erlösenden Ende hin. Auf der anderen Seite gab es viele, darunter auch ich, die weiter überleben wollten, nicht aus Heldentum oder Hungerqualen, sondern dank des starken Überlebenswillens, mit dem wir gesegnet waren.

Auf die Frage, wie ich am Leben blieb, antworte ich ganz allgemein und zähle, nach bestem Verstehen und meiner Erfahrung, die Gründe auf, die einem Häftling die Möglichkeit gaben, seine Last weiter zu tragen.

Der wichtigste Grund ist der Zufall. Viele werden es Glück, Schicksal oder einen Wink vom Himmel nennen, Dinge, auf die der Häftling in der Realität keinen Einfluss hatte, woran auch all seine Klugheit, Erfahrung und Geistesgegenwart nichts ändern können.

Eine weitere Bedingung für das Überleben war die Notwendigkeit, zusammen in einer Gruppe zu sein, zur Erhaltung der Seele, zum kreativen Denken, zum Sammeln von Informationen und zum Erkennen von Gefahren oder von Chancen, Nahrung zu beschaffen. Ein einsamer Häftling im Todeslager wäre in kürzester Zeit seelisch zusammengebrochen und hätte seine Instinkte verloren. Dass wir zusammen waren, mein Bruder Avraham und ich, hat uns unzählige Male vor dem sicheren Tod gerettet. Auch die Anwesenheit von Jungen aus unserer Stadt verbesserte unsere Lage wesentlich.

Aber beim weiteren Nachdenken frage ich mich, was das alles geholfen hat, zumal die meisten trotz allem doch in den verschiedenen Lagern und beim Todesmarsch umgekommen sind oder, wie mein Bruder Avraham und mit ihm viele Tausende, an Epidemien und diversen Krankheiten in den ersten Wochen nach der Befreiung starben. Und die wenigen, die überlebt haben, tragen bis zu ihrem letzten Tag Wunden an Körper und Seele.

Ein weiterer Grund für das Überleben liegt im Charakter, der Mentalität, der Art zu denken und der Erfahrung im früheren, freien Leben. Dies war besonders sichtbar bei den Kindern der Armen, die daran gewöhnt waren, für ihre Bedürfnisse selber zu sorgen – manchmal unter großer Gefahr und ohne zu erwarten, dass die Dinge ihnen gereicht werden. Bei diesen Jungen und Mädchen war die Gewöhnung in der Regel schneller. In jeder Minute wussten sie zu beobachten und sich immer auf die entscheidende Sache zu fokussieren. Anders war es bei den Kindern der Reichen, die plötzlich in die Tiefen der Hölle fielen und einen Schock erlitten, verzweifelt und depressiv wurden – sie verloren ihre Konzentration und Wachsamkeit, gingen allen Möglichkeiten, ihre Lage zu verbessern, aus dem Weg, und schon war ihr Schicksal entschieden.

Man könnte weitere Gründe aufzählen, wie die Kenntnisse der deutschen Sprache (ein Häftling, der nicht sofort den Befehl verstand, den man ihm gab, erhielt auf der Stelle kräftige Schläge) wie auch die Kenntnis anderer Sprachen zum Austausch von Informationen.

Persönliche Eigenschaften wie Kreativität, Wagemut, Umsicht und körperliche Stärke vergrößerten ebenfalls die Überlebenschancen.

Wenn ich meine Gespräche, besonders mit den Jugendlichen, beende, ordne ich meine Schlussfolgerungen, die wichtigsten Lehren, die ich aus meiner Erfahrung als Überlebender der Todeslager ziehe:

1. Die zionistische Lösung: Nur ein jüdischer Staat in Eretz-Israel kann das Überleben des Volkes, das in Zion lebt, und auch von Juden, die noch nicht hierhergekommen sind, garantieren. Es stimmt, wir sind noch im Kriegszustand mit unseren Nachbarn, und es gibt noch viele Dinge, die wir verbessern müssen, aber diese Fehler liegen in unserer Hand, wir können sie korrigieren, und unser Schicksal ist nicht mehr von anderen abhängig.

2. Ablehnung und Abscheu aller totalitären Regimes und jedes totalitären Gedankenguts.

3. Und das Wichtigste von allem ist – hauptsächlich für die Jugend – zu wissen, dass man auch in den schwierigsten Situationen nicht verzweifeln darf, denn der Mensch ist immer in der Lage, die Dinge zum Guten zu wenden.

Infolge von Interviews zu diesen Themen in diversen Rundfunkshows und auch dank des Buchs, in dem ich meine Erlebnisse in den Vernichtungslagern beschrieben habe, wandten sich einige Frauen an mich, um persönlichen Kontakt aufzunehmen, an dem ich nach dem Tod meiner Frau Lea nicht interessiert war. Aber eine Frau, Witwe eines Soldaten und selbst Überlebende der Shoa, die mich anrief, um das Buch zu erwerben und meinen Rat beim Aufschreiben ihrer Erinnerungen haben wollte, fesselte meine Neugier durch ihre stille Art, ihre guten Sitten und ihre Geduld. Anfangs versuchte ich, ihr höflich zu entkommen, aber später trafen wir uns. Ich war verzaubert von ihrer jugendlichen Schönheit und ihrer netten Art, und so entwickelte sich zwischen uns eine enge Freundschaft bis zum heutigen Tag.

Jetzt, an meinem Lebensabend, sieht es so aus, dass ich rückwärts blicken und feststellen darf, dass mein ganzes Leben im Schatten der Shoa stattgefunden hat, und trotzdem gehöre ich zu den ganz wenigen glücklichen Überlebenden, die trotz der Wunden an ihrem Körper und in ihrer Seele nie aufhören können, ein normales Leben zu führen – mehr oder weniger.

Mehr als das, ich kann sogar feststellen, dass die Shoa-Erinnerungen für mich – paradoxerweise – auch Vorteile brachten, sodass ich auf meinem Weg Prioritäten setzen konnte. Dies kam zum Ausdruck sowohl bei der Beurteilung von Hindernissen und Schwierigkeiten wie auch beim Genuss der schönen Dinge des Lebens, die für viele selbstverständlich sind.

So sage ich mir zum Beispiel, wenn ich ein Glas frisches, sauberes Wasser trinke: »Lieber Gott (und ich bin kein religiöser Mensch), was habe ich für ein Glück, so viel Wasser trinken zu dürfen, wie ich Lust habe.« Und bei Nacht, wenn ich in meinem Bett liege, sage ich mir wieder: »Lieber Gott! Was für ein wunderbares Gefühl ist es, sich in einem bequemen Bett auszustrecken, bezogen mit einem sauberen Laken, ein Kissen unter meinem Kopf und ohne unter Kälte und Frost zu leiden.«

In all den Jahren nach meiner Ankunft im Lande habe ich keine Benachteiligung gespürt, habe nichts gefordert, um nichts gebeten und habe kein Selbstmitleid empfunden, keine Verzweiflung oder Verbitterung. Ich war nie unglücklich, im Gegenteil, die Schmerzen der Eingliederung empfing ich mit Liebe, und auch in ihnen konnte ich immerzu Stunden der Freude erleben. Meine Probleme und Fehler habe ich nicht versucht anderen anzuhängen. Meistens hat mich meine Arbeit zutiefst zufriedengestellt, ich hatte Freunde, ich liebte Frauen und sie liebten mich.

Ich schätze Menschen mit einem gefestigten Glauben und verabscheue Heuchler, falsche Propheten, Anbiederei, Selbstkult, Aberglaube, Gewalttaten, Lügen und das Verletzen der Gesetze einer demokratischen Mehrheit und vor allem die Vermischung von Politik mit Religion und Religion mit Politik, etwas, was meiner Meinung nach große Schäden verursacht, sowohl an der Religion wie auch am Staat.

Ich blicke zufrieden auf meine kleine Familie, da alle meine Nachkommen mit Verstand und Tatkraft gesegnet sind, aber gleichzeitig tut es mir leid, dass ich ihnen unbeabsichtigt durch meine Erzählungen auch das Leid unserer Familie und die Erinnerung an die Schrecken der Shoa in die Wiege gelegt habe.

VIERTER TEIL

Versuch zu verstehen – Drei Generationen: Fragen und Antworten

Fragen zur Einleitung

Eran: Wie erklärst du dir deinen Sinneswandel? Anfangs wolltest du die Vergangenheit noch hinter dir lassen, aber später in deinem Leben formte sich der Wille, über die Tatsachen in all ihren Einzelheiten nachzudenken. In der Psychologie sagt man, dass jeder Wille von einer Angst begleitet sein muss – nämlich der Angst, dass dieser Wille nicht verwirklicht wird. Welche Angst bewegte dich zum Schreiben?

Damit stellst du mir eine schwierige Frage. Schon in der Einleitung zu meinem ersten Büchlein habe ich versucht, diese Punkte zu klären. Weil du mich bittest, werde ich jetzt versuchen, tiefer zu gehen und dir eine Erklärung nach bestem Wissen und Gewissen zu liefern, obwohl ich natürlich kein Psychologe bin. Nach jahrzehntelangen Überlegungen will ich vorwegnehmen, dass man auch bei den Shoa-Überlebenden nicht verallgemeinern darf, und das aus zwei Gründen: Erstens wurden die Opfer von ihren unterschiedlichen Lebensgeschichten unterschiedlich geprägt. Ein Mensch, der sich verstecken oder eine fremde Identität annehmen musste, und erst recht ein Kämpfer bei den Partisanen, trägt eine andere Last als wir, die für längere Zeit in den Konzentrations- und Vernichtungslagern gefangen waren. Zweitens kann man zwar davon ausgehen, dass ähnliche Erlebnisse auch ähnliche Erfahrungen zur Folge haben, aber die Menschen sind dennoch hinsichtlich ihres Alters und ihrer Persönlichkeit verschieden.

Vor einigen Monaten – vielleicht war es am Shoa-Gedenktag – sah ich ein Interview mit einer Professorin, an deren Namen ich mich nicht mehr erinnern kann (was vielleicht auch besser ist). Die junge Dame prahlte mit den Ergebnissen einer neuen Studie und erwähnte stolz einige ›Schlachtungen heiliger Kühe‹ in der Debatte über die Shoa. Mit diesem Begriff wollte sie zum Ausdruck bringen, dass ihre Forschung einige gängige Meinungen über die Überlebenden widerlege. Unter anderem attackierte sie heftig ›die übliche Auffassung‹, dass die Überlebenden ihre Erlebnisse während der Shoa verdrängt hätten. Als ich das hörte, wurde ich wütend, weil sowohl meine eigene Erfahrung wie auch die Erfahrungen anderer Überlebender der Vernichtungslager das klare Gegenteil beweisen: Wir alle verdrängten unsere Vergangenheit noch lange Jahre nach der Shoa. Mein Zorn überraschte mich selbst – ich kann mir nicht erklären, warum gerade ich, der von vielen als geduldiger und vernünftiger Mensch angesehen wird, in Momenten wie diesem so fühle. Manche blendeten ihre Vergangenheit für kurze und andere für längere Zeit aus, aber ich nehme an, dass die meisten von ihnen, wie auch ich, bis zum heutigen Tag die besonders traumatisierenden Erlebnisse nie völlig verdrängen konnten. Nachdem ich mich ein wenig beruhigt hatte, kam mir der Gedanke, dass in dieser Studie vielleicht von sämtlichen Überlebenden und nicht nur von den Überlebenden der Vernichtungslager die Rede war. Das würde ihre Aussage zumindest im Hinblick auf meine persönlichen Erfahrungen relativieren.

Nach unserer Ankunft in Auschwitz waren wir vom absurden Theater auf der Rampe völlig schockiert. Wir wussten sofort, dass wir unsere gesamte innere Stärke aufbringen müssen, um auf diesem schrecklichen ›fremden Planeten‹ zu überleben. Als mein Bruder und ich unmittelbar darauf mit der Ermordung unserer Mutter und unserer drei kleinen Brüder konfrontiert wurden, hatten wir keine Möglichkeit, die Nachricht zu verarbeiten. Wir mussten sie auf der Stelle ausblenden, um weiter überleben zu können. Tatsächlich gab es viele Knaben (die Frauen wurden getrennt gehalten, weshalb ich nicht von ihrem Verhalten berichten kann), die aus schierer Verzweiflung und Depression ihren Gefahrensinn einbüßten. Von diesem Augenblick an waren ihre Tage gezählt.

Anfangs war unser Denkapparat noch nicht eingeschränkt. Aber mit der Verschlechterung unserer Lage und der anhaltenden Schwäche unseres Körpers ging eine Zurückbildung der Psyche einher. Es ist offensichtlich, dass der Mensch unter solchen Extrembedingungen, wenn das Leben ständig an einem seidenen Faden hängt und seine Freunde einer nach dem anderen sterben, nicht existieren kann, außer bei eingeschränktem Nachdenken und völliger Verdrängung eines jeden menschlichen Gefühls.

Wer glaubt, dass der Zusammenbruch des Naziregimes und die Befreiung der Todeslager unsere Situation wie von Zauberhand wieder normalisiert hätte, irrt sich. Es ist tatsächlich ein langer, steiler und individueller Weg. Viele Überlebende der Vernichtungslager leiden bis heute noch an schweren seelischen Störungen, und auch wer ein scheinbar normales Leben führt, trägt seine inneren Wunden bis zu seinem letzten Tage mit sich.

In meiner Lebensgeschichte dauerte es einige Jahre, bevor ich wieder echte, menschliche Gefühle spüren konnte. Aber die Verdrängung der Erinnerungen an die Shoa, mit all ihrer Last, hielt noch lange an.

Der Wille zu verdrängen war nach unserer Befreiung zunächst sogar noch stärker, als ich ein zionistischer Pionier wurde und viel im Ausland tätig war. Damals war ich versessen darauf, die Vergangenheit hinter mir zu lassen und ein neues Leben voller Herrlichkeit und Heldentum in Israel zu beginnen.

Ein weiterer Grund für die Verdrängung war, dass mir die einheimische Bevölkerung in Israel mit Missbilligung und Verachtung begegnete, weil man die europäischen Juden in ihren Augen wie ›Schafe zum Schlachthof‹ geführt hatte. Damals teilte ich diese Ansicht.

Eine bedeutende Wendung kam schließlich, als Adolf Eichmann 1961 in Jerusalem der Prozess gemacht wurde. Dank der revolutionären Neuheit des Transistorradios war die Öffentlichkeit auch außerhalb des Gerichtssaals von den Vorgängen dort gefesselt. Nach der Verkündung der Anklageschrift und insbesondere nach den Zeugenaussagen einiger Überlebender öffneten viele der Opfer ihre Herzen, und dadurch drang das Wissen um die Shoa nach und nach in das Bewusstsein der Nation ein. Der Dichter *Nathan Alterman* schrieb damals in *Dawar*, einer Zeitung der Arbeiterpartei: »Als mehr und mehr Zeugen ihre Aussage machten, vereinten sich diese fremden Wesen, an denen wir zahllose Male vorbeigelaufen waren, in unserem Bewusstsein zu einem. Sie kamen zusammen und verbanden sich, bis wir zur klaren Einsicht kamen, dass diese Menschen nicht nur eine Gruppe von Individuen, sondern durch ihre … entsetzlichen Erinnerungen … ein fundamentaler … Bestandteil unserer lebenden Nation sind.«

Deshalb Eran, mein lieber Enkel, gab es hier keine ›Wende‹ oder plötzliche Tat, die mich zum Aufschreiben meiner Erinnerungen bewogen hatte, sondern es war eine allmähliche Entwicklung. Im Vorwort zu meinem ersten Buch beschreibe ich es folgendermaßen: »Tatsache ist, dass während all dieser Jahre zwei entgegengesetzte Bestrebungen in meinem Inneren miteinander rangen: Die eine, zu verdrängen und zu vergessen, die zweite, zu klären und zu verstehen. Je mehr Jahre vergingen, desto schwächer wurde die eine Tendenz nach und nach, während die zweite in nicht geringem Maße stärker wurde.«

Zu deiner Frage über die ›Notwendigkeit‹ des Schreibens: Ich nehme an, dass viele Gründe in meinem Unterbewusstsein versteckt sind, aber der wichtigste ist folgender: Je weniger ich verdränge, desto mehr fürchte ich mich davor, zu vergessen. Ausgerechnet die Angst vor dem Vergessen belastete mich mehr als die emotionale Last selbst. Ich habe gehofft, dass mir das Notieren der Ereignisse in chronologischer Reihenfolge Erleichterung verschaffen würde und dass ich damit auch das Versprechen an meine Töchter erfüllen könnte: meine Erfahrungen und die Verluste unserer Familie in der Shoa niederzuschreiben.

Ich will versuchen, meine persönlichen Gefühle sowohl während als auch nach der Shoa in Kürze wiederzugeben.

Dies geschieht zum ersten Mal in geordneter Form, eine Sache, die ich bisher vermieden habe, weil ich im Zuge der Verdrängung auch die Verdrängung selbst verleugnen wollte. Obwohl mir die einzelnen Punkte bewusst waren, konnte ich ihren Einfluss noch nicht verstehen. In den Jahren nach dem Krieg versuchte ich, zwischen zwei Dingen zu unterscheiden: Einerseits verdrängte ich den Tod meiner Familie und Freunde, was es mir ermöglichte, bei klarem Verstand zu bleiben und in den späteren Jahren noch zu funktionieren. Andererseits unterdrückte ich aber auch meine Gefühle im Angesicht des alltäglichen Schreckens, mit dem ich jahrelang konfrontiert war. Ich möchte nochmals betonen, dass all diese Vorgänge spontan und unterbewusst abliefen. Hier ist mein Vorschlag, wie man den geistigen Prozess in Stichpunkten zusammenfassen könnte:

1. *Das Trauma von Auschwitz*: Ankunft auf dem ›fremden Planeten‹, Ermordung meiner Mutter und meiner drei kleinen Brüder, sofortige Verdrängung. Verlust all dessen, was mir wichtig war, Erwachen aus allem Aberglauben.

2. *Der Instinkt zu überleben*: Aufgebot meiner gesamten inneren Stärke, Überleben als einziger Gegenstand meiner Aufmerksamkeit.

3. *Sinneseindrücke des Schreckens*: Massenmord und Leichenberge. Die emotionale Belastung wird zur Routine und vertieft die Abstumpfung meiner Sinne.

4. *Gleichgültigkeit gegenüber dem Schicksal und absolute Hoffnungslosigkeit.*

5. *Befreiung durch die britische Armee*: Wiedererwachen und zögerliche Gewöhnung an die neue Situation. Der Überlebensinstinkt ebbt ab, aber mein Inneres bleibt taub. Gefühle der Ohnmacht, eine tiefe seelische Wunde, ein langer und steiler Weg zur Genesung.

6. *Weitere Verdrängung*: Zionismus, neues Leben in Israel und schlechte Behandlung durch die dortige Bevölkerung.

7. *Bereitschaft, sich zu öffnen und seine Mitmenschen an der Vergangenheit teilhaben zu lassen*: Eichmann-Prozess, Integration der Überlebenden, Einzug der Shoa ins öffentliche Bewusstsein, Erziehung einer neuen Generation.

All das und der Einfluss der Zeit halfen mir bei meiner Genesung und der Beseitigung meiner Hemmungen. Gleichzeitig wurde ich mir der Wunden aus meiner Vergangenheit bewusst, die zwar ein wenig verheilt sind, aber niemals vergessen werden können. Ich habe sie erforscht und mich mit ihnen abgefunden.

Ilana: Hast du dich jemals gefragt: »Warum gerade wir?«

Ich nehme an, dass du damit die Verfolgung der Juden meinst, die ja schon viele Jahrhunderte vor der Shoa ein Phänomen war. Es ist interessant, dass mir erst nach der Fertigstellung und Publikation meines ersten Buches aufgefallen ist, dass ich dieses Thema darin komplett ausgelassen habe. Unter diesem Aspekt betrachtet, muss ich deine Frage also verneinen. Ich wusste von Anfang an, dass uns die Diaspora mit all ihrer Mühsal wegen der Sünden unserer Vorväter auferlegt wurde und dass wir dieses Schicksal hingebungsvoll akzeptieren müssen. Nachdem ich in Auschwitz meinen Glauben verloren hatte, strapazierte ich meinen Verstand nicht weiter mit Fragen, die nicht mit unmittelbaren Problemen zusammenhingen. Erst später, als Erwachsener in Israel, machte ich mir schließlich aus intellektuellem Interesse Gedanken über die theologischen, historischen und soziologischen Beweggründe des Antisemitismus, seine Irrationalität und Entwicklung über die Jahrhunderte.

Ilana: Erzähl mir von deinen Gefühlen beim Schreiben.

Wenn du meinen ersten Text aus der 80er Jahren meinst, der sich mit meiner Kindheit und den Ereignissen in der Shoa beschäftigt, so hatte ich damals beim Schreiben noch die Neigung, mich von Gefühlen zu distanzieren und mich auf die reinen Tatsachen zu konzentrieren (damals waren meine unterdrückten Emotionen noch tief vergraben). Obwohl ich in der ersten Person geschrieben habe, kommt es mir so vor, als sei nicht von mir, sondern von einem anderen Knaben die Rede. Das merkt man sicher auch beim Lesen (es wäre interessant, meinen Stil in verschiedenen Abschnitten meines Lebens zu vergleichen).

Aber als ich meinen ersten Text nach seinem Erscheinen las – und erst kürzlich, als ich die Kapitel der Auferstehung in diesem Buch schrieb –, übermannten mich die Gefühle, und ich hielt an vielen Stellen inne, weil mir die Tränen kamen; sei es wegen schmerzlicher Erinnerungen oder weil ich über komische Situationen lachen musste, die ich endlich als solche wahrnehmen konnte.

Ilana: Du eröffnest jedes Kapitel mit einem Zitat aus der Bibel. Warum tust du das bei den Erzählungen aus deiner Kindheit und der Shoa, aber vermeidest es in den Kapiteln der Auferstehung?

Es fällt mir schwer, diese Frage zu beantworten, weil ich die Zitate spontan ausgewählt habe. Aber beim Nachdenken darüber geht mir auf, dass sowohl meine Jugend als auch die Ereignisse in der Shoa außerhalb meiner Gewalt lagen und alle Juden betrafen. Deshalb suchte ich ihren Ursprung in der Tradition unserer Kultur.

Aber für meine Taten und Untaten nach der Shoa nehme ich die alleinige Verantwortung auf mich, im Guten wie im Bösen – wie es jedes Lebewesen tun sollte. Deshalb habe ich es wahrscheinlich nicht gewagt und fand es nicht richtig, auf die heiligen Schriften zu verweisen.

Bei weiterer Überlegung liegt ein gewisser Symbolismus in der Tatsache, dass eben jenes Kapitel, das mein Leben nach der Shoa und meine Einwanderung nach Israel beschreibt, das erste ist, an dessen Anfang kein Bibelzitat steht. Es kann sein, dass darin folgende Bedeutung steckt: Nur in Israel lebt man als Jude ein authentisches Leben, in das die Quellen unseres Glaubens ganz natürlich eingebunden sind, sodass es nicht nötig ist, sie getrennt vom Text zu erwähnen.

In der Diaspora waren die Juden als Bürger eines fremden Landes und Sprecher einer fremden Sprache stets dazu gezwungen, sich auf ihre Wurzeln zu besinnen und an ihrer Tradition festzuhalten. Man musste sich ein doppeltes Zugehörigkeitssystem aufbauen: Einerseits ist man seiner Religion, seiner Kultur und der Sprache seiner Heiligen Schrift verbunden, aber andererseits auch dem Land, in dem man lebt, in dessen Militär man dient, mit dem man Handel treibt, dessen Steuern man zahlt und dessen Gesetzen man sich beugt.

Ein Jude in einem fremden Land lebte nur sein Privatleben wirklich als Jude. Aber das ist ein Dasein, das nicht alle Bereiche des Lebens umfasst – das öffentliche, politische und soziale Leben ist davon ausgeschlossen. Die Juden in der Diaspora mussten nie einen Staat mit all seinen Institutionen, wie Verwaltung, Justiz, Steuerwesen und Grenzschutz, unterhalten. In der Diaspora waren die Juden eine ethnische Minderheit, und die Gojim kümmerten sich um all diese Dinge. Im Gegensatz dazu ist der Jude in Israel zum ersten Mal in seiner jüngeren Geschichte dazu verpflichtet, selbstständig einen Staat zu führen. Erstmals ist es das jüdische Gesetz, das auch Gojim verurteilt oder ihre Steuern eintreibt, und die diplomatischen Beziehungen des israelischen Volks beruhen auf einer Position der Ebenbürtigkeit anstatt der Unterwürfigkeit. In diesem Land sind fast alle Politiker, Generäle, Polizisten, Unternehmer und Arbeiter Juden – kurz: In Israel kann der Jude zum ersten Mal seit Jahrhunderten sein Judentum voll ausleben.

In einer Machtposition zu sein, zu herrschen und frei zu bestimmen – das ist eine außergewöhnliche Herausforderung, vor der das Judentum in Israel steht. Dabei ist es hilfreich, dass in der hebräischen Sprache sämtliche Aspekte der Kultur und der heiligen Schriften des Judentums bereits enthalten sind. Das Hebräische ist keine Minderheitsprache; es konkurriert mit keiner anderen Sprache um die Macht. Seine Sprecher können aus einem authentischen Zugehörigkeitsgefühl heraus, frei nach ihrem Willen den Wortschatz um neue Begriffe erweitern. Im modernen Hebräisch kommt das Judentum voll und ganz zum Ausdruck: Es ist natürlicher, lebendiger und stärker als in den alten Ritualen, deren Meister häufig die Bedeutung der Worte, die sie vor sich hinmurmelten, gar nicht mehr kannten.

Zusammenfassend möchte ich also sagen, dass das Zitieren von Passagen aus Bibel oder Talmud für den Juden in der Diaspora den Beweis einer kulturellen Zugehörigkeit, einer Identität, darstellte. Das ist im modernen Hebräisch nicht mehr nötig, denn jedes Schreiben eines Juden in Israel bildet eine lange organische Kontinuität solcher Verweise. Das ist das Wesen der vollen Souveränität als Jude.

Somit musste ich in den Kapiteln der Auferstehung, wo ich den Beginn meines neuen Lebens in Israel schilderte, dem Text keine Zitate aus den Schriften mehr voranstellen: Denn im Hebräischen besteht der ganze Text aus Zitaten – wenn nicht im buchstäblichen, dann zumindest im übertragenen Sinne.

EIN AUSERWÄHLTES VOLK

Eran: Wer hat dich gewarnt, in die Kirchen und in die neologische Synagoge zu schauen? Woher wusstest du überhaupt, was du tun und lassen durftest? Von Mutter? Vater? Dem Rebbe? Und welche Strafe war zu erwarten, wenn man erwischt wurde?

Es war nicht nötig, mich zu warnen. Seit meiner Geburt habe ich die Weltanschauung und die gesellschaftlichen Normen unserer Gemeinde verinnerlicht. Das heißt: Nur unser Weg ist richtig, und alles, was sich davon unterscheidet, ist verabscheuungswürdig. Die Passage »Du sollst Grauen und Abscheu vor ihm haben, denn er ist der Vernichtung geweiht«[1] bezieht sich eigentlich nur auf den Götzendienst, wurde aber von den gottesfürchtigen Fanatikern großzügig auf alles angewandt, was nicht in ihr engstirniges Weltbild passte. Insbesondere die Riten der anderen Religionen und Strömungen des Judentums – einschließlich der Neologen – wurden häufig mit diesen Worten als Götzendienerei verurteilt, die bekanntermaßen eine Todsünde ist und damit so schlimm wie Mord und Inzucht. Die Aufmerksamkeit der Erwachsenen und der Kinder war hauptsächlich auf Fragen der Halacha und des Benehmens gerichtet. Auch die Gespräche der Kinder untereinander (wenn es nicht gerade um Taschengeld ging) drehten sich meistens um das Wesentliche, nämlich die Gestalt und den Zorn des ›lieben Gottes‹, die Rückkehr des Messias und den damit verbundenen Segen.

Wo wir gerade von Intoleranz gegenüber anderen Meinungen und Glaubensrichtungen sprechen, kommt mir eine Geschichte in den Sinn, die sich ereignete, als ich fünf oder sechs Jahre alt war: Wir waren an einem dunklen Samstagabend auf dem Heimweg von der Synagoge – zu meinem Glück, wie sich später herausstellen wird. Vater schritt voran, wie immer in eine stürmische Debatte mit dem Nachbarn Reb Mordechai Weiss vertieft. Er sprach mit großer Zurückhaltung zu meinem Vater, sodass man den Eindruck gewinnen konnte, er wolle ihn lediglich ablenken und sei darin nicht besonders erfolgreich. Wie wir Kinder um sie herumtobten, kam es mir in den Sinn, Mut und Fanatismus um des Namens willen zu demonstrieren. Als wir die Straße passierten, kletterte ich über einen niedrigen Zaun vor der Statue des gekreuzigten Jesus, die dort aufgestellt war, und zeigte ihr eine grobe Geste mit meinen Händen. Meine älteren Brüder erkannten sofort, dass ich etwas Gefährliches getan hatte, und berichteten unserem Vater davon. Obwohl es eine unmoralische und ungehörige Tat gegenüber dem Heiligtum anderer Gläubigen war – und wir Juden Opfer vieler solcher Taten waren –, bestrafte mein Vater mich nicht, sondern klärte mich nur über die Gefahr auf, sollten die Gojim je davon erfahren. Aber selbst wenn Vater meine Tat als unmoralisch verurteilt hätte, wäre ich nicht von der Aufrichtigkeit seiner Worte überzeugt gewesen. Denn allgemeine Werte, wie Akzeptanz und Respekt gegenüber anderen Überzeugungen, hatten damals noch keine Bedeutung für mich. In diesem Fall darf man aber Vater keine Vorwürfe machen, denn er handelte wie unser Erzvater Jakob.[2]

Jakobs Söhne Shimon und Levi ermordeten jeden männlichen Erwachsenen der Stadt Sichem (Nablus), weil einer von ihnen gesündigt und ihre Schwester Dina ›verunreinigt‹ hatte. Doch damit nicht genug: Sie überfielen die Geschlagenen und plünderten die Stadt, fegten ihre Felder kahl und nahmen die Frauen und Kinder der Ermordeten gefangen. Und was tat unser Erzvater Jakob? Weder befahl er ihnen, die Beute zurückzugeben, noch tadelte er sie für ihre Verbrechen, sondern warnte lediglich vor der zahlenmäßigen Überlegenheit ihrer Feinde: »Ihr habt mich in Verruf gebracht bei den Bewohnern des Landes, den Kanaanitern und Pheresitern. Meine Männer kann man an den Fingern abzählen. Jene werden sich gegen mich zusammentun und mich niedermachen. Dann ist es vorbei mit mir und meinem Haus.«[3]

Damit hier kein Missverständnis entsteht: In meinem Herzen ist eine warme Ecke für Jakob und alle anderen Erzväter: so auch für Abraham, obwohl er seine Frau, unsere Erzmutter Sarah, der Gier des Pharaos überließ. Ihr Leid konnte erst in letzter Minute durch göttliche Intervention verhindert werden.[4] Für seine Taten bezahlen wir bis heute einen Preis. Ebenso liebe ich unseren Erzvater Itzchak, der seinen erstgeborenen Sohn Esau über seinen zweiten Sohn Jakob, einen überaus ehrbaren Menschen, stellte. Er gab Jakob schließlich seinen Segen, aber ohne davon zu wissen.[5] Jakob selbst liebe ich trotz seines unehrlichen Benehmens in seiner Jugend. Er errang den Segen seines Vaters durch eine List und bereicherte sich auf betrügerische Weise an seinem späteren Schwiegervater, dem gierigen Aramäer Laban.[6] Ich verstehe auch Jakobs Weigerung, seine Söhne für das Massaker von Sichem zu verurteilen. Denn er und die anderen Väter handelten trotzdem in vielen Fällen menschlicher, als es zu ihrer Zeit üblich war. Unsere Weisen bemühten sich sehr, die Taten der Väter zu rechtfertigen. Aber das ist nicht nötig, wenn man sie als Geschöpfe aus Fleisch und Blut betrachtet. Ich lehne die fundamentalistisch-orthodoxe Auffassung ab, nach der wir auch heute noch in jeder Angelegenheit so handeln müssen, wie unsere Vorväter es taten.

Bitte verzeiht mir, meine Kinder und Enkelkinder, wenn ich hier etwas zu ausführlich war oder mehr als nötig aus den Schriften zitiert habe. Es ist mir wichtig, das Wesentliche zum Ausdruck zu bringen. Dabei fällt es mir schwer, mich zu zügeln und sparsam mit Zitaten umzugehen, weil ich sie so sehr liebe. Und nachdem ich das alles so mühselig mit zwei Fingern in den PC eingetippt habe, trenne ich mich nur ungern wieder vom Geschriebenen.

Was deine Frage zu den Strafen betrifft: Der Rebbe im Cheder oder der Lehrer in der Schule prügelten uns im Klassenzimmer zwar tüchtig, kümmerten sich aber nicht darum, was wir Kinder außerhalb der Schule anstellten. Mutter schlug uns nie – die Bestrafung war Aufgabe unseres Vaters, der sich in der Regel mit einer Rüge, Drohung oder Predigt begnügte. Gelegentlich gab er uns einen einzelnen Schlag, so nebenbei, als ›pädagogischen Instinkt‹, in unmittelbarer Reaktion auf Unverschämtheit, grobes Reden, Ignorieren von Autorität oder Ähnliches. Wenn wir ernsthaft sündigten – und hauptsächlich war ich der Schuldige –, wurden wir nicht bestraft, und meistens reagierten meine Eltern nicht einmal, so als hätten sie es gar nicht bemerkt. Warum, fragt ihr? Weil sich im Nachhinein stets herausstellen sollte, dass ich meine Lektion von selbst lernte und die Tat nicht wiederholen würde.

Ilana: Du beschreibst, wie du eine Sünde begangen hast. Was hast du beim ›Sündigen‹ gefühlt? Hast du dich gefürchtet? Wovor oder vor wem? Welche Gedanken haben dir geholfen?

Meistens versündigte ich mich aus Neugier, einer Eigenschaft, die eigentlich ein Geschenk Gottes ist. Ich habe gehofft, dass er mit wichtigeren Dingen beschäftigt sei und sich nicht die Mühe machen würde, den Taten eines kleinen Jungen nachzugehen. Außerdem habe ich verschiedene Tricks erfunden, da ich schon damals wusste, dass auch die Erwachsenen gelegentlich tricksen, wie zum Beispiel beim ›Verkauf‹ aller Lebensmittel, die nicht für Pessach geeignet sind, der Beschäftigung eines Nichtjuden für notwendige Arbeiten am Samstag (Schabbesgoj) oder der Vermischung von milchigen und fleischigen Speisen. So stieß ich beispielsweise während eines Versteckspiels am Samstag auf dem Acker eines Freundes auf einen Apfelbaum. Ich hatte Lust auf das Obst, aber wagte es nicht, hinaufzuklettern und es zu pflücken aus Furcht vor der Entheiligung des Schabbats. Deshalb aß ich es unreif direkt vom untersten Zweig des Baums. Nichts blieb davon übrig, und mein Gewissen war rein.

Rivka: Warum hast du dein Buch mit der Beschreibung der Beziehung zwischen der orthodoxen Gemeinde und den Neologen begonnen, einem Thema, das die breite Masse nicht besonders interessiert?

Wie ihr wisst, lag es gar nicht in meiner Absicht, ein Buch zu schreiben, und deshalb war das Interesse des Publikums auch nicht für die Themen- oder Darstellungswahl maßgeblich. Ich hatte keinen Leser im Sinn, als ich schrieb, sondern es ging mir einzig und allein um die Darstellung der Dinge, die ich für darstellungswürdig hielt, und darum, sie so zu beschreiben, wie sie waren. Oder in meinen eigenen Worten zur ersten Auflage: »… wie ich die Dinge mit eigenen Augen erlebte, sie am eigenen Fleisch fühlte und sie tief in mein Gedächtnis eingraviert wurden«.

Noa: Hast du die Neologen oder die Gojim ein wenig beneidet? Spürtest du eine Anziehung durch das Fremde, Elegante, Ästhetische – oder vielleicht sogar das Verbotene? Du wunderst dich über die Neugier, die du gegenüber den Neologen empfunden hast, und erklärst es dir über ihr höfliches Benehmen. Kannst du dir das heute auch anders erklären?

Als Kind war ich stolz auf die Überlegenheit unserer ursprünglichen Kultur, aber gleichzeitig auch eifersüchtig – sehr sogar – auf die Neologen und die Gojim. Es war vor allem die Ästhetik in ihren Ausdrucksformen und ihr einfaches Leben, frei von allen Einschränkungen der Halacha, die unser Schicksal bestimmt und uns bei jedem Schritt und Tritt begleitet hat.

Deine Vermutungen treffen zu: Seit meiner Kindheit fühlte ich mich zu Fremdem, Prachtvollem, Schönem – und auch Verbotenem – hingezogen. Ich erinnere mich, als ich mit vier oder fünf Jahren ganz allein den langen Weg aus dem Cheder nach Hause ging (dort schlug man uns) und plötzlich Musik und Gesang aus einem der Häuser vernahm. Später ging mir auf, dass es ein Kindergarten gewesen sein muss, etwas, das es in der orthodoxen Gemeinde nicht gab. Ich drückte mein Auge an eine Spalte im Holzzaun und sah im Hof eine Gruppe von Kindern in bunten Kleidern! Jungen und Mädchen singen und tanzen gemeinsam zu den Klängen eines Akkordeons im Kreis! Hoi, wie habe ich sie beneidet! Ich war auf der Stelle gebannt, rührte mich nicht und fühlte weder Hunger noch Kälte, auch nicht als der Gesang zu Ende war und die Kinder auf dem gepflegten, mit Zierpflanzen umgebenen Rasen saßen. Dort las ihnen eine hübsche, junge Frau aus einem Bilderbuch vor, und ihre Gesichter waren mal zu Lachen, mal zu Betroffenheit verzogen, je nachdem, was in der Geschichte passierte. Ich hätte mich noch lange an diesem Schauspiel amüsiert, wäre nicht plötzlich mein älterer Bruder auf Geheiß meiner Eltern erschienen, der mich mit einem verärgerten Stoß in den Rücken aus meinem Bann erweckte.

Noa: Du fragtest, mit welchem Recht die Neologen im Relief auf ihrer Synagoge behaupten, dass Gott in ihrem Bethaus oder in ihnen wohne. Kam diese Frage von dir oder von denen, die dich gewarnt haben, dort hineinzuschauen? Es hört sich an wie die Frage eines Erwachsenen, nicht die eines Kindes.

Als ich lernte, die heilige Sprache zu lesen, und die Schrift auf der neologischen Synagoge entzifferte, war ich überrascht, dass wir an denselben Gott glaubten und dass auch sie aus der Thora zitieren können. Ich wunderte mich über diesen Widerspruch. Denn wenn die allgemein herrschende Meinung, dass sie Verbrecher sind (im absoluten Sinne, wie ich das als kleiner Junge verstand), der Wahrheit entspricht, warum erachten sie es dann als angemessen, ihre Synagoge mit dem Allerheiligsten zu vergleichen? Konnte es sein, dass ich belogen wurde? Dass sie gar nicht so schlecht sind? Dass nicht alles, was man mir über sie erzählt hat, richtig ist? Wo doch allein die Tatsache, dass sie in ihrer Synagoge einen Tempel sehen, ihre Verbundenheit zu den Heiligtümern Israels beweist – auch wenn sie vielleicht schwächer ist als die unsrige. Hier entstand der erste Riss in meinem blinden Glauben an alles, was die Erwachsenen uns sagten.

In meinem Inneren war ich zwar verwirrt, aber gleichzeitig auch verbittert darüber, dass die Neologen es wagten, ›unseren‹ Spruch an ihrer Synagoge anzubringen. Denn »wie verträgt sich der Tempel Gottes mit Götzenbildern?«.[8] Den Satz »Macht mir ein Heiligtum! Dann werde ich in ihrer Mitte wohnen«[9] lernten wir schon als kleine Kinder im Cheder. Dort erklärte uns der Lehrer, dass mit ›in ihrer Mitte‹ das Volk Israel gemeint sei und nicht buchstäblich das Heiligtum. Für jemanden, der die hebräische Sprache beherrscht, ist das selbstverständlich, aber wir Kinder mussten sie erst noch lernen.

Auch die Lesart aus dem Kapitel, dass die Worte ›in ihrer Mitte‹ als ›in ihren Herzen und Seelen‹ interpretiert werden können, stammt nicht von mir. Wahrscheinlich lernte ich diese Auslegung in irgendeiner Predigt (wobei die Tatsache, dass ein Knabe von sechs Jahren sie verstehen konnte, etwas erstaunlich ist). Ihren Ursprung, wenn ich ihn überhaupt jemals kannte, habe ich aber leider vergessen, sonst hätte ich ihn natürlich erwähnt.

Eran: Wer sind »die Burschen von ›Ruhm der Jugend‹«? War das dein erster Kontakt mit dem Zionismus? Wie stand die Gemeinde dazu?

Dieser Ausdruck stammt aus dem Buch der Sprüche: »Der Ruhm der Jungen ist ihre Kraft, die Zier der Alten ihr graues Haar.«[10] Das bedeutet, dass die Jugend stolz auf ihre Kraft ist, die Alten hingegen auf die Tatsache, dass sie noch leben.

Viele Organisationen und Vereine gaben sich diesen Namen. Schon im 17. Jahrhundert wurde unter ähnlichem Titel ein Aufsatz in einer italienischen Gemeinde veröffentlicht, um Burschen auf die Ehe und insbesondere auf ihre Pflichten als Mann vorzubereiten. In unserer Gemeinde war ›Ruhm der Jugend‹ ein Verband von Jugendlichen aus mehr oder weniger religiösen Familien, die aus den Dörfern der Umgebung in unsere Stadt kamen, um in der ›großen weiten Welt‹ einen Beruf zu erlernen. Meiner Meinung nach bestand der hauptsächliche Grund für diesen Zusammenschluss darin, dass die Gemeinde und ihre Vorsteher nicht gewillt waren, die Burschen aufzunehmen. Sie sahen in ihnen einen schlechten Einfluss auf ›unsere Jugend‹, aber eben diese Ansicht sollte ihnen später noch größere Probleme bescheren. Denn zu dieser Gruppe traten bald einige Jugendliche aus der Stadt hinzu, die es wagten, sich gegen die Meinung der Rabbiner aufzulehnen. Die Mitglieder trafen sich und beteten nicht in den ›ordentlichen‹ Synagogen (dort wurde ihnen offensichtlich kein Gefühl der Zugehörigkeit entgegengebracht), sondern in einem der Räume der Jeschiwa. Die Rabbiner und Gemeindevorsteher lehnten Vereine ab, die nicht unter ihrer direkten Aufsicht waren, wo sie keine Kontrolle über die Ideen und Taten der Jugend ausüben konnten. Die Rabbiner fürchteten – nicht umsonst – abweichende Ansichten und insbesondere Sympathien mit dem berüchtigten Zionismus.

Über den Zionismus, der eine säkulare Staatlichkeit in Eretz-Israel errichten und damit das Ende ohne den Messias herbeiführen will, habe ich in verschiedenen Andeutungen schon öfter gehört. Ich wusste von der bitteren und abgrundtiefen Abneigung des religiösen Establishments gegenüber jedem zionistischen Gedankengut, insbesondere dem ›religiösen‹ Zionismus, der sogar verhasst war. Dennoch flüsterten die Jugendlichen von Heldentaten jüdischer Burschen (und sogar Mädchen!) in Eretz-Israel, die mit Waffen in der Hand gegen Araber kämpften. Das erschien mir wie ein Wunder, und insgeheim war ich wie alle anderen Jungen stolz darauf.

Ilana: In deiner Jugend hörtest du den Beisitzer in der Synagoge sagen: »In letzter Zeit lassen bestimmte Frauen Reste von Haar auf ihrem Kopf. Es ist bekannt, dass dies Unzucht ist, es grenzt an Taufe, und es ist eine Sünde ...«. Ich habe keinen Zweifel, dass er bei anderen Gelegenheiten noch viel mehr gesagt hat. Warum kannst du dich nach so langer Zeit ausgerechnet an diese Ansprache erinnern?

Kurze Unterhaltungen über alltägliche Angelegenheiten, angefangen bei Ratschlägen zum An- und Verkauf interessanter Waren bis hin zu Klatsch und Tratsch, waren ein fester Bestandteil des Lebens in der Synagoge. Diese Gespräche fanden immer samstags nach dem Lesen der Thora statt, als die Gemeinde sich auf das Schlussgebet konzentrierte. Meine Beispiele waren beliebig, aber typisch für die Themen, für die sich die Oberschicht der Gemeinde interessierte. In der Regel unterhielt man sich über geschäftliche oder sachliche Dinge, anstatt den Predigten über Makellosigkeit, Reinheit, Bescheidenheit und gutes Benehmen zu lauschen. Ein beliebtes Thema war der Angriff auf den Zionismus (besonders gegen den religiösen Zionismus), der den patriarchalischen Aufbau der Gesellschaft durch die Rabbiner bedrohte. Aus diesem Grunde war die Mehrheit des religiösen und orthodoxen Establishments gegen eine Auswanderung nach Amerika und verbreitete später bis zur tatsächlichen Schließung des Ghettos und dem Transport nach Auschwitz die Illusion, dass »der Herr helfen werde«.

Die Frauen waren das Hauptthema, das die Rabbiner und Gemeindevorsteher beschäftigte. Von Belang waren nicht nur ihre Keuschheit und die ihrer Töchter oder die Zubereitung von koscherem Essen, sondern auch ihre Kleidung: Man diskutierte über die Länge der Ärmel ihrer Blusen und des Saums ihrer Röcke, ihren Schmuck und die Verzierungen ihrer Kleider, den Verschluss ihrer Krägen, die Höhe ihrer Absätze und den Stoff ihrer Strümpfe (Seide war verboten, Wolle oder Flachs waren erlaubt, aber nur in Schwarz oder Dunkelbraun). Außerdem interessierte man sich für ihre Frisuren, die Länge ihrer Fingernägel, die Zusammensetzung ihrer Perücken, die Röte ihrer Wangen und ihrer Lippen und noch vieles mehr – eine endlose Zahl an Dingen, die in meinen Augen sinnlos waren. Besondere Betonung wurde auf die genaue Einhaltung der Reinheitsvorschriften wie das rituelle Bad in der Mikwe gelegt, damit sie nicht, Gott behüte, unrein werden und dadurch unreine Kinder auf die Welt bringen oder gar bei der Geburt sterben. Nur eine reine Frau durfte ihren ehelichen Pflichten nachkommen. Daher waren sie ihren Ehemännern Rechenschaft über ihre Menstruation schuldig, um diese nicht an der Erfüllung des Gebotes ›Mehret euch‹ zu hindern.

Die Frauen standen auf der niedrigsten Stufe der Gesellschaft. Ihre Ansichten galten nicht, und es war ihnen verboten, in der Thora zu lesen. Vor Gericht war ihr Zeugnis so viel wert wie die Aussagen kleiner Kinder, Narren, Sklaven oder Geächteter. Trotzdem wurden ausgerechnet an sie die strengsten Forderungen gestellt. Sie mussten die Verantwortung für die gesamte Familie und die Führung eines ›jüdischen Hauses‹ tragen. Nicht selten machte man sie dafür verantwortlich, wenn ein Unglück in der Familie geschah, als ob ihre unreine Art die schreckliche Strafe herbeigeführt hätte. Und als ich beim Morgengebet sagte »Gesegnet seist du, Ewiger … der mich nicht als Weib erschaffen«, habe ich jedes Wort ernst gemeint.

Dennoch beschäftigte mich die erniedrigende und diskriminierende Haltung gegenüber Frauen in unseren heiligen Schriften und in unserer Gesellschaft schon seit meiner Kindheit. Als ich sieben Jahre alt war, konnte ich schon alleine die Thora lesen und verstehen. Ich interessierte mich besonders für die Kapitel, die der Lehrer nicht mit uns lesen wollte, da sie nicht für Kinder geeignet waren. Die Stelle, die mich am meisten schockierte, war der Text vom »bitteren, Fluch bringenden Wasser«:[11] Ein Mann verdächtigte seine Frau des Ehebruchs. Es gab weder Zeugen noch Beweise. Also ›brachte‹ er seine Frau zu einem Priester (als sei sie ein Gegenstand), der ihre Haare löste, sie erniedrigte, verfluchte und bedrohte. Danach vollzog er an ihr die Zeremonie der Opfergabe und tränkte die gequälte und gedemütigte Frau in eine Mischung aus Wasser, Staub und Tinte. War sie ihrem Mann untreu geworden, sollten ihr Bauch anschwellen und ihre Hüften einfallen. Diese grausame und entwürdigende Folter einer hilflosen Frau aufgrund einer haltlosen Vermutung erfüllte mich mit furchtbarem Zorn. Außerdem hegte ich meine Zweifel daran, wie ernsthaft man überhaupt an einem Beweis ihrer Schuld oder Unschuld interessiert war. Beim Gedanken daran, eine solche Zeremonie auch an ehebrecherischen Männern zu vollziehen, konnte ich ein trauriges Lächeln nicht unterdrücken.

Schon im Alter von 13 Jahren konnte ich selbstständig die Gemara studieren. Hoffnungsvoll beschloss ich, in der Mischna und Gemara des babylonischen Talmuds zu recherchieren, ob unsere Weisen einen Weg gefunden hatten, diese schreckliche Zeremonie würdevoller zu gestalten. Ich war maßlos enttäuscht, als ich feststellen musste, dass sie, ganz im Gegenteil, in der Erniedrigung und Unterdrückung der Frau sogar noch weitergingen. Hätte ich die mittelalterliche Geschichte gekannt, wäre ich vielleicht weniger überrascht gewesen, da sich die Stellung der Frau zu dieser Zeit auch im Christentum massiv verschlechterte.

Hier eine kleine Auswahl aus den Schriften unserer Weisen:

»Der Priester hält ihre Kleider; falls sie zerreißen – zerreißen sie … bis er ihr Herz entdeckt … man kleidet sie aus und zieht ihr hässliche Kleider an … Goldschmuck nimmt man ihr ab, um sie noch hässlicher zu machen und ihre Schönheit zu verunstalten … und danach bringt der Priester einen ägyptischen Strick, weil sie getan hat wie die unzüchtigen Ägypter und bindet ihn oberhalb ihrer Brustwarzen fest, und jeder, der sie sehen will, kommt sie zu sehen. (Der Priester) pflegte ihr das Opfer zu bringen, um sie zu ermüden … und man gibt ihr zu trinken gegen ihren Willen … und man nennt sie ›Meine Tochter‹ … (denn die Zeremonie ist doch zu ihrem ›Wohl‹). Mit einer Zange aus Metall hält man ihren Mund geöffnet, und man hört nicht auf, sie mit dem ›Heiligen Wasser‹ zu tränken … man spült ihr den Hals, bis ihr Gesicht grün wird und ihre Augen hervorstechen …«

Mehr als einmal erschien mir das Bild einer gequälten Frau in meinen Träumen, besonders nachdem ich in einer Pessach-Haggada die Zeichnung einer solchen ›Sünderin‹ gesehen hatte, mit zerrissener Kleidung, wildem Haar und geschwollenem Bauch.

Die Vertiefung meiner Studien in der Mischna und Gemara förderte weitere erschütternde Passagen der Demütigung, Missachtung und Brandmarkung der Frauen zutage: »Vier Maßstäbe wurden den Frauen zugeordnet: gierig nach grobem Essen und Trinken, gierig nach Sex, gehorsam, faul, fanatisch … und Schreihälse, Cholerikerinnen … Diebinnen und Dirnen.«

»Die reinste der Frauen ist eine Hexe.«

»Zwei Frauen, die an einer Kreuzung sitzen … beschäftigen sich, wie man weiß, mit Zauberei.«

»Jeder, der auf den Rat seiner Frau hört, kommt in die Hölle.«

»Man sollte die Thora verbrennen, aber nicht an Frauen weitergeben.«

Und ich machte mir Sorgen: Ist meine Mutter, die reinste aller Frauen (und Menschen), auch so wie dort beschrieben? Sind meine Großmutter und alle meine Tanten Hexen? Denn dann müssten sie getötet werden (»Eine Hexe sollst du nicht am Leben lassen«).[12] Da kam mir plötzlich ein ketzerischer und höchst gefährlicher Gedanke (und daher habe ich es auch nicht gewagt, ihn mit jemanden zu teilen): Ich dachte mir, dass diese und viele andere Dinge in den alten Zeiten vielleicht gültig waren, es aber heute nicht mehr sind.

Aber die Gemeindevorsteher und Weisen beschäftigten sich beständig weiter mit den Frauen. Man sagt doch auch: »Alle laufen ihr hinterher.« Das Thema war und blieb eines der meistdiskutierten in unserer Gemeinde. Die Männer kritisierten weiterhin andere Frauen, und die Frauen verbreiteten ihrerseits Klatsch und Tratsch.

Rivka: Wie hast du als Kind über den Begriff ›auserwähltes Volk‹ gedacht? Warst du wirklich von ganzem Herzen davon überzeugt, dass du einem auserwählten Volk angehörst und deshalb in besonderer Weise geschützt bist?

Schon als kleines Kind wusste ich, dass wir ein auserwähltes Volk, ein heiliges Volk sind, was allerdings nicht bedeutet, dass dies dem Einzelnen Schutz oder Vorteile gewährt. Im Gegenteil sind mit diesem Privileg zahlreiche Pflichten und Verbote verbunden. Schon unsere Weisen sagten: »Der Lohn einer guten Tat ist eine gute Tat.« Das heißt, dass der Lohn für eine gute Tat in ihr selbst liegt – nämlich in der Möglichkeit, eine weitere gute Tat vollbringen zu dürfen. Aber selbst zu den Reichtümern, die den Gerechten versprochen werden, sagten unsere Weisen, dass ihre Taten nicht in dieser Welt belohnt würden. Reb Hanania Ben Akshia drückte es schön aus: »Gott wollte Israel auszeichnen, deshalb gab er ihm die Thora und all die Gebote.«

Sieht man aber vom Einzelnen ab, steht da noch die Behauptung, dass das Volk Israel als Kollektiv auserwählt sei. Daran habe ich als Kind durchaus geglaubt. Ich wusste, dass die Thora ein besonderes Augenmerk Gottes auf die Geschicke des Volkes verheißt. Hierzu muss man lediglich die Worte des Bundes[13] lesen, wo dem Volk Israel alle Segen versprochen werden, wenn es nur das Wort Gottes beachtet und all seine Gebote erfüllt. Tut es dies aber nicht, so wird es mit den schrecklichsten ›Flüchen‹ geschlagen werden. Diese Flüche werden als so grausam beschrieben, dass sogar ich, als Shoa-Überlebender, zu entsetzt bin, um das Ausmaß der Krankheiten, Hungersnöte, Epidemien und Massaker hier wiederzugeben. An prominenter Stelle steht das Wort ›alle‹. Das bedeutet, dass es keine Grauzonen oder Ausnahmen gibt. Entweder hält sich das Volk Israel an die Gebote und empfängt allen Segen – oder es versagt bei ihrer Erfüllung und ist verflucht auf alle Zeit.

Die Fülle der Segen ist die Belohnung für die Einhaltung der Gebote. Bezeichnungen wie ›auserwähltes Volk‹ oder ›erhaben über alle Völker‹ hingegen sind lediglich eine Art Ehrentitel, mit denen noch nichts verbunden ist. Im Gegenteil: Das Volk wird bei Nichtbeachtung der Gebote aufs Schlimmste bestraft, da es Gott für seine Wunder, die er für unsere Väter in der ägyptischen Wüste vollbracht hat, zu ewigem Dank verpflichtet ist.

Der Prophet Jesaja bringt diesen Gedanken in seinem berühmten Gleichnis über den Weinberg besonders gut zum Ausdruck:[14] Er erzählt von einem Freund, der viel Zeit und Mühe in das Gedeihen eines Weinbergs steckte. Dieser erhoffte sich eine ertragreiche Weinlese, erntete aber am Ende nur Herlinge.[15] Enttäuscht und verärgert ›bestrafte‹ der Winzer seinen geliebten Weinberg: Er entfernte seine schützende Hecke und ließ ihn zur Weide verkümmern.[16] Der Schlüssel zur Interpretation liegt darin, dass dieser Freund vermutlich noch weitere, gewöhnlichere Weinberge besaß, die durchschnittliche Ernten abwarfen. Diese stehen symbolisch für die Völker, die nicht von Abraham abstammen, aber trotzdem die sieben Gebote einhalten. Über diese anderen Weinberge hat er sich nicht aufgeregt. Er beteiligte sie an seinem Segen, während sein ganzer Ärger und Frust sich über den auserwählten Weinberg, der der beste aller Weinberge sein sollte, ergoss. Damit ist das Volk Israel gemeint.

DAS KOMMEN DES MESSIAS

Noa: Wie war dein Verhältnis zu Gott während deiner Kindheit? Hast du mit ihm gesprochen oder dir Dinge gewünscht? Wie hast du ihn dir vorgestellt? Hast du gerne gebetet?

In meiner frühen Kindheit, bis ich etwa fünf oder sechs Jahre alt war, habe ich mich viel mit Gott beschäftigt. Ich sprach oft mit meinen Brüdern oder Freunden über ihn. Obwohl wir von Glaubenswegen dazu verpflichtet waren, haben wir ihn nicht geliebt, sondern gefürchtet. Aus diesem Grund sprach ich nie zu ihm, und ich bat ihn auch um nichts, außer natürlich im Gebet. Aber selbst dort war es nicht meine Absicht, sondern lag in der Natur des Betens selbst. Im Gegensatz zu meinen Freunden verstand ich den Sinn der Gebete und konnte sie deshalb auch auswendig, aber die ewigen Wiederholungen wurden mir langweilig. Deshalb habe ich den Text oft ausgelassen und meine Gedanken in die Ferne schweifen lassen.

Eran: Wie dachtest du über die Geschichten von Geistern und Teufeln, und wann hast du aufgehört, an sie zu glauben? Oder warst du später einfach davon überzeugt, dass Gott stärker und gegenwärtiger ist als diese Gestalten? Wie sehr war der Aberglaube Teil des täglichen Lebens in deiner Familie oder der Gemeinde?

Ich hörte in meiner Kindheit viele haarsträubende und beängstigende Märchen von Teufeln, Hexen, Lilien, bösen Engeln, Geistern und Skeletten unter weißen Bettlaken, die leise in der Nacht umherwandeln und durch Wände gehen können. Viele dieser Horrorgeschichten entstammen der Literatur unserer Weisen und den Legenden des Midrasch,[17] aber einige kommen auch im Christentum oder der Folklore vor. Meine Freunde zeigten sich von ihnen sichtlich beunruhigt, und auch ich dachte lange Zeit, dass ich Angst haben müsste. Aber ich fürchtete mich nicht, besonders nicht bei Tageslicht. Mein gesunder Menschenverstand sagte mir, dass ich im Angesicht eines solchen Spuks wüsste, wie mit ihm umzugehen sei. Ich hatte eher Angst vor realen Dingen wie bissigen Hunden, wildgewordenen Bullen, Schneestürmen und Bränden – aber nicht vor abstrakten Gestalten. Anders war es mit der Dunkelheit, wo ich mich schutzlos, blind und verwundbar fühlte. Vor der Dunkelheit hatte ich in meiner Kindheit Angst.

Dass ich so wenig abergläubig war, ist vielleicht der Tatsache geschuldet, dass ich bei uns zu Hause aus dem Munde meiner Eltern niemals Abergläubisches hörte oder irgendwelche Vorkehrungen gegen übernatürliche Einflüsse beobachtete. Die Mesusa[18] wurde aufgrund der Gebote in der Thora angebracht, aber sie war kein magischer Gegenstand für uns.

Auch Glücksspiel oder die Lotterie interessierten uns nie, denn es wäre eine Sünde, durch irgendetwas anderes als harte Arbeit und Schweiß zu Geld oder anderen Annehmlichkeiten zu kommen. Darunter fällt auch die Investition von Ersparnissen in solide Wertpapiere und andere Sicherheiten für den Lebensabend, damit wir nicht der Allgemeinheit zur Last fallen und auf die »Geschenke von Fleisch und Blut« angewiesen sind, »dass wir nicht beschämt werden und Schande über uns kommt und wir nicht scheitern«.[19]

Eran: Im zweiten Kapitel fühlt man eine Spannung zwischen Dunkelheit, Angst, Licht und Erlösung. Es ist interessant, dass der Erlöser nicht etwa der Messias oder eine andere religiöse Gestalt ist, sondern ausgerechnet in Form deiner Mutter und deiner Freundschaft zu Herschel erscheint. Die Dunkelheit steckt hingegen in den Gebeten, also im Glauben. Wie interpretierst du diesen Kontrast zwischen der Religion und der Liebe zu deiner Mutter?

Der Schoß der Mutter gibt keine Versprechen, sondern spendet Liebe, Zärtlichkeit, Wärme und Schutz. Im Gegensatz dazu verspricht die Religion ihren Gläubigen Berge und Hügel, rächt sich aber (auch schon lange vor der Shoa) mit der Ermordung von Gerechten und Kleinkindern, die noch nie gesündigt haben. Ein passendes Beispiel hierzu ist die

Geschichte der Zehn Märtyrer:[20] Darin geht es um Rabbi Akiba und seine Freunde, die in jeder Hinsicht gerechte Menschen waren. Ebendiese Eigenschaft sollte ihnen aber zum Verhängnis werden: So wurden sie für die Taten der Söhne unseres Vaters Jakob bestraft, die 1500 Jahre zuvor ihren Bruder Josef aus Neid in die Sklaverei verkauft hatten. Ihre Leiden waren grauenvoll: Im Midrasch wird beschrieben, wie man ihnen beispielsweise bei lebendigem Leibe die Haut abzieht oder ihr Fleisch mit einem spitzen, eisernen Kamm bearbeitet.

Als kleiner Junge bedeutete die Sehnsucht nach dem ›Erlöser‹ eine Flucht vor der andauernden Spannung, die sich aus der fanatischen Genauigkeit in der Erfüllung der Gebote ergibt, nach denen der Alltag der Orthodoxen geregelt ist. Dieses permanente Unbehagen führte Kinder wie Erwachsene in schwere innere Konflikte: Denn die Erfüllung aller Forderungen der Halacha ist eine unmögliche Aufgabe – »Denn es ist kein Mensch so gerecht auf Erden, dass er nur Gutes tue und nicht sündige«[21] –, aber trotzdem wird der Sünder aufs Heftigste bestraft. Selbst kleine Kinder sind sich dieses Widerspruchs bewusst, aber an wen von den Heiligen sollen sie sich wenden[22] wenn nicht an den Schoß ihrer Mutter.

Noa: Wie bist du mit den Widersprüchen zwischen dem, was man dir sagt, und dem, was du mit eigenen Augen sehen konntest, fertig geworden? Gab es außer deinem Vater, der dir stets lakonische oder unbefriedigende Antworten gab, noch jemanden, an den du dich mit solchen Fragen wenden konntest? Du hast geschrieben, dass du trotz deiner Unzufriedenheit davon ausgegangen bist, dass die Rabbiner letztlich doch wissen, was sie tun. Wie hat dich dieser Glaube an die Rabbiner beeinflusst?

Die Widersprüche, die ich seit meiner Kindheit beobachten konnte, sind häufig Gegenstand meiner Texte: zwischen dem Geschriebenen, dem Gesagten und dem, was tatsächlich geschah. Man vertiefte sich damals üblicherweise nicht in die Bedeutung der Worte und wenn überhaupt Fragen gestellt wurden, dann waren es Fragen darüber, was erlaubt und was verboten war. Deshalb kam es mir gar nicht erst in den Sinn nachzuhaken, auch nicht bei meinem Vater. Die Rabbiner gaben sich keine Mühe, diese Widersprüche aufzulösen, sondern kümmerten sich stets nur um Kleinigkeiten. Das war damals die Norm, und sie wurde mit größter Selbstverständlichkeit akzeptiert.

Rivka: Warum warst du bei der dritten Mahlzeit plötzlich so ehrfürchtig? Kannst du uns mehr darüber erzählen, welche Bedeutung dieser Brauch in eurer Gemeinde hatte?

Bei den Juden in unserer Stadt muss man, auch was die dritte Mahlzeit betrifft, zwischen den einzelnen Strömungen unterscheiden. So wurde diese Sitte von den Neologen mit Sicherheit nicht praktiziert, sondern nur von den Orthodoxen und den Chassidim. Jede Glaubensrichtung folgt ihrer eigenen Tradition und ihrem eigenen Charakter.

Die Aschkenasim richteten die dritte Mahlzeit in der Regel zu Hause aus. Man segnete den Wein, sang die üblichen Lieder und genoss ein schlichtes Mahl. So veranstaltete auch der Rabbiner der Gemeinde, ein Aschkenase, den man Ruw nannte, jeden Samstag eine dritte Mahlzeit in seinem Haus. Dabei war ein Minjan anwesend, der aus den wichtigsten Männern und den begabtesten Schülern der Gemeinde bestand. Dort diskutierte man allerhand Fragen über die Thora, das Tagesgeschehen und den Wochenabschnitt. Mein Bruder Avraham war auch an den Tisch des Rebben eingeladen. Er durfte dort als einziger Knabe zwischen den Erwachsenen sitzen und eigene Thora-Interpretationen vorbringen, weil er ein enormes Talent für das Studium der heiligen Texte besaß.

Die Chassidim, darunter etwa 40 Familienväter, mein eigener Vater eingeschlossen, verbrachten die dritte Mahlzeit hingegen gemeinsam in der Synagoge. Das ging auf die Schriften zurück: »Den Herrn will ich preisen von ganzem Herzen im Kreis der Frommen, inmitten der Gemeinde.«[23] Die Atmosphäre bei dieser Mahlzeit war sakral, ganz im Geiste der Kabbala und nach dem Buch Sohar.

Bei der dritten Mahlzeit wird außer zu festlichen Anlässen wenig geboten. Jeder bringt von Zuhause lediglich eine kleine Challa[24] mit. Die Zeremonie läuft jeden Samstag gleich ab. Die Anwesenden tragen gemeinsam die mystischen Gesänge des Ari aus Zefat[25] oder ein kabbalistisches Lied des tanaitischen[26] Lehrers Nechunia Ben Hakna aus dem Mittelalter vor. Dazu kommen noch einzelne Stücke aus den Psalmen und Herzgesänge, die eigens für diesen Anlass geschrieben sind. Diese Atmosphäre, heilig, mystisch und bebend, beeindruckte auch die Seelen der Kinder und erfüllte mich mit Ehrfurcht.

TANTE KATIZA

Rivka: Wie verträgt sich die ›rassistische‹ Bemerkung deiner Mutter gegenüber dem Säugling der Haushilfe mit ihrer sonst so aufgeklärten Art?

Alles ist relativ: Meine Mutter war aufgeklärt ›für ihre Zeit‹. Man darf nicht vergessen, dass sie in einem Umfeld aufgewachsen ist, wo man den Juden noch ein Überlegenheitsdenken gegenüber den Nichtjuden anerzogen hat. Diese Sozialisierung trat manchmal hervor, insbesondere wenn es um ihre Kinder ging. Denn dann waren ihre Sinne plötzlich scharf, und sie versuchte instinktiv, uns um jeden Preis und mit allen Mitteln zu beschützen.

Eran: Was wäre damals mit einem untreuen Mann oder einer unverheirateten Frau mit einem Baby passiert?

Gelegentlich hat man von solchen Vergehen bei Männern gehört, ob sie nun begangen wurden oder ob es sich nur um Verdächtigungen handelte. Die Erwachsenen flüsterten unter sich, und auch wir Kinder schnappten hier und da etwas auf, aber nie etwas Konkretes. In einem Fall wurde ein Lehrer unter merkwürdigen Umständen dazu genötigt, die Gemeinde zu verlassen und mit seiner Familie in eine ferne Stadt zu ziehen. Im Gegenzug kam es auch vor, dass einige Familien von weit her in unsere Gemeinde kamen. Es gab Gerede über einen geachteten Mann, der zum Lesen der Thora am Jom Kippur gerufen wurde und dort mit einer ungewöhnlichen Geste in einer lauten und klaren Stimme verkündete: »Ich weiß mit Sicherheit, dass ich dieses Jahr nicht überleben werde, und so schwöre ich auf die heilige Thora, die vor mir geöffnet liegt, dass der schreckliche Verdacht gegen mich keine Wahrheit enthält.«

Der Mann blieb bei uns, aber er starb nach wenigen Monaten. Die Mitglieder der Gemeinde fühlten sich schuldig und brachten ihn mit besonderen Ehren zur ewigen Ruhe.

Von untreuen Frauen oder Geburten außerhalb der Ehe hörte ich hingegen nie. Es wurde viel über unangemessene Kleidung oder unkeusches Benehmen geredet – mehr aber nicht. Wäre eine solche Tat in unserer Gemeinde bekannt geworden, hätte die sündige Frau und ihre gesamte Familie für immer das Zeichen der Schande getragen. Wäre die Sache hingegen unter Verschluss geblieben, so denke ich, dass man entgegen dem Verbot der Halacha eine lebensgefährliche Abtreibung mit häuslichen Mitteln erzwungen hätte.

Im Gegensatz dazu war eine Geburt außerhalb der Ehe bei den nichtjüdischen Frauen eine geläufige Angelegenheit und wurde mit großer Selbstverständlichkeit aufgefasst. Dazu gibt es auch eine Geschichte, an die ich mich noch genau erinnere: Die Tochter des Bäckers erwartete ein Kind von einem jungen Mann, der sie nicht heiraten wollte. Nachdem sie das Baby auf die Welt gebracht hatte, warf sie es in den Schweinestall im Hof ihres Elternhauses. Davon erzähle ich aber auch im Kapitel *Mit den Gojim*.

REB LEIBISCH

Eran: Wie hast du die Spaltung innerhalb der kleinen jüdischen Gemeinde empfunden? Damit meine ich die Radikalisierung, die Unterteilung in Schwarz und Weiß und den Hass auf das Fremde. Hat es nicht gereicht, die Gojim zu hassen? Oder die Gojim und die Neologen? Warum gab es auch eine solche Feindschaft zwischen Aschkenasim und Sephardim? Wie denkst du heute darüber?

Das ist eine sehr komplizierte Frage, auf die Wissenschaftler und Historiker wohl eine bessere Antwort haben. Meine Meinung dazu ist, dass es Teilung, Radikalisierung und Feindschaft in allen Religionen gibt. Es stimmt aber, dass diese Dinge innerhalb des Judentums besonders geläufig sind. Ein möglicher Grund ist die breite Verteilung der Juden in der ganzen Welt, die sich zwar ein gemeinsames Erbe teilen, denen aber eine feste, zentrale Autorität zum Erhalt ihrer Einheit fehlt. Dieser Mangel ist eine Folge der häufigen Vertreibungen und Einschränkungen, denen die Juden immer wieder zum Opfer gefallen sind.

Die Unterschiede in der Lesart und im Stil der Gebete stammen aus der Spaltung der religiösen Zentren des Judentums zwischen Eretz-Israel und Babylon, die noch vor der Zerstörung des zweiten Tempels stattgefunden hatte. Nimmt man noch die eingeschränkte Mobilität und Kommunikation im Mittelalter und während der letzten Jahrhunderte hinzu, so ist eine gewisse Verschiedenheit in den Versionen des Kultes und der Sitten absehbar. Die jüdische Orthodoxie behauptet, dass wir nicht das Recht hätten, die Sitten, die unser Leben bestimmen, auch nur im Geringsten gegenüber den Bräuchen unserer Väter und Vorväter zu verändern. Darin liegt der Grund für die fanatische Einhaltung dieser Rituale. Die Juden in unserer Stadt sind über die Jahrhunderte aus unterschiedlichen historischen Beweggründen zu uns gereist und brachten ihre eigenen Sitten mit sich.

Das mag zwar die Unterschiede erklären, aber nicht die Heftigkeit, mit der auf ihnen bestanden wurde, oder den Hass zwischen den verschiedenen Glaubensrichtungen. Es kann sein, dass sich die Aggressionen nach innen richteten, weil man nach außen hin machtlos war. Mit der Anfeindung rächte man sich an den eigenen Leuten für die Bosheit der Gojim.

Man könnte die Feindseligkeit aber auch als ein Instrument zur Festigung von Machtpositionen in den einzelnen Gemeinden interpretieren. Dazu gehört die Herrschaft der Rabbiner oder die Verherrlichung der ›Höfe‹ in den verschiedenen Splittergruppen der Chassidim, aber auch wirtschaftliche Interessen. Die Rabbiner und Gemeindevorsteher hätten solche unreinen Schritte, Gott behüte, natürlich nie selbst unternommen. Andererseits haben sie aber auch nichts getan, um ihre fanatischen Anhänger an gewalttätigen Aktionen zu hindern.

Im Kapitel *Pogrome* erzähle ich, wie einige Talmudschüler von einem betrunkenen Soldaten bedroht werden. Unmittelbar nachdem die Gefahr vorüber war, drohten die Fanatiker unter ihnen den Chassidim aus dem ›Hof‹ eines anderen Rebben mit Gewalt. Ich denke, das unterstreicht meinen Punkt.

Meine zionistischen und orthodoxen Freunde zeigten sich gar nicht beeindruckt, als ich ihnen von den feindlichen Auseinandersetzungen zwischen den verschiedenen Gruppen vor der Shoa erzählte. Sie behaupteten, dass dieser Konflikt auch hier und heute noch in höchstem

Maße präsent sei. So gibt es Konflikte zwischen den Zentren des orthodoxen und nationalen Judentums, zwischen Sephardim und Aschkenasim, zwischen den Juden aus Litauen und Polen und zwischen den verschiedenen Sekten des Chassidismus und ihren Höfen. Der einzige Unterschied ist, dass sich in Israel ein Großteil der Feindseligkeit und Aggressivität gegen den Staat richtet, was man anhand von zahlreichen Demonstrationen und Unruhen sehen kann. Sie wetteifern geradezu in ihrem Fanatismus, indem sie Mülleimer umkippen und Babywindeln auf Ordnungshüter werfen. Dieses Phänomen kann man des Öfteren in den Medien beobachten. In der Diaspora, insbesondere vor der Shoa, war die Gewalt in den Schtetls hingegen nur nach innen gerichtet.

Rivka: Die Passagen, die Reb Leibisch am Abend des Kol Nidrei aus der Thora las, konnte man auch zu anderen Gelegenheiten hören. Was war also der Grund für die allgemeine Aufregung?

Du weißt sicherlich, dass der Sinn nicht nur in den Worten selbst liegt, sondern auch im Ton und der Atmosphäre, die bei ihrem Aussprechen herrscht. Es ist nicht ungewöhnlich, dass einfache Worte eine ganze Gefühlswelt ausdrücken, wo sich erhabene Worte hohl und bedeutungslos anhören würden.

Als Reb Leibisch aus der Thora las, herrschte eine heilige Atmosphäre, in der sich jeder Einzelne des Urteils Gottes bewusst war. Dieses Befinden wurde seit dem Beginn des Monats Elul immer mächtiger, bis schließlich die Stimmung ihren Höhepunkt in der Nacht von Kol Nidrei erreichte. Man brauchte keine erhabenen Worte, weil die Herzen bereits vor Gefühlen überquollen, sodass es nur des Erscheinens von Reb Leibisch mit der Thorarolle bedurfte, um sie auf die Spitze zu treiben.

Eran: Wie hast du dich gefühlt, als dein Bruder Avraham es dir als kleinem Jungen erlaubte, ihn entgegen der Sitten und dem Willen seiner Freunde zu begleiten?

Ich war voller Bewunderung, Dankbarkeit, Respekt und Liebe, da ich es selber nicht leiden konnte, wenn meine kleinen Brüder hinter mir hergingen.

Eran: Was sagst du zu der merkwürdigen Situation, die zwischen Reb Lei-
bisch und seiner nichtjüdischen Gehilfin entstanden ist, als sie ihm die
Schlüssel reichen wollte? Und wie stehst du zu der Einmischung deines Bru-
ders, der ihr schließlich vor der ganzen Klasse befohlen hat, den Schlüssel
hinzulegen?

Es war für uns alle grundsätzlich eine komische Situation, insbesondere
wegen der Hartnäckigkeit des Rebben, der das Verbot, etwas von einer
Frau anzunehmen, unbedingt einhalten wollte. Aber ich lachte nicht
und bedauerte seine verlegene Lage, ebenso wie ich auf den Mut meines
großen Bruders stolz war.

Eran: Wie sehr hat dich die Erklärung deines Vaters für den Tadel während
des Kapparot überzeugt?

Ich glaubte, dass mein Vater davon überzeugt war, und das genügte mir.
Tief in meinem Herzen bezweifelte ich aber, dass der allmächtige Gott
sich für die Lausbubenstreiche eines kleinen Jungen interessieren würde.

Eran: Dein Vater gab dir eine seltsame Antwort auf die Frage, warum deine
Mutter sowohl mit einer Henne als auch einem Hahn Kappores schlug. Was
meinte er damit?

Für die Zeremonie des Kapparot am Vorabend von Jom Kippur opferten die Männer und ihre Söhne, wie es in unserer Gemeinde Tradition
war, einen weißen Hahn, das Zeichen der Reinheit: »Wären eure Sünden auch rot wie Scharlach, sie sollen weiß werden wie Schnee.«[27] Man
sprach die Worte: »Das ist mein Tausch, das ist mein Gegenwert, das ist
mein Sühneopfer«, drehte das Geflügel bei jedem Satz dreimal über dem
Kopf und sagte zum Schluss: »Dieser Hahn geht dem Tod entgegen, ich
aber gehe einem guten Leben und Frieden entgegen.« Danach nahm
man das Opfer zur Schächtung und aß sein Fleisch (das nun die Sünden
enthielt) vor Beginn des Fastens und nach seinem Ende. Die Frauen
und Mädchen führten eine ähnliche Zeremonie mit einer Henne durch.
Es war üblich, dass schwangere Frauen das Ritual auch für ihr ungebo-
renes Kind vollziehen. Vielleicht weil das sündige Blut der Mutter in

seinen Adern fließt. Weil das Geschlecht der Kinder natürlich nicht bekannt war, nahm man sicherheitshalber einen Hahn und zwei Hennen: eine Henne für die Sünden der Frau, einen Hahn für die Sünden eines Jungen und noch eine Henne für die Sünden eines Mädchens. Manche sind allerdings der Meinung, dass ein Huhn in solchen Fällen ausreiche. In meinen Augen ist es eine gute Sache, dass niemand über Drillinge nachgedacht hat, weil die arme Frau die ermüdende Zeremonie sonst sieben Mal über sich ergehen lassen müsste. Das Geflügel so oft im Kreis zu drehen grenzt auch schon an Tierquälerei.

Rivka: Du hast diesen Reb Leibisch als einen ganz besonderen Menschen beschrieben, der einen äußerst positiven Einfluss auf seine Gemeinde hatte. Kann es sein, dass du ihn nach all diesen Jahren besser in Erinnerung hast, als er tatsächlich war? Was ist aus ihm und seiner Familie geworden?

Ich habe bei der Beschreibung seiner Ritterlichkeit nicht übertrieben. Ganz im Gegenteil, ich könnte sogar noch viel mehr zu seinen Gunsten sagen. Er war ein einfühlsamer und herzlicher Mann, dessen gute Eigenschaften ihn vielen Menschen aus unserer Gemeinde gegenüber auszeichneten.

Nachdem man uns für den Transport nach Auschwitz zusammengetrieben hatte, zwang man die Männer, sich ihre Bärte abzuschneiden. Reb Leibisch war aber zu schwach, um es selbst zu tun, und viele verweigerten ihm die Hilfe. Als er sich schließlich flehend an mich wandte, habe ich zugesagt. Wir weinten leise.

Mit Ausnahme seines ältesten Sohns, der die berüchtigten ungarischen Arbeitsdienste überlebte, wurden Reb Leibisch und seine gesamte Familie in der Shoa ermordet.

Ilana: Je mehr ich über diesen wunderbaren Menschen lese, desto mehr wundere ich mich, warum man ihn trotz seiner edlen, humanistischen Art nicht verehrt hat? Warum war er nicht das Vorbild für die ganze Gemeinde oder zumindest für die Chassidim?

Ich verstehe deine Verwunderung und freue mich sogar darüber. Dir und deiner Generation fällt es schwer, die Mentalität der Diaspora zu verstehen, weil ihr in einer freien, humanistischen und aufgeklärten Welt herangewachsen seid. Wie bereits erwähnt, wollte man gegenüber der feindseligen Umgebung Stärke zeigen. Das hatte zur Folge, dass man Sanftmut, Bescheidenheit, Genügsamkeit und Geduld, also genau die Eigenschaften, die Reb Leibisch auszeichneten, als Zeichen von Schwäche sah und verachtete.

Es besteht aber kein Zweifel, dass die meisten Mitglieder der Gemeinde ihn dennoch respektierten – deshalb ›verzieh‹ man ihm auch seine Hilflosigkeit. Die Bande der Spötter war klein, aber dafür grob und aggressiv. Sie hatten Freude daran, ihre Kameraden öffentlich zu beleidigen, und ließen keine Gelegenheit aus, ihre Macht zu demonstrieren, indem sie die Schwachen demütigten. Solche Menschen sind vielleicht ›religiös‹, aber keinesfalls ›gläubig‹. Sie wussten, dass ihre Taten gegen das Gesetz verstoßen und nach ihrem Tod auf sie zurückfallen werden. Dennoch haben sie sich nicht beirren lassen und die Sanftmütigen weiterhin, ohne sich vor Gott zu fürchten, gepeinigt.

KINDER

Noa: Aus diesem Kapitel geht hervor, dass die Lehrer, anstatt die Kinder zu erziehen und ihnen Geduld beizubringen, sich eher darauf konzentrierten, die Feindschaft zwischen den Lagern in der orthodoxen Gemeinde zu befeuern. Das hat sich sicher auf die persönliche und moralische Entwicklung der Schüler ausgewirkt. Stimmt das?

In der Tat hat man uns keine Toleranz gegenüber fremdem Gedankengut beigebracht. Damit sind nicht nur die Religionen der Gojim gemeint, sondern auch die anderen Sitten innerhalb der jüdischen Gemeinde. Obwohl sich ihre Gebetsformen von unseren unterscheiden, gehen beide auf unsere gemeinsamen Vorväter zurück. Die Lehrer hätten sagen müssen: »Das sind lebendige Gottesworte.« Stattdessen hat man uns gelehrt, alles zu hassen und zu verachten, was nicht zu uns gehörte. Diese Geisteshaltung ist in meinen Augen von Grund auf schlecht, insbesondere, wenn sowohl die aschkenasischen wie auch die chassidischen Lehren im Widerspruch zu den Sitten in den Familien der

Schüler stehen. Es ist also kein Wunder, dass sich viele Kinder der Gemeinde zu unausgeglichenen und labilen Erwachsenen entwickelten.

Meine Brüder und ich waren weniger betroffen, da unsere Eltern aus zwei Welten kamen: Unser Vater war aus einer chassidischen, unsere Mutter aus einer aschkenasischen Familie. Trotzdem haben sie den Schlüssel zum gemeinsamen Leben gefunden: durch Liebe, Freundschaft, Respekt und Genügsamkeit.

SO KOMMEN DIE KINDER AUF DIE WELT

Rivka: Was ist aus deinem Freund Soli geworden?

Soltan überlebte die Vernichtungslager und lebt heute in Israel. Zu meinem Bedauern musste ich feststellen, dass er sich weder an mich noch an unsere gemeinsamen Abenteuer erinnern kann.

BEI DER PATIN

Ilana: Es gibt ja den Glauben, dass sich eine Frau während ihrer Schwangerschaft die richtigen Dinge anschauen muss, um ihrem Kind positive Eigenschaften mit auf den Weg zu geben. Weißt du, woher diese Überzeugung stammt?

Das Geheimnis der Schwangerschaft bescherte Menschen aller Religionen, Juden wie Nichtjuden, zahlreiche Aberglauben. So war man im Judentum der Meinung, dass die Umgebung, der eine schwangere Frau ausgesetzt ist, das Geschlecht, das Aussehen und andere Eigenschaften des Kindes beeinflussen kann.

Es kann sein, dass diese Auffassung bereits in der biblischen Geschichte steckt. Unser Stammvater Jakob führte 14 Jahre lang die Herde des Aramäers Laban zur Weide, um dessen Töchter Rachel und Lea heiraten zu dürfen. Nachdem er seine Frauen bekommen hatte, fragte Jakob seinen neuen Schwiegervater: »Wann werde auch ich etwas für mein eigenes Haus tun können?«[28] Jakob und Laban einigten sich, dass er alle weiß gescheckten Schafe als Lohn erhalten solle. Daraufhin nahm Jakob frische Ruten von Silberpappeln, Mandelbäumen und Platanen, schälte Streifen heraus und legte so das Weiße frei. Da er wusste, dass sich die Schafe vor der Tränke begatteten, legte er sie den Tieren in die Tröge. Hatten sich die Tiere nun vor den Ruten begattet, so warfen sie weiß gescheckte Nachkommen. Mit diesem originellen, aber unanständigen Trick überlistete Jakob seinen betrügerischen Schwiegervater.

Rivka: Wie erging es der Familie deiner Patin später?

Die bescheidene und gute Rachel Perla und ihr einziger Sohn Shalom – ein schöner und kluger Junge – wurden in den Gaskammern ermordet. Mein Pate konnte gerettet werden und wanderte später nach Kanada aus.

DIE REINHEIT DER MIKWE UND DIE UNREINHEIT DES HASSES

Rivka: Die Mikwe wurde sicherlich auch von den Frauen der Gemeinde besucht. Warum hast du das ausgelassen?

Über die Frauen in der Mikwe wurde kaum gesprochen. Das hängt damit zusammen, dass sie in Sachen Körperpflege nur ihren Ehemännern Rechenschaft schuldig waren, da die rituelle Reinigung notwendig ist, um das Gebot der Fruchtbarkeit und Vermehrung zu befolgen. Das war auch der Grund, warum die Mikwe den Frauen nur zur Abend- und Nachtzeit zur Verfügung stand: Dadurch konnten sie ungesehen, im Schutz der Dunkelheit, in die Mikwe schleichen und wieder herauskommen. Aus einzelnen Gesprächsfetzen hörte ich verwundert von Sitzbädern und besonderen Einrichtungen für die Reinheit des weiblichen Körpers. (Vielleicht war ein Bidet gemeint?)

IN DER SCHULE

Noa: Was ist mit dem Lehrer Stein passiert?

Als ich im Jahre 1945 zeitweise in meine Geburtsstadt zurückkehrte, um meinen ältesten Bruder, den einzigen anderen Überlebenden aus meiner Familie, zu treffen, lief ich dem Lehrer Stein über den Weg, der die furchtbaren ungarischen Arbeitsdienste überlebt hatte. Wir begegneten uns als erwachsene Menschen, mit gegenseitiger Achtung. Er erzählte mir unter bitteren Tränen vom Verlust seiner Frau, seinem Sohn und seiner kleinen Tochter. Damals war ich von diesem Gefühlsausbruch überrascht und verwirrt. Ich fühlte noch nichts und konnte seinem Schmerz daher keine Empathie entgegenbringen. Im Gegensatz zu den meisten Überlebenden aus unserer Stadt, die teils nach Israel und teils in andere Länder, die ein ruhigeres Leben versprachen, ausgewandert waren, kehrte der Lehrer Stein nach Ungarn zurück. Er fand eine Stelle als Direktor unserer alten Schule, die nunmehr ›rein‹ von Juden war, heiratete eine andere Überlebende und starb schließlich vor einigen Jahren. Seine einzige Tochter aus zweiter Ehe wanderte nach Israel aus.

REB SCHLOMO OBERLÄNDER

Ilana: Den längsten Teil dieses Kapitels beschreibst du einen wundervollen Rabbi, aber wie hängt das mit dem Zitat zu Beginn zusammen?

Du nennst Reb Schlomo einen ›Rabbi‹, was aber nicht der Wahrheit entspricht. Ich werde dir kurz die verschiedenen Anreden erklären, die damals üblich waren. Die Bezeichnung ›Reb‹ vor dem Vornamen eines erwachsenen, orthodoxen Juden ist zunächst nichts weiter als ein Ehrentitel. Nur weil man ihn trägt, bedeutet das noch nicht, dass man ein anerkannter Rabbi ist, der über eine Lehrerlaubnis und Autorität in Fragen der Halacha verfügt. Ein beglaubigter Rabbi im Dienst als Gemeindeoberhaupt wird bei den Aschkenasim ›Ruw‹ und bei den Chassidim ›Rebbe‹ genannt. Reb Schlomo war demnach kein Rabbi, sondern ein ›Melamed‹, ein Lehrer. Er wurde von allen, also auch von seinen

Schülern, beim Vornamen gerufen und, wie üblich, mit dem Ehrentitel ›Reb‹ Schlomo.

Deshalb hättest du ihn anstelle eines ›wundervollen Rabbi‹ einen ›wundervollen Menschen‹ oder ›wundervollen Lehrer‹ nennen müssen, und das war er auch.

Am Anfang des Kapitels steht eines meiner liebsten Zitate – kurz, aber bedeutsam: »Wie habe ich dein Gesetz so lieb! Täglich sinne ich ihm nach.« Reb Schlomo hat diese Liebe in mein Herz getragen, und dafür danke ich ihm bis heute.

Rivka: Du hast häufig betont, dass das Studium der Thora in deiner Ge-meine eine große Rolle gespielt hat. Das deckt sich nicht mit deiner Be-schreibung der Lehrer in der Jeschiwa. Und was ist mit der Familie von Reb Schlomo Oberländer passiert?

Dieses Bild von »Eines im Herzen und eines im Mund« ist für die Füh-rung der Gemeinde in vielen Bereichen typisch. All die Erklärungen und guten Absichten, die man sich einredete, standen im starken Kon-trast zur tatsächlichen Lage. Das Studium der Thora und ihrer Inter-pretation im Talmud sind zweifellos das wichtigste Gebot und das We-sen des Judentums. Tatsächlich hat die Gemeinde ihr Äußerstes darauf verwendet, das Geld für die Klassen im Cheder und das Gehalt der Lehrer aufzubringen. Ich erinnere mich, dass in der staatlichen Grund-schule für sieben Klassen nur zwei Räume und zwei Lehrer zur Verfü-gung standen. Für die Jeschiwa stellte man hingegen sechs Räume mit je einem eigenen Lehrer bereit. Die Gemeinde investierte also dreimal mehr in den Unterricht ihrer Kinder als die staatliche Schule.

Aber die meisten Väter der Chederschüler standen ihren Kindern nicht zum Vorbild. Sie lasen keine Bücher und behandelten insbeson-dere Schüler aus ärmeren Familien, egal wie gut sie waren, nicht mit der gebührenden Ehre. Es war gemeinhin bekannt, dass sie sich nur für materielle Dinge interessierten. Vergeblich wird ein solcher Vater versu-chen, seinen Sohn zu fördern und ihn für sein Studium zu begeistern. Denn wenn der Knabe dumm ist, versteht er ohnehin nichts; wenn er aber klug ist, versteht er sofort die Heuchelei und wird keine Mühe da-rauf verwenden, im Haus der Thora zu ›sterben‹. Es gibt also keinen

Ersatz für einen Vater, der mit gutem Beispiel vorangeht. Wie unsere Weisen zu sagen pflegten: »Die Taten der Väter sind ein Zeichen für die Söhne.« Deshalb verbringen viele Knaben Jahre im Cheder und reisen sogar in die Ferne, um ihrer Pflicht gemäß eine Talmudschule zu besuchen, bleiben aber letztlich unwissend, genau wie ihre eigenen Söhne und die Generation nach ihnen.

Das soll nicht heißen, dass es keine anständigen Juden gab, die ehrlich lebten und »alle Pfade der Lüge hassten«.[29] Es gab genug Menschen von diesem Schlag, und ich kann mich glücklich schätzen, dass meine Eltern dazuzählten. Deshalb musste man meine Brüder und mich nicht weiter überzeugen oder anspornen, da wir die Neugier bereits mit der Muttermilch eingesogen und Moral am Beispiel unseres Vaters gelernt hatten.

Was das Schicksal der Familie von Reb Schlomo betrifft: Seine Frau Hanna und das Baby Schmuel starben in den Gaskammern von Auschwitz. Reb Schlomo überlebte die schrecklichen Qualen des ungarischen Arbeitsdienstes. Er wanderte in die USA aus, heiratete wieder und starb dort kinderlos im hohen Alter. Weil ich später keinen Kontakt mehr zu ihm hatte, kann ich dir leider nicht mehr dazu sagen. Wie ich bereits vorhin erwähnte, hängt das natürlich mit den großen Entfernungen zusammen, über die wir Überlebenden verstreut sind.

DOKTOR EISENBERG

Ilana: Dr. Eisenbergs Selbstlosigkeit beindruckte uns schon in unserer Kindheit. Ich kann mich noch sehr gut an unsere ›Wurzelreise‹ im Jahre 1993 erinnern, als du im Friedhof deiner Geburtsstadt direkt zum Grab des Doktors getreten bist, als hättest du es erst gestern verlassen. Tatsächlich waren auf dem Grabstein die Worte genauso eingraviert, wie du dich an sie erinnern konntest. Was gibt es noch über ihn und seine Familie zu erzählen?

Er war ein wundervoller Mann, der völlig zu Recht ein hohes Ansehen in der Gemeinde genoss.

Frau Hermine aus dem Hause Markowicz von der neologischen Gemeinde und der orthodoxe Doktor Reb Natan, der in die aschkenasische Synagoge ging, waren ein seltsames Pärchen. Trotz dieser fast unvereinbaren Gegensätze lebten die Eisenbergs, genau wie meine Eltern, in völliger Harmonie zusammen. Der Doktor galt als frommer Mann, obwohl es Gerüchte gab, dass er auch an Samstagen und Feiertagen seine Patienten besuchte, selbst wenn sie sich nicht in Lebensgefahr befanden. In solchen Fällen fuhr er aber nicht, wie üblich, mit dem Fahrrad: Stattdessen ließ er sich von dem Goj, der im Betrieb seiner Frau beschäftigt war, im Leiterwagen, mit dem man wochentags Sodawasser ausgeliefert hat, durch die Gegend chauffieren. Hermines Betrieb war samstags und an Feiertagen geschlossen, damit »dein Sklave sich ausruht wie du«.[30] Es versteht sich von selbst, dass er für solche Krankenbesuche kein Geld verlangte. Das Ehepaar Eisenberg hatte zwei Kinder: Anna mit ihrem Engelsgesicht war die Ältere; ihr jüngerer Bruder besuchte als einziger jüdischer Schüler in unserer orthodoxen Gemeinde ein Gymnasium. Frau Hermine und ihr Sohn gingen in Auschwitz verloren. Mein Bruder Avraham und ich trafen Anna unter tragischen Umständen nach der Befreiung im Lager Bergen-Belsen.

Der liebe Gott hatte Erbarmen mit dem Doktor Natan, weil er ihn schon vor der Shoa zu sich nahm. Dadurch wurde ihm der Segen zuteil, im Kreise seiner Nächsten in ein jüdisches Grab gelegt zu werden.

UNRUHEN IN DER WELT

Rivka: Aus deiner Erzählung geht hervor, dass dein Vater und die Mitglieder der Gemeinde zu Beginn des Krieges fest davon überzeugt waren, dass die Briten siegreich sein würden. Worauf stützte sich dieser Glaube?

Er stützte sich auf ein Gefühl des Herzens und haltlosen Optimismus. Außerdem steht geschrieben: »Der Herr wird sein Volk nicht verstoßen und niemals sein Erbe verlassen« und »weil in jeder Generation … Gott uns aus ihren Händen rettet«.[31] Es gibt noch viele zuversichtliche Zitate dieser Art, ohne die man Hunderte von Jahren des Mordes und der Vernichtung nicht hätte überleben können.

GASTFREUNDSCHAFT

Eran: Woran liegt es deiner Meinung nach, dass sich manche unscheinbaren Begebenheiten aus deiner Vergangenheit so klar und deutlich in dein Gedächtnis eingebrannt haben?

Einige besonders wichtige Ereignisse habe ich in den Todeslagern auf alle Zeit vergessen. Dafür kann man die Typhuskrankheit oder, wie andere behaupten, das Trauma verantwortlich machen. Manche Erinnerungen kehrten erst viele Jahre nach der Shoa, bei Gesprächen mit anderen Überlebenden aus meiner Stadt, zurück. Die Geschichte von der Gastfreundschaft kam mir beispielsweise wieder, als ein alter Freund aus meiner Heimat das gleiche Lied summte, das einer der ›Gäste‹ seinerzeit nachts unter unserem Fenster gesungen hatte. Die Geschichte verbreitete sich wohl recht schnell, wie jede Neuigkeit in unserer kleinen Gemeinde, und musste auf diese Weise auch an seine Ohren gedrungen sein. Auch die schöne Erinnerung an die Eröffnung des Geflügelladens meiner Mutter wäre beinahe in Vergessenheit geraten, wenn mein Freund Mosche Blatt nicht einmal beiläufig davon gesprochen hätte.

Aber noch etwas ist seltsam: Mir fielen nämlich ein Jahr nach meiner Befreiung aus Bergen-Belsen einige Gebetbücher in die Hände. Ich konnte mich an die Kapitel mitsamt den unterschiedlichen Interpretationen und Melodien erinnern, als hätte ich nie aufgehört, sie zu lesen. Die Kapitel der Mischna und die Erzählungen der Gemara, von denen ich vor der Shoa viele auswendig kannte, waren hingegen vollständig aus meinem Gedächtnis gelöscht, als wären sie nie dagewesen.

DER RAT DER GEMEINDEVORSITZER

Rivka: Warum vermischen sich in diesem Kapitel die Beschreibungen des Gemeindelebens und des aufsteigenden Antisemitismus?

Weil es sich so ereignete. Die Vernichtung der ungarischen Juden kam nicht im Sturm, sondern Schritt für Schritt. Wir hörten von Massenmorden in Polen und der Ukraine, während wir in Ungarn noch in der

Illusion lebten: »Bei uns kann das nicht passieren.« Wie Ertrinkende klammerte man sich an jeden Strohhalm fest: Die Orthodoxie stützte sich in erster Linie auf die Hilfe Gottes, während die Assimilierten darauf vertrauten, dass der enorme Einfluss der Juden in der Wirtschaft und im kulturellen Leben Ungarns sie vor der Gefahr bewahren würde.

Die ungarischen Juden nahmen jüdische Flüchtlinge aus anderen Gegenden auf und versteckten sie unter Lebensgefahr. Auch wir brachten für einige Monate einen Jungen aus der Slowakei bei uns unter, dessen kleine Schwester bei unserer Tante Rozsika wohnte. Die Rabbiner verordneten allgemeines Fasten, Psalmen wurden öffentlich vorgetragen, und man betete mit größter Inbrunst. Häufig war die Rede von den »heiligen Gemeinden, die sich im Namen Gottes opferten«. Damit meinte man unsere Vorfahren, die unvorstellbare Leiden ertragen mussten, um uns und unseren Familien ein geordnetes Leben zu ermöglichen.

Ilana: Was ist aus den Menschen in diesem Kapitel geworden?

Wegen ihres Alters hat man sie nicht zu den ungarischen Arbeitsbrigaden geschickt. Wer nicht arbeiten konnte, starb in den Gaskammern von Auschwitz.

MIT DEN GOJIM

Noa: Wie hast du dich beim Tod von Scheigetzel gefühlt? War er ein Freund für dich? Warum hast du nicht erzählt, was deine Brüder von deiner Freundschaft mit Scheigetzel und den anderen Gojim hielten?

Von meinen Beziehungen zu den erwachsenen Gojim und erst recht zu Scheigetzel wusste niemand, nicht einmal meine Brüder. Es war völlig verboten, sich mit Fremden abzugeben. Auch die Erwachsenen beschränkten ihre Kontakte mit den Gojim lediglich auf den Handel.

Ich habe mich mit Scheigetzel getroffen, weil ich Mitleid mit ihm hatte und ihm helfen wollte. Aber dieser Beweggrund wäre von unserer Gemeinde nur als eine weitere Seltsamkeit aufgefasst worden, von denen ich in ihren Augen mehr als genug besaß.

Sein Tod machte mich sehr betroffen, da ich schon als kleiner Junge von etwa acht Jahren bereits verstanden hatte, dass Scheigetzel trotz seiner schweren Behinderung ein gutes und fröhliches Leben führte. Sein Tod war trotz seines schlechten körperlichen Zustandes keine Erlösung. Ich war traurig, obwohl ich wusste, dass gemäß der orthodoxen Doktrin »alle Juden Anteil an der kommenden Welt haben« werden. Daraus folgt selbstverständlich, dass es in dieser Welt für alle übrigen Menschen, und damit auch für Scheigetzel, keinen Platz gibt und dass sie sich nach ihrem Tod einfach auflösen und verschwinden, so als hätte es sie nie gegeben.

Rivka: Ich verstehe dein Interesse am Sattler und am Schmied, aber was hattest du mit Damenunterwäsche zu tun?

Worüber sollte man sich da wundern? Ich war neugierig auf alles, zumal ich sechs Brüder und keine Schwester hatte. Wir wussten eben nichts über Mädchen und erst recht nichts über ihre Kleider. Erst jetzt wird mir überhaupt bewusst, dass wir nicht einmal die Unterwäsche meiner Mutter zu Gesicht bekamen. Ich frage mich, wie sie sie all die Jahre verstecken konnte in der Wäsche, beim Trocknen und in den Schränken. Aber unabhängig davon kam mir zu Ohren, dass die Schwestern ›alte Jungfern‹ seien, und ich wollte sehen, was es damit auf sich hat. Meine Neugier wurde noch größer, als ich von ihrer elektrischen Nähmaschine hörte, die man nicht mit dem Fuß betätigen muss. Die Schwestern waren so nett, mir zu zeigen, wie man sie bedient.

Ilana: Du warst also recht gut mit den Gojim befreundet. Hast du einige von ihnen getroffen, als du in deine Stadt zurückgekehrt bist? Hast du es überhaupt versucht? Kannst du dich an ein solches Treffen erinnern?

Ich habe damals nicht an sie gedacht. Wie so viele Dinge, kam es mir gar nicht in den Sinn. Auf der ›Wurzelreise‹, die ich etwa 50 Jahre nach Ende des Krieges mit euch unternommen habe, schaute ich mich nach bekannten Gesichtern um, konnte aber niemanden finden. Manche waren sicherlich schon gestorben. Andere, die zur slowakischen Minderheit gehörten, hat man im Rahmen eines Transfer-Abkommens mit der ungarischen Minderheit in der Slowakei in ihre historische Heimat zurückgebracht.

GELD, GELD

Ilana: Vielleicht kannst du etwas näher auf die Bedeutung dieses Zitats ein-
gehen: »Die Wege des Herrn sind richtig, und die Gerechten wandeln da-
rauf; aber die Übertreter kommen auf ihnen zu Fall.« Warum steht es am
Anfang des Kapitels?

In unserem Städtchen hat man dieses Zitat als Gleichnis verstanden:
Wenn jemand in seinen Geschäften Erfolg hat, dann ist er in den Augen
Gottes gerecht, da der Herr es mit den Gerechten gut meint.

Noa: Die Geschichte mit dem Einbruch und der Verhaftung des Knaben
Marton ereignete sich kurz vor der Vertreibung. Was ist aus ihm geworden?

Marton blieb in Haft und wurde von der Roten Armee befreit, noch
bevor irgendein Überlebender in die Stadt zurückgekehrt war. Gerüchten zufolge hat er den versteckten Besitz der Opfer gefunden und an
sich genommen.

DAS ZELT DER THORA

Ilana: Warum leitest du das Kapitel, wo du deine Reise an die Talmudschule
beschreibst, ausgerechnet mit einem Zitat über die Unreinheit der Toten ein?
Erkläre uns bitte, was es damit auf sich hat.

Ich habe diese Passage zitiert, weil sowohl in der Thora als auch im Talmud häufig von den Gesetzen der Reinheit und Unreinheit die Rede ist.
Den heiligen Schriften zufolge werden diese relevant sein, sobald der
Tempel gebaut ist und sich die Asche einer roten Kuh in den Händen
der Priester befindet. Tatsächlich waren diese Gesetze das Erste, was ich
in der Thoraschule lernen musste. Sie haben zwar keinen Bezug zum
täglichen Leben, aber der Glaube an das unmittelbare Erscheinen des
Messias erfordert es, dass man zu jedem Zeitpunkt vorbereitet ist.
   Eine interessante Randbemerkung für diejenigen Leser, die sich für
die Schriften interessieren: Aus der Interpretation dieser Passage im Mi-

drasch folgt, dass das Studium der Thora mit all ihren Konsequenzen nur dann von Bedeutung ist, wenn der Mensch es höher schätzt als sein eigenes Leben.

Ilana: Dass dein großer Bruder nicht auf dich gewartet hat, sondern dich nachts allein und im Regen zu diesem gottverlassenen Ort laufen lässt, macht mich wütend. Man denke an das Gebot der ›Achtung vor den Eltern‹, die sich ja schließlich auf ihn verlassen haben. In deiner Erzählung wirkst du aber eher gleichgültig. Was ging dir damals durch den Kopf, und wie stehst du heute zu seinem Verhalten? Und glaubst du, dass deine Art, die Dinge so hinzunehmen wie sie sind, dir später in den Vernichtungslagern geholfen hat?

Meine anderen Brüder und ich waren Schajes Distanziertheit und Arroganz gewohnt. Unsere verfremdete Beziehung ist nicht zuletzt dem Umstand geschuldet, dass wir kaum Kontakt zu ihm hatten. Auf sein Verhalten habe ich genauso reagiert, wie ich mit allem umgegangen bin, was nicht in meiner Gewalt lag. Ich glaube tatsächlich, dass mir diese stoische Art geholfen hat, viele Schwierigkeiten in meinem Leben zu bewältigen.

BROT MIT SALZ

Eran: Warum bist du ausgerechnet auf diese Talmudschule geschickt worden und nicht auf eine andere? Gibt es sie heute noch?

Seinerzeit fragte ich mich nicht, warum die Wahl meiner Eltern gerade auf dieses Institut gefallen war, und als Erwachsener beschäftigte ich mich zu sehr mit der Gegenwart, um mich mit meiner Vergangenheit auseinanderzusetzen. Erst jetzt, im Rentenalter, da meine Familie wirtschaftlich abgesichert ist und ich Zeit gefunden habe, meine Erinnerungen niederzuschreiben, begann ich, auf mein Leben zurückzublicken und über die Motive hinter meinen Taten und Untaten nachzudenken.

Der Grund, warum ich ausgerechnet auf diese Talmudschule ging, ist eigentlich ganz einfach: Meine Mutter war mit Frau Feige, der Ehefrau des Beisitzers im Rabbinats-Gericht, befreundet, deren Schwester wiederum mit dem Oberhaupt der Talmudschule verheiratet war. So konnte meine Mutter ihre Hände in die Ferne reichen und mich beschützen, ohne dass ich davon wusste. In meiner Naivität, an der ich noch heute leide, bemerkte ich ihren Einfluss nicht. Um meine Eltern nicht zu enttäuschen, widmete ich mich ganz meiner neuen Aufgabe und wurde ein guter Schüler, ganz wie meine erwachsenen Brüder. Der Rebbe brachte mich oft in Verlegenheit, wenn er meinen Fleiß und meine Erfolge als ein Vorbild für alle anderen Schüler bezeichnet hat.

Heute sind mir viele Dinge klar, bei denen meine Mutter ihre Finger im Spiel gehabt haben muss, und von einer solchen Geschichte möchte ich kurz erzählen: Darin geht es um das Mahl zum Ende des Schabbat, das auch König Davids Mahl genannt wird, bei dem man die überschüssige Seele dieses heiligen Tages am Gehen hindern möchte. Als Kind fand ich die Gesänge und die optimistische Atmosphäre, in Vorbereitung auf das Kommen des Propheten Elias und des Messias Ben David, immer sehr aufregend.

Bei meinem ersten Schabbatausgang während meiner Zeit in der Talmudschule habe ich also gespannt auf das Mahl gewartet. Aber der Rebbe suchte mich unter allen Burschen heraus und sagte: »Schulem, du gehst jetzt schlafen.« Als ich etwas erwidern wollte, stellte er mich sofort ruhig, indem er einen Finger an seinem Mund legte, und so ging ich, zu meiner großen Verwunderung, an allen Samstagen früher zu Bett. Erst jetzt weiß ich, dass das wohl das Werk meiner Mutter gewesen sein muss. Sicher sagte sie zu ihm: »Der Junge ist nervös, und man muss ihm den nötigen Schlaf gönnen.« Eine solche Einmischung war zu jener Zeit nicht üblich, ganz im Gegensatz zu heute, da die Eltern den Lehrern ihrer Kinder mit größter Selbstverständlichkeit auf die Finger schauen und sich teilweise sogar bei ihrem Militärdienst einmischen.

Kurzum: Ich wurde auf diese Talmudschule geschickt, weil meine Mutter mich dort aus der Ferne beobachten und beschützen konnte, und ich passte mich an dieses neue und schwierige Umfeld aus Verantwortungsgefühl gegenüber Mutter und Vater an.

Zu deiner Frage, ob diese Schule heute noch steht: An diesem Ort gibt es heute gar keine Talmudschulen mehr, da kein einziger Jude mehr dort lebt.

Letztens, als ich in den Weiten des Internets umherirrte, stieß ich in der Zeitung der Satmar-Chassidim aus New York auf einen Artikel über eine Talmudschule. Darin stand etwa geschrieben: »Die heilige Gemeinde feiert die Neugründung einer Talmudschule bei Loch Sheldrake, in den Bergen von Fallsburg … in einem prächtigen Palast … mit einem gewaltigen Schwimmbad und Zimmern, eines hübscher als das andere … mit den modernsten Möbeln und Hausgeräten … Die Schüler genießen all diese Dinge … unter der Leitung eines berühmten Rabbiners, dem letzten Sohn des ursprünglichen Gründers der Talmudschule …« Der Rebbe, der die Schule gründete, starb mit seiner Frau und seinen übrigen Söhnen in Auschwitz.

Ich erinnere mich an eine Veranstaltung, bei der ich vor einer gemischten Gruppe von arabischen und jüdischen Intellektuellen Zeugnis über meine Erlebnisse während der Shoa ablegen sollte. Ich berichtete aus erster Hand vom Massenmord, dem Leiden der Häftlinge und den Überlebenden der Todeslager, von »Gräueltaten, die kein Beispiel in Menschheitsgeschichte haben«. »Und dennoch«, behauptete der Professor vorne am Pult, »kann man rückblickend sagen, dass die Shoa zu einer beträchtlichen Verbesserung in der Lage des Weltjudentums geführt hat.« Sofort entstand eine gewaltige Unruhe, die den Vortrag zu einem jähen Ende brachte, sehr zum Verdruss einiger weniger Sonderlinge wie mir, die diese These nicht von vornherein abgelehnt hätten, sondern neugierig waren, auf welche Tatsachen sie sich stützte. Denn nun bestätigt dieser Artikel über die revolutionäre Erneuerung der Talmudschule bei Loch Sheldrake, dem Palast in den Bergen, die Grundannahme des Professors zumindest hinsichtlich der Lebensbedingungen ihrer Schüler. Aber ich habe meine Zweifel, ob irgendeine Verbesserung oder Erneuerung in den Lerninhalten stattgefunden hat und ob man Tugenden wie Bescheidenheit, Gottesfurcht, Anstand und Friedfertigkeit lehrt. Vielleicht gab es sogar eher einen Rückschritt, wo doch die Lehrer und Rabbiner der Satmar-Chassidim den Zionismus hassen und sich mit den Feinden des Judentums verbünden.

Ich wurde einmal Zeuge eines Gesprächs zwischen zwei Juden in einem Bus in Bnei Berak in Israel. Der eine prahlte mit dem Anstieg der Schüler in seiner chassidischen Schule und behauptete, dass das ein Zeichen für Gottes Beistand sei. Sein Bekannter fragte ihn darauf: »Was soll das für ein Erfolg sein? Und wohin führt er? Was ist gewonnen, wenn sie dort von falschen Propheten unterrichtet werden, die sie wieder ins finstere Mittelalter führen, sie Aberglauben lehren und sie vom echten Judentum abbringen?«

Rivka: Du zitierst häufig, insbesondere dort, wo du deine Kindheit beschreibst, Passagen aus den heiligen Schriften des Judentums. Worauf zielst du damit ab, und nach welchem Kriterium wählst du deine Zitate aus?

Meine Kindheit habe ich geschildert, als würde ich in der damaligen Zeit schreiben. Deshalb kamen mir, ganz natürlich und ohne darüber nachzudenken, Zitate aus unseren Schriften in den Sinn, die früher den Großteil meines Wortschatzes in der heiligen Sprache ausgemacht haben. Erst nach Beendigung des Schreibens kam mir der Gedanke, die genaue Stelle zu benennen, um damit den interessierten Lesern die Möglichkeit zu geben, selbst nachzuforschen.

POGROME

Eran: Weißt du, was aus den ungarischen Juden geworden ist, die während des Zweiten Weltkrieges nach Polen vertrieben wurden?

Ich weiß nicht, was dort mit ihnen geschehen ist: ob man sie in die Ghettos gebracht oder an Ort und Stelle ermordet hat. Soweit ich weiß, ist keiner meiner Bekannten wieder zurückgekehrt.

UNTER NICHTJUDEN

Ilana: Hast du diese giftigen, antisemitischen Lieder mit eigenen Ohren gehört? Was fühlt man angesichts angesichts solch fanatischen Hasses?

Natürlich habe ich etliche dieser Lieder gehört. Sie wurden von vielen Leuten gesungen und häufig noch dazu. Spottlieder über Juden waren aber auch davor schon üblich, und wir haben sie gewöhnlich mit Gelassenheit und bisweilen sogar mit einem Lächeln hingenommen. Aber als der Hass gegen die Juden zunahm, wurden die Parolen immer unverschämter, gröber und schließlich auch gefährlich.

Was mich betrifft, so war ich kleinere Drohgebärden gewöhnt und habe mich nicht aus der Ruhe bringen lassen. Aber als sich die Drohungen schließlich selbst gegen die Rabbiner richteten, bekam ich allmählich Angst. Zu dieser Zeit ging auch ein antisemitisches Flugblatt um, auf dem Unbekannte gegen eine bestimmte jüdische Familie von Tuchhändlern hetzten. Dass plötzlich konkrete Namen genannt wurden, hat mich zur Sprachlosigkeit entsetzt.

DIESES PESSACHFEST

Ilana: Wie hast du dich gefühlt, als dein Vater die Zeremonie am Sederabend abhielt, als wäre alles in Ordnung, während deine Mutter daneben weinte?

Eine bedrückte Stimmung lag in der Luft, so als hätten wir gefühlt, dass es unser letzter gemeinsamer Sederabend sei. Mein großer Bruder Rumi und ich baten Vater um Erlaubnis, aus dem Haus zu gehen, bevor die Haggada zu Ende gelesen war, um »Luft zu schnappen«. Wir spazierten in der Dunkelheit wortlos durch die leeren Straßen. Als wir nach etwa einer Stunde zurückkehrten, empfing uns Mutter mit einem erleichterten Lächeln, während Vater Psalmen las. Es fiel kein Wort der Rüge.

GHETTO

Noa: Ich bedauere, dass du nicht vom Abschied von deinem Vater erzählt hast. Das ist deine letzte Erinnerung an ihn.

Ich gebe zu, dass ich es vermeiden wollte, diese schmerzhafte Erinnerung wieder aufleben zu lassen (und es gibt noch viele wie sie). Die Situation ist mir noch gut im Gedächtnis: Wir begleiteten ihn damals alle gemeinsam zur Bahnstation. Wir Kinder trugen seinen Rucksack. Er lächelte, wollte uns Mut machen. Mutter lief eine Träne über die Wange. Meine Brüder und ich zeigten keine Gefühle, denn das war für Jungen nicht üblich. Wir hofften auf seine baldige Wiederkehr, aber er kam nur in meinen Träumen zu mir zurück.

Ilana: 49 Seelen in einer Wohnung, Hunger, Sorge um die Männer, und du beschreibst es wie eine große Harmonie, obwohl du zu diesem Zeitpunkt schon 15 Jahre alt warst. Hast du die Not nicht bemerkt oder hat sie dir die Sinne geraubt?

Deine Verwunderung ist angebracht und verständlich. Dennoch war mein Eindruck, dass die Organisation und die Ordnung relativ gut funktionierten, was vielleicht auch an meiner ursprünglichen Angst vor einem heillosen Durcheinander gelegen haben mag. Das Leben musste ja weitergehen.

In diesem Zusammenhang ist es interessant, die Meinung des verstorbenen Prof. Chain Dasberg zu erwähnen, einem Psychiater, der sich mit der Shoa beschäftigte. Seine Rezension meines früheren Buches, in dem ich das Leben im Ghetto beschreibe, endet mit folgenden Worten: »Auch wenn es so scheint, als ob die Kinder nicht verstanden hätten, was vor sich ging, ist völlig klar, dass sie sich ihrer Situation bewusst waren. Aber der Autor versucht noch nach 40 Jahren, sie zu schützen …« Das zeigt, dass eine ohnehin schon subjektive Beschreibung auch nach 40 Jahren der Aufarbeitung noch von persönlichen Eindrücken geprägt sein kann.

MUTTER

Rivka: Die Darstellung deiner Mutter in diesem Kapitel klingt fast wie ein Loblied, voller Respekt und Verehrung. Hast du diese Gefühle ihr gegenüber jemals zum Ausdruck gebracht?

Damit berührst du einen schmerzhaften Punkt. Je älter ich werde, desto häufiger und stärker überkommen mich Schuldgefühle, weil meine Brüder und ich die gesegnete Gegenwart meiner Mutter als selbstverständlich empfanden. Wir hätten ihr mehr Liebe und Zuneigung zeigen sollen. Stattdessen hielten wir uns distanziert, wie es damals für Jungen üblich war.

Was würde ich heute darum geben, ihr auch nur ein einziges Mal sagen zu dürfen, wie lieb ich sie habe!

VATER

Ilana: Ich verstehe nicht, was dein Vater mit der Geschichte von den zwei jüdischen Soldaten, die sich an der Front gegenüberstanden, sagen wollte.

Vater wollte damit sagen: »Was haben wir Juden mit diesem schrecklichen Krieg zwischen Kaiser Franz Joseph und dem Zar Nikolai zu tun? Wir dürfen uns nicht gegenseitig in Gefahr bringen und einander schon gar nicht, Gott behüte, töten.«

FALSCHE PROPHETEN

Rivka: Du hast auch andere Rabbiner erwähnt, die ihre Gemeinden in die Irre geführt und ihnen empfohlen haben, nicht vor der nahenden Bedrohung zu fliehen. Warum beschreibst du ausgerechnet diesen Fall so ausführlich? Wie erklären die Chassidim die Taten ihrer Rabbiner?

Ich hatte nicht die Absicht, in dieser Angelegenheit, die bis zum heutigen Tag umstritten ist, irgendeine historische Neuheit zu offenbaren. Mein Wissen beruht auf meiner Erinnerung an den Aufruf in unserer Gemeinde, der die wesentlichen Bestandteile der Abschiedspredigt des Rebben und seines Bruders enthielt.

Sie wanderten mit Hilfe von Genehmigungen, die man für ›Veteranen des Zionismus‹ besorgt hatte, nach Eretz-Israel aus. Ich wollte lediglich den gewaltigen Einfluss beschreiben, den dieses Ereignis auf die Gemeinde hatte, so wie ich es damals empfand und wie es mir in allen Einzelheiten bis heute in Erinnerung geblieben ist.

Dieser Rebbe war innerhalb des ganzen europäischen Judentums angesehen, sodass sogar die Assimilierten und seine Gegner ihn in solchen

Zeiten der Not verehrten. Seine Prophezeiung kam zu einem kritischen Zeitpunkt, nämlich zur letzten Gelegenheit für die ungarischen Juden, vor dem Transport in die Vernichtungslager zu flüchten. Ich möchte nicht behaupten, dass gewaltige Massen von Juden die Shoa überlebt hätten, wenn dieser Rebbe nicht plötzlich mit seiner Botschaft erschienen wäre. Aber es heißt doch: »Die Rettung einer einzigen Seele ist wie die Rettung der ganzen Welt.«

Die ›offizielle‹ Erklärung der chassidischen Kreise kenne ich nicht, aber ich habe hier und dort verschiedene Versionen gehört:

- Diesen Aufruf hat es nie gegeben, es sei alles Lug und Trug.
- Die Prophezeiung des Rebben war richtig, als er sie aussprach, aber Gott entschied sich aufgrund der Sünden der Zionisten anders.
- Der Rebbe wusste natürlich von der schrecklichen Zukunft, aber er wollte die Menschen beruhigen, weil ohnehin keine Möglichkeit zur Flucht mehr bestand.
- Die Rettung des Rebben und anderer Gerechten war oberste Pflicht und notwendig für die breite Bevölkerung der Juden, weil er dadurch weiter seine Gebete für sie zum Himmel schicken konnte. Dies geschah nach der Idee: »Ein kluger Schüler zuerst, weil alle ihn brauchen.«

Und sollte der Leser fragen: »Aber der Rebbe ist doch mit einem Ausweis der Jewish Agency for Israel als zionistischer Veteran geflohen. Wie verträgt sich das mit der Behauptung der Orthodoxen, dass die Zionisten nur für ihre eigenen Leute gesorgt hätten?« Darauf wird der Chassid widerwillig antworten: »Es gab zwar Fälle, in denen Rabbiner, wie der Rabbi von Satmar, im berühmten Kasztner-Zug[32] gerettet wurden, aber es waren nur sehr wenige.«

Außerdem fragen sich einige: Hätten die Orthodoxen auch nur einen einzigen zionistischen Führer als ›angesehenen Rabbiner‹ anerkannt und ihm die Flucht ermöglicht, wenn sie damals für die Genehmigungen zuständig gewesen wären?

KONZENTRATION

Ilana: »Rechtsanwalt Dr. Huniger brachte sich mit einem Schuss um, nachdem er zuerst seine Frau erschossen hatte.« War das deine erste Begegnung mit Verzweiflung und Selbstmord? Wie hast du dich dabei gefühlt?

Unter den Nichtjuden gab es viele Selbstmorde, häufig aus Liebeskummer. Bei uns, den frommen Juden, galt er hingegen als schlimme Sünde. Die Leiche eines Selbstmörders wurde am Rande des Friedhofs begraben, und seine Tat galt als Schande für die ganze Familie. Mir ist nur ein einziger Fall bekannt, als ein alter Jude, der nicht zu den Honoratioren der Gemeinde zählte, an einer schlimmen Hautkrankheit litt. Wahrscheinlich handelte es sich um Krebs, aber man vermied es, die Krankheit beim Namen zu nennen, um den Teufel nicht an die Wand zu malen. Er erhängte sich am Brunnen im Hof. Die ganze Gemeinde war entsetzt, und auch ich erschrak fürchterlich. Ebenso ging es mir, als wir im Tabaklager versammelt waren, nachdem sich einige Neologen wie die Doktoren Huniger und Pundrek mitsamt ihren Familien umgebracht hatten. Nicht nur die Tat selbst, sondern auch die Motive dahinter, die ich damals nur erahnen konnte, gingen mir sehr nahe. Mir war bewusst, dass die Lage besonders schlimm sein muss, wenn man sich zum Selbstmord gezwungen sieht. Und das, obwohl uns die Rabbiner die kommende Erlösung prophezeiten.

EIN WAGGON VOLLER SCHAFE UND VIEH

Ilana: »Das Ende ist gekommen über mein Volk Israel.« Was bedeutet dieses Zitat?

In diesem Kontext soll es bedeuten, dass es ein qualvoller Weg bis zur Erlösung ist. Wir haben, im Gegensatz zu den anderen Juden, noch daran geglaubt und sagten daher stets: »Schlimmer kann es nicht mehr werden, also muss die Erlösung bald kommen.«

BELLA GEBIERT

Noa: Es ist interessant, dass du das Rattern der Gleise auf der Fahrt in das Vernichtungslager beschrieben, aber die Gefühle der Menschen ausgelassen hast. Waren deine Brüder dort bei dir? Habt ihr miteinander gesprochen?

Ich bekenne mich schuldig, die Schrecken im Waggon nicht ausführlicher beschrieben zu haben. Das rührt von meinem distanzierten Schreibstil her und ist außerdem dem Umstand geschuldet, dass ich, als ich dieses Kapitel schrieb, noch immer vieles aus dieser Zeit verdrängte. Auch hier habe ich mich, anstatt die Leiden und das Verhalten der armen Reisenden zu beschreiben, mit der Schilderung eines einzelnen Details begnügt, das in meinen Augen alles aussagt.

Aber tatsächlich ging jeder nach ersten, erfolglosen Versuchen, es sich im Waggon ›bequem‹ zu machen, mit seinen Gedanken in sich hinein. Man hörte nur das Weinen der Säuglinge und das Stöhnen der Erwachsenen in ihrer Not.

AM ENDE DES GLEISES

Eran: Warum war es notwendig, die Menschen so schnell aus den Waggons herauszuholen?

Im Vernichtungslager wurde alles ›los-los‹ und ›schnell-schnell‹ gemacht, auch wenn es dafür keine wirkliche Notwendigkeit gab. Wie sich später herausstellen sollte, warteten in diesem Fall drei weitere Transporte außerhalb des Lagers, um noch am selben Tag ausgeladen zu werden. Die Rampe musste nach einer bestimmten Prozedur vorbereitet werden, um die Waggons des nachfolgenden Transports, der schon am Tor des Lagers wartete, zu empfangen. Dadurch wurde größtmögliche Effizienz bei der Nutzung der vorhandenen Kapazitäten garantiert. Hier kamen die Mitglieder des Sonderkommandos ins Spiel. Es handelte sich dabei um jüdische Häftlinge, deren Aufgabe es war, die Waggons der Transporte zu öffnen, die verwirrten und erschrockenen Neuankömmlinge aufzuteilen und zu ›beruhigen‹, damit die Arbeit der Selektion und Vernichtung wirksam erledigt werden konnte. Sie brachten auch die Habseligkeiten der Opfer in die Effektenlager, die man ›Kanada‹ nannte. Dort wurden die Kleider und Wertsachen der Opfer sortiert, um später nach Deutschland gebracht zu werden.

Eran: Was ist mit David Schönwald passiert?

David Schönwald teilte das Schicksal all derer, die für arbeitsuntauglich befunden wurden. Man brachte sie sofort und ohne unnötige Verzögerung in die Gaskammern. Viele Jahre später dachte ich mir: Dort bewahrheitete sich das Geschriebene über den Verlust der Geistesgegenwart von Weisen in Notzeiten. Aber im Laufe der Zeit bin ich zu der Einsicht gekommen, dass Herr Schönwald, ohne es zu wissen, das Richtige tat, weil ihn sonst nur ein langer Leidensweg erwartet hätte, an dessen Ende er wahrscheinlich ohnehin gestorben wäre.

DER RAUCH AUS DEM SCHORNSTEIN

Ilana: »…wie die Funken des Feuers emporschweben.« Was bedeutet dieses Zitat und wie hängt es mit dem schrecklichen Inhalt des Kapitels zusammen?

In diesem Kapitel geht es um die Vernichtung meiner Familie. Kann ein Mensch versuchen, seine Gefühle über so etwas im Nachhinein noch in Worte zu fassen? Ich scheitere bei diesem Versuch.

Deshalb kam es mir nicht in den Sinn, das zu tun. Stattdessen beschränkte ich mich darauf, die Ereignisse so zu schildern, wie ich sie damals sah. Daher konnte ich auch keine passende Stelle in den Schriften finden.

Die Passage mit den Funken kann auf zweierlei Arten ausgelegt werden, und beide sind symbolisch für die Opfer der Shoa. Der ersten Interpretation zufolge sind die Funken Engel, die über den Sterblichen schweben. In der zweiten sind sie hingegen genau das, was schon im Wort steckt: Funken, die aus den Flammen nach oben fliegen. Sie gleichen dem Rauch aus dem Krematorium, der jederzeit aus den Schornsteinen emporsteigt und besonders in der Nacht den Himmel in glänzendes Rot taucht. Beide Auslegungen zielen auf die Aussage ab, dass die Qualen des Menschen wie das Fliegen der Funken oder das Schweben der Engel eine natürliche Erscheinung sind.

Noa: Über den schrecklichsten Augenblick des Buches, als dir der Mord an deiner Mutter und deinen kleinen Brüdern zugetragen wurde, schreibst du: »Ich habe nicht geweint« – und mehr nicht. Wie ist das möglich? Du bist doch ein sensibler Mensch, du hast doch deine Mutter und deine Brüder geliebt. Wenn du nicht geweint hast, was hast du dann getan? Warst du in einem Schockzustand? Es hört sich so an, als ob du die Nachricht empfangen hättest, ohne sie zu verarbeiten. Du nimmst sie ohne Gefühlsregung entgegen. Hast du an deine Mutter und an deine Brüder gedacht? Oder etwa an Gott? Es scheint, als ob du dich von einem Augenblick zum nächsten von einem Kind in einen Erwachsenen verwandelt hättest, gleichgültig, ernüchtert. Eine Minute zuvor hast du noch erzählt, wie stolz du warst, für deine Mutter und deine Brüder sorgen zu dürfen. Haben dich die Schrecken, die du seit dem Verlassen des Zuges mit ansehen musstest, gewissermaßen auf diese Nachricht vorbereitet? Könnte man sagen, dass der Anblick dieser Gräueltaten dir den Mord an deiner Familie als natürliche Konsequenz der Situation hat erscheinen lassen? War alles so unwillkürlich, dass es nichts zu verstehen und zu verarbeiten gab? Später im Buch nennst du die Verdrängung und andere Schutzmechanismen. Aber genau an dieser Stelle, in den Lagern, bist du regungslos: Ist dir deine Reaktion denn selbst nicht erklärbar?

Ich verstehe dein Unverständnis völlig und stimme deinen äußerst intelligenten Vermutungen zu. Ich hätte es vorgezogen, die Tiefe meiner Trauer mit erhabenen Worten zu beschreiben und die Macht der Niedergeschlagenheit über den Verlust meiner Lieben in ein Klagelied zu gießen. Aber in meinem Buch beschreibe ich die Dinge so, wie ich sie erlebte und wie ich mich zu dieser Zeit fühlte.

Ich wiederhole die wichtigsten Dinge zum Verständnis meiner Antworten und Versäumnisse:

Den schrecklichen Transport in den Viehwaggons nahmen wir als einen weiteren Schicksalsschlag hin. Der freundliche Empfang auf der

Rampe vermittelte wiederum eine Art von Erleichterung und Hoffnung. Ich habe versucht, diese Atmosphäre in meinem Buch einzufangen, indem ich den kleinen Witz der Burschen vom Sonderkommando und die ruhige und lustige Art der SS-Offiziere und Soldaten erwähnte. Die Stimmung kippte aber plötzlich, als man uns Arbeitstaugliche unter Flüchen und mörderischen Schlägen in die ›Sauna‹ drängte, die Haare abrasierte und in die Häftlingskleidung zwang. Hinzu traten der fürchterliche Auftritt des Zigeunerältesten und vor allem der Anblick Tausender Muselmänner mit ihren erloschenen Augen, gequälten Gesichtern und deformierten Knochen. Diese unbeschreibliche Kulisse versetzte mich in einen solchen Schock, dass ich die Nachricht über die Ermordung meiner eigenen Familie an Ort und Stelle, ohne sie anzuzweifeln, als logisch akzeptierte, so als ob ihr Tod zu den Umständen gehörte. Sie wurde nicht im strikten Sinne verdrängt, sondern eher beiseitegeschoben in die entlegenste Ecke des Bewusstseins.

Auch für mich, der dort war, und erst recht für jemanden, der die Shoa nicht erleben musste, ist es schwer, dieses fast völlige Ausblenden zu verstehen und zu akzeptieren. Aber das ist die Wahrheit, und ich konnte dort bei allen Leuten meines Alters ein ähnliches Verhalten beobachten – bei manchen mehr, bei anderen weniger.

Als wir im Zigeunerlager in Birkenau weilten (das erste Lager, in dem wir festgehalten wurden), waren wir, trotz des ersten Schocks und den Morden an unseren Familien, noch bei klarem Verstand. Wir unterhielten uns hauptsächlich übers Essen und planten künstlerische Initiativen in dem Versuch, bis zum Ende des Krieges das Beste aus unserer Situation zu machen – wir glaubten, dass alles bald vorüber sei.

Aber mit fortschreitender Zeit und zunehmender Schwächung unserer Körper auf den Todesmärschen und in den Arbeits- und Todeslagern setzte auch ein mentaler Niedergang ein, der sich in einer Einschränkung der Persönlichkeit ausdrückte. Die Gedanken wurden leer, und man verfiel in Gleichgültigkeit.

Bei meinen Gesprächen mit jungen Menschen im Rahmen der Veranstaltungsserie ›Zeugnis‹, wo ich über meine Erlebnisse in den Vernichtungslagern berichtete, pflegte ich dem »ich habe nicht geweint« noch »denn wer dort geweint hat, hat nicht überlebt« hinzuzufügen. Wer nicht all seine Sinne und Kräfte auf das Überleben konzentrierte, lebte nicht lange. In der Tat gab es viele, die in Melancholie verfielen und sich völlig von der Außenwelt abschotteten. Wer erst einmal seine Wachsamkeit und seinen Willen verloren hatte, besiegelte damit sein Schicksal.

DAS LAGER DER ZIGEUNER

Eran: Warum brannte im Zigeunerlager rund um die Uhr Licht? Du hast doch erwähnt, dass die Brennstoffreserven der Deutschen knapp waren.

Das ist eine gute Frage, zu der ich, aufgrund meiner Arbeit in der Benzinproduktion im Lager Trzebinia, recht fundierte Vermutungen äußern kann. Dabei hilft mir natürlich auch meine vierzigjährige Erfahrung in den Raffinerien in Haifa.

Zunächst beabsichtigten die Deutschen, einen Hochspannungszaun um jedes der Ersatzlager zu ziehen, zusätzlich zu der umfassenden, bereits bestehenden Abzäunung. Dadurch wollte man absolute Kontrolle über den stets schwankenden Bestand der Häftlinge haben, um jede Möglichkeit einer Flucht zu verhindern – all das bei kleinstmöglichem Personalaufwand. Die Beleuchtungsanlage war nachts natürlich notwendig, aber sie war an die Elektrisierung der Zäune gekoppelt, wahrscheinlich um den Häftlingen zu zeigen, dass die Zäune stets unter Strom standen. Das diente selbstverständlich auch dazu, sie an die ständige Bewachung zu erinnern. Wenn die Lichter ausgegangen wären, dann, glaube ich, wäre die Alarmanlage von selbst ausgelöst worden, und man hätte bis zur Reparatur der Störung den Ausnahmezustand verkündet. Ich habe so etwas in all meinen Monaten dort aber nicht erlebt.

Wenn nun die Frage der Effizienz aufkommt, ob die Nazis damit nicht trotzdem kostbaren Kraftstoff verschwendeten, dann muss man wissen, dass die meisten Kraftwerke Masut verbrannten. Dabei handelt es sich um einen schweren, schwarzen Destillationsrückstand von Rohöl, der etwa die Hälfte seiner Masse ausmacht. Die Deutschen benötigten aber die Destillate selbst, darunter Benzin, Naphtha und Solaröl, nicht das Masut. Schon unter normalen Verbrauchsbedingungen ist es schwer, diesen Abfall loszuwerden, der, um Einschrumpfung und Vertrocknung zu vermeiden, stets warm gelagert werden muss. Besteht aber ein stark erhöhter Bedarf an den wertvollen Destillaten, wie es während eines Krieges der Fall ist, dann sammelt sich eine gewaltige Menge an Masut an. Das ist der Grund, warum die Deutschen nicht damit sparten und das Lager zu allen Stunden des Tages voll ausleuchteten. Ansonsten hätten sie sich die Mühe machen müssen, das restliche Masut entweder gesondert zu verbrennen oder zu vergraben, und keine dieser beiden Alternativen war besonders attraktiv: Der schwere Rauch, der bei der Verbrennung entstanden wäre, hätte die Sicht auf das Lager und seine Umgebung erschwert, und wenn man das Masut im Boden vergraben hätte, wäre das Grundwasser nach kurzer Zeit kontaminiert gewesen.

UND DIE ZIGEUNER SIND VERSCHWUNDEN

Noa: Gab es noch Glauben und Hoffnung, nachdem man die Zigeuner vor euren Augen in den Tod geschickt hatte? Wie ging es deinem Bruder? Dachtest du, dass es euch anders ergehen würde? Oder dass euch das gleiche Schicksal erwartet und es nur eine Frage der Zeit sei?

Von den Gefühlen meines Bruders Avraham kann ich dir nicht berichten. Wir sprachen dort kaum über Dinge, die nicht unmittelbar mit praktischen Problemen zu tun hatten. Wie auch ich, hörte er auf zu beten, das Essen zu segnen oder ähnliche religiöse Rituale zu pflegen. Aber weil Avraham, der zwei Jahre älter war als ich, der jüdischen Kultur noch deutlich näherstand, stammten seine zynischen Bemerkungen und seine Kritik am Himmel meistens aus unseren Schriften.

Ich war Zeuge der Versammlung und des Transports der Zigeuner in die Gaskammern. Sie wussten von ihrem herannahenden Ende. Ich sah es mit an, ohne dabei an unser eigenes Schicksal zu denken. Du musst verstehen, dass es keiner Erinnerung bedurfte, dass unser Leben an einem seidenen Faden hing. Wir hatten uns daran gewöhnt und waren vollkommen gleichgültig. Man kann ja nicht in permanenter Angst leben – Furcht war tödlich.

Eran: Du hast von den vielen Qualen erzählt, die euch die Zigeuner in ihrem Lager zugefügt haben. Warst du glücklich oder erleichtert, als sie vernichtet wurden?

Es ist mir wichtig, dass ihr wisst, dass mein Bruder, unsere Freunde und ich zu keinem Zeitpunkt in den Lagern unsere Menschlichkeit aus moralischer Sicht auch nur für einen Augenblick aufgaben. Es stimmt, dass wir froh gewesen wären, hätte man die Zigeuner an einen anderen Ort verlegt. Aber die Nazis waren ›genötigt‹, sie zu vernichten, um Platz für die arbeitsfähigen Juden aus dem Ghetto Lodz zu schaffen. Mit diesem sogar für dortige Verhältnisse ungewöhnlich grausamen Massaker konfrontiert, war der Rat unserer Vorväter überflüssig: »Fällt dein Feind, dann freu dich nicht!«[33] Wir freuten uns nicht, aber wir trauerten ihnen ebensowenig nach, wie den Tausenden, die täglich mit den Transporten ankamen und sofort ermordet wurden. Im Falle der Zigeuner, deren Mord wir mit eigenen Augen ansehen mussten, waren wir von der Kaltblütigkeit der Durchführung und den herzzerreißenden Reaktionen der Opfer entsetzt. Bis zu dieser Nacht durften die Zigeuner als Familien gemeinsam mit ihren Kindern wohnen und wurden angemessen behandelt. Deshalb glaubten sie, dass sie, im Gegensatz zu den Juden, vor der Vernichtung sicher seien. Wir, die Knaben, hatten schon längst jede Form von Empfindung gegenüber unserem absehbaren Schicksal verloren und standen dem Tod fast völlig gleichgültig gegenüber. Weil ihnen diese Teilnahmslosigkeit fehlte, reagierten die Zigeuner mit Verzweiflung, als sie ihrem Ende ins Auge sehen mussten. Vielleicht empfanden wir den Anblick ihrer Vernichtung auch deshalb als so grausam, weil sie als Familien in den Tod gingen.

Ich muss zugeben: Jahre nach der Befreiung, als die Mauer, die ich in mir aufgebaut hatte, erste Risse bekam und allmählich wieder menschliche Gefühle zu mir zurückkehrten, war die Ermordung der Zigeuner das Erste, worüber ich weinte. Zu meinem Erstaunen flossen echte Tränen, und das, noch bevor ich über den Verlust meiner eigenen Familie trauern konnte, der bis heute in meinem Unterbewusstsein gefangen ist.

Dieses paradoxe Verhalten widerspricht offensichtlich dem gesunden Menschenverstand. Es ist doch eigentlich logisch, dass der Tod der eigenen Familie tiefere Spuren hinterlassen sollte als der Tod einer Gruppe fremder Menschen. Ich sehe darin ein konkretes Beispiel für den Mechanismus, der mir half, meine geistige Gesundheit zu bewahren: Die Verdrängung ist immer so stark wie das Trauma, das ihr zugrunde liegt.

Noa: Avraham sagte noch: »Ihre Asche vermischt sich mit unserer, und wir werden sehen, welcher Fachmann da noch unterscheiden kann.« Was meinte er mit ›Fachmann‹? Es hört sich an wie eine ernsthafte, bittere Bemerkung – aber gegen wen ist sie gerichtet?

Damit meinte er sicher die pseudowissenschaftliche Rassenlehre der Nazis, die Menschen nach ihrer Abstammung, ihres Geschlechtes oder ihrer Religion unterteilte.

WIE ISST MAN?

Ilana: »Diese Regelung schafft einige komplizierte Probleme …« Es ist erstaunlich, dass ihr die Kraft aufbringen konntet, euch über das Für und Wider der Essensverteilung Gedanken zu machen. Wie erklärst du dir das?

Man darf nicht vergessen, dass sich das noch in Birkenau ereignete, dem ersten Lager, in dem wir festgehalten wurden. Ich habe schon erklärt, dass die Fähigkeit zu denken Stück für Stück verloren ging (und ebenso nach der Befreiung zurückkehrte). Deshalb waren Häftlinge, die am Tag ihrer Ankunft in Auschwitz die Ermordung ihrer Familie und den verheerenden Anblick des Lagers überwunden hatten, immer noch in der Lage, sich Gedanken über eine Verbesserung ihrer Lebensumstände zu machen, und sei sie noch so gering. In Birkenau hat man alle Arbeitsuntauglichen sofort nach ihrer Ankunft beseitigt. Dort waren nur Männer und Frauen untergebracht, die später in andere Lager überführt werden sollten, um diejenigen zu ersetzen, die aufgrund der unerträglichen Arbeitsbedingungen umgekommen waren. In Birkenau selbst hat man nur einige wenige Häftlinge zeitweilig mit Instandhaltungsarbeiten beschäftigt. Daher gab es für uns, abgesehen von Appellen, Selektionen und Ähnlichem, keine festen Verpflichtungen und dementsprechend genug Zeit, um uns Gedanken über Dinge wie die Essensverteilung zu machen.

Rivka: »Dort gibt man dir einen Behälter vom Stapel …« Ist das bei so vielen Häftlingen nicht viel umständlicher, als einfach jedem sein eigenes Geschirr zu geben?

In den anderen Lagern gab man uns gebrauchtes Geschirr, das aus den Transporten erbeutet wurde. Dieses befestigten wir an den Strickgürteln unserer Hosen, damit es nicht verloren geht. Aber sollte es trotzdem mal vorkommen, konnte man sich immer wieder neues von den Toten nehmen. Ich weiß nicht, warum man in Birkenau (zumindest in unserer Baracke) anders handelte und den Häftlingen kein eigenes Besteck gab. Vielleicht weil man keine vernünftige Möglichkeit hatte, das Geschirr sauber zu halten, da Zehntausenden von Häftlingen nur einige wenige Wasserhähne zur Verfügung standen. Vielleicht aber auch weil die Insassen dort nur provisorisch während ihrer Überführung in andere Arbeitslager untergebracht waren, wo sie wiederum das Besteck ihrer verstorbenen Vorgänger übernehmen würden. Oder möglicherweise ging man auch einfach davon aus, dass sie sich noch in Birkenau in Muselmänner verwandeln und danach an einen Ort gehen, wo sie kein Geschirr mehr brauchen werden. Aber wie dem auch sei: Das Fehlen persönlicher Gegenstände, und sei es nur etwas so Bedeutungsloses wie eigenes Besteck, verstärkte das Leiden der Häftlinge gewaltig.

EIN SAMSTAG IN BIRKENAU

Noa: Es gibt etwas in der Art, wie du die Dinge beschreibst, dass mir ab einem bestimmten Punkt die Fragen ausgehen. Und ich werde dir sagen warum: Es scheint, dass du umso besser überleben konntest, je weniger Fragen du dir selbst gestellt hast. Du nahmst die Dinge so hin, wie sie waren. Es sieht so aus, als wäre es dir am schwersten gefallen, den Anblick der anderen Häftlinge in ihrer Ohnmacht und ihrem verzweifelten Klammern an die Religion zu ertragen. Mich interessiert, warum du dich von allen Gefühlen ausgerechnet an die Wut so gut erinnern kannst: Wut auf dich selbst, auf die Nazis, auf die Welt, auf deine Eltern, auf Gott. Du fühltest in den Lagern und in den Monaten danach bestimmt noch andere Dinge, die in deiner Erzählung aber eine untergeordnete Rolle einnehmen, wie beispielsweise Verzweiflung, Einsamkeit, Entfremdung, Trauer, Verwirrung, Ohnmacht, Verwunderung, Hoffnung, Angst. Ich verstehe, dass bestimmte Gefühle nur eine Verschwendung von Energie gewesen wären und dich vielleicht sogar zum Selbstmord am Stacheldraht getrieben hätten. Aber ich frage mich, ob

diese Gefühle und Gedanken überhaupt aufkamen oder ob du sie unter-
drückt hast, weil sie in deinen Augen überflüssig waren.

Die meisten Dinge, die du sagst, sind richtig. Es ist wahr, dass ich die Dinge »so hingenommen habe, wie sie waren«. Wie schon gesagt, ist mir das erst aufgefallen, nachdem ich mein eigenes Buch nach seinem Erscheinen gelesen hatte und darin keine Erinnerung an Verwunderung, Vorwürfe oder die Frage, warum mir und meiner Familie dieses Schicksal widerfährt, finden konnte. Das rührt wohl daher, dass das orthodoxe Judentum stets davon überzeugt war, dass die Leiden in der Diaspora eine religiöse Rechtfertigung besaßen. Aus diesem Grund haben wir die Qualen hingenommen, bis wir schließlich nach Auschwitz kamen.

Die Verdrängung meiner Gefühle und die völlige Konzentration auf das Überleben geschahen instinktiv. Anfangs gingen mir noch vereinzelte Gedanken durch den Kopf, aber mit fortschreitender Zeit und zunehmendem körperlichen Verfall verschwanden letztlich auch diese. Was all die Gefühle betrifft, die du in deiner Frage so schön aufzählst, so muss ich gestehen, dass ich sie nie verspürte. Mittlerweile denke ich aber, dass das eine gute Sache war, denn andernfalls hätte ich sie nicht wieder zum Schweigen bringen können und wäre binnen weniger Tage umgekommen. Das kleinste bisschen Trauer, Sehnsucht oder Todesangst wurde den Leuten zum Verhängnis.

Was deine Bemerkung über meine Wut betrifft, so richtete sie sich hauptsächlich gegen Gott. Während sie anfangs noch von Zeit zu Zeit aufflackerte, wurde sie immer schwächer, je länger sich unser Aufenthalt in den Lagern hinzog. Ich denke, dass sie mir zumindest anfangs noch die Kraft gab, weiter um mein Überleben zu kämpfen.

EIN LIED ÜBER DIE LATRINEN

Rivka: Was ist sonst noch in den Latrinen passiert?

Dort war nichts zu hören außer dem schmerzerfüllten Seufzen und Stöhnen derer, die an der Ruhr oder Verstopfung litten, dem Wimmern der Erfrierenden und Hungernden und der Schreie der blutüberströmten Opfer der Kapos. Ist das nicht genug?

Als ich Birkenau viele Jahre später besuchte, um vor einer Gruppe Jugendlicher Zeugnis abzulegen, erklärte eine der Leiterinnen ihren Schülern, dass die Häftlinge in der Latrinen-Baracke Fluchtpläne gesponnen, den Widerstand organisiert und Tauschhandel betrieben hätten. Ihre Begründung unterstrich sie mit einem vielsagenden Augenzwinkern: »Denn das war der einzige Ort, den die SS-Soldaten nicht betreten wollten.« Ohne ein weiteres Wort über die Qualen zu verlieren, die die Häftlinge in den Latrinen ertragen mussten, beendete sie damit das Thema. Ich konnte mich entgegen meiner sonst eher bedächtigen Art nicht zurückhalten, unterbrach sie verärgert und beschwerte mich über diese Verunglimpfung der Kranken und Schwachen, deren gequälte Seelen dort erloschen sind. Außerdem kritisierte ich sie dafür, dass sie nichts von den Erfrierenden und Ausgehungerten mitten im Sommer oder den grausamen Späßen der Kapos erzählte, die die Häftlinge täglich mit fürchterlichen Schlägen aus der Baracke trieben, bevor diese ihren Bedürfnissen in den Latrinen nachkommen konnten. Ich musste erklären, dass die Häftlinge, die noch nicht in völlige Katatonie verfallen waren, ständig mit aller Macht um ihr Leben kämpfen mussten und daher weder über die körperliche noch geistige Kraft verfügten, um einen Aufstand zu organisieren. Davon abgesehen, hätten sie nicht einmal über die Mittel und Werkzeuge verfügt, die für ein solches Unterfangen notwendig gewesen wären. Die einzige Ausnahme sind die Mitglieder des Sonderkommandos, die in ihrer Verzweiflung einen aussichtslosen Aufstand anzettelten und Krematorium III/IV in die Luft sprengten. Dabei starben etwa 450 Häftlinge, die man aber ohnehin vorher zum Tode ›verurteilt‹ hatte. Das Heldenhafte an ihrer Tat muss gewürdigt werden, und ihre Courage sollte den Generationen nach ihnen ein Vorbild sein, obwohl der Anschlag selbst kaum erfolgreich war. Die Männer des Sonderkommandos waren in außergewöhnlich guter körperlicher Verfassung, weil sie über die Transporte zusätzliche Lebensmittel beziehen konnten. Den Sprengstoff organisierten sie unter großem Aufwand von einigen weiblichen Häftlingen, die in einer Waffenfabrik arbeiteten. Die Frauen, die verdächtigt wurden, die Sprengkapseln ins Lager geschmuggelt zu haben, ob schuldig oder nicht, richtete man deshalb öffentlich auf dem Appellplatz in Auschwitz 1 hin.

Ferner habe ich die falsche Geschichte, dass die SS-Leute nicht in die Latrinen gegangen wären, widerlegt. Ihre Aussage lässt es nämlich so scheinen, als ob Tausende von Soldaten über die Ersatzlager und Schlafbaracken verstreut gewesen wären, um die Häftlinge bei jedem Schritt und jedem Gespräch zu überwachen. Ich habe erklärt, dass sich die Soldaten überhaupt nicht in den Ersatzlagern aufhielten, die mit elektrischem Stacheldraht und Wachtürmen gegen Flucht abgesichert waren, sondern diese nur bei den Zählappellen und den Selektionen betraten, als alle Häftlinge in geordneten Reihen unter der Kontrolle der Barackenältesten und Kapos standen.

Die Geschichte über den Tauschhandel in den Latrinen war noch absurder: Was hätten wir denn tauschen sollen? Wir besaßen doch nichts außer den gestreiften Fetzen an unserem Leib!

Ilana: Du schreibst von rührenden Versuchen, Verwandte in den Lagern zu finden, seien sie noch so weit entfernt. Da frage ich mich, warum ausgerechnet dieses Bedürfnis inmitten eurer abgestumpften und gefühlskalten Welt Bestand haben konnte?

Das ist in der Tat ein Wunder. In einem meiner Aufsätze, wo dieses Phänomen mehrfach zur Sprache kommt, erkläre ich es als eine moralische und pragmatische Notwendigkeit im Dienste des Überlebens. Besonders hervor sticht der Fall unseres Freundes Ischai, den wir, nachdem wir ihn zwei Wochen lang aus den Augen verloren hatten, fürchterlich zugerichtet wiederfanden. Er erzählte meinem Bruder und mir mit flachen Atemzügen, dass er auf unseren Vetter Welwele gestoßen sei, den wir nur aus Familiengeschichten kannten. Ich vermute, dass der Drang zur Zugehörigkeit so tief im menschlichen Bewusstsein verwurzelt ist, dass er allein übrigbleibt, wenn alle anderen Sinne bereits erloschen sind. Ähnlich erinnere ich mich, im Kapitel *Zusammen* beschrieben zu haben, wie sich die Häftlinge Gebrauchsgegenstände, wie zum Beispiel Esslöffel, aus altem Holz und spitzen Steinen herstellten. Erst letztens ging mir der wahre Grund für dieses Verhalten auf: Der Mensch benötigt irgendeine Form von Eigentum, egal worum es sich dabei handelt. Da uns Häftlingen jedweder Besitz verboten war, versuchten viele, sich durch solch krude Mittel ein klein wenig Zivilisation in ihr Leben zurückzuholen.

EINE UNTERHALTUNG UNTER JUNGEN

Ilana: Warst du an diesen verzweifelten Unterhaltungen über Essen beteiligt? Wo du uns doch erzählt hast, dass deine Mutter eine so wunderbare Köchin war.

Absolut nicht. Nach dem ersten Schock wich meine düstere Stimmung bald Gleichgültigkeit, innerer Leere und Gefühlskälte. Ich glaube nicht, dass ich während meiner Zeit in den Lagern auch nur eine einzige unnütze Unterhaltung führte. Rumi ging es ähnlich: Auch er sprach wenig, mit Ausnahme einiger weniger spontaner Bemerkungen, die nur für ihn selbst und die Ohren derjenigen, die ihm nahestanden, bestimmt waren. Aber auch das wurde mit der Zeit immer weniger, bis er schließlich völlig verstummte.

Noa: Die Grausamkeit der Kapos und ihrer Helfer wird in deinem Buch immer wieder beschrieben. Wie hast du damals über diese Menschen gedacht und wie stehst du heute zu ihren Taten?

Diese Gruppe bestand mehrheitlich aus deutschen Christen, politischen Häftlingen, Homosexuellen und verurteilten Kriminellen, wobei auch einige Juden unter ihnen waren. Sie erfüllten ihre Aufgaben als Kapos, Barackenälteste und Helfershelfer aller Art mit einem Fanatismus und einer Grausamkeit, die zum Teil sogar ihre Vorgesetzten von der SS in den Schatten stellte. Dennoch darf man sie nicht alle über einen Kamm scheren. Viele von ihnen, insbesondere die Juden, kamen ohne eigenes Zutun zu ihrem Posten und versuchten den unmöglichen Spagat zu meistern, die Häftlinge so wenig wie möglich zu quälen, aber gleichzeitig auch den Befehlen der SS zu gehorchen. Ihre Opfer sollten vielen ein schlimmeres Schicksal ersparen.

Ich persönlich musste stark unter ihnen leiden, aber zweimal haben sie mir auch das Leben gerettet. Im ersten Fall steckte mich der Kapo entgegen den Befehlen eines anwesenden SS-Mannes in die Gruppe, die ins Arbeitslager geschickt werden sollte, wo man sich bessere Bedingungen erhoffte. Ich überlebte, weil ein anderer Knabe an meiner Stelle in die Gaskammern geschickt wurde. Im zweiten Fall verließen mich im

Arbeitslager meine Kräfte, und ich ging ohnmächtig zu Boden, aber der Arbeitsdirektor, ein Kapo, weigerte sich entgegen der wiederholten Forderungen eines Inspektors der berüchtigten Todt-Organisation, mich zur Vernichtung nach Birkenau zu schicken.

Selbst bei einer so verhassten Gruppe wie den Kapos darf man also nicht verallgemeinern. Man sollte sich stattdessen auf die Worte des alten Rabbi Hillel besinnen: »Verurteile nicht deinen Freund, bis du an seiner Stelle stehst.«

ZUSAMMEN

Rivka: Dein geliebter Bruder, der kluge und weise Avraham, erklärt zwar am Ende des Kapitels, warum die Häftlinge je nach ihrer Herkunft unter sich blieben, aber nicht, warum die einzelnen Gruppen miteinander verfeindet waren. Was meinst du dazu?

Das ist ein bekanntes gesellschaftliches Phänomen: Wenn zwei Gruppen ähnlichen Idealen nacheifern, dann gehen die Radikalen unter ihnen sofort feindlich gegen ihre Konkurrenten vor, weil sie fälschlicherweise glauben, dass das ihre Gruppe stärken würde. Avraham erklärte sehr gut, warum wir untereinander blieben, aber er verurteilte gleichzeitig die Feindschaft als unangebracht und überflüssig.

Auf einem Kongress der Shoa-Überlebenden saß ich neben einem Mann, der mich nach meiner Herkunft fragte. Bei meiner Antwort leuchteten seine Augen, und er verkündete mit einem Siegesjubel: »Ah! Ihr Ungarn habt noch das schöne Leben genossen, als wir in Polen schon schwer leiden mussten!« Ich war erstaunt, das zu hören; es fühlte sich an, als sei ich 65 Jahre nach Birkenau zurückgereist, wo Polen und Ungarn sich mit Äußerungen wie dieser gegenseitig beleidigten. Aber ich erholte mich schnell und fragte ihn, woher er denn käme. Er antwortete mit offensichtlichem Stolz, dass er aus Lodz sei. »Na, wenn das so ist«, gab ich mit gleicher Münze zurück, »litten wir schon Monate in Auschwitz, als du noch die guten Verhältnisse im Ghetto genießen durftest.« Danach ging es mir etwas besser. Aber auch heute gibt es leider noch Überlebende, die diese üblen Behauptungen verbreiten.

TRANSPORTE

Ilana: »Es ist ein köstlich Ding für einen Mann, dass er das Joch in seiner Jugend trage.« Erkläre uns bitte dieses Zitat in Verbindung mit dem Kapitel, in dem es steht.

Avraham zeigte ein fast schon hartnäckiges Verlangen, all die Schrecken mit eigenen Augen zu sehen, wie man beispielsweise Mütter mit ihren Kindern in den Tod zerrte. Die zitierte Passage stellt meinen Versuch einer Erklärung dar. Vielleicht hoffte er unbewusst, dass diese Bilder seine Gefühle endgültig beseitigen würden, sodass es ihm leichter fiele, das grausame Schauspiel zu ertragen.

SEIFE

Rivka: »Wenn ich mich auch mit Schneewasser wüsche und reinigte …« Was hat es damit auf sich?

Man könnte zunächst meinen, dass sich das Zitat lediglich auf die Seife bezieht, die in diesem Kapitel eine recht wichtige Rolle spielt, aber tatsächlich ist es eine Metapher für den Widerstand Hiobs gegenüber Gott, die auch die Einstellung meines Bruders widerspiegelt. Man könnte es so paraphrasieren: »Auch wenn ich von allen Sünden rein wäre, wirst du mich in den Dreck stoßen, und ich werde so schmutzig sein, dass sich meine Kleider vor mir ekeln.« Der weiße Schnee symbolisiert dabei Reinheit, der Dreck die Sünde.

Rivka: War das Gerücht, die Seife sei aus Leichen gemacht, nicht nur genau das – ein Gerücht? Warum gehst du weiter darauf ein?

Ich versuchte, dieses Gerücht nicht als die Wahrheit darzustellen, sondern wollte damit lediglich zum Ausdruck bringen, dass wir damals daran glaubten. Indem ich von dieser Unterhaltung in der Waschbaracke erzählte, widerlegte ich die absurde Annahme, die zuletzt von einigen Fachleuten erhoben wurde, dass die Häftlinge in Birkenau nichts von der täglichen Vernichtung gewusst hätten, obwohl sie doch direkt vor ihren Augen stattfand. Ich sage hingegen: Alle Häftlinge wussten davon. Die einzige Ausnahme waren vielleicht diejenigen, die man unmittelbar nach ihrer Ankunft in ein Arbeitslager außerhalb von Auschwitz brachte. Sie erfuhren die grausame Wahrheit erst später. Auch in diesem Fall ist es möglich, dass die Verdrängung eine Rolle bei der Entstehung dieser Hypothese gespielt hat. Etwas zu wissen, aber nicht darüber reden zu wollen wirkt nach außen hin so, als wüsste man nichts.

AUF EINER GRÜNEN AUE

Noa: Deine Beschreibung des Treffens zwischen der jüdischen Mutter und ihrem Sohn Arje im Lager ›Mexiko‹ geht unter die Haut. Weißt du, was aus Arje geworden ist?

Arje wurde bei der bekannten Selektion im Herbst 1944 mit einer großen Gruppe anderer Jugendlicher zu den Gaskammern verschleppt, aber in letzter Minute mit 15 anderen Knaben wieder zurückgebracht, um eine bestimmte Arbeit zu erledigen. Er überlebte den Todesmarsch und wurde danach zwischen verschiedenen Lagern hin und her geschoben, bis er schließlich befreit wurde und nach Schweden auswanderte. Dort heiratete er ein Mädchen, das zum Judentum konvertierte, und gründete mit ihm eine Familie. Ich pflege noch Kontakt mit ihm über Telefon und E-Mail. Einmal fragte ich ihn etwas zu diesem letzten Treffen mit seiner Mutter. Er antwortete entgegen seiner sonst so gesprächigen Art recht knapp, dass er keine Erinnerung daran habe, und das, obwohl wir erst wenige Jahre zuvor schon einmal darüber gesprochen hatten.

Ich frage mich, wie so etwas zu verstehen ist. Gibt es irgendeine psychologische Erklärung dafür, warum manche Überlebende erst so spät im Leben anfangen, die Vergangenheit zu verdrängen?

JUNGS UNTER BELAGERUNG

Ilana: Als der Kapo sich vor den SS-Mann stellte, rettete er dein Leben, und das wusste er auch. Sicher hast du noch oft daran denken müssen. Wie hast du dich damals gefühlt? Wie stehst du heute dazu?

Wir standen jede Minute vor dem Tod. Weder die Angst vor dem bevorstehenden Ende noch die Hoffnung, unser Leben oder was davon noch übrig war, zu verlängern, konnte uns eine Gefühlsregung entlocken. Aus damaliger Perspektive drängte mich mein Überlebensinstinkt in die zweite Reihe. Aber heute sehe ich in der Liebe zu meinem Bruder einen noch viel stärkeren Beweggrund. Unser Zusammenhalt war eine Verpflichtung, die keiner Worte bedurfte.

Ilana: Die Tätowierung auf deinem linken Arm: B-10150. Du hast uns erzählt, dass Menschen, die die Shoa nicht erlebten, häufig mit Erschütterung darauf reagieren, während Überlebende in Wehmut verfallen. Was hat die Tätowierung damals für dich bedeutet?

Ich habe viele Shoa-Überlebende getroffen, die bitter darüber klagten: »Vom Augenblick der Tätowierung an hörte ich auf, Mensch zu sein, und wurde einfach zu einer Nummer.« Meine Freunde und ich nahmen die Tätowierung mit Gleichgültigkeit hin, wie jede andere Sache auch. Wenn wir überhaupt etwas fühlten, dann war es die Hoffnung, in ein Arbeitslager gebracht zu werden und vorläufig nicht in den Gaskammern sterben zu müssen. Hier sollte man nochmals betonen, dass die Tätowierung nicht bei unserer Ankunft in Birkenau gestochen wurde, wie oft irrtümlich geglaubt wird, sondern als wir es verließen.

Bis heute beschäftigt mich die Nummer auf meinem Arm nicht. Ich neige dazu, sie zu vergessen, und nur, wenn ich mich dusche, bemerke ich sie manchmal mit milder Überraschung. Im Gegensatz dazu erinnere ich mich, dass ich Ende der vierziger Jahre, als die meisten Überlebenden ihre Vergangenheit noch ausblendeten, über einen Mann staunte, der sich den Arm rasiert hatte, um die Tätowierung hervorzuheben, sodass jeder sie sehen konnte. Auch dieser Fall hebt deutlich hervor, dass jeder Überlebende mit seinen Eindrücken während der Shoa anders umgeht.

Aus eigener Erfahrung kann ich dir sagen, dass die Nummer hinsichtlich ihres praktischen Nutzens während meines ganzen Aufenthaltes in den Arbeits- und Vernichtungslagern völlig bedeutungslos war. Es ist fast schon lächerlich, sich eine Situation vorzustellen, in der irgendein Kapo, und erst recht ein Soldat oder SS-Mann, die Nummer an meinem Arm hätte lesen wollen. Wir wurden aus der Entfernung bewacht, und die meiste Zeit interagierten die Aufseher nur mit uns, wenn sie uns zwischen die Augen schossen. Es gab kaum Geschrei oder Blut. Jeder SS-Soldat oder Kapo rief mich, auch bei guter Laune, stets mit den Worten »Du! Komm her! Schnell-schnell! Verflucht nochmal!« zu sich her, wenn man mir einen Befehl geben wollte. Die Nummer am Arm war dabei überflüssig.

Als ich das Lager Auschwitz 1 mit einer Jugendgruppe besuchte, bat ich das Museumsarchiv um Fotos zweier Dokumente aus dieser Zeit: Das erste enthielt die Tätowierungsnummern und die fremdsprachigen Namen meines Bruders Avraham, dessen ungarischer Name Oskar war, und meinen, der Tibor lautete. Das zweite Dokument war eine Liste von 200 jüdischen Häftlingen aus Polen und Ungarn, die am 17.09.1944 von Auschwitz-Birkenau in das Arbeitslager Trzebinia überführt wurden. Es wurde einen Monat später, am 22.10.1944, erstellt und führte die Namen der Jungen auf, die noch keine 18 Jahre alt waren. Aber dabei handelte es sich nur um eine Kopie älterer Listen, denn viele Knaben, deren Namen dort erscheinen, lebten zu diesem Zeitpunkt schon lange nicht mehr. Bis heute ist mir nicht ganz klar, warum man sich überhaupt die Arbeit gemacht hat.

Als ich diese Dokumente studierte, war ich von zwei Dingen überrascht. Zum einen war neben meinem Namen und der Tätowierungsnummer ein falsches Geburtsjahr vermerkt: 1928 anstatt 1929. Der Leiter der Jugenddelegation, der neben mir stand, als ich darin las, erinnerte mich daran, dass ich wahrscheinlich bei der Selektion ein anderes Jahr eingetragen habe, um in die Liste der Arbeitsfähigen aufgenommen zu werden. Monate später gab ich aus Angst, dass der Betrug entdeckt werden könnte, wieder dasselbe Datum an. Die Fälschung meines Geburtsjahres zeigt unsere unnötige Angst vor der List der Nazis: Wir fürchteten, dass sie jedes kleine bisschen Wissen über uns sammeln, um es später gegen uns zu verwenden.

Die zweite Sache, die mich überraschte, war das Fehlen meines Freundes Ischai auf beiden Listen. Dabei bin ich mir absolut sicher, dass er auch in diesem Transport gewesen sein muss, da man uns von der Zeit im Ghetto bis zu unserer Befreiung nicht getrennt hatte. Tatsächlich tauchte seine Tätowierungsnummer in den Listen auf, aber daneben stand ein anderer Name. Ich machte mir lange Zeit Gedanken über den Grund für diese Verwechslung. Wir vermuten heute, dass der Fehler entstanden sein muss, weil hinter dem kleinen Tisch, wo die Liste vorbereitet und die Nummern tätowiert wurden, zwei Häftlinge gleichzeitig arbeiteten …

Dieses Durcheinander in den Angaben und insbesondere der Umstand, dass der Fehler später nicht entdeckt wurde, beweist, dass die Tätowierung keinen praktischen Nutzen hatte und hauptsächlich unserer Demütigung diente. Aber angesichts all dessen, was man uns vorher bereits an Erniedrigungen zugefügt hatte, war sie sogar in dieser Hinsicht bedeutungslos. Es stellte sich außerdem heraus, dass die Anzahl der Häftlinge von Anfang an nicht mit dem Inhalt der Tabellen übereinstimmte. Daraus geht auch hervor, dass die Deutschen sich nicht bemühten, die Anwesenheitslisten ständig neu anzupassen. Jeden Tag brachten wir nämlich die Leichen der Häftlinge vom Arbeitsplatz direkt zu unserem kleinen Verbrennungsofen, ohne dass man sich überhaupt die Mühe gemacht hätte, die tätowierte Nummer zu kontrollieren oder die Identität der Verstorbenen zu bestätigen. In Birkenau wusste man hingegen durch die täglichen Pflichtappelle in den Baracken die genaue Zahl der Häftlinge, aber auch nichts, was darüber hinausgegangen wäre. Die Tatsachenlage beweist also recht eindeutig, dass die Nazis in Trzebinia und den verschiedenen anderen Lagern, in denen wir später festgehalten wurden, keine nähere Kenntnis von ihren Häftlingen oder deren Nummern hatten.

Ilana: »Ich sehe jeden Morgen eine kleine Gruppe von etwa 50 Häftlingen, die in Begleitung eines Orchesters aus dem Männerlager D zu irgendeiner Arbeit hinausgehen.« Weißt du, wer diese Leute waren?

Bis heute bin ich mir nicht ganz im Klaren darüber, was es damit auf sich hatte, aber ich muss auch offen gestehen, dass ich mich damals nicht besonders für sie interessierte. Wären sie aus dem Zigeunerlager gekommen, sähe die Sache natürlich anders aus, weil sich darüber eine mögliche Quelle von Lebensmitteln hätte auftun können. Aber da die Häftlinge von Ersatzlager D aus zur Arbeit gingen, waren sie für uns nicht von Belang. Außerdem konnten wir sie ohnehin nicht erreichen, weil uns zwei elektrische Zäune von ihnen trennten.

TRZEBINIA

Ilana: Vater, ich weiß, dass du bei jeder Fahrt, auf der du Zeugnis ablegst, darauf bestehst, Trzebinia zu besuchen. Kannst du mir erklären, warum? Was bedeutet dieses Arbeitslager für dich?

Ich fahre mit einem Gefühl der Bestimmung nach Polen. Als wäre ich gesandt, um über das, was ich an diesen Orten erlebt habe, zu berichten. Die Lager, in denen ich während der Shoa die längste Zeit festgehalten wurde, lagen in Deutschland, aber dorthin fahren die Delegationen aus Israel nicht. In Polen kann ich entsprechend auch nur in den Lagern, in denen ich auch war, nämlich Auschwitz und Trzebinia, Zeugnis ablegen und den Todesmarsch nach Deutschland beschreiben.

An dem Ort, an dem das Lager in Trzebinia stand, gibt es heute einen Spielplatz und ein kleines, fast verstecktes Denkmal, das auf Anordnung des kommunistischen Regimes aufgestellt wurde und an die ›Opfer des Naziregimes‹ erinnert, ohne zu erwähnen, dass es sich dabei fast ausschließlich um Juden handelte. Aber auch in Israel weiß man wenig von ›kleinen‹ und weniger bekannten Arbeitslagern wie Trzebinia. Deshalb verspüre ich eine moralische Verpflichtung gegenüber den Opfern dieses Lagers, an der Stelle, an der man sie ermordet hat, vor allen Menschen und insbesondere vor den israelischen Jugendlichen Zeugnis abzulegen.

Ilana: Die Verwaltungsbaracke in Trzebinia enthielt auch das ›Krankenzimmer‹. Ich kann mir angesichts deiner Schilderungen nur schwer etwas darunter vorstellen. Was verbarg sich hinter seinen Türen?

In einem getrennten Teil der Verwaltungsbaracke waren die Häftlinge versammelt, die nicht mehr arbeiten konnten: die Muselmänner, die am

Ende ihrer Kräfte waren, Verwundete aus Arbeitsunfällen, Opfer von Frost und Krankheit. Dort bereiteten sie sich auf den Weg zu ihrer endgültigen Vernichtung vor. In Birkenau gab es, wie man weiß, große Verbrennungsöfen. Das Krematorium in Trzebinia war hingegen für einen solchen Dauerbetrieb zu klein.

Ins ›Krankenzimmer‹ hat man einen Häftling als ›Doktor‹ gestellt. Er war ein netter jüdischer Junge, der versuchte, die Kranken zu füttern und ihnen Wasser zu reichen. Um ihre Wunden zu pflegen, gab man ihm nichts weiter als eine pechschwarze Salbe gegen Entzündungen, die man ansonsten bei Vieh benutzte, und Verbände aus dünnem Papier. Ich ging öfters in diese Baracke, um Freunde und Verwandte zu besuchen. Darunter waren auch die beiden Söhne der wichtigsten und reichsten Familien unserer Gemeinde. Sie hatten sich ursprünglich bei Nichtjuden versteckt, von denen sie aber an die Nazis verraten wurden. Die Verräter kassierten Geld für das Versteck und dann erneut, als sie die Familie auslieferten. Man brachte sie nach Auschwitz, wo ihre Eltern und kleinen Geschwister ermordet wurden. Die Burschen und viele andere in diesem Zimmer sehnten sich in ihren letzten Atemzügen nach nichts weiter als der Erlösung im Tod. Was ich dort mit ansehen musste, werde ich nicht weiter beschreiben. Ich wünschte, ich könnte es vergessen. Zu ihrem Glück mussten sie nicht lange warten: Im Zuge der Vorbereitung des Todesmarsches wurde die Baracke geräumt, und ihre Bewohner wurden auf dem Platz hinter dem Lager, neben den Latrinen, erschossen.

Eran: »Und jeden Morgen drängst du dich vor Sonnenaufgang nach draußen, um einen guten Platz bei der Arbeitsverteilung zu bekommen.« Was soll denn in dieser Hölle ein ›guter Platz‹ sein?

Das wäre beispielsweise die Arbeit an der Isolierung der Rohre, die im Kapitel *Zwangsarbeit* beschrieben wird. Sie war zwar gefährlich, und viele Häftlinge mussten dabei ihr Leben lassen (wenn man überhaupt noch von einem ›Leben‹ reden kann), aber sie versprach Wärme und zusätzliche Rationen. Ich muss es wiederholen: Man hatte dort keine Überlebenschancen, wenn man nicht tagtäglich sein Leben für die Verbesserung seiner Lage aufs Spiel setzte.

Rivka: Als wir vor 18 Jahren Trzebinia mit dir besuchten, mussten wir feststellen, dass das Lager mit Wohnhäusern umgeben war, die teils sogar in der Nähe der Baracken standen. Das ist im Vergleich zu anderen Lagern recht ungewöhnlich. Wie verhielten sich die ›Nachbarn‹ gegenüber den Häftlingen?

Tatsächlich gab es Wohnblocks in der unmittelbaren Nähe des Lagers. Aber die SS verhinderte jede Kommunikation zwischen Häftlingen und Anwohnern, und mir ist, mit Ausnahme einiger weniger Fälle, die in meinem Buch Erwähnung finden, kein Kontakt mit der ortsansässigen Bevölkerung im Gedächtnis.

Auch die Arbeitsanweisungen der polnischen Unternehmer, die mit dem Bau der Raffinerien beauftragt waren, übermittelte man uns nur über die Kapos. Ich kann aber drei kurze Geschichten erzählen, die mit deiner Frage in Verbindung stehen:

Auf unserem Weg vom Arbeitslager zu den Raffinerien und zurück marschierten wir täglich durch die Straßen des Städtchens, und manchmal war es schon Nacht. Alle Häftlinge im Lager, mit Ausnahme der Kapos, waren Juden, von denen die eine Hälfte aus Polen, die andere aus Ungarn kam. Einer von ihnen stammte ursprünglich sogar aus Trzebinia selbst, und wir fürchteten, dass er ohne zu zögern ermordet würde, sollte er im Städtchen entdeckt und bei der SS denunziert werden. Deshalb verdeckte er sein Gesicht immer mit einem Turban, wenn wir die Stadt passierten, und wir versuchten ihn zu beschützen, indem wir uns um ihn herum drängten.

Die Raffinerie befindet sich auch heute noch mitten in der Stadt, sodass einer ihrer Ausläufer, wo ich mit dem Gießen von Zement für die Bunker beschäftigt war, nahe einem kleinen, gepflegten Wohnhaus lag. Es hatte rote Dachziegel und seine Wände waren mit hellen, lustigen Farben gestrichen. Dann, eines winterlichen Morgens, als die Sonne schien, öffnete eine junge Hausfrau die Läden und legte mit einer anmutigen Bewegung die Bettwäsche zum Lüften auf die Fensterbank. Ihre Lippen waren zu einem geheimnisvollen Lächeln gekräuselt, das wohl auf eine angenehme Erinnerung an die letzte Nacht schließen ließ. Ich stand nur wie angewurzelt da und staunte, ob es denn tatsächlich noch so etwas geben könne? Zu meinem Glück erholte ich mich schnell und korrigierte eilig meinen Rückstand beim Beladen des Waggons mit grobkörnigem Sand. Wer bei der Erfüllung seines Solls im Rückstand war, wurde seinem Schicksal überlassen.

Bei meinen Zeugenbesuchen schließt sich uns stets eine sehr alte Frau, etwa in meinem Alter, an, die damals in der Nähe des Lagers wohnte und auch heute noch dort wohnt. Ein Pole, der gebrochenes Englisch spricht, übersetzt für uns. Sie erzählt stets von dem Leid, das sie, ihre Eltern und die anderen Bewohner des Städtchens während der Shoa ertragen mussten, und von dem üblen Gestank, der ununterbrochen von der Leichenverbrennung im Hof des Lagers ausging. Daran siehst du, dass nicht nur wir gelitten haben. Sogar als Leichen fielen wir den Leuten noch zur Last.

ESSEN ODER STERBEN

Ilana: Was meinte der Prophet Jeremia mit den Worten »Wer dem Tod gehört, zum Tod …«, die du an den Anfang des Kapitels gestellt hast, und was wolltest du damit zum Ausdruck bringen?

Jeremia bat Gott um die Errettung des Königreichs Juda. Aber Gott antwortete ihm zornig und mit schrecklichem Ärger: »Und wenn auch Mose und Samuel vor mir stünden, so hätte ich doch kein Herz für dies Volk. Treibe sie weg von mir und lass sie weggehen!«[34] Das heißt, dass Gott nicht einmal Moses und Samuel erhört hätte, obwohl doch in den Psalmen steht: »Mose und Aaron … und Samuel unter denen … die riefen an den Herrn, und er erhörte sie.«[35] Gott sprach daraufhin zu Jeremia: »Und wenn sie zu dir sagen: Wo sollen wir hin?, dann antworte ihnen: So spricht der Herr: Wer dem Tod gehört, zum Tod …«[36] Damit sollten all die Schrecken, zu denen das Volk verurteilt wurde, auch Realität werden. Ich sehe darin eine Analogie zur Shoa.

Ilana: Aus welchem Grund wollte euch der Kapo für die Zementsäcke, die ihr zur Isolierung unter euren Hemden getragen habt, bestrafen? Welchen Zweck verfolgte er damit? Hast du versucht, seine Grausamkeit zu verstehen?

Ich hatte verstanden, dass ein gebrauchter Papiersack für die Nazis wertvoller als ein Menschenleben war, insbesondere das eines arbeitstauglichen jüdischen Häftlings, denn solche wie ihn gab es mehr als genug.

Jetzt, da ich darüber nachdenke, kann es auch sein, dass die Säcke abgezählt und für andere Zwecke vorgesehen waren, sodass man die Kapos bestrafte, wenn sie verloren gingen. Das Zählen der Säcke sollte auch garantieren, dass die polnischen Unternehmer oder die SS keinen Zement stehlen konnten. Das Phänomen des Diebstahls durch die SS war weit verbreitet. Sie interessierten sich für jeden wertvollen Gegenstand (und im Krieg ist jeder Gegenstand wertvoll): Kleinigkeiten nahm man sich einfach, aber Geld, Wertgegenstände und Kunstschätze raubte man in geplanten Aktionen aus den Häusern der Juden oder aus den Bündeln, mit denen sie in die Vernichtungslager kamen.

Ilana: Deine Beschreibung des Vorfalls mit dem Karottenwagen lässt die Möglichkeit offen, dass der Bauer den Unfall bewusst inszeniert hat, um euch zu helfen. War dir das bewusst? Gab es noch weitere Gefälligkeiten seitens der Bevölkerung?

Es gab gelegentlich solche Fälle. Der polnische Arbeitsdirektor in Trzebinia gab ab und an den Häftlingen sein Brot. Auch ich habe es einmal bekommen. Beim Todesmarsch standen barmherzige polnische Bäuerinnen mit Wassereimern am Eingang ihrer Häuser, um unseren Durst zu stillen, aber die SS hinderte uns am Trinken. Unser Freund Ischai, der einzige andere Überlebende aus unserer Gemeinde, glaubte allerdings, dass die Polinnen uns gar kein Wasser geben wollten, sondern nur dort standen, um uns zu ärgern und unser Leid noch zu vergrößern.

Rivka: Deine Beschreibung der Hungersnot und ihrer Schrecken, wo du eure lebensgefährlichen Versuche, Nahrung zu beschaffen, im Detail schilderst, ist herzzerreißend. Kannst du uns nochmal die Geschichte von der Kartoffel erzählen?

Einmal fiel mir eine mittelgroße, rohe Kartoffel in die Hände. Wie so häufig, erinnere ich mich recht gut an das Wesentliche, habe aber einige Einzelheiten vergessen. Daher ist mir nicht mehr klar, wie dieser Schatz in meinen Besitz kam. Ich weiß aber noch, dass ich ihn gründlich in meiner Hosentasche versteckte, um ihn bei der ersten Gelegenheit, bei der ich mich unbeobachtet fühlte, roh zu essen. An dieser Stelle könnte man sich fragen, zu welchem Zweck die Deutschen uns überhaupt Taschen an die Hosen nähten. Wir besaßen doch nichts, mit dem wir sie hätten füllen können! Aber wenn die Taschen zum Versteck von Kartoffeln gedacht waren, dann wäre das fast schon ein Punkt zu ihren Gunsten. Ich kam aber nicht dazu, sie zu essen, weil ich meine Kleider mitsamt der Kartoffel zur Desinfektion, einer Art Dampfreinigung gegen Insekten, abgeben musste. Stell dir meine Überraschung vor, als ich die Hose zurückbekam und in ihrer Tasche eine noch warme, durchgekochte Kartoffel fand, praktisch fertig zubereitet. Ich zögerte keinen Augenblick und aß sie, trotz der Gefahr entdeckt zu werden, mitsamt der Schale an Ort und Stelle auf. Hätte man mich erwischt, wäre sie mir zur Henkersmahlzeit geworden.

Ich habe nie wieder in meinem Leben etwas so Leckeres gegessen.

ONKEL MIKLOSCH

Noa: Was hat dich daran gehindert, dir wie Onkel Miklosch das Leben zu nehmen? Kamen dir je solche Gedanken? Hast du davon geträumt, gerettet zu werden, und wie hast du es dir vorgestellt?

Ich hatte weder Rettung noch Selbstmord im Sinn. Wir haben uns überlegt zu fliehen, aber das war nur ein Instinkt. ›Rettung‹ war ein hohes Ziel, und nur einmal – nachdem ich erfahren hatte, dass wir nach Bergen-Belsen zurückkehren würden – kam mir der Gedanke, vom fahrenden Zug zu springen. Aber besonders stark kann mein Entschluss nicht gewesen sein, da mein Bruder mich leicht wieder mit optimistischen Worten, dass die Lage sich sicherlich gebessert habe, davon abbringen konnte. Ohne Avraham hätte ich sowieso nie die Flucht ergriffen – wie könnte ich denn meinen Bruder allein lassen! Es gab relativ wenige Fälle von Selbstmord, oder zumindest hörte ich nur von wenigen.

ZWANGSARBEIT

Ilana: Was bedeutet ›Org. Todt‹?

Die ›Organisation Todt‹ war eine Militärorganisation aus altgedienten und ergebenen Nazis, die mit der Verwaltung der Bauarbeiten und der Rüstungsproduktion für die deutsche Wehrmacht beauftragt war. Ihre Hauptaufgabe bestand in der Errichtung des Atlantikwalls, der eine Invasion der Alliierten vom Meer verhindern sollte. Hierzu beschäftigten sie mehr als eine Million Menschen, die meisten davon Zwangsarbeiter. Der Bau der Raffinerien in Trzebinia und drei weiterer Einrichtungen zur Gewinnung von Benzin aus Kohle war für die Wehrmacht äußerst wichtig, weshalb das Projekt direkt von den Mitgliedern der Todt-Organisation beaufsichtigt wurde.

Noa: Wie war das, als dir aufging, dass der Pole dir das Brot schenkt?

Ich wollte es essen, bevor er es sich wieder anders überlegen konnte. Natürlich war ich auch überrascht, da ich wusste, dass er nun selbst nichts mehr zu essen hatte. Ich sah in diesem Brot ein wahres Kleinod, und es fühlte sich in diesem Augenblick für mich so an, als würde er auf einen großen Schatz verzichten. Auch in meiner völligen Apathie empfand ich eine Form von Dankbarkeit.

Ilana: Wo war Avraham, als du Kartoffeln geschält hast? Habt ihr miteinander geredet oder euch gegenseitig erzählt, was euch im Laufe des Tages widerfahren war?

Rumi arbeitete weiter in den Raffinerien. Wir haben nicht viel miteinander gesprochen und uns nichts erzählt, sondern nur einige wenige Worte gewechselt, wenn es notwendig war.

Im Etagenbett unter uns schlief ein Mann, von dem man sagte, dass er ein berühmter Rebbe aus einem polnischen Städtchen sei, dessen Namen ich aber vergessen habe. Ich beobachtete ihn und stellte dabei fest, dass er nicht betete. Für einen kurzen Augenblick stieg Neugier in mir auf, aber meine Frage, wie ein Mensch von seinem Format sich in dieser

Hölle fühlte, blieb unbeantwortet. Meine Neugier quälte mich nicht stark genug, dass ich mich tatsächlich an ihn gewandt hätte. In meiner Abstumpfung und Gleichgültigkeit verfasste ich nicht den Gedanken, mich mit ihm zu unterhalten, was ich im Nachhinein sehr bedauere.

TODESMARSCH

Ilana: Wusstet ihr, warum und wohin ihr marschiert?

Die neuen Häftlinge, die von Zeit zu Zeit in unser Lager kamen (um die Verstorbenen zu ersetzen), erzählten uns von der Lage draußen, und durch sie wussten wir auch vom Vorrücken der Roten Armee östlich der Weichsel. Als das Donnern der Kanonen aus dem Osten immer lauter wurde und die Detonationen näherkamen, war uns klar, dass die Wehrmacht sich in den Westen nach Deutschland zurückzog – und wir als Arbeitskraft mit ihnen, wenn wir nicht durch die Hand der Soldaten oder auf dem Weg sterben würden.

Ilana: Wie lange seid ihr marschiert? Gibt es noch Momente auf diesem furchtbaren Marsch, von denen du noch nicht berichtet hast?

Ich weiß nicht mehr genau, wie lange der Marsch dauerte, da es keine Kalender gab und die Häftlinge schon längst mit dem Beten aufgehört hatten, sodass niemand mehr zwischen heilig und weltlich, zwischen Samstag und Wochentag unterscheiden konnte. Selbstverständlich legte auch die SS keinen Wert darauf, uns über das Datum in Kenntnis zu setzen. Ich erinnere mich deutlich an den Augenblick, wie man uns über den Ablauf des Marsches unterrichtete und ich darüber nachdenken musste, wie existentiell wichtig dieser Augenblick doch sei. Deshalb wandte ich mich an einen der Häftlinge, der noch darauf achtete, und fragte ihn nach Tag und Monat. Der Mann nannte mir das Datum als den 17. Januar 1945. Zumindest nahm er das an. Nach unserer Ankunft in Sachsenhausen sagte jemand (ich wundere mich bis heute, woher er das wusste), dass an diesem Tag der fünfzehnte Schevat sei. Aus Berechnungen, die ich später anstellte, ergab sich, dass der Marsch zwei Wochen gedauert haben muss, wobei wir nach meiner groben Schätzung eine Hälfte zu Fuß marschierten und die andere Hälfte in offenen Eisenbahnwaggons transportiert wurden.

Neben dem Eingang zum Lager Auschwitz 1 wurde erst vor kurzem eine Tafel aufgestellt, auf der die Stationen des Todesmarsches eingezeichnet sind.

Ich kann natürlich nur von unserem Marsch vom Arbeitslager Trzebinia berichten, aber zumindest dazu muss ich sagen, dass die Trasse auf der Karte ziemlich verkürzt dargestellt ist und in geraden Linien, parallel zu den Hauptstraßen, den kürzesten Weg in Richtung Westen weist.

Aber wir, die aus dem am weitesten östlich gelegenen Lager aufbrachen, wurden nicht entlang der Hauptstraßen geführt, und ich nehme an, dass es den Marschkolonnen aus anderen Lagern ähnlich erging. Das hing damit zusammen, dass die Hauptstraßen mit den Fahrzeugen der fliehenden Wehrmacht und der deutschen Bevölkerung überladen waren, die sich seit der Eroberung Polens zur ›Germanisierung‹ in der Gegend niedergelassen hatte und nun (zu Recht) vor Rache der Roten Armee flüchtete. Hätte man die Häftlingskolonnen auf stark befahrene Straßen verlegt, wäre es der SS schwergefallen, Unordnung und Fluchtversuche zu unterbinden. Deshalb hat man uns über Umwege durch die Dörfer geführt, was unseren Weg beträchtlich verlängerte. Ferner erinnere ich mich deutlich, dass wir an einer Stelle von unserer Route abweichen mussten, um die Häftlinge, die keine Kraft mehr für den weiteren Marsch hatten, in Auschwitz 1 abzusetzen. Auch dieser Umweg fehlt auf besagter Karte.

Eines Nachts kamen wir an einen von hohen Häusern umringten Platz. Es war stockfinster, um die Stadt vor den feindlichen Fliegern zu verbergen. Dass wir uns überhaupt in einer größeren Stadt befanden, konnten wir nur im aufflackernden Licht der Bombeneinschläge außen herum erkennen. Einer der Häftlinge sagte, dass es wohl Kattowitz sein müsse. Wenn er recht hatte, und es schien so, bedeutete das eine weitere wesentliche Abweichung vom kürzesten Weg nach Gleiwitz, unserem Ziel. Von dort transportierte man uns in offenen Eisenbahnwaggons ins Lager Sachsenhausen. Dass man uns nach Gleiwitz brachte, wusste ich, weil auf einem Schild neben den Bahngleisen in Fraktur ›Gleiwitz‹ geschrieben stand. Der polnische Name der Stadt –

›Gliwice‹ – fehlte natürlich, weil die Nazis die gesamte Provinz Schlesien an das Deutsche Reich annektiert hatten.

Noa: Die Raffinerie, an deren Aufbau du unter Höllenqualen arbeiten musstest, wurde unmittelbar nach ihrer Fertigstellung zerstört. Hat das in dir etwas ausgelöst?

Ich habe nicht geschrieben, dass die Raffinerie zerstört wurde, sondern nur, dass eine Flamme aus ihr emporgestiegen ist. Wegen der Raffinerie war ich kein bisschen sentimental. Wenn sich überhaupt irgendein Gefühl in mir regte, dann war es eine milde Freude.

Noa: »Kameraden, haltet durch, einigt euch, helft einer dem anderen, flechtet eure Arme und geht, geht!« – Wer hat diese ermunternden Worte ausgesprochen? Hatte irgendwer noch Kraft?

Als wir Trzebinia verließen, besaßen wir noch ein gewisses Maß an körperlicher und seelischer Stärke. Ich kann mich erinnern, dass zumindest zu Beginn des Weges solche aufmunternden Sprüche gesagt wurden, aber ich kann mich nicht mehr erinnern, von wem sie kamen. ›Stärke‹ ist hier relativ zu verstehen, denn eigentlich hatte angesichts unserer Lage keiner von uns mehr viel in sich. Aber dennoch gingen wir vorwärts, und ein Teil von uns kam sogar an. Ich denke, dass nur diejenigen überlebten, die sich vor dem Marsch auf irgendeine Weise zusätzliche Nahrung organisieren konnten. Ischai und ich waren zum Beispiel einige Tage vor dem Marsch zum Kartoffelschälen abgestellt, wo wir rohe Kartoffeln essen und einige davon sogar stehlen konnten. Ich versorgte meinen Bruder Rumi, während Ischai für unseren Freund Jidel Brill schmuggelte. Beide überlebten den Marsch.

Aber letztlich war unsere Anstrengung doch vergebens und verlängerte ihr Leiden in letzter Konsequenz lediglich: Beide starben unmittelbar nach der Befreiung, der eine an Durst, der andere an Flecktyphus.

Verglichen mit unserer ohnehin schon schwachen Verfassung zu Beginn des Marsches, waren wir gegen Ende nur noch Schatten von Menschen, zu schwach, um zu verhindern, dass der Tod uns dahinrafft. In unserer Gruppe breitete sich schon der mörderische Flecktyphus aus. Heutzutage kann man diese Krankheit problemlos mit Antibiotika heilen. Aber in unserem schlechten Gesundheitszustand und ohne jegliche medizinische Versorgung waren schon leichte Krankheiten wie Durchfall bereits tödlich.

DURST

Ilana: Vater, ich weiß mittlerweile, dass ihr in diesem späten Stadium nicht mehr geredet, gefühlt oder nachgedacht habt. Kannst du dich trotzdem an Details zu dem Moment erinnern, als Rumi dein Leben rettete?

Ich registrierte, dass mein Bruder mich aus dem Würgegriff des Häftlings befreite, und fühlte, wie ich wieder atmen konnte. Das war alles. Ich habe zwar viele Dinge vergessen (und viele Überlebende erinnern sich noch an deutlich weniger), aber das mit Sicherheit nicht. Ich bin doch fast erwürgt worden!

Noa: »... aber manchmal passiert es, dass man Waggons mit ›unseren‹ Frauen trifft, und diese werfen uns Eisstückchen zu aus einem Behälter, der offensichtlich im Voraus vorbereitet wurde – für solche Fälle.« Was meinst du mit ›unseren‹ Frauen?

Damit sind weibliche jüdische Häftlinge gemeint. Meistens gab es getrennte Lager für Männer und Frauen. In den großen Lagern wie Birkenau, Sachsenhausen und Bergen-Belsen waren zwar beide Geschlechter eingesperrt, aber man hielt sie auch dort in getrennt eingezäunten Ersatzlagern.

SACHSENHAUSEN

Ilana: Ist es euch in der Baracke der britischen Kriegsgefangenen gelungen, Essensreste zu beschaffen? Wenn ja, wie?

Die Tür zu den Kriegsgefangenen und die Tür zu unserer Baracke lagen zu beiden Seiten eines schmalen Ganges. Der Abfall wurde jeden Tag in einem großen Behälter auf den Korridor gestellt. Aus unserer Baracke kam fast nichts außer Fäkalien, da es in der Baracke keine Toilette gab. Die Kriegsgefangenen hingegen, die bestens versorgt waren, warfen einiges weg, wie zum Beispiel gekochte Kartoffelschalen. Solchen Abfall, den man gewissermaßen als ›Essensreste‹ bezeichnen konnte, schnappten wir uns bei jeder Gelegenheit, bevor der Behälter geleert wurde.

BERGEN-BELSEN

Ilana: »... der Tausende und Zehntausende links und rechts zu Fall bringt, bis er auch an dich herantritt ...« Du redest hier über den Typhus, aber ist das nicht ein Zitat aus der Bibel?

In dieser Passage geht es darum, dass ein Mensch, der auf Gott vertraut, vor allen Gefahren sicher ist. Der Autor verspricht inmitten der Toten und Verwundeten um ihn herum, dass der gläubige Mensch unverwundbar sei: »Fallen auch tausend zu deiner Seite, dir zur Rechten zehnmal tausend, so wird es doch dich nicht treffen ... Denn er befiehlt seinen Engeln, dich zu behüten auf all deinen Wegen.«[37] Ich hätte mir gewünscht, dass auch nur ein Bruchteil dieser Prophezeiung in Erfüllung gegangen wäre.

BREMEN-FARGE

Ilana: Du beschreibst in einem Moment den Sadismus des Lagerältesten und im nächsten den Einbruch in sein Zimmer und den Diebstahl seines Essens. War der Hunger stärker als die Angst vor dieser Bestie?

Ich erwähnte bereits, dass sich bei anhaltendem Hunger der seelische und körperliche Schmerz immer weiter relativiert, obwohl natürlich der Körper des Hungernden beständig schwächer wird, bis er schließlich stirbt. Viele fügten sich ihrem Schicksal und machten sich zur letzten Ruhe auf. Andere fuhren aus einem inneren Drang fort: Sie schmiedeten Pläne und nahmen Risiken auf sich, um weiterzuleben. Für mich gab es keine andere Wahl. Der Drang zu essen war stärker als die Angst vor dem Tod.

DIE RACHE EINES JUDEN

Ilana: Kannst du noch etwas zu der Erhängung des Juden sagen, die »alle Fasern eurer Seele erzittern ließ«? Was denkst du heute und wie fühlst du dich bei dieser Erinnerung?

Dieser Jude mit seinem stolzen Gang und der klaren Aussprache, mit der er nach Rache rief, klingen mir heute noch in den Ohren nach und rühren mich zu Tränen. Damals beeindruckten mich sein Mut, sein klarer Verstand und seine ungewöhnliche Verbundenheit zu den Anwesenden. Heute frage ich mich, wie dieser Mann, ein Schatten seiner selbst, den Rest seiner Menschlichkeit aufbringen konnte, um diese starken Worte auszurufen. Von solchen Ereignissen hörte man nur selten.

Mein Bruder Avraham verstand es, unsere Aufregung (die rar geworden war) zum Ausdruck zu bringen.

BERGEN-BELSEN ZUM ZWEITEN MAL

Noa: Als man dich und deinen Bruder zum zweiten Mal in diese Hölle brachte, waren die Bedingungen dort schlimmer denn je. Trotzdem habt ihr einfach weiter funktioniert, wie auch zuvor. Wie kann das sein?

Und ich frage dich, was wir denn sonst hätten tun sollen? Was geschehen ist, kann niemand rückgängig machen, und wir durften keine Energie auf Trauer oder Gedanken über eine Vergangenheit verschwenden, die wir nicht ändern konnten. Man musste seine gesamte innere Kraft, das Wenige, was noch geblieben war, dazu verwenden, das Beste aus der Situation zu machen. Wir suchten und fanden die bequemste Ecke, um unseren gemarterten Körper abzulegen und Kraft für die Fortsetzung des Existenzkampfes am nächsten Morgen zu sammeln.

VIEHFUTTER

Noa: »Und wenn man auch dies überstanden hat, so warten dort schon die Ukrainer auf dich, ›gesunde‹, frisch angekommene Nichtjuden, um dir mit Gewalt all das abnehmen, was dir zu organisieren gelungen ist. Daher wirft man bei Überfällen der Ukrainer mit Haferkörnern herum und lenkt damit ihre Aufmerksamkeit so lange ab, bis sie sich schließlich vom Gefahrenherd davonmachen.« Es hört sich so an, als ob dich gerade diese Aktionen am Leben gehalten haben: das Adrenalin, die Herausforderung, das Gefühl völliger Machtlosigkeit auf der Flucht.

Essentiell waren weder Adrenalin noch Herausforderung noch Machtlosigkeit, sondern allein der Lebenserhaltungsinstinkt. Der Hunger, der größte Feind der Häftlinge, belastete uns in den ersten Wochen sowohl psychisch als auch physisch. Aber mit der Zeit wird der Körper schwächer, und das quälende Hungergefühl verschwindet allmählich, bis man es gar nicht mehr spürt. Von diesem Punkt an verzichteten viele darauf, sich noch Essen zu beschaffen. Die geringen Aussichten, den Tod letztlich ohnehin nur hinauszuzögern, rechtfertigten die Anstrengung nicht mehr. Sie legten sich auf den Rücken und gaben ihrem Schöpfer gelassen ihre Seelen zurück. Manche kamen früher in diese Lage, andere später. Bei mir trat eine solche Endstimmung einige Tage vor der Befreiung ein. Sie wird im Buch beschrieben.

Ilana: Kannst du dich erinnern, wer diese Aktionen organisierte? Bei deiner Beschreibung empfinde ich nichts als Bewunderung dafür, dass ihr noch als Muselmänner eine so komplizierte Strategie planen und ausführen konntet.

Ich weiß nicht mehr, wer dafür verantwortlich war. Angeführt wurden wir von meinem Vetter Welwele, den wir zuvor getroffen hatten. Die ›Strategie‹ selbst war nichts als ein Instinkt, der auch von Herdentieren in der Natur angewandt wird. Ein Einzelner, der sich auf offenem Feld bewegt, stirbt mit Sicherheit, aber wenn man als Herde auf ein Ziel zugeht oder vor einer Gefahr flieht, überlebt die Mehrzahl. Hunger ist ein gewaltiger Antrieb, der einem die nötige Energie verschafft, um solche Aktionen durchzuführen (auch noch als Muselmann).

Du kannst dich sicher an unsere Reise vor zehn Jahren erinnern, als wir den Ort besuchten, wo früher Bergen-Belsen stand: Dort fanden wir ein hohes Denkmal, das mein ältester Bruder Schaje ohne mein Wissen über dem Massengrab aufgestellt hat, in dem auch Avraham begraben liegt. Das Denkmal, das dort vorher stand und vom dem ich sogar ein Bild besitze, konnten wir nicht finden. Wir sprachen mit dem Direktor des Museums in Bergen-Belsen, das von guten Deutschen zur Aufarbeitung der grauenvollen Vergangenheit gebaut wurde. Im Gespräch erklärte ich ihm unter anderem anhand eines verkleinerten Modells des Lagers, wie wir das Viehfutter ›stehlen‹ konnten. Der Direktor des Museums war sichtlich gerührt. Er sagte, dass er zwar bereits von solchen Aktionen gehört habe, aber stets Zweifel an ihrer Wahrheit hegte, da sie der Phantasie eines gequälten Häftlings entsprungen sein könnten. Meine klare und präzise Beschreibung war aber über jeden Zweifel erhaben. Er sah darin einen Beweis für die Wahrheit dieser unbegreiflichen Ereignisse.

PHANTASIEN

Ilana: Hast du diesen seltsamen und tragischen Traum in Bergen-Belsen geträumt? Wie interpretierst du ihn aus heutiger Perspektive?

In der Regel kann ich mich nicht an meine Träume erinnern, aber dieser eine (wahrscheinlich ein Wachtraum) ist in mein Gedächtnis eingraviert. Es war eine Episode von unwirklicher Ruhe und dennoch nicht abgeschnitten von der Realität der Todeslager. Sagte ich gerade »von unwirklicher Ruhe«? Ich wiederhole: Gerade die Ruhe der schwebenden Männer, aufrecht und gut gekleidet, korrespondierte symbolhaft mit unserer Lage, die wir gelassen und erleichtert akzeptierten. Erst heute begreife ich, wie gut das Zitat von Hiob, in dem er den Augenblick der Ruhe nach dem Tod lobt, zu unserer Stimmung in diesen letzten Tagen passt.

Das Erscheinen meiner Mutter und meiner kleinen Brüder vervollständigt die Interpretation, indem sie nicht zu mir zurückkehren, sondern indem ich es bin, der sich ihnen anschließt.

AKIVA

Ilana: Was meinst du mit dem Zitat: »Licht ist dein Kleid, das du anhast«?

Diese Passage steht zu Beginn von Psalm 104 – einer herrlichen Hymne über die Schöpfung und eine Welt in Gerechtigkeit und wunderbarer Harmonie, in der alle Geschöpfe gesund, geliebt und ohne Sorgen leben. David, sein Dichter, kann sich nicht zurückhalten und ruft voller Bewunderung: »Herr, wie zahlreich sind deine Werke! Mit Weisheit hast du sie alle gemacht, die Erde ist voll von deinen Geschöpfen.«[38] Schließlich endet er voller Hoffnung mit dem Versprechen: »Doch die Sünder sollen von der Erde verschwinden und es sollen keine Frevler mehr da sein.«[39]

Die beschriebene Utopie steht in absolutem Gegensatz zu dem Chaos und der Hölle, in der wir lebten. Aber tatsächlich waren eine gewisse Ruhe und Sorglosigkeit in diesen letzten Tagen Teil unserer Realität, nachdem auch der Letzte den Kampf ums Überleben aufgegeben hatte. Es ist demnach kein Wunder, dass auch ich mich entgegen meiner Gewohnheit letztlich dem Gefühl hingab, die himmlische Landschaft und die Bewegung der Wolken zu beschreiben, als ob sich der Himmel festlich angezogen hätte, um uns unschuldige Opfer zu empfangen.

Rivka: Wieso bekam ausgerechnet Akiva ein eigenes Kapitel? Was hatten er oder sein Tod, Besonderes an sich?

Akiva starb als einer von vielen um uns herum. Aber sein Tod steht symbolisch für das Sterben aller anderen Kameraden in unserer Gruppe, die uns einsam und allein zurückließen. Sicher fallen dir auch weitere Symbole auf, die an die Zehn Märtyrer aus der Antike erinnern: unschuldige, gerechte Menschen, die vom Himmel zu einem qualvollen Tod verurteilt wurden.

LETZTE STUNDEN

Ilana: Du beschreibst den Tag der Befreiung durch die Augen eines Jungen, der sich in einem Zustand tauber Sinne und leeren Denkens befindet.

Kannst du uns erzählen, woran du dich noch erinnern kannst und wie du diesen Tag im Laufe der Zeit reflektiert hast?

Wie man später erfahren sollte, war die ganze Gegend von der britischen Armee eingekreist, sodass die SS-Leute das Lager nicht verlassen konnten. Sie wechselten ihre Uniformen, stellten sich als Soldaten der Wehrmacht vor und versuchten die Spuren ihrer Verbrechen zu beseitigen, indem sie Tausende von Leichen, die überall verstreut waren, entfernten. Ich kann mich erinnern, dass plötzlich ein deutscher Soldat im Ersatzlager auftauchte, was äußerst ungewöhnlich war. Es kann natürlich auch sein, dass es außer ihm noch mehr Soldaten gab, aber ich habe mir nicht die Mühe gemacht, mich umzuschauen. Er gab den wenigen, die noch auf den Beinen stehen konnten, eine Scheibe Brot und einen Löffel Quark. Nach der Befreiung verbreitete sich schnell das Gerücht, dass das Essen vergiftet sei, was natürlich dem gesunden Menschenverstand widersprach. Die Deutschen wollten die Leichen beseitigen, nicht vermehren. Schließlich übergaben sie, in einem erbärmlichen Versuch, sich ihrer Verantwortung zu entledigen, das ›Kommando‹ der ›ruhmreichen‹ ungarischen Armee, die in meinen Augen genauso verabscheuungswürdig war wie die Wehrmacht. Manche behaupten, dass diese Geste vorher mit der britischen Armee abgesprochen wurde.

Eran: Kannst du dich erinnern, wie du die Stunde der Befreiung erlebt hast?

Die Stunde der Befreiung rüttelte uns ein wenig aus unserer Gleichgültigkeit und flößte uns neues Leben ein – aber nur für kurze Zeit. Wir zeigten uns aber von dem Erscheinen der britischen Panzer oder der Verkündung selbst wenig beeindruckt. So sehr ich mich auch bemühe, kann ich mich an keine besondere Gefühlsregung oder einen anhaltenden Bruch in unserer Gleichgültigkeit erinnern, weder bei mir noch bei denen um mich herum.

Rivka: Anne Franks Worte »Trotz allem glaube ich immer noch, dass die Menschen tief in ihrem Herzen gut sind« sind wundervoll, zeitlos und verdienen es, von einem jeden Menschen gehört zu werden. Dennoch frage ich mich, warum du sie ausgerechnet in diesem Kapitel zitierst?

Es fühlte sich richtig an, da wir zur gleichen Zeit in Bergen-Belsen waren. Anne und ihre Schwester Margot starben kurz vor der Befreiung an Typhus. Alle anderen Bewohner des Verstecks, mit Ausnahme des Vaters Otto Frank, wurden in Auschwitz und anderen Lagern ermordet.

Ilana: Was denkst du heute über ihre Worte?

Man muss bedenken, dass Anne ihr Tagebuch nicht in Bergen-Belsen geschrieben hatte, sondern als sie noch im Versteck war. Ihre Worte widersprechen dem, was in der Bibel steht: »… denn das Trachten des Menschen ist böse von Jugend an«.[40]

Was deine Frage betrifft: Ich stimme ihrer Einstellung zu, denn wenn dem nicht so wäre, gäbe es keine Chance, weitere Katastrophen wie die Shoa zu verhindern. Nur wenn man der festen Überzeugung ist, dass die meisten Menschen »tief in ihrem Herzen gut sind«, kann man das Böse bekämpfen. Damit meine ich alle menschenfeindlichen Ideologien, totalitären Regimes, fundamentalistischen Religionen und jede Nachgiebigkeit gegenüber gewalttätigen Gruppen, die der Demokratie zuwiderhandeln und das Eigentum unschuldiger Menschen zerstören.

BEFREIUNG

Noa: »Und so vergeht die ›Nacht der Konserven‹ des 15. April des Jahres 1945.« Was ging dir in diesen Augenblicken durch den Kopf? Warst du gleichgültig? Durcheinander? Konntest du es überhaupt fassen? Was wusstest du über die Briten? Wie hast du auf das Essen reagiert? Hast du es verschlungen? Und was hat dein Bruder getan?

Es tut mir leid, dich enttäuschen zu müssen, aber ich bin selber enttäuscht von meiner trockenen Beschreibung des großen Augenblicks der Befreiung, in der ich nur vom Erscheinen der britischen Fahrzeuge und dem Sturm auf den Kartoffelhaufen erzähle.

Wie sehr wollte ich dem Himmel mit feierlichen Worten von meinen erhabenen Gefühlen, der Freude und dem Glück über das Ende unseres Leidens künden, aber ich kann beim besten Willen nur berichten, wie die Dinge damals waren. In unserer furchtbaren körperlichen Verfassung und absoluten seelischen Leere sahen wir uns nicht in der Lage, die Befreiung voll zu begreifen und erst recht keine Gefühle der Freude oder Erleichterung zu verspüren. Man sollte auch nicht vergessen, dass von den 60 000 Überlebenden von Bergen-Belsen, trotz der heldenhaften Bemühungen der britischen Armee, im ersten Monat allein 30 000 starben, woran man den fürchterlichen Zustand der Häftlinge zum Zeitpunkt der Befreiung ablesen kann.

In den letzten Jahren hörte ich aus unterschiedlichen Quellen, wie zum Beispiel aus dem Mund eines polnischen Reiseführers, das Gerücht, dass die Häftlinge beim Eintritt der Armee plötzlich strammgestanden und spontan die Hatikwa, die israelische Nationalhymne, angestimmt hätten. Als ich das zum ersten Mal hörte, brach ich zunächst in großes Gelächter aus, das später in einen gewissen Ärger gegen die ›Hollywoodisierung‹ der Shoa umschlug, die sich seit einigen Jahren immer mehr verbreitet.

Da fast jede Geschichte, sei sie noch so absurd, ein Körnchen Wahrheit enthält, ging ich diesem Mythos auf den Grund. Ich fand heraus, dass an einem der Samstage im Mai, also etwa zwei bis vier Wochen nach der Befreiung am 15. April 1945, ein gewisser amerikanischer Rebbe (nach einer anderen Version: ein Militärpfarrer) ein Gebet zum Empfang des Schabbat veranstaltet hatte, an dessen Ende anscheinend der gesprochene Text der israelischen Nationalhymne aufgesagt wurde. Was ich damit sagen will, ist Folgendes: Als die britische Armee in das Lager von Bergen-Belsen einfuhr, stand niemand auf und sang stolze Hymnen. Man starb weiter in Massen. Diejenigen, die noch dazu in der Lage waren, sammelten ihr letztes Bisschen Kraft und versuchten unter Lebensgefahr, etwas zu essen zu besorgen, ähnlich wie zuvor. Das Singen der Hatikwa fand – vielleicht oder vielleicht auch nicht – einen Monat später statt, als einige Überlebende sich bereits etwas erholt hatten. Und es war wenig Spontanes daran, sondern wurde von einem zionistischen Rabbiner organisiert.

Noa: »... und schon ziehen sie sich schnell aus dieser Hölle zurück, ohne in das Lager hineinzugehen und einen Blick zwischen die Baracken zu werfen, wo die eigentlichen ›Attraktionen‹ konzentriert sind.« Was meinst du damit?

Ich will damit zynisch sagen, dass zwischen den Baracken noch deutlich mehr Leichen lagen, und dass es sich gelohnt hätte, dort zu filmen. Aber die Kameraleute der britischen Armee scheuten vor dem schrecklichen Anblick und dem fürchterlichen Gestank zurück und verschwanden aus Angst vor Typhus und anderen Infektionskrankheiten.

TRAUERFEIER

Noa: »›Das ist keine angemessene Beerdigung für diese Knochen‹, sagte ich unwillkürlich, ›und auch diese Friedhofsarbeiter bedauere ich‹, fügte ich zögerlich hinzu.« Wie konntest du die Leichenberge um dich herum ertragen, wenn noch Reste von Empathie, Teilnahme und Rechtsgefühl in dir waren?

In uns gab es keinen Rest von Empathie mehr. Das besagte Ereignis fand eine Woche nach der Befreiung statt. Zu diesem Zeitpunkt begann sich der erste Hauch von Menschlichkeit in unserem Bewusstsein zu regen. Und allmählich betrachteten wir die Leichenhaufen, an die wir uns mit der Zeit gewöhnt hatten und die für uns wie Staub und Asche waren, wieder als menschliche Wesen.

Noa: »… die SS-Soldaten … ihr Stolz und ihre Pracht sind restlos von ihnen gewichen, sodass sie sich mit aller Kraft zusammenscharren und sich in die Ladung der Leichen hineingraben, die ihnen Schutz und Deckung geben vor den Schlägen, die ihnen drohen.« Wie ging es dir dabei? Hattest du etwa keine Rachegedanken? Keine Wut auf die SS? Fühltest du keine Erleichterung? Keinen Trost? Es hört sich an, als seist du wütender auf die Juden gewesen als auf die Deutschen.

Ich wollte keine Rache. Ich bin nicht mit diesem Gefühl auf die Welt gekommen. Es mag wahr sein, dass ich manchmal auf Juden oder andere Menschen wütend bin, aber ich trage selten nach, ganz nach dem Sprichwort: »Es ist schwer wütend zu sein und leicht zu verzeihen.« Auf Menschen kann man wütend sein. Aber für Ungeheuer wie die Nazis und ihre SS kann man keinen Zorn empfinden, sondern nichts als blanke Verachtung und Abscheu. Ich habe lange versucht, mir Analogien auszudenken, aber mir kam kein Lebewesen in den Sinn, kein wildes Tier, kein Vieh oder auch nur ein Wurm, der niederträchtig, abstoßend und armselig genug wäre, um mit diesem Abschaum der Menschheit verglichen zu werden.

Einige Tage nach der Befreiung, als wir satt und frei von Läusen waren, kamen bei uns langsam wieder Gefühle hoch. Das Massenbegräbnis fand einige Wochen darauf statt. Zu dieser Zeit war ich bereits wieder in der Lage, Entsetzen zu empfinden, als ich sah, wie man die nackten Leichen von Männern und Frauen in einen tiefen Graben warf, der bereits vor der Befreiung zu diesem Zweck ausgehoben worden war. Bis heute, während ich diese Zeilen schreibe, war ich mir nicht bewusst, dass beide Geschlechter gleichermaßen hineingestoßen wurden. Ich konnte die Gestalten, welche die Leichen einsammelten, nicht übersehen. Ich wusste, dass sie bis vor wenigen Wochen noch SS-Männer gewesen waren, die man bald für ihre Taten zur Verantwortung ziehen würde. Sie müssten jede Strafe, die man ihnen auferlegte, erdulden. Chaim Nachman Bialik sagte dazu: »Eine Strafe, die dem Ausmaß ihrer Verbrechen gerecht wird, hat der Teufel noch nicht geschaffen.« Aber als ich sie sah, geschlagen, entwürdigt, ihre Kleidung, Hände und Gesichter mit den Ausscheidungen ihrer Opfer beschmiert, empfand ich wie aus dem Nichts die Notwendigkeit, meine Gedanken zu äußern.

Die Worte, die ich an meinen Bruder Avraham und die anderen richtete, waren, so glaube ich, nach vielen Monaten die ersten Worte überhaupt, die nichts mit der Beschaffung von Essen zu tun hatten.

AVRAHAM, AVRAHAM

Noa: »Und ich spiele, wenn ich freie Zeit habe, Autofahren auf einem als kaputt zurückgelassenen Traktor im Hof des Lagers oder durchsuche Kleidung und Ausrüstung, welche die SS zurückgelassen hat …« Was meinst du mit ›spielen‹? Wie war die Stimmung nach der Befreiung? Wie war das Verhältnis zu denen, die das Lager bereits verlassen hatten? Wieso habt ihr diesen Ort nicht verlassen, wo Krankheit und Tod herrschten? Du hast ihn ›Hölle‹ genannt, aber als du die Möglichkeit hattest wegzugehen, bist du dortgeblieben.

Meine Erinnerung an die Zeit nach der Befreiung ist sehr lückenhaft. Das Zeitgefühl ging mir vollkommen verloren. Ich kann mich an einzelne Situationen erinnern, aber ich weiß nicht, wie es dazu kam. Meine Stimmung änderte sich häufig. Meistens war ich allein, und so fühlte ich mich auch unter Menschen. Zuweilen gab es Stunden, in denen ich normal funktionierte. Ich weiß nicht, ob dieser Zustand auf meinen Typhus oder andere Krankheiten zurückzuführen war oder ob er aus meinem seelischen Zustand vor der Befreiung resultierte. Vielleicht handelte es sich auch um eine Mischung aus beidem. Es kann sein, dass ich unter posttraumatischer Belastung litt, die sich häufig in einer Unfähigkeit äußert, Pläne zurechtzulegen und Veränderung herbeizuführen.

Zu deinen Fragen: Wenn ich ›spielen‹ schreibe, dann meine ich, dass ich mich wie ein kleines Kind benahm. Zum Beispiel kann ich mich erinnern, dass ich auf besagtem Traktor saß, an den verschiedenen Hebeln zog und dazu passende Motorengeräusche von mir gab, obwohl ich schon 16 Jahre alt war. Ich kann mich aber nicht erinnern, was ich beim ›Spielen‹ dachte oder wie ich mich fühlte, wenn da überhaupt etwas war.

Ich werde nun versuchen, auf deine Frage über das Verlassen dieses ›Höllenortes‹ zu antworten: Bergen-Belsen wurde etwa drei Wochen vor Ende des Krieges befreit. Die britische Armee hatte das Verlassen des Lagers aus Angst vor einer Typhusepidemie zwar verboten, setzte dieses Verbot aber nicht besonders scharf durch. Diese Einschränkung war allerdings nichtig im Vergleich zu den anderen Schwierigkeiten nach dem Krieg: dem heruntergekommenen Zustand der Überlebenden, von denen sich die meisten mit schweren Krankheiten angesteckt hatten, darunter auch ich und mein Bruder Rumi, der kurze Zeit später im Krankenhaus starb, dem Fehlen von Zahlungsmitteln und Transporteinrichtungen, den gesperrten Straßen und gesprengten Brücken, dem Mangel an Essen, Schlafplätzen und vielem mehr. Das Lager, das ich als Hölle bezeichnete, wurde von der britischen Armee binnen weniger Wochen geräumt und bis auf die Grundmauern niedergebrannt. Die Leichenberge steckte man in Gruben und die Überlebenden, die trotz der aufopferungsvollen Pflege der britischen Armee immer weniger wurden, überführte man danach in ein nahegelegenes Lager, in dem vorher Soldaten der Wehrmacht untergebracht waren. Dort genossen wir eine komfortablere Unterkunft, anständige Ernährung, medizinische Versorgung und mehr. Später versprach man jedem eine Rückkehr in seine Heimat und hielt diese Versprechen auch ein.

Im Gegensatz dazu mussten sich die Häftlinge der Lager, die von der sowjetischen Armee befreit wurden, häufig aus eigenem Antrieb in kleinen Gruppen auf den Heimweg machen. Besonders die Frauen, die Angst vor der Aggressivität und Begierde der Soldaten hatten, sahen sich oft dazu gezwungen, auf diese Weise nach Hause zu kommen. Die mühsamen Wege und der Mangel an ärztlicher Betreuung kosteten viele Befreite ihr Leben. So starb auch meine Nichte Bluma, die vom Lager Ravensbrück zurück in ihre Heimat wollte.

Um die Atmosphäre nach der Befreiung von Bergen-Belsen zu verstehen, muss man wissen, wie es im Osten aussah: Zum Zeitpunkt der Befreiung durch die sowjetische Armee waren etwa 60 000 Häftlinge im Lager, von denen 14 000 in den ersten fünf Tagen nach der Befreiung starben und weitere 14 000 in den Wochen darauf. Etliche fanden später ihren Tod, und viele, die körperlich überlebten, waren danach völlig gebrochen. Es ist geradezu ein Wunder, dass sich die Atmosphäre zur selben Zeit im Westen, nachdem wir die ›Hölle‹ verlassen im ehemaligen Lager der Wehrmacht Quartier bezogen hatten, schlagartig verbesserte und sich das Leben allmählich wieder entfaltete. Das war besonders bei den Frauen bemerkbar, die sich Kleider, Hüte und Schleier aus gebrauchten Decken nähten, die von der Wehrmacht zurückgelassen wurden. Sie begannen, Naturdüfte als Parfüms zu benutzen, ihre Fingernägel zu pflegen und sich Frisuren zu schneiden, sobald ihr Haar wieder wuchs. Tatsächlich fanden sich schnell Männer, die um die Frauen warben, und die Zahl der Paare stieg täglich.

Ich besuchte die Zimmer der Frauen einige Male wegen Tauschgeschäften. Hauptsächlich tauschte ich Eier aus der Beute der ›Jugos‹ gegen Zigaretten, welche die Briten auch an die Frauen verteilten. Damals rauchten Frauen noch wenig, kochten aber viel. Als ich die Zimmer betrat, in denen 15 junge Damen wohnten, flogen mir auch einige Bemerkungen, die nichts mit meiner Ware zu tun hatten, entgegen. Man muss wissen, dass ich immer noch klein und dünn war und viel jünger als 16 Jahre aussah. Die sexuell angehauchten Kommentare waren mir peinlich, erheiterten die Mädchen aber umso mehr.

Auch meine Frau Lea, eure Mutter und Großmutter, erzählte oft aus eigener Erfahrung von der freizügigen Art der Mädchen nach der Befreiung. Dieses Verhalten entsetzte eine der religiösen, älteren Frauen zutiefst, sodass sie ihnen Moral predigte und mit harten Worten tadelte. In ihrem Versuch, den Mädchen, aus ihrer Sicht, Anstand beizubringen, machte sie pietätlose Verweise auf ihre toten Familien.

Auch mich stellten meine jugoslawischen Freunde einem christlichen Mädchen aus Serbien vor, die klein, sehr süß und etwa 15 Jahre alt war. Ich frage mich bis heute, wie sie dorthin gekommen ist. Die Jugos motivierten mich, mit ihr zusammenzukommen. Aber zur allgemeinen Enttäuschung war ich noch nicht reif für eine romantische Verbindung. Stattdessen führte ich eine platonische Beziehung zu einem gleichaltrigen jüdischen Mädchen aus Transsilvanien namens Martha.

Ich hörte zu dieser Zeit auch vernebelt von kulturellen Veranstaltungen, Vorträgen, Auftritten, Kongressen und Treffen mit Gesandten der Jewish Agency for Israel. Aufgrund meiner körperlichen und seelischen Schwäche und weil ich zur jugoslawischen Gruppe gehörte, nahm ich an alledem nicht teil. Nur einmal war ich während der Ausstrahlung des Charlie-Chaplin-Films ›Der große Diktator‹ zufällig im Theatersaal des Lagers. Dort erlebte ich zum ersten Mal in meinem Leben eine säkulare Veranstaltung.

Erst vor wenigen Tagen habe ich den ›Großen Diktator‹ wieder einmal gesehen, während ich mit dem Schreiben dieser Antwort beschäftigt war. Ich möchte versuchen, meine heutigen Eindrücke, wie ich die Dinge mittlerweile sehe, mit meinen damaligen Gefühlen, nur wenige Wochen nach der Befreiung, zu vergleichen, da sie mir sehr gut in Erinnerung geblieben sind. Wie zu erwarten, konnte ich einige klare Unterschiede finden: Damals scheine ich eine Art Dokumentarfilm gesehen zu haben. Ich war zwar offen für die komischen Szenen, die mit karikaturhafter Übertreibung dargestellt wurden, und verstand auch die Witze, aber sie entlockten mir nicht einmal ein leises Grinsen. Mir erschien es seltsam, dass Menschen damit beschäftigt waren, einen solch grotesken Film zu drehen, während wir auf der anderen Seite der Welt unbeschreibliche Qualen erleiden mussten. Heute sehe ich die Dinge natürlich anders und habe laut über Charlie Chaplins Possen gelacht.

Noa: »Ein schwerer Frühlingswolkenbruch geht plötzlich auf mich nieder und vermischt sich mit dem Strom der Tränen, die endlich aus mir ausbrechen.« Fiel es dir schwer zu weinen? Welche Gefühle waren dir nach deiner Krankheit noch geblieben? Kannst du dich noch an Einzelheiten aus diesen Minuten erinnern? Eindrücke oder Gedanken? Hast du dir Vorwürfe gemacht, weil du deinen Bruder nicht mehr beschützen konntest? Wurde dir in diesen Augenblicken erst klar, dass du der letzte Überlebende aus deiner Familie bist? Fühltest du dich plötzlich einsam oder kam dir das nicht in den Sinn? War irgendwer mit dir dort? Was für ein Gefühl ist es, vollkommen allein zu sein?

Die Vermutungen hinter deinen Fragen sind richtig, und ich habe zu einigen davon bereits etwas gesagt. Aus gegebenem Anlass will ich es so zusammenfassen: Bereits vor der Befreiung war mein Bewusstsein benebelt und frei von Emotionen. Später verschlimmerte sich dieser Zustand infolge von Trauma und Krankheit noch weiter: Ich fühlte weder Trauer noch Einsamkeit, Hoffnung, Kummer noch irgendetwas anderes. Aber ich funktionierte noch wie ein schlecht programmierter Roboter.

An die Wache am Grab meines Bruders kann ich mich nur bruchstückhaft erinnern. Ich weiß noch mit Sicherheit, dass ich dort stand, aber der Weg dorthin und die Rückkehr in das Lager sind völlig dunkel. Ebenso habe ich vergessen, welche Menschen damals bei mir waren und ob ich nicht sogar allein gewesen bin. Ich weiß auch nicht, woher ich das Schreibzeug hatte und woher ich das hebräische Datum kannte. Meine Pflicht, den traditionellen hebräischen Text auf den Grabstein zu schreiben, erfüllte ich, wie es sein musste. Aber du hast recht, dass ich anfangs Probleme hatte, meiner anderen Pflicht, Tränen zu vergießen, nachzukommen.

An den Tag seines Todes kann ich mich erinnern, aber den Monat habe ich vergessen. War es der Monat Ijjar, dann wäre mein Bruder nur zwei Wochen nach der Befreiung gestorben, und das scheint mir zu früh. War es hingegen der Monat Siwan, dann wäre er anderthalb Monate nach der Befreiung gestorben, und das scheint mir zu spät. Diese Ungewissheit hat mich lange beschäftigt. Vor zehn Jahren flog ich aus diesem Grund mit meiner Tochter Ilana zu den Überresten des Lagers

Bergen-Belsen in der Absicht, sein Grab zu finden oder meine Frage auf anderem Wege zu beantworten, blieb aber erfolglos. Dennoch habe ich nicht aufgegeben und werde bald einen weiteren Versuch unternehmen, das richtige Datum herauszufinden.

Auf deine Frage, ob ich mir Vorwürfe mache, weil ich meinen Bruder besser hätte beschützen können, möchte ich antworten: Ich habe damals und in den Jahren danach zu viel verdrängt, als dass mir eine solche Frage in den Sinn gekommen wäre. Aber später in meinem Leben beschäftigte mich dieser Gedanke immer mehr, und heute quält es mein Gewissen, ob ich nicht doch etwas für ihn hätte tun können – und sei es nur, ihm am Sterbebett zur Seite zu stehen und nicht zuzulassen, dass er alleine von mir geht. Ich versuche mich freizusprechen, indem ich meine beschränkten Möglichkeiten, meine schlechte seelische Verfassung und die völlige körperliche Ohnmacht bedenke, in der ich damals gefangen war.

Während ich diese Zeilen schreibe, erinnere ich mich übrigens, dass es nicht ich, sondern jemand anders war, der Avraham von den britischen Soldaten ins Krankenhaus bringen ließ. Ich wusste nicht, dass diese Möglichkeit überhaupt bestand, weshalb seine Einlieferung auch eine solche Überraschung war. Das könnte zu meiner Bestürzung beigetragen haben.

Außerdem scheint es mir heute so, als sei meine Einstellung zu den britischen Soldaten von meinen bitteren Erfahrungen mit den ungarischen und deutschen Uniformträgern beeinflusst gewesen. Darin könnte ein weiterer Grund liegen, warum ich sie nicht bat, meinen Bruder begleiten zu dürfen und in seinen letzten Stunden bei ihm zu sein. Dieses Versagen nagt stärker an meiner Seele, je mehr die Zeit vergeht.

JUGOSLAWEN

Noa: »»Wird der Genosse Tarzan seinen Sohn verlassen und ihn im Dschungel allein lassen?«, antwortet ihm der Genosse Selim polemisch.« Wie ging es dir bei den Jugoslawen? Es scheint, dass ihre gute Gesundheit, ihre Kraft, ihr Zusammenhalt und vor allem ihre fröhliche Laune dir gutgetan haben. Oder hast du dich auch dort fremd gefühlt? Einsam? Traurig, dass du kaum Kontakt zu anderen Juden hattest? Warst du neugierig auf ihr Schicksal?

Das hast du gut erkannt. Zweifellos habe ich mich bei ihnen recht wohlgefühlt. Vom ersten Augenblick an standen wir uns sehr nahe. Mein Cousin Welwele, dem der Dank für unsere Freundschaft mit den Jugoslawen gebührt, kümmerte sich nicht um mich. Anfangs war er noch mit seiner eigenen Genesung beschäftigt, später hatte er dann eine Liebesaffäre mit einer verheirateten Frau, die noch nichts vom Schicksal ihres Mannes wusste. Im Gegensatz zu ihm wetteiferten die Jugoslawen geradezu untereinander, wer mir am meisten Freundschaft und Geschenke entgegenbringen konnte. Aber auch sie ließen sich nicht von ihrem Interesse an Frauen abbringen. Als wir in Jugoslawien ankamen, wurden die meisten von ihnen, wie bereits erwähnt, zur Befragung abgeholt, weil man sie der Zusammenarbeit mit den Nazis oder verschiedenen rechten Parteien verdächtigte. Ich habe nie wieder von ihnen gehört.

Zu dieser Zeit kannte ich die Methoden des Kommunismus noch nicht. Ich empfand den Verdacht als begründet, weil die Jugoslawen im Vergleich zu den jüdischen Häftlingen in einem so ungewöhnlich guten Zustand waren. Erst später, als ich wusste, dass im kommunistischen Regime ausgerechnet die ›Guten‹ beseitigt wurden, die Idealisten, die von innen stören konnten, ist mir klargeworden, dass sie wahrscheinlich aus dem umgekehrten Grund sterben mussten – eben weil sie treue und loyale Kommunisten waren.

Bis heute weiß ich nicht, ob sie Partisanen waren, die tapfer gegen die Naziherrschaft kämpften, oder ob sie etwa doch mit den Deutschen kollaborierten und vielleicht sogar Massaker an Juden verübten.

Heute, nachdem ich mich mit den Wunden meiner Vergangenheit auseinandergesetzt habe, tut es mir leid, dass ich ihrem Schicksal so gleichgültig gegenüberstand.

Noa: Wie erklärst du dir die Ablehnung, die andere Shoa-Überlebende dir und deinem Cousin entgegenbrachten?

Darüber denke ich oft nach, und ich versuche immer wieder, zwischen den Zeilen auf die möglichen Gründe hinzuweisen. Die Wahrheit ist, dass ich damals praktisch nichts mit den Geschehnissen in dieser jugoslawischen Kleinstadt zu tun hatte. Alles, was ich wusste, kam von meinen

Verwandten, die gelegentlich auf Treffen der Überlebenden gingen und sich stets über die Verteilung der Geld- und Kleiderspenden aufregten.

Zur Sache selbst will ich noch sagen: Man darf nicht vergessen, dass das Ende des langen und schrecklichen Krieges zu dieser Zeit noch nicht lange her war. Der Egoismus und die Aggression, die man für den Existenzkampf aufbringen musste, steckten den Leuten noch in den Knochen. Unter diesem Aspekt ist auch das Verhalten der Menschen zu dieser Zeit zu verstehen und zu beurteilen – nicht nur von Individuen, sondern auch von gesellschaftlichen Gruppen.

Rivka: Was haben die Kupferminen im Süden des eroberten Jugoslawiens mit den ungarischen Arbeitsdiensten zu tun?

Da ich kein Historiker bin, kann ich euch nur erzählen, was ich von den Überlebenden der Minen von Bor gehört habe. Die deutsche Kriegsindustrie benötigte dringend Kupfer. Um das zerstörte Fundament der Kupferminen von Bor zu reparieren und sie wieder in Betrieb nehmen zu können, verlangte die Todt-Organisation von der ungarischen Verwaltung Tausende jüdische Männer als ›Anleihe‹; im Gegenzug sollten sie einen Teil des gewonnenen Kupfers bekommen (ein Versprechen, das natürlich nicht gehalten wurde). Die lieben Ungarn stimmten freudig zu und verfrachteten die Juden zu Tausenden in Arbeitslager nahe der Minen, wo sie von sadistischen ungarischen Soldaten misshandelt oder ermordet wurden. Aber das Schlimmste war der Todesmarsch: Um dem Vorrücken der Roten Armee zu entgehen, mussten sie eine Entfernung von über 1 000 Kilometern ins Innere Deutschlands zurücklegen. Einigen Hundert Juden gelang die Flucht. Teile von ihnen schlossen sich den jugoslawischen Partisanen an, andere flohen nach Rumänien. Kaum jemand überlebte den Marsch nach Deutschland.

NACHRICHTEN

Eran: Warum verlangte dein Bruder Schaje von dir, ›nach Hause‹ zu kommen? Er wollte doch selbst von dort weg. Kannst du dir seine Beweggründe erklären?

In den Augen Schajes und seiner Gleichgesinnten ist es besser, säkular zu sein als ein Orthodoxer, der nicht nach den Lehren des Satmar-Chassidismus lebt. An der Spitze dieser Strömung stand der gepriesene Rebbe Joel Teitelbaum, der den Zionismus aus ganzem Herzen hasste. Der Umstand, dass er von Kasztner – einem Zionisten – vor den Gaskammern gerettet wurde, tat seiner Verachtung keinen Abbruch, sondern verstärkte sie nur. Die Anhänger von Satmar arbeiten heute mit den radikalsten Feinden des Staates Israels, wie dem früheren persischen Staatspräsidenten Ahmadinedschad, zusammen.

Wundert euch nicht, dass ich so schlecht über meinen verstorbenen Bruder schreibe – denn er wäre stolz darauf gewesen.

Hier noch eine kleine Geschichte, damit ihr ein besseres Bild von seinem Charakter bekommt: Sie ereignete sich unmittelbar nach dem Ende des Krieges, als die Überlebenden langsam wieder in unsere Stadt zurückkehrten. Zu dieser Zeit versammelten sich einige Neologen, Aschkenasim und Chassidim, alle noch körperlich und seelisch verletzt, in der Synagoge. Da kam auch unser Verwandter Mosche Waldmann, ein netter junger Mann, bescheiden und klug, der einzige Überlebende seiner Familie. Die ganze Gemeinde empfing ihn mit Freude, aber mein Bruder Schaje verweigerte ihm den Händedruck. Zu Mosches Verwunderung sagte er: »Einem Feind der Chassidim wie dir gebe ich nicht die Hand!«

Schaje wusste, dass unsere Verwandten in Jugoslawien keine Satmar-Chassidim, sondern ihr genaues Gegenteil waren. Deshalb machte er es sich zur Aufgabe, mich unter den Schutz seines Rebben zu stellen. Seinerzeit wusste ich noch nicht, dass er ein Heuchler war, der Familienangehörige und andere Menschen in meinem Umfeld dazu manipulierte, mir das Leben schwer zu machen. So wollte er mich zwingen, zu ihm zu kommen und den Lehren seines Rebben zu folgen.

Ich denke daran zurück, wie naiv ich gewesen sein musste, als ich beschloss, mit Hilfe einer religiösen Partei nach Israel auszuwandern, nur um ihm damit einen kleinen Gefallen zu tun. Diese Entscheidung teilte ich meinem Bruder in einem Brief mit, als er gerade im Begriff war, mit dem Gefolge des Rebben in die USA auszuwandern, und einen kurzen Zwischenhalt in Deutschland machte.

Damals wusste ich noch nicht, dass das für ihn eine Hiobsbotschaft war und dass es, in seinen Augen, erfreulicher gewesen wäre, wenn man mich zum Papst ernannt hätte. Aber er tadelte mich nicht, sondern schrieb lediglich, dass es besser sei, auf den Wegen der Rabbiner zu gehen. Vielleicht wollte er aber auch nur die Kluft zwischen uns nicht weiter vergrößern. Bezüglich unserer Korrespondenz ist übrigens interessant, dass wir auf Hebräisch schrieben: er in der Sprache der Rabbiner und ich in modernem Hebräisch.

Es ist mir außerdem bekannt, dass Schajes Radikalität selbst unter den Satmar-Chassidim in Williamsburg, Brooklyn, ihresgleichen suchte. Auch dort sorgte er für erbitterte Streitigkeiten und kritisierte sogar die Rabbiner, obwohl er ein genialer Gelehrter war, der viele wichtige Bücher verfasste. Aber ich möchte mich nicht weiter in Einzelheiten vertiefen.

Vielleicht versteht ihr jetzt die Beweggründe meines Bruders etwas besser.

SEEFAHRT

Rivka: Die ganze Mannschaft des Schiffes kam ums Leben, und du allein hast durch einen ungeheuren Zufall überlebt – aber du reagierst weder entsetzt noch aufgewühlt. Wie ist das möglich?

Heute wäre ich natürlich bestürzt, aber damals, wenige Monate nach der Befreiung, nahm ich diesen Zwischenfall – und ich schäme mich, das so sagen zu müssen – wie eine Routineangelegenheit auf. Ich habe in diesem Buch bereits versucht, die langsame, etappenweise Rückkehr normaler Gefühle zu schildern. Mein Eintritt in eine zionistische Pioniergruppe, die in den nachfolgenden Kapiteln erzählt wird, war ein wichtiger Schritt in diesem Prozess.

AUF DEM WEG ›NACH HAUSE‹

Ilana: »Nach erfolgreicher Überquerung der Grenze trenne ich mich von der Gruppe …« Wieso bist du nicht bei ihnen geblieben? So hättest du eine vollständige Ausbildung erfahren, anstatt drei Jahre deiner Jugend zu verschwenden.

Das ist eine berechtigte Frage. Es war aber eine gut organisierte Gruppe, und es kann sein, dass sie auch Zertifikate für die Einreise nach Palästina besaß, das damals unter britischer Herrschaft stand. Hätte es eine Möglichkeit gegeben, mich der Gruppe der Einwanderer anzuschließen, so wäre ich vielleicht mit ihnen gereist. Andererseits glaube ich, dass mich meine Verpflichtung, zuerst meinen Bruder zu treffen und meine Hoffnung, mit ihm gemeinsam nach Israel einzuwandern, trotzdem zum Verzicht bewegt hätte.

DIE ZERSTÖRUNG DES TEMPELS

Eran: Dieses kurze Kapitel ist voll von bitteren Enttäuschungen. Nach vielen Versuchen und langer Reise empfängt dich anstelle deines Bruders, dem einzigen Überlebenden deiner Familie, ein zorniger Goj, der eure Wohnung besetzt hat. Der armselige Zustand der Synagoge, dem früheren Zentrum des Gemeindelebens, und der gemütskranke Jude, der mit Gebetstüchern bedeckt war – wie bist du bei alldem nicht zusammengebrochen?

Ich habe doch Schlimmeres überlebt. Es war ein Freitagabend, es war kalt, und ich war erledigt. Ich wollte nichts weiter als meinen Kopf hinlegen und meinem müden Körper etwas Ruhe verschaffen in der Hoffnung, dass am nächsten Tag alles besser wird.

ÜBERLEBENDE

Eran: »Ich verließ das Gebäude noch vor dem Ende der Gebete, um nie mehr dorthin zurückzukehren.« Aber du bist zweimal mit uns dorthin zurückgekehrt.

Damit meinte ich die Menschen, die ich nicht mehr sehen wollte. Das Städtchen, das ich damals verlassen habe, ist nicht dasselbe, in das wir vor einigen Jahren zurückgekehrt sind: Die wenigen Überlebenden, die es dort noch gab, sind in alle Richtungen verstreut und die meisten mittlerweile gestorben. Ihr konntet mit eigenen Augen sehen, dass es die

Synagoge, das ehemalige Zentrum unseres geistigen Lebens, nicht mehr gibt und dass der Ort bis zum heutigen Tag einsam und verlassen ist, wie eine blutende Wunde, die sich nicht schließt.

Als ich mit euch in meine Geburtsstadt reiste, kehrte ich zurück, weil ich mich nach meinen Wurzeln sehnte. Sie war der Ort, an dem ich aufgewachsen war und an dem sich meine Persönlichkeit entwickelt hatte.

BEI TANTE UND ONKEL

Rivka: »*Ich gab ihm also das Geld ohne Kommentar und ging frohen Mutes in Richtung der Bahnstation …*« *Hat dich das Verhalten deines Onkels nicht verwundert? Warum warst du nicht verbittert? Du hättest doch sagen können:* »*Schämst du dich nicht, von jemandem in meiner Situation Geld zu verlangen? Du solltest dich dankbar zeigen für die Gastfreundschaft, die dir meine Mutter entgegenbrachte, und das Geld, das sie deinem Sohn gab, nachdem du ihm nicht bei seiner Flucht helfen wolltest.*«

Heute verstehe ich deine Verwunderung sehr gut sowohl über das Verhalten meines Onkels als auch über meine fehlende Entgegnung. Man darf nicht vergessen, dass ich damals, trotz meiner Vergangenheit, im Geiste noch ein weltfremder Junge war. Der alte Onkel mit seinem prächtigen Bart war wie ein Vater für mich und erschien mir als eine Autorität. Da mich seine Forderung überraschte, glaubte ich, dass mein Onkel sich in schwerer Geldnot befände. Also zahlte ich ihn aus und wandte mich der Zukunft zu. Im Laufe der Jahre nahm meine Verwunderung zu, da ich mich an seine Großzügigkeit und Herzensgüte vor der Shoa erinnerte. Aber da ich von Natur aus nicht nachtragend bin, hielten Lca und ich eine gute Beziehung zu ihm und seiner Familie für ratsam. Der Onkel und die Tante waren auch Trauzeugen bei unserer Hochzeit. Erst in den letzten Jahren ist etwas geschehen, das sein Benehmen zwar erklärte, aber nicht rechtfertigte. Das ist die Geschichte:

Vor 20 Jahren erschien eines Tages ohne vorherige Ankündigung ein junges Mädchen in unserer Wohnung, das sich als eine Tochter meines Bruders Schaje vorstellte. Das bedeutet, dass sie aus einer Familie der Satmar-Chassidim aus Brooklyn, New York, kam. An ihrer Aufmachung und Kleidung konnte man aber eine gewisse Freizügigkeit ablesen, wie sie für Frauen aus orthodoxen Gemeinden eher untypisch ist. Schnell stellte ich fest, dass sie ein äußerst kluges Mädchen mit einer starken Persönlichkeit war. Sie erzählte, dass sie in ihrer Jugend von einem mysteriösen Onkel Shalom gehört hatte, über den man nicht reden durfte, und sie schwor sich in ihrem Herzen, dass sie ihn eines Tages treffen würde. Nun war sie nach Israel gekommen, um an der Universität in Jerusalem zu studieren. Über die nächsten Tage führten wir lange Gespräche, bei denen sie Interesse an Familienangehörigen zeigte, die keine Satmar-Chassidim waren, und viele Fragen über die Shoa stellte, auf die man ihr zu Hause nur antwortete: »Darüber redet man nicht.« Als sie mich schließlich fragte, wie Joel Teitelbaum, der Gründer ihrer Sekte, die Shoa überlebte, erhielt sie von mir nur die Antwort: »Dem Rebben ist ein Wunder passiert.« Das Wunder kam natürlich in Form des Zionisten Kasztner, der den Rebben über Umwege außer Landes schaffen konnte. Sie erzählte mir, dass sie seit frühester Kindheit mit ihrem Vater zerstritten war, weil ihre freigeistige Art nicht zu den strengen Sitten, Gebräuchen und Gesetzen der Gemeinde passte. Die bisweilen sogar gewalttätigen Versuche ihres Vaters, sie zurück zur Ordnung zu bringen, verschärften das Verhältnis nur weiter, bis sie mit 16 Jahren den Entschluss fasste, das Haus ihres Vaters für immer zu verlassen.

Es ist kaum vorstellbar, welcher Wagemut zu einem solchen Schritt nötig ist. Das Mädchen war im geistigen ›Ghetto‹ der Satmar-Gemeinde im Herzen New Yorks so stark von der Außenwelt isoliert, dass sie selbst die englische Sprache kaum beherrschte. Ich muss euch wohl nicht sagen, was für ein Unglück es in dieser Gemeinde bedeutet, wenn ein junges Mädchen ihr Elternhaus verlässt und in die ›Gesetzlosigkeit‹ verfällt. Ihre Familie trägt diese Schande über Generationen, und die Möglichkeiten der Ehestiftung ihrer Brüder und Schwestern sind ernsthaft gefährdet.

Das Mädchen erzählte in allen Einzelheiten von dem gewaltigen Druck, der von allen Seiten auf sie ausgeübt wurde, und den Gewalttaten, Erniedrigungen und Grausamkeiten, denen sie ausgesetzt war – und sie stand alles allein aus. Sie schilderte beispielsweise die Sitte, wonach die Knaben bis zu ihrer Hochzeit in der Talmudschule lernen und die Mädchen als Pflegerinnen und Kindermädchen arbeiten. Die Begabten unter ihnen beschäftigt man hingegen als Lehrerinnen, Sekretärinnen oder in ähnlichen Berufen. Meine Nichte lernte Buchhaltung und arbeitete auch in diesem Beruf. Der Verdienst der Mädchen wird auf ein gesperrtes Konto eingezahlt und soll später, wenn sie heiraten, als Mitgift dienen. Bevor sie das Haus verließ, bat sie ihren Vater, das Guthaben aufzulösen, da sie noch minderjährig war, aber er weigerte sich in einem verzweifelten Versuch, ihren Fortgang zu verhindern, und sagte ihr, dass dieses Geld ihm gehöre als Entgelt für ihre Ernährung, Kleidung und Erziehung. Sie bekam es schließlich, als sie damit drohte, dunkle, innere Geheimnisse der Sekte an die Behörden weiterzugeben.

Danach war mir plötzlich alles klar: Der Onkel handelte ähnlich wie der Vater des Mädchens, wahrscheinlich ebenfalls unter Druck des Rebben. Indem er das Geld von mir einforderte, versuchte er, die Familie vor der Schande zu bewahren, dass der jüngere Bruder von Reb Schaje Weiss mit Zionisten nach Israel geht. Um mich von diesem verdorbenen Pfad abzubringen und dafür zu sorgen, dass ich mich dem ›echten‹ Judentum, nämlich der Satmar-Gemeinde, anschließe, waren alle Mittel erlaubt.

DIE TANTE MACHT SICH SORGEN

Rivka: Deine Tante und dein Onkel väterlicherseits und deine Tante und dein Onkel mütterlicherseits könnten kaum unterschiedlicher sein. Aber nachdem du aus der Hölle zurückgekehrt warst, empfingen dich beide Seiten, mit Verlaub, alles andere als gebührend. Wie erklärst du dir das?

Es stimmt, dass mir keine Seite besonders viel Sympathie entgegenbrachte, aber ihre Motive waren sehr unterschiedlich. Wahrscheinlich werdet ihr mir meine Naivität zum Vorwurf machen, aber ich versuche immer das Gute in anderen Menschen zu sehen und bin gleichzeitig recht selbstkritisch. Onkel Schlomo Itzchak Leib stand wahrscheinlich, wie oben beschrieben, unter großem Druck seitens meines Bruders, der ein anerkannter Rabbiner war und über entsprechende Autorität verfügte. Er war radikal, hartnäckig und sogar noch stolz darauf. Vielleicht wurde er auch von anderen Rabbinern genötigt, mich daran zu hindern, mit den verhassten Hapoel Hamisrachi nach Eretz-Israel auszuwandern und ein Leben fernab meines älteren Bruders zu führen. Angeblich wäre das zu meinem ›Besten‹ gewesen. Ich hätte erwartet, dass sie anders handeln, und das ist einer der Gründe, warum sich unsere Wege trennten. Während Reb Schlomo Itzchak Leib vollkommen unter dem Einfluss der Rabbiner stand, war Onkel Schimon in gleichem Maße seiner Frau Lena hörig. Das wusste ich schon lange vor der Shoa aus Gesprächen zwischen meiner Mutter und ihren Schwestern. Will man daher sein Verhalten beurteilen, so muss man auf die Motive von Tante Lena schauen. Mittlerweile ist mir bewusst, dass sich nicht nur viele Juden in den ersten Jahren nach dem Krieg vor den Überlebenden der Todeslager fürchteten, sondern auch ihre Verwandten. Diese Angst war bei den Müttern am stärksten ausgeprägt: Angeblich ging das Gerücht um, besonders die jüngeren Überlebenden wären mit einer ansteckenden Krankheit infiziert, die sie an Kinder weitergeben konnten. In Wirklichkeit befürchtete man, dass die Geschichten aus den Vernichtungslagern den zarten Seelen der Kinder schaden. Ihre ablehnende Haltung wurde außerdem mit der Behauptung begründet, dass wir uns unmoralisch benehmen würden. Diese schreckliche Entfremdung und Ignoranz war insbesondere in religiösen Familien und bei alleinstehenden Mädchen bemerkbar. Der Einfluss solcher Flüchtlinge hätte, Gott behüte, die Aussichten auf zukünftige Ehepartner zerstören können.

Es ist nicht davon auszugehen, dass meine Tante Lena eine Gefährdung etwaiger Ehen vermeiden wollte, aber in anderen Angelegenheiten war sie stets bemüht, kein Risiko auf sich zu nehmen. Im Gegensatz dazu wäre ich von Onkel Itzchak Leib und Tante Jides wie ein Sohn empfangen worden, hätten sich nicht ›Religionswächter‹ wie mein Bruder Schaje im Glauben, die Hüter der Interessen Gottes auf Erden zu sein, eingemischt.

Jahrzehnte später, als ich schon verheiratet war und Kinder hatte, kamen Onkel Schimon und Tante Lena aus ihrer Heimat in Kanada nach Israel, um uns zu besuchen. Wir empfingen sie mit allen Ehren: Immerhin war die Rede vom Bruder meiner Mutter, dem einzigen Überlebenden ihrer näheren Familie. Wir bereiteten ihnen ein festliches Mahl und zeigten ihnen die Sehenswürdigkeiten von Haifa. Als Onkel Schimon und ich später allein waren, fragte er mich, ob ich ihm verzeihen könne.

Mit offener Verwunderung fragte ich ihn, was es denn zu verzeihen gäbe, und da antworte er beschämt: »Na ... du weißt schon ... dass wir dich nicht nett empfangen haben, als du aus dem Lager kamst.« »Ach, das?« erinnerte ich mich plötzlich, »Vergiss es«, sagte ich, »das habe ich längst vergessen.«

Zum Schluss einige Worte an meine Onkel, Tanten, meinen Bruder Schaje und all die anderen, die schon längst verstorben sind: Ich trage nichts als Liebe in meinem Herzen und bitte um Vergebung, falls ihr meinetwegen jemals Gewissensbisse hattet. Ich sagte bereits, dass man die Menschen nicht an ihrem Verhalten unter der Herrschaft der Nazis oder nach dem Krieg bemessen darf, als ein jeder – auch wenn er weder gefasst noch verhaftet noch in die Vernichtungslager gebracht wurde – gezwungen war, sein Leben und das seiner Familie zu beschützen. Und verzeiht mir auch, Onkel und Tanten, dass ich diese Ereignisse aufgeschrieben habe. Ich tat es aus einem inneren Drang heraus, alles aufzuzeichnen, was mir widerfahren war und was die Leser interessieren könnte.

VORBEREITUNGSBRIGADEN

Ilana: Es sieht so aus, als ob du dich bei den Vorbereitungsbrigaden ein wenig erholen konntest. Würdest du heute im Rückblick behaupten, dass das eine fruchtbare Zeit war?

Ich teilte mir mit diesen Jugendlichen den Hintergrund, die Abstammung, die Erziehung und sogar die Erfahrungen in der Shoa. Selbstverständlich fühlte ich mich unter ihnen zunächst frei und sorglos. Trotzdem fragte ich mich, warum man körperlich und geistig angeschlagene Jungen und Mädchen jahrelang ohne ärztliche Versorgung und psychologische Hilfe unter den Gojim festhalten sollte. Warum wurde politischen Parteien das Recht gegeben, uns zu einer landwirtschaftlichen Ausbildung zu zwingen, anstatt uns eine allgemeine Schulbildung zu vermitteln? Warum wurden wir im Wachstumsalter nach jahrelangem Hunger noch weiter in die Unterernährung getrieben? Warum schickte man uns Rabbiner, um Moral zu predigen, aber keine Ärzte, um für unsere Gesundheit zu sorgen? Warum kamen engstirnige Parteifunktionäre, aber keine Lehrer, die uns Mathematik, Geometrie oder die Geschichte Israels und seiner Kultur beigebracht hätten? Warum gab man den Mädchen keine erfahrene Frau oder den Knaben keinen erfahrenen Mann an die Hand, mit denen sie über Frauen- oder Männerprobleme reden konnten? Man bekam den Eindruck, dass keine echte Anstrengung unternommen wurde, uns nach Eretz-Israel zu bringen, während es für reiche und einflussreiche Familien ein Leichtes war. Zur gleichen Zeit gab es in Israel Internate, wo man sich um unsere Gesundheit gesorgt und die Wahl unserer beruflichen Zukunft uns selbst überlassen hätte, ganz nach Neigung und Fähigkeit. Vor allem wäre dort keiner in meine missliche Lage gekommen, nach dem Armeedienst ohne Zukunft oder Zuhause dastehen zu müssen.

Ich möchte hier nicht die unschuldigen Menschen kritisieren, die freiwillig eine harte und bisweilen auch gefährliche Arbeit verrichteten – ich habe immerhin selbst ein Heim für Kinder geleitet, die zu spät ins Land gebracht wurden –, sondern mein Urteil gilt den gewissenlosen Parteifunktionären, die sich um Dinge kümmerten, von denen sie nicht den blassesten Schimmer hatten, wie die Pflege traumatisierter Jugendlicher. Letztlich profitierten nicht einmal die Parteien von ihrem Handeln. Das war eine subjektive Beschreibung meiner damaligen Lage, als es keinen ›König und keine Regierung‹ in Israel gab und jeder das tat, was er für richtig hielt. Deshalb nahmen die verschiedenen Parteien das Recht in Anspruch, die arme Jugend so zu behandeln, wie es ihnen am besten gelegen kam.

EIN LIED ZUM FRÜHSTÜCK

Ilana: Was brachte dich dazu, spontan in einen Lobgesang auszubrechen?

Die Sache ist ganz einfach: Nie zuvor sah ich solchen Überfluss. Nach all den Jahren des Hungers versetzte mich der Anblick dieser Speisen in eine solche Hochstimmung, dass mein verborgenes, musikalisches Talent von ganz alleine aus mir herausschoss.

GIVATI

Rivka: Die Befremdung gegenüber deinen marokkanischen Kameraden wirkt leicht rassistisch, obwohl du gegen Ende des Kapitels versuchst zu relativieren. Das passt nicht zu deinem sonst so toleranten Charakter und deinen liberalen Ansichten.

Ich bin kein Rassist und bringe keinem Menschen Missachtung entgegen. Rassismus bedeutet Feindschaft und Hass wegen Abstammung, Rasse oder Hautfarbe. Die Nazis entwickelten diesen Begriff und verankerten ihn in den berüchtigten Nürnberger Gesetzen, in denen versucht wurde, ihn ›wissenschaftlich‹ zu untermauern. Wie käme ich, der direkt unter diesem bösartigen und giftigen Gedankengut leiden musste, dazu, so zu handeln? Ich war schon immer der festen Überzeugung, dass jeder Mensch, unabhängig von seinem Ursprung, seiner Rasse, seiner Hautfarbe oder seinem Geschlecht, mit dem gleichen, unveräußerlichen Recht, seine natürliche Begabung zu entwickeln, auf die Welt kommt. Aber man wird trotzdem von seiner Umwelt, Kultur und den Lebensumständen beeinflusst, und diese formen den Charakter und die Persönlichkeit der Menschen. Das Aufeinandertreffen von Leuten aus verschiedenen Kulturen kann seltsam sein, besonders bei ersten Begegnungen, wenn man keine gemeinsame Sprache hat. Die Beschreibung eines solchen Treffens, in guter Atmosphäre, wenn auch ein wenig übertrieben, kann auf keinen Fall als Rassismus bewertet werden.

Im Laufe der Jahre machten wir allesamt Erfahrungen, die uns gegenseitig bereicherten. Als Beispiel will ich über das Thema der Körperpflege sprechen. Schon in den ersten Tagen fiel mir auf, dass meine Freunde aus dem Maghreb enorm viel Zeit unter der Dusche verbrachten. Anfangs dachte ich, wie mein ungarischer Freund Eladar, dass diese Burschen in ihrem Heimatland unter Wassermangel litten und deshalb die Möglichkeiten hierzulande voll ausnutzten. Aber bereits nach wenigen Tagen anstrengender Übungen in der Hitze konnte ich ihr Verhalten verstehen. Da sie aus wärmeren Ländern kamen, waren sie mit den Anforderungen, die ein solches Klima an den Körper stellt, bestens vertraut. Wir Einwanderer aus dem kühlen Osteuropa kannten diese natürlich nicht. Also fing ich an, es ihnen gleichzutun.

Die Gründung des Staates Israel hatte eine gewaltige Masseneinwanderung aus Europa und Nordafrika zur Folge. Diese Zeit war von einem Aufeinanderprallen der Kulturen geprägt, und um diese Begegnungen herum entstand eine eigene Folklore. Es lief nicht immer friedlich ab: Es gab Beschimpfungen, Beleidigungen und gegenseitige Verwunderung: »Das sind Juden?« Die Aschkenasim waren beispielsweise in den Augen der Sephardim schüchtern, zurückhaltend, distanziert und überheblich. Die Sephardim waren dagegen in den Augen der Aschkenasim zu emotional und extrovertiert mit ihrer Freude, ihrem Ärger und ihrer Trauer. Diesen kulturellen Unterschied versuchte ich meinem Freund Eladar bei unserem Treffen zu erklären. Er selbst verstand nichts außer Ungarisch, das nur für die Ungarn schön ist.

EIN ISRAELISCHER SOLDAT

Rivka: Weißt du, was aus diesem Kompaniekommandanten Morele geworden ist?

Dieser hochintelligente Mann promovierte später zum Doktor der Geschichte und der Staatswissenschaften und trug in seiner Karriere viele wichtige Ämter. Er leitete unter anderem die Büros des Generalstabschefs und des obersten Erziehungsoffiziers, war Militärberater des Ministerpräsidenten und Abgeordneter der Ratz-Partei in der Knesset. Außerdem verfasste er einige Bücher im Bereich der Staatswissenschaften und der politischen Geschichte Israels.

Moreles Bruder, Beni Bar-On, den ich nicht persönlich kannte, war der Leiter des ersten Kurses bei der Givati-Brigade, den ich im Jahr 1948 absolvierte.

Mein direkter Vorgesetzter in der Kompanie war der Dramaturg Nissim Aloni. Einmal fuhren wir gemeinsam in einem Geländewagen eine staubige Straße entlang. Ein aufgeschreckter Vogel prallte gegen die Front des Fahrzeugs und brach sich die Flügel. Nissim hielt an, nahm den verwundeten Vogel in seine Hände und weinte Tränen. Nachdem wir diese herzergreifende Geste gesehen hatten, zeigten auch wir mehr Empathie für Tiere. Das Andenken an Nissim wird für immer in meinem Herzen bleiben.

BUNKER UND VERGNÜGEN

Noa: Hast du dich jemals einsam gefühlt?

Zu keiner Zeit. Ich hatte immer Freunde und Freundinnen, las viele Bücher und hörte Musik. Selbst als mein Bruder Avraham gestorben war und ich begreifen musste, dass nur noch ich übrig war, fühlte ich mich seltsamerweise nicht allein. Rückblickend ist mir klar, dass mir meine objektive Einsamkeit schlichtweg nicht bewusst war und ich deshalb auch subjektiv nicht darunter gelitten habe. Allerdings war ich auch stets bemüht, unter Leuten zu sein. Deshalb schloss ich mich nach der Befreiung beispielsweise meinem Cousin Welwele und den Jugoslawen an und interessierte mich während meiner Zeit in der Armee nicht für eine Versetzung in andere Kompanien, die zum Teil vielleicht besser organisiert waren.

MAN FÄHRT NACH AMERIKA

Ilana: Es fällt mir schwer zu begreifen, wie man so mit dir umgehen konnte, nachdem du mehr als drei Jahre für die zionistische Idee im Ausland gearbeitet und nochmal so lange in der israelischen Armee gedient hattest. Wie erklärst du das?

Damals, in den ersten Tagen nach der Gründung des Staates, waren die Behörden und ihre Mitarbeiter noch mit dem Aufbau ihrer jeweiligen Institutionen beschäftigt, und ihre politische Einstellung spielte dabei eine große Rolle. Häufig wurden nur die Anliegen derer bewilligt, die über familiäre ›Beziehungen‹ verfügten oder am politischen Geschehen beteiligt waren (zumeist bei den Regierungsparteien). Ich wusste, wie wichtig es war, staatliche Institutionen aufzubauen, und akzeptierte auch das Recht der Bürger, sich frei in Parteien zu organisieren. Aber ich vermied es, selbst politisch aktiv zu werden. Ich erinnerte mich an die Spaltung der religiösen Gemeinden vor der Shoa und an den Hass, der damit verbunden war. Hinzu tritt noch der Umstand, dass ich die Untaten totalitärer Parteien, sei es im Faschismus oder Kommunismus, am eigenen Leib erfahren musste.

Ferner erwähnte ich bereits den ›Makel‹ in meiner Persönlichkeit, der mich schon immer daran hinderte, um Hilfe zu bitten, egal wie aussichtslos meine Situation auch sein mochte. Aus diesem Grund habe ich mich zeit meines Lebens nicht über mein Schicksal oder meine persönlichen Niederlagen beklagt.

IN DEN GRENZGEBIETEN

Ilana: In den letzten Kapiteln stellten wir dir immer weniger Fragen und das soll nicht bedeuten, dass deine Erzählung weniger interessant wurde. Woran liegt das?

In den Kapiteln über meine Kindheit schildere ich die Folklore einer orthodoxen Gemeinde in der Diaspora – eines Lebens, das ihr nie kennengelernt habt. Außerdem seid ihr bestimmt neugierig gewesen, wie euer Vater und Großvater seine Kindheit verbrachte. Daher ist es nicht schwer zu verstehen, warum ihr so viele Fragen gestellt habt.

Die Kapitel über die Shoa sind eine völlig andere Sache: Die Massenmorde, Vernichtungslager und Todesmärsche kann man nicht verstehen. Deswegen kreisen eure Fragen darum, wie Menschen zu solchen Taten fähig waren und wie andere sie ertragen und überleben konnten. Dabei habt ihr natürlich versucht, uns Häftlinge zu verstehen – wie wir uns mit dem Bösen, unserer eigenen Sterblichkeit und unbeschreiblichen Schrecken auseinandersetzen konnten.

Die Ereignisse meiner Kindheit und auch die Kapitel der Shoa stehen im Präsens, als seien sie von dem Knaben, der ich damals war, geschrieben worden. Diese Perspektive verhinderte es, dass Erklärungen, Interpretationen und Einsichten, zu denen ich erst später in meinem Leben kam, in die Erzählung einfließen. Deshalb musstet ihr so viele Fragen stellen. In den späteren Kapiteln der Auferstehung gilt diese Einschränkung hingegen nicht, da sie in der Sprache der Vergangenheit verfasst sind.

In den ersten Jahren nach der Befreiung stand mein Leben noch im Schatten der Shoa. Wir Überlebende suchten den Weg zur Heilung und zum Aufbau eines neuen Lebens. Erst nach meinem Erwachen im Lande kehrte Normalität in mein Leben zurück.

Deshalb, liebe Töchter und Enkel, danke ich euch für eure intelligenten und einfühlsamen Fragen und dafür, dass ihr mir die Möglichkeit gegeben habt, meine Lebensgeschichte so tief und ausführlich zu erzählen.

FÜNFTER TEIL

Mit den Überlebenden aufwachsen – Zweite und dritte Generation: Persönliche Eindrücke

Ilana Teicher aus der zweiten Generation, älteste Tochter von Lea und Shalom Weiss

Im Rahmen eines Vorbereitungsseminars, bevor Vater mit einer Delegation von arabisch-israelischen Intellektuellen nach Auschwitz fuhr, fand ein gemeinsames Treffen mit den Nachkommen der zweiten Generation statt. Wie er da zwischen mir und meiner Schwester Rivka saß, sagte Vater – unklar ob zu uns oder zu sich selbst: »Ich wusste, wie schwer es ist, Überlebender der ersten Generation zu sein. Aber erst jetzt weiß ich, wie schwer es ist, die zweite Generation zu sein.«

Eine kurze und einfache Aussage – und dennoch sagte er damit viel.

Ich wurde in einem Haus geboren, in dem ich auf unzählige Weisen lernte, wie schwer ist, Shoa-Überlebender zu sein.

Aber was es bedeutet, die zweite Generation zu sein – das fühlte ich mein Leben lang am eigenen Leib. Ich kam nach langen Jahren zu diesem Verständnis, und noch heute lerne ich es immer wieder aufs Neue kennen.

Ich wusste schon lange bevor ich Erinnerungen hatte, dass ich nicht auf die Welt gekommen bin, um mein Leben zu leben – nicht um Erfahrungen zu machen, mich zu vergnügen, zu lernen, um meine Neugier oder andere Bedürfnisse zu befriedigen, sondern einfach nur, um den natürlichen Lebenszyklus einer Familie fortzusetzen.

Tief in mir war mir klar, dass ich viele Dinge symbolisiere: die Fortsetzung des Lebens, den Sieg des Guten über das Böse und die Überwindung hasserfüllter Menschen. Durch meine Geburt schuf ich eine neue Familie auf den Trümmern der Vergangenheit. Ich bin Trost, Wiedergutmachung, Chance, Korrektur, Licht, Freude und Hoffnung. Ich bin das Mädchen, das eine Ausbildung absolvieren und einen Beruf haben wird. Ich werde in geordneten Verhältnissen aufwachsen, werde zufrieden sein mit dem, was ich habe, und werde gesund und ohne Angst vor dem Tod leben können.

Schon damals wusste ich, dass ich ein fröhlicher, lustiger, ruhiger, zufriedener und genügsamer Mensch bin; dass ich Mutter und Vater nur positive Gefühle entgegenbringe; dass ich alles habe, was ein Mädchen braucht – aber auch, dass für mich keine Möglichkeit besteht, anders zu fühlen, zu denken oder zu handeln.

»Ilana war so ein gutes Mädchen, sie hat nie geweint«, sagten Mutter und Vater immer wieder. Als Kleinkind bemerkte ich schnell, dass das Gesicht dieser Frau, die immer bei mir war, sich von einem Extrem zum anderen ändern konnte – von einem glücklichen, heiteren Lächeln zu einer versteinerten Miene mit blassen, dünnen Lippen und glasigen, angsterfüllten Augen.

Ich stellte bald fest, dass ich die Macht hatte, dieser Frau das wunderbare Lächeln aufs Gesicht zu zaubern – aber wenn ich versagte, reagierte sie wieder verstört, angsteinflößend und ausdruckslos.

Ich war ein gutes Kind: Ich aß viel, vielleicht sogar etwas zu viel, und lag still, wenn ich aus dem Schlaf erwachte. Immer wenn Mutter kam – oder manchmal auch Vater, aber nie Großeltern, Onkel oder Tanten –, begrüßte ich sie mit einem stolzen Grinsen.

Mutter bricht zum ersten Mal zusammen, als ich ungefähr ein Jahr alt bin. Noch als Kind werde ich Zeuge, wie diese Frau, die fast die einzige Gestalt in meiner Welt ist, sich verändert. Sie lächelt weniger und wenn sie es tut, dann ist es traurig und voller Melancholie. Ihr Gesicht erstarrt mehr und mehr, sie findet keine Ruhe, geht in der Wohnung auf und ab, macht pausenlos sauber und hält selten inne, um festzustellen, wie es ihrem Kind geht. Wenn sie kommt, ist ihr Blick starr, erloschen und leer.

Auch Vater ist erschrocken. Er heiratete eine Frau, die ihm ähnlich war: verwaist von Gott und ihren Eltern, ohne ihre beiden Schwestern, ihre beiden Brüder oder sonst irgendjemanden aus ihrer Familie. Aber sie war lustig und tatkräftig, und sie schien ihm stark zu sein – aber nun steht nur noch ein dunkler Schatten vor ihm, der Rückhalt sucht. Er kann ihr keine Stütze sein, denn er muss für die Familie arbeiten, für seine kleine Tochter, und er träumt von einem Sohn, denn er trauert seinen vier Brüdern nach.

Mutter kann nicht mehr arbeiten gehen. Selbstverständlich gibt es von keiner Seite finanzielle Hilfe. Vater lernt in den Nächten für sein Abitur und geht früh am Morgen zur Arbeit.

Mutter war allein. Und ich war es mit ihr.

Wann Mutter mir zum ersten Mal ihre Geschichte erzählte? Ich war noch ein Kind, das kann ich mit absoluter Sicherheit sagen. Mutter glaubte nicht an enge Beziehungen außerhalb der Familie, die für sie nur aus Vater, ihr und mir bestand. Sie erzählte, und ich hörte zu. Ich fühlte mich geschmeichelt, ihre Vertraute sein zu dürfen, und ich bemühte mich, dieser Rolle gerecht zu werden. Solange die Geschichte andauerte, saß ich still da, mit ernstem Gesichtsausdruck, und hörte zu.

Mutter erzählte unglaublich viel. Von ihrer geliebten jüngeren Schwägerin Bella, die 18 Jahre alt und zum zweiten Mal schwanger war, als sie die heraufziehende Gefahr erkannte. Sie bat meine Großmutter um Erlaubnis, meiner Mutter und ihrer Schwester gefälschte Papiere und einen Zufluchtsort besorgen zu dürfen. Aber die fromme und ergebene Frau lehnte ab, weil sie bedingungslos darauf vertraute, dass Gott die Gläubigen beschützen würde. Mutter erzählte mir von Bellas Schicksal: Sie gebar im Waggon auf dem Weg nach Auschwitz. Die Enge im Waggon machte es unmöglich, sich ihr zu nähern, sodass man nur ihre Schreie und das Weinen des Kindes hören konnte. Meine Mutter verlor Bella und ihre winzige Tochter, wie auch ihre Mutter und ihre kleine Schwester Martha, im Chaos auf der Rampe in Auschwitz aus den Augen. Man brachte sie sofort in die Gaskammern. Außerdem erzählte sie mir, wie ihre Schwester Ethel eine Scheibe roter Rüben organisierte, um die Schergen der SS, die bei der Selektion mit einer Fingerbewegung entschieden, ob ein Häftling sich weiter quälen oder sofort getötet werden sollte, mit gesunden, roten Wangen zu beindrucken. Sie erinnerte sich, manchmal unter Tränen, wie Ethel zu ihr sagte: »Wenn man uns trennt, dann will ich nicht mehr leben.« Und eines Morgens, als Mutter auf ihrer Pritsche im Lager erwachte, konnte sie Ethel nicht mehr finden. Manche vermuteten, dass man die besonders schönen Mädchen eingesammelt hatte. Mutter erfuhr nach dem Krieg, dass Ethel nicht überlebte: Beim Todesmarsch fiel sie kraftlos zu Boden und wurde erschossen. Vor Ende des Krieges erschien ihr Ethel im Traum – Mutter flehte sie unter Tränen an: »Nimm mich zu dir«, aber Ethel schüttelte nur langsam den Kopf und sagte: »Zu dem Ort, an dem ich bin, kannst du nicht kommen.«

Es war der eiskalte Winter von 1944: In einem abgelegenen Arbeitslager in Österreich ging eine Gruppe von Mädchen, darunter auch meine Mutter, auf zerrissenen und blutenden Fußsohlen, bekleidet mit nichts weiter als dünnen Leinenhemden und Holzschuhen, im knirschenden Schnee zu ihrer Zwangsarbeit. Dort transportierten sie große

Steine von einer Seite des Weges auf die andere und wieder zurück. Die Gruppe wurde von einem älteren Mädchen angeführt, das für die anderen wie eine erbarmungsvolle Mutter war. Mit ungebrochenem Geist sprach sie vom Sieg des Guten, von Hoffnung und Optimismus. Als die jüngeren Mädchen eines Tages, ermutigt von den Worten ihrer Ältesten, eine Bahnlinie überquerten, raste ein Zug an ihnen vorbei, der eine Spur von Leichen hinter sich herzog. Mutter beschrieb dieses schreckliche Bild in allen Einzelheiten. Ihre Anführerin war darunter.

Diese Geschichte brannte sich in mein Gedächtnis ein. Aber noch während ich ihr zuhörte, kam mir der Gedanke: Wieso erzählt sie einem kleinen Mädchen solche Geschichten? Wie die von einer SS-Aufseherin, die zu den ›Guten‹ gehörte, weil sie den Mädchen erlaubte, auf dem Bauch zu kriechen und Gras oder Würmer zu essen, wenn sie welche finden konnten. Mutter erzählte mir auch, dass sie sich noch in Auschwitz, im Schatten der Rauch speienden Schornsteine, weigerte zu glauben, dass Gott sie verlassen und sein Versprechen, die Gläubigen zu behüten, gebrochen habe. Trotz der täglichen Selektionen, trotz der Gerüchte über den Umfang der Vernichtung glaubte sie weiter an seine Gnade und daran, dass ihre Mutter, ihre Schwestern Ethel und Martha und ihre Brüder Jecheskehl und Levi-Itzchak überlebten und eines Tages wieder vor ihr stehen würden. Nach dem Krieg hat sie viele Jahre lang auf sie gewartet. Aber nur ihr Bruder Salman blieb in den ungarischen Arbeitsdiensten am Leben.

Nach der Befreiung brachte man sie in Begleitung ihrer Nichte Bubu zu einem jüdischen Arzt. Mit ihren 16 Jahren wog sie gerade mal 28 Kilo, und sie litt an hohem Fieber und Husten. Der Arzt, selbst ein Überlebender, untersuchte sie und sagte mit schwarzem Humor: »Du hast Schwindsucht, aber das macht nichts, in wenigen Tagen wirst du deine Familie treffen!«

Irgendwann in meiner frühen Kindheit fiel mir auf, dass die Lebensgeschichte meines Vaters der meiner Mutter zum Fürchten ähnlich sieht: Auch er stammt von einer orthodoxen Familie ab, die zum größten Teil umgekommen ist. Seine Mutter und seine drei kleinen Brüder wurden sofort nach ihrer Ankunft in Auschwitz in die Gaskammern geschickt, und sein Bruder Avraham starb mit 18 Jahren an einer Epidemie, nur einen Monat nach der Befreiung in Bergen-Belsen. Von seinen sechs

Brüdern überlebte nur Schaje die ungarischen Arbeitsdienste. Vater hatte nie eine gute Beziehung zu ihm – auch nicht nach der Shoa. Wie Salman, der ältere Bruder meiner Mutter, blieb Schaje orthodox, antizionistisch und verbrachte den Rest seines Lebens in Brooklyn. Salman bevorzugte Deutschland, sehr zum Ärger meiner Mutter. Onkel Schaje habe ich niemals kennengelernt. Durch eine seiner Töchter, die säkular wurde, erfuhren wir später, warum: Er boykottierte meinen Vater wegen seines Zionismus und seiner Abkehr von der Orthodoxie.

Wir wuchsen ohne die Begriffe ›Großmutter‹, ›Großvater‹ oder ›Tante‹ auf, denn es gab keine Familientreffen. Wir waren an Pessach zu fünft: Onkel Salman, der keine eigene Familie hatte, reiste eigens aus Deutschland an, um am Sederabend bei uns zu sein. Anders konnte ich es mir gar nicht vorstellen. Später in unserer Kindheit wanderte Bubu, die Cousine meiner Mutter, mit ihrem Ehemann und ihrer Tochter Bella in Israel ein. Bella und ihre Schwester Nati, die wie ihr Bruder Schmulik und ich erst später geboren wurden, waren meine einzigen Cousinen.

Vater redete nie über die Shoa. Ich verehrte ihn wegen seiner Klugheit und seiner vielen Talente. Er erzählte uns klassische Märchen und verfasste, auf unseren Wunsch hin, unglaublich lustige oder zum Weinen traurige Geschichten. Ich kann mich auch noch gut an die Melodie erinnern, die er spontan zum Lied der Zwerge aus ›Schneewittchen‹ erfand und wie er es uns mit seiner wunderbaren Bassstimme vorsang. Er konnte fast alles zeichnen: Für meine Lehrerinnen fertigte er Plakate für Feste und Feiertage an. Aber er war gleichzeitig auch unnahbar und distanziert. Vater war nicht traurig oder lustig, sondern einfach zurückhaltend. Er lachte so selten, dass ich mich an die wenigen Fälle noch in allen Einzelheiten erinnern kann, als wären sie eine Art Naturwunder. Ich sah ihn nie eine Träne vergießen, und die meiste Zeit verbrachte er in seiner eigenen Welt.

Nachts in seinen Albträumen schrie Vater fürchterlich. Man hörte einen Schrei, Bruchstücke von Sätzen in einer unverständlichen Sprache, und bald darauf die sanfte Stimme meiner Mutter, die versuchte, ihn zu beruhigen.

Wir wohnten im vierten Stock. Mutter erzählte, dass vor meiner Geburt, als das Gebäude noch leer stand, die Zimmer ausgelost wurden. In ihren Gebeten bat sie darum, keine Wohnung in der vierten Etage zu bekommen, weil sie mich von dort aus nicht beobachten könnte, wenn ich zum Spielen in den Hof gehe. Das Ergebnis der Verlosung traf sie schwer.

Ich war ein ruhiges Mädchen und bewegte mich leise. Mutter durfte beruhigt sein, weil ich meistens für mich alleine mit meinen Puppen spielte, wobei man gut auf mich aufpassen konnte. Als ich schließlich in den Hof hinunterging, kannte ich die Spielregeln dort nicht. Die ›Königin der Siedlung‹ verspottete mich, und ich zog mich schnell wieder nach Hause zurück. Mutter nickte dabei zustimmend, so als wollte sie sagen: »Siehst du, nur bei mir bist du sicher.«

Die Nervenärzte verboten ihr, noch ein weiteres Kind zur Welt zu bringen, aber sie wollte eine kleine Schwester für mich. Vater drängte sie ebenfalls und versprach, sich um das Kind zu kümmern. In ihrer Schwangerschaft verfiel Mutter dann in eine schwere Depression. Sie aß fast nichts mehr. Als ich vier Jahre alt war, ging ihr Wunsch in Erfüllung: Ich bekam eine Schwester. Ich kann mich an die Taxifahrt vom Krankenhaus erinnern: Mutter erschöpft, grau, in sich versunken, ein kleines Häufchen mit einem Säugling auf ihren Knien.

Rivka hörte monatelang nicht auf zu schreien. Tag und Nacht bewegte sich Mutter in der Wohnung wie mondsüchtig, mit verschlossenem Gesicht, vor sich hin murmelnd, abgemagert. Das Baby in ihrem Arm wollte sich nicht beruhigen, und ich schaute ihr hilflos zu.

Von Tag zu Tag wurde das Baby immer mehr zum Mittelpunkt meines Lebens. Die Kleine war zauberhaft, süß und liebte mich sehr. Dank ihr brauchte ich keine Freunde, während Mutter im Krankenhaus ein und aus ging. Wir schufen uns eine Welt ganz für uns alleine.

Als ich schreiben lernte, kam mir ein aufregender Gedanke: Ich würde einen Brief an Gott schreiben mit einer Bitte, die nur der Allmächtige erfüllen kann – die toten Mütter, Väter und Geschwister unserer Eltern wieder zum Leben zu erwecken und sie direkt zu uns nach Hause zu bringen.

Beim Schreiben rang ich lange mit mir selbst, wie viel Zeit ich Gott gewähren sollte. Ich legte mich schließlich auf zwei Wochen fest: Eine Zeitspanne, die mir zwar endlos schien, aber ich wollte fair sein und den Schöpfer der Welt nicht unter Druck setzen. Den Brief steckte ich in ein Einmachglas, das ich mit einem Korken verschloss und sorgfältig in der kleinen Kommode versteckte, wo es vor Mutter, aber nicht dem Auge Gottes verborgen war.

Zwei Wochen lang träumte ich hoffnungsvoll von diesem Augenblick. Ich hörte das Klopfen an der Eingangstür, die Schritte meiner Eltern, dann den Strom der auferstandenen Familienmitglieder. Sie lachten und weinten, fielen meinen Eltern mit Küssen um den Hals und sahen einander ungläubig an, nur um sich danach wieder gegenseitig in die Arme zu fallen. Mein Herz platzte fast vor Glück und Stolz, und es war mir auch egal, dass außer mir keiner wusste, wer diesen Segen herbeigeführt hatte.

Es vergingen zwei Wochen, aber nichts geschah. Niemand kam zurück, und meine Eltern blieben einsam. Ich war enttäuscht vom gleichgültigen und abweisenden Schweigen Gottes, an dessen Erbarmen und Existenz ich nun nicht mehr glaubte.

In der dritten Klasse erhielten wir anlässlich des Shoa-Gedenktages eine Hausaufgabe: Wir Kinder, deren Eltern die Shoa überlebten, sollten aufschreiben, was mit ihnen geschehen war. Also wandte ich mich an Vater, der gerade in seinem Sessel im Wohnzimmer saß, und kletterte auf seinen Schoß. Er hob mehrere Male an, sprach dann aber in einer lauten, ruhigen Stimme: »Meine Mutter Rivka und meine drei kleinen Geschwister, Naftali, Chajim und Ascher, schickte man direkt nach unserer Ankunft in Auschwitz in die Gaskammern. Mein Vater Itzchak wurde beim Versuch, aus der Eisenbahn zu fliehen, erschossen, und mein Bruder Avraham starb einen Monat nach der Befreiung.« Nie werde ich den Gesichtsausdruck meines Vaters in diesem Augenblick vergessen. Über seinen geröteten Augen lag ein Schleier von Tränen. Es war unerträglich. Ich lief weg. Mein starker, heldenhafter Vater konnte nicht weitererzählen.

Wenn ich früh genug aufwachte, konnte ich ihn sehen, wie er mit bedecktem Kopf einige Minuten am Rande des Bettes saß. Ich habe als Mädchen immer geglaubt, dass er in diesen Momenten versucht, sich von den Albträumen der Nacht zu erholen, seine Erinnerungen an die Schrecken der Shoa in einen entlegenen Teil seines Gehirns zu verbannen und seine Kräfte zu sammeln, um aus dem Bett zu steigen und sich den Anstrengungen eines weiteren Arbeitstages zu stellen, so als ob nichts gewesen wäre.

Mutter kümmerte sich um unsere Gesundheit und unser Wohlergehen. Wir waren keine gesunden Mädchen. Sie zwang uns, Hühnerleber zu essen, und mischte Zucker in den Quark, weil wir sonst keinen Käse essen wollten. Vater suchte Ruhe und Harmonie zu Hause, emotionale Auseinandersetzungen waren für ihn unerträglich. Er stand immer hinter Mutter: Oft hörten wir ihr »Du hast es zu gut«, gefolgt von Vaters »Deine Mutter hat recht, du brauchst nichts.« Jeder Konflikt mit ihnen stellte uns Töchter vor eine undurchdringliche elterliche Allianz und schweißte uns dadurch zusammen.

Unsere Mutter lebte durch uns, und ich wusste, dass meine Innenwelt auch ihr gehörte. Viele Jahre vergingen, bis ich innehalten, nachdenken und entscheiden konnte, welche Gedanken nur für mich selbst bestimmt waren. Als ihre Tochter kam es mir in meinen jungen Jahren noch nicht in den Sinn, dieses Eindringen in mein Privatleben zu kritisieren, denn ich fühlte förmlich, wie meine Abenteuer neues Leben in ihr entfachten, und konnte keine Einzelheit vor ihr verheimlichen.

Vor der Shoa hatte Mutter nur sechs Schulklassen beendet. Später verhinderten ihre Depressionen, die sie bis zu ihrem Tod quälten, dass sie ihre Bildung vervollständigte. Sie erwähnte von Zeit zu Zeit die Diagnose des Psychiaters, sie habe »eine gebrochene Intelligenz«. Mutter war fast bis zur Verzweiflung bestrebt, mir einen angesehenen, aber zugleich nicht übermäßig anspruchsvollen Beruf zu verschaffen. In ihren Augen war ich schwach. Da ich ihr Sprachrohr zum Leben war, spiegelte sie sich in mir wider, und wahrscheinlich träumte sie selbst von einer einfachen, aber lukrativen Arbeit. So kam ich dazu, Klavierlehrerin zu werden. Ich war begabt, aber hasste es zu spielen. Fünf ganze Jahre lernte und übte ich, bevor ich den Mut aufbringen konnte, Nein zu sagen. Das war der einzige Akt der Rebellion in den ersten 30 Jahren meines Lebens.

Selbstverständlich war ich eine ausgezeichnete Schülerin. Wie das Baby, das geboren wurde, um Heilung und Freude zu spenden, funktionierte ich weiterhin nach den Wünschen und Vorgaben meiner Mutter. Wenn ich eine schlechte Note schrieb, fiel ihr Gesicht in Kummer, als ob ich ein Unglück ins Haus gelassen hätte, und wenn ich nicht fleißig genug lernte, sprach sie düstere Prophezeiungen über meine Zukunft aus. So kam es, dass ich mir erfolgreich einen Beruf aneignete, der weder meiner Persönlichkeit noch meiner Begabung gerecht wurde. Aber damals kannte ich meine Bedürfnisse noch nicht und konnte sie daher auch noch nicht verfolgen. Ich hatte keinen Zugang zu mir selbst, sondern nur zu meiner Aufgabe: meine Eltern zufriedenzustellen und ihre Bestätigung zu erlangen.

Nach den frühen Jahren meiner Kindheit, in denen meine Schwester meine einzige Freundin war, kam die Zeit, in der ich mir meinen Platz unter Jugendlichen meines Alters suchen wollte, eine Zeit voller Schwierigkeiten und Gefühle der Entfremdung. Jahrelang glaubte ich, dass ich keinen Anschluss finden konnte, weil ich vorher schon kaum soziale Kontakte hatte.

Aber da gab es noch etwas.

Vater hatte keine nahen Freunde und war am liebsten allein. Seine zurückgezogene Art führte zu vielen Diskussionen in unserer Familie. Mutter erwachte im Beisein von Menschen zum Leben – sie war eine wunderbare Zuhörerin und unterhielt sich aufmerksam, lebendig und mit scharfsinnigem Humor. Sie hatte sogar einige Freunde – sehr zum Verdruss meines Vaters. Man sollte ihn in Ruhe lassen. Nur kleine Kinder vermochten ein warmes und strahlendes Lächeln auf sein Gesicht zu zaubern, insbesondere Jungen. Ich kann mich erinnern, wie er mit dem rothaarigen Bruder meiner Freundin spielte. Wir sahen darin ein Zeichen der Liebe zu seinen kleinen Brüdern, von denen er sich für immer verabschieden musste, aber auch einen Ausdruck seines verlorenen Vertrauens in die Welt der Erwachsenen.

Erst nachdem Vater sein Buch *Einer aus jeder Stadt* geschrieben hatte und damit begann, seine Geschichte zu erzählen, erahnten wir, was in ihm vorging: Hinsichtlich seiner Ideologie ist Vater ein überzeugter Humanist: liberal, geduldig, friedliebend und voller Respekt gegenüber der Würde des Menschen. Begriffe wie Hass und Rache sind ihm fremd. Trotzdem vermeidet es Vater bis heute, sich emotional an einen erwachsenen Menschen außerhalb der Familie zu binden. Aber als Kinder erkannten wir seine humanistische Gesinnung noch nicht – nur seine Einsamkeit.

Mutter war ein komplizierterer Fall. Ihr Menschenbild vermittelte sie mir schon als kleines Mädchen mit folgender Geschichte: »Nach unserer Befreiung aus den Lagern gingen wir um sie herum und sahen, dass kein

Stein mehr auf dem anderen stand. Die Alliierten, die vermeintlichen ›Guten‹, hatten alles gründlich bombardiert. Aber die Bahngleise nach Auschwitz waren unbeschadet, und die Züge in die Gaskammern fuhren bis zur letzten Sekunde. Verstehst du, Alunke? Sie wussten nicht nur, was dort geschah, sondern sorgten auch dafür, dass es nicht aufhört.«

›Gewappnet‹ mit dieser tragischen Sicht der Dinge, glaubte Mutter an nichts und niemanden mehr. »Nur auf die Familie kannst du dich verlassen«, sagte sie und »Es gibt keine Freunde, nur Familie.« Sie empfing Gäste und besuchte Bekannte, aber beteiligte niemals einen anderen Menschen an ihren Gedanken. Sie hörte zu, unterstützte, stärkte und ermutigte ihre Freundinnen und Töchter – aber warnte uns immer wieder, sich auf niemanden zu verlassen. Zeit meines Lebens spürte ich einen ständig tobenden Konflikt in ihr: Misstrauen und Pessimismus standen ihrer Großzügigkeit und ihrem Willen, Vertrauen, Barmherzigkeit und Liebe in die Welt zu tragen, gegenüber.

Nach einer gewundenen beruflichen Laufbahn kam ich zu meiner wahren Berufung: der Bibliotherapie. Obwohl Mutter nie einen Beruf in der Pflege für mich auserkoren hatte, glaube ich, dass unsere gemeinsame Zeit einen großen Einfluss auf meine Persönlichkeit als Pflegerin ausübt und mich nachhaltig prägte: Als Mädchen musste ich unfreiwillig meine Eltern umsorgen und jede Äußerung und Geste meiner Mutter interpretieren, um in ihrer ›Behandlung‹ keine Fehler zu machen. Später stellte ich meine eigenen Bedürfnisse hinter ihre, weil sie krank und gebrechlich war. Aber ich lernte auch ihre Begabung, Menschen zu durchschauen und ihre Beweggründe zu analysieren.

Letzteres entwickelte sich zu einem beliebten Zeitvertreib für uns, und wir versuchten oft stundenlang, unsere Familie, unsere Nachbarn, unsere Bekannten, deren Familien, Romanhelden und alle möglichen Leute genauer zu verstehen. Meine Schwester Rivka, bei der nicht das Harmoniebedürfnis, sondern ein Drang zur Rebellion verhinderte, dass sie zu sich selbst fand, ebnete sich mühselig den Weg zur Rehabilitationspsychologie. Auch meine beiden erwachsenen Kinder wählten eine Laufbahn in der klinischen Psychotherapie, aber ihrer eigenen Aussage zufolge weder aus Opposition noch aus Anpassung. Ich glaube, dass der gesegnete Einfluss ihrer Großmutter auch auf sie abgefärbt hat.

Seit Vater damit angefangen hatte, seine Erinnerungen in einem Manuskript niederzuschreiben, aus dem später das Buch *Einer aus jeder Stadt* werden sollte, waren die Rollen vertauscht: Mutter hörte auf zu erzählen, während Vater wie ein Wasserfall damit begann. Er suchte und fand andere Überlebende, deren Wege sich bereits gekreuzt hatten, um gemeinsam die Vergangenheit aufzuarbeiten und Dinge, die vermeintlich verloren gegangen waren, wieder hochzuholen. Bis heute forscht er nach, feilt an seinen Erinnerungen und stellt alles auf den Kopf. Bei jeder noch so zwanglosen Unterhaltung mit anderen Überlebenden spricht er diesen und jenen Abschnitt wieder an, hakt nach, berät sich und versucht zu verstehen: Was ist wirklich passiert? Warum hat er sich so verhalten, wie er sich verhalten hat? Wie funktioniert das Erinnerungsvermögen, und welchen Einfluss haben Traumata? Warum erinnert er sich an das, woran er sich erinnert, und warum hat er vergessen, was er vergessen hat?

Je älter Vater wird, desto mehr öffnet er sich: Er zeigt Schmerz und Trauer, weint, spricht über seine Wunden, staunt über die Vielfalt seiner eigenen Gefühle und thematisiert die Erlebnisse seiner Vergangenheit.

In den letzten Jahren im Leben meiner Mutter fragte ich sie als Erwachsene noch einmal nach Einzelheiten, die ich vergessen hatte. Sie antwortete knapp und sachlich. Als ich noch mehr wissen wollte, schaute sie mich verwundert an und fragte traurig: »Wozu brauchst du das?« Von meinem vierzigsten Lebebensjahr an wollte ich alles hören. Ich fürchtete, dass die Erinnerungen meiner Mutter mit ihr verschwinden würden, und wollte sicher sein, dass sie alle in meinem Herzen eingeschlossen sind. Da ich mittlerweile selbst Kinder hatte, brachen mir ihre Geschichten beim Zuhören das Herz. Wie die Beschreibung der Fahrt im Eisenbahnwaggon nach Auschwitz, als die anderen Passagiere Mutter sagten, dass es Großmutter schlecht ginge, aber das ungeheure Gedränge im Waggon sie daran hinderte, in ihre Nähe zu kommen. Nur ihre Fingerspitzen berührten die Hand ihrer Mutter, und diese flüsterte: »Jetzt ist es besser…« Das waren ihre letzten Worte vor der Trennung auf der Rampe in Auschwitz. Als Erwachsene weinte ich bei den Geschichten meiner Mutter, die sie an ihrem Lebensabend mit trockenen Augen erzählte. Sie streichelte mir dabei mitleidvoll über den Kopf, weil ich mit diesen Erinnerungen aufwachsen musste.

An dem Ton, mit dem sie in ihren späten Jahren von den Erlebnissen während der Shoa sprach, konnte man ablesen, dass sie die Vergangenheit, im Gegensatz zu Vater, aus ihrem Leben ausgeblendet hatte, um sich ganz und gar der Gegenwart und der Zukunft ihrer Familie zu widmen.

Je mehr die Zeit vergeht, desto häufiger weine ich auch bei Vaters Geschichten, und Vater weint mit mir. Der Schmerz wird tiefer. Das ewige Lesen und die Gespräche legen mehr und mehr die Nerven frei, bis Wellen von Schmerz und ohnmächtiger Wut mit einer Heftigkeit explodieren, die für einige Minuten unerträglich scheint.

Ich bin die älteste Tochter eines Mädchens und eines Knaben, die wie durch ein Wunder die Shoa überlebten und im Alter von sechzehn Jahren aus den Vernichtungslagern entkamen. Sie waren Haut und Knochen, ohne Familie, Gemeinde und Glauben. Beide wanderten noch Jahre ziellos im judenfeindlichen Europa umher. Bei ihrer Ankunft in Israel trafen sie auf eine gleichgültige, kritische und fordernde Bevölkerung.

Als meine Eltern aufeinandertrafen und sich kennenlernten, ersetzte jeder von ihnen stillschweigend die verlorene Familie des anderen. Ohne Worte vereinbarten sie eine Art von gegenseitiger Enthaltsamkeit ›für die Kinder‹.

Als ich älter wurde, schätzte ich mein Glück, in ein solches Elternhaus hineingeboren zu sein und umgeben von endloser Trauer aufzuwachsen: im Schatten zweier großer Familien, die ohne Überreste und ohne Grab vernichtet wurden. Als Erwachsene, nachdem ich viele Bücher über die Shoa und über die Kinder der zweiten Generation gelesen hatte, fühlte ich nichts als Respekt und Dankbarkeit gegenüber diesen beiden großartigen Menschen, die ich meine Eltern nennen darf.

Es mag sein, dass eine gewaltige Leere und unverarbeitete Trauer in der Luft lagen, die wir atmeten. Aber gleichzeitig bewiesen meine Eltern ihren wundervollen Humor, kreativ, befreiend und jeder auf seine Art und Weise. Das verschaffte mir und meiner Schwester Freiraum zum Wachsen und Gedeihen, und ich denke, dass ihr Einfluss auch unseren eigenen Kindern hilft, die Realität klarer zu sehen, das Leben zu genießen, Freude zu haben und sie mit den Menschen um sie herum zu teilen.

Mutter pflegte zwar »Du hast es zu gut« zu sagen, aber andere Überlebende konnten nicht anders, als von ihren Kindern enttäuscht zu sein: Sie hielten sie an das Maß ihrer verstorbenen Brüder und Schwestern, die ihnen wie Engel in Erinnerung geblieben waren. Wieder andere Eltern verloren völlig den Verstand. Obwohl ich wusste, dass die Erinnerungen an den Schmerz und an das Entsetzen meine Eltern nie loslassen würden, missbrauchten sie ihr Leid oder das Andenken an unsere ermordeten Verwandten, selbst in Momenten größten Ärgers, nie zu manipulativen Zwecken. Andere Mütter erlaubten ihren Kindern nicht, auf Klassenfahrten zu gehen, aber meiner Mutter, die von existenziellen Ängsten geplagt war, kam es nicht einmal in den Sinn, mir Wanderungen, Ferienlager oder andere Vergnügungen zu verbieten.

Als junge Frau hasste ich den Einfluss und die Macht meiner Mutter. Erst später erkannte ich, dass ihre Handlungen durch ihre frühere Machtlosigkeit motiviert waren. Als Mensch, der ohnmächtig einer grausamen Welt und einem gleichgültigen Gott gegenüberstand, traf sie die Entscheidung, das Leben ihrer Töchter in die Hand zu nehmen. Sie sah darin ihre einzige Möglichkeit zur Wiedergutmachung, mit der Kraft einer Person, die ›wie ein Schaf zur Schlachtbank‹ geführt wurde.

Im gleichen Maße war ich früher über die abweisende und emotionslose Art meines Vaters verärgert und über seine Weigerung, sich mit dem Leben seiner Töchter auseinanderzusetzen. Als Erwachsene wurde mir klar, dass sich das Geheimnis seines klaren Verstandes in all diesen Jahren – sowohl während der Shoa als auch danach – hinter dem Mechanismus der Verdrängung verbarg. Nachzulassen, und sei es nur für eine Minute, hätte ihn mit Wellen von Gefühlen überflutet, die ihm seit seiner Ankunft in Auschwitz-Birkenau im Alter von 15 Jahren fremd waren, und an ihnen wäre er erstickt.

Als Tochter meiner Eltern, den Opfern und Überlebenden der Shoa hatte ich Schwierigkeiten mit dem Konzept von Vertrauen. Die Fragen, die sich mir damals stellten, begleiten mich immer noch und verlangen nach Antworten. Heute, als Erwachsene, unternehme ich bewusste Anstrengungen, mir Vaters Ideologie und Mutters gesellschaftliche Begabung anzueignen, um die Leere in meinem Inneren auszufüllen, die entstanden ist, nachdem ich viele Jahre treu die Leere im Innern meiner Eltern ausgefüllt habe.

Ich weiß, dass fast jeder Mensch nach Sinn und Zweck in seinem Leben sucht, auch unabhängig von der Shoa. Aber ich erkannte erst in meinen späten vierziger Jahren, dass man mir die Aufgabe, das Andenken all der Toten in meiner Familie zu bewahren, in die Wiege gelegt hatte.

Ich versuchte lange, eine Erklärung für das Gefühl zu finden, das Yaakov Gilad und Yehuda Poliker mit den Worten »Und Trauer vermischte jede Freude, die ich erlebte« beschreiben. Erst als ich meine eigene Seele erforschte, sah ich ein, dass ich nicht glücklich werden konnte, solange ich mich nicht von meiner unverschuldeten Berufung löse: die Hüterin des riesigen Friedhofs der verlorenen Seelen unserer Familie zu sein. Ich versagte zwar bei ihrer Auferstehung, aber nicht bei der Bewahrung der eingefrorenen Grabesstille unseres Gartens der Toten. Und jedes Mal, wenn sich Leben, Kreativität oder Rebellion in mir regten, öffnete sich in meiner Erinnerung das Tor zu diesem Garten und rief mir all diejenigen, die dort zur ewigen Ruhe liegen, wieder ins Gedächtnis. Sie mahnten an ihren schrecklichen Tod, während ich noch lebte.

Es brauchte viele Jahre, bis ich mit vollem Respekt die Tore dieses Friedhofs schließen und mich ohne Schuldgefühle dem Leben hingeben konnte. Ich durfte mich wertvoll und bedeutend fühlen – für mich selbst.

Als Frau und als Mutter bemühe ich mich, Verantwortung für meine Taten und den Weg, den ich gehe, zu übernehmen. Ich wollte es meinen Kindern ermöglichen, sich selbst kennenzulernen und sich frei nach ihren Begabungen zu entwickeln. Ich bin mir als Tochter von Shoa-Überlebenden im Klaren darüber, dass ich zu einer komplizierten Zeit auf die Welt gekommen bin, die auch an mir Spuren hinterließ.

Aber mein Herz schäumt über vor Dankbarkeit, diesen wunderbaren, aufgeklärten und hingebungsvollen Eltern geboren zu sein, die die Hölle überlebten und sich ihr Leben lang mit der Trauer, dem Bruch, dem Schmerz und den Erinnerungen auseinandergesetzt haben. Sie gründeten eine Familie, spendeten Liebe und Sicherheit und meisterten die ungeheure Aufgabe, jeden Morgen aufs Neue aus einer Katastrophe zu erwachen, wie es keine zweite gab, und die Bruchstücke ihres Körpers und ihrer Seele zu versammeln, um zu leben, zu lächeln und zu geben.

Sie werden mir immer ein Vorbild bleiben.

Rivka Weiss aus der zweiten Generation, zweite Tochter von Lea und Shalom Weiss

Die ersten Bilder steigen benebelt auf. Sie werden durch die Gitterstäbe meines Kinderbettes immer klarer. Unsere kleine Wohnung liegt im vierten Stock in einer der Bahnsiedlungen, deren Bewohner, viele von ihnen Shoa-Überlebende, sie auf den belasteten Namen ›Block‹, wie die Baracken in den Konzentrationslagern, getauft hatten. Wie auch ›dort‹, stehen die Blocks in der Siedlung gerade und ordentlich nebeneinander, aber hier gibt es zwischen den Häusern Rasenflächen mit leise surrenden Sprinklern.

Ich bin in Block 13, liege im Gitterbett und beobachte die farbigen Gestalten, die ich bald als Hasen, Enten und Küken erkenne. Kleine Tiere, die mein schweigsamer und talentierter Vater vor meiner Geburt für mich und meine vierjährige Schwester mit Pastellfarben auf eine pfirsichgelbe Wand gemalt hat.

Ich versuche, aus der fernen Zukunft wieder zurück in den Körper dieses Säuglings zu schlüpfen, den man, wie sollte es anders sein, Rivka nennt. Vorsichtig bewege ich meine unbeholfenen Arme und Beine über die luftgefüllte Gummimatratze auf einer wohlriechenden Unterlage. Plötzlich kommen mir im Hier und Jetzt die Tränen, und sie laufen über meine Wangen auf die Tastatur. Wehmut ziert mein slawisches Gesicht, das 48 Jahre alt ist und das dem Gesicht des Säuglings, abgesehen von den Falten, ähnlich sieht. Das wollte ich doch gar nicht.

»Was hast du? Du hast noch gar nicht angefangen!«

Was ist mit mir los? Ich werde plötzlich von einem weit entfernten Gefühl überschwemmt, während ich auf das Bett mit dem Säugling schaue. Eine stille Trauer kehrt zu mir zurück, wie ein Echo von den pfirsichgelben Wänden im Zimmer. Sie ist unerforscht und fremd. Sie umhüllt die Bilder der Küken, der Enten und der Hasen.

Es scheint, als ob die Tiere, obwohl sie in einer Reihe gehen, weder Freude noch Ziel hätten. Ich kann mich an sie erinnern, als stünde ich hinter ihnen; ihre Gesichter sind von mir abgewandt. Sie wirken so, als wären sie stets rastlos auf einem ewigen Weg von einem entfernten Ort zu einem anderen.

Mit der Zeit bemerkt das Kind, dass sich um sein Gitterbett herum von Zeit zu Zeit etwas verändert. Ein Umriss hinter den Stäben, mit blonden Haaren und einem Zwitschern auf den Lippen, steckt seine kurzen Arme durch die Holzstäbe, um das Kind zu streicheln. Er lächelt und reagiert auf meine Bewegungen. Außerdem sind da noch die beiden größeren Gestalten mit dunklen, kurzen Haaren. Sie riechen gut, verwöhnen mich und reden auf Hebräisch mit mir – einer Sprache, die erst vor zehn oder zwölf Jahren für sie alltäglich geworden war. Vater will kein Ungarisch mehr sprechen, und sogar wenn Mutter ihn in dieser Sprache etwas fragt, damit wir Kinder sie nicht verstehen, antwortet er auf Hebräisch.

Ich bin machtlos in diesem Gitterbett, aber ich spüre, dass sie sich um alles kümmern. Sie werden bald wieder bei mir sein, um mich in ihren Armen in den Schlaf zu wiegen. Mutter kommt mit leichten Schritten, ihre Berührung ist warm und weich, sie sagt zarte Worte an mein kleines Ohr und singt mir ein Kinderlied auf Ungarisch. Es gibt aber Momente, da ist sie apathisch: Sie klammert mich mechanisch an sich, und ich komme nicht zur Ruhe. Ich verstehe das nicht, empfinde Angst, Sorge und andere undeutliche Gefühle. Ich kann zwar nicht voraussehen, wann sie wieder so sein wird, aber wenn sie es ist, bin ich mir sicher. Schon vor meinem ersten Geburtstag hatte ich ein sehr feines Gespür für ihr Innenleben, einen Seismographen der zweiten Generation.

Die schützenden Hände meines Vaters kann man nicht vergessen. Sie fühlen sich kräftig und entschlossen an. Er nähert sich dem Kinderbett mit abgemessenen Schritten und wendet sich mir mit ruhiger Stimme zu. Wie er mir später erzählen sollte, war ich in den ersten Monaten, als er nachmittags von der Arbeit zurückkam, von seiner tiefen Stimme erschrocken. Er stellt mir immer neue Fragen, nicht in der Babysprache, sondern in der Sprache der Erwachsenen, obwohl ich ihm nicht antworte. Ich will auf seine Fragen eingehen und verstehe sogar seine Sprache, aber ich kann die Wörter noch nicht aussprechen. Trotzdem setzt er ein breites Lächeln auf, bei dem er seine blanken Zähne zeigt, macht mir Kakao und zieht mich an. Ich weiß, dass er voll und ganz für mich und meine Schwester Ilana da ist.

Vater malt für uns, spielt mit uns, bastelt uns bunte Dekorationen und kauft auf seinem Heimweg mit seinem gebrauchten Wagen die neuesten Süßigkeiten vom Markt. Er repariert kaputtes Spielzeug, bindet uns im Schwimmbad Rettungsringe um die Hüften und nimmt jede Woche wieder einen Ring weg, damit wir Schwimmen lernen.

Mit seinen Händen und den einfachen mechanischen Geräten der fünfziger Jahre bastelt, gestaltet und repariert er wie sein eigener Vater Jahre zuvor. Er hängt seine eigenen Bilder in unserem Zimmer und in der ganzen Wohnung auf, verschafft uns ein Abonnement bei der Zeitschrift *Dawar für Kinder*, auf die wir jeden Dienstag voller Vorfreude warten, und nimmt uns ins Museum, um die Steinzeitmenschen anzuschauen. Nach und nach kauft er von seinem bescheidenen Gehalt schöngeistige Literatur, Lexika mit furchteinflößenden Bildern und Bücher über das Judentum. Mit seinem großen Tonbandgerät nimmt er selbstgeschriebene Kindergeschichten für uns auf. Obwohl er Sand und Sonne hasst, nimmt er uns samstags an den Strand, nachdem er und Mutter schrecklich früh aufgestanden sind, um uns einen Picknickkorb mit geflochtenem Weißbrot, Butter, hartgekochten Eiern, gesalzenen Tomaten und geschälten Gurken zu richten. Ich erinnere mich, wie er am Strand Ball spielt und einmal die Woche einen Malkreis besucht. Wenn Mutter wieder an den Ort gehen muss, den man nicht beim Namen nennt, um wieder gesund und ›stark‹ zu werden, bezahlt er die Nachbarin, damit sie sich um uns kümmert, bis er so früh von der Arbeit zurückkommt, wie man ihm in der Fabrik erlaubt. Und wenn sie wieder da ist, kann er weiter zur Abendschule gehen, um seinen Abschluss nachzuholen und Karriere zu machen. Er würde alles für uns tun, er ist ein Riese und er wird verehrt – aber doch ist keine Freude in ihm.

Ich erlebte ihn von Anfang an sehr nah und gleichzeitig sehr fern, fast unsichtbar.

Er hat einen klaren Pfad vor Augen, auf dem er seine kleine Familie führt, aber er trägt kaum Leben in sich. Die Leere in seinem Inneren, wo Lebhaftigkeit und Freude sein sollten, füllt er mit Pflichten aus: »So darf man und so darf man nicht«. – Das verstehe ich in meiner kleinen Welt. Wir bekommen keinen Besuch von Großmüttern und Großvätern, Onkel und Tanten oder Neffen und Nichten, weil es keine mehr gibt. Stattdessen herrscht Stille, trotz der vielen Nachbarn und der engen Wohnsituation in den ›Blocks‹. Unsere Nachbarn haben keine hebräischen Namen; sie sprechen leise auf Jiddisch, Polnisch oder Ungarisch über ihre Zeit in den Lagern. Manche sind nur etwas seltsam, andere sind schlimmer. Diejenigen, die noch ›in Ordnung‹ sind, geben Mutter gelegentlich Ratschläge, aber wirklich helfen wollen sie nicht.

Und so wachsen wir allein mit Mutter und Vater auf. Meine Eltern sind die jüngsten Überlebenden in unserem ›Block‹ – überhaupt unter den Jüngsten, die die Vernichtungslager überlebt haben. Sie erschaffen uns eine Kindheit aus dem wenigen, das sie in der alten Welt noch lernen konnten, bevor sie im Alter von 14 und 15 Jahren aus dem Leben gerissen wurden.

Was drängt sie vorwärts? Was treibt sie jeden Morgen zum Aufstehen an? Was hält ihre gebrochene Identität zusammen? Wo doch beide schon viele Male gestorben sind! Und auch als die Armeen der Alliierten im April und Mai 1945 in die Tore der Hölle einmarschierten: Wurden sie wirklich gerettet? Konnte man sie überhaupt noch retten?

Als ich 15 Jahre alt war, beschäftigte mich diese Frage sehr. Sie erinnert mich an die verzweifelten Worte meines Vaters im Kapitel *Ein Samstag in Birkenau*, in dem er beschreibt, wie er im gleichen Alter wie ich, als ich mir diese Frage stellte, in einer fremden Welt gefangen war:

»Sofort nach dem Zusammenpressen aller Häftlinge in die Baracke werden die Lichter gelöscht, die Türen verschlossen und keiner verlässt seinen Platz bis zum Morgen. In der Mitte der Baracke steht ein Kübel, der den Häftlingen während der Nacht als ›Toilette‹ dient. Sofort verbreitet sich eine tiefe Stille, die nicht gestört wird außer von den Schreien derjenigen, die Albträume haben, und von den Schritten derer, die zum Kübel gehen.

An Schabbatnächten ist das Bild anders. Die Knaben werden wie üblich grausam in die Baracke gedrängt, früher als gewöhnlich, aber statt sich sofort hinzulegen, sitzen sie eng beieinander an der Bühne mit dem Ofen, einem großen Zelttuch gegenüber, das gespannt ist zwischen den Dachbalken und auf dem auf Deutsch der schöne Spruch steht: ›ARBEIT MACHT DAS LEBEN SÜSS‹. Ich wundere mich, warum man sich die Mühe gemacht hat, diesen schönen Spruch aufzuhängen. Wir haben doch keine Möglichkeit der Wahl bei der Arbeit – und bei keiner anderen Sache. Onkel Oskar, der Stellvertreter des Barackenältesten, der früher ein Lehrer und Erzieher war, singt hingebungsvoll mit seiner wunderbar angenehmen Stimme die Kapitel zum Empfang des Schabbat, und alle Knaben machen mit größter Frömmigkeit beim gewaltigen Gesang mit. ›Lasset uns jubeln für Gott, loben unseren Erlöser.‹

Nur wenige verstehen die Bedeutung dieser Worte und noch weniger nehmen sie ernst, aber die Melodie steigt aus Hunderten von Hälsen hinauf und vereinigt die Singenden in der Sehnsucht nach der Welt, die die Welt verlassen hat, und in der Sehnsucht, aus dieser Hölle hier befreit zu werden.

Und ich, der ich beschützt im Schoß meines Bruders Avraham sitze, zornig und verbittert, nehme nicht teil, sondern wundere mich nur: Wo sind Moses und Aaron und ihre Priester? Wo ist Samuel? Warum ruft man ihn nicht, und wo ist er überhaupt?«

Als Kind fragte ich mich bereits, wo mein Platz unter den toten Brüdern, Schwestern und Eltern meiner Mutter und meines Vaters sei. Dass ich auf die gleiche Welt geboren wurde, auf der sie einst wandelten, schien mir unbegreiflich. Es war die gleiche, wohltuende Sonne, die gerade mein Zimmer, die Familie und das Spielzeug erhellt, die damals auf sie geschienen hat. Mir fällt es schwer, diesen Umstand zu akzeptieren. Denn die Sonne ist nicht freundlich, sondern sie lügt, täuscht, ist gleichgültig. Sie hätte schon längst erloschen sein müssen, weil sie meinen Verwandten noch am selben Tag den Weg erhellte, auf dem sie in einer langen Reihe in den Tod gingen.

Wo ist mein Platz unter dieser trügerischen Sonne? Warum suche ich Schutz unter ihr? Woran soll ich mich festhalten?

Was mache ich überhaupt hier?

Auch als ich älter wurde und begann, mir eine eigene Meinung zu bilden, fragte ich mich, was meine Eltern sich dabei dachten, mich in diese Welt zu bringen. Wer bin ich überhaupt, dass ich ihre verlorenen Familien ersetzen kann? Ihre ›echten‹ Familien? Was für einen Sinn hat es, von vorne anzufangen? Warum habe ich das Recht zu leben und sie nicht?

Im Alter von zehn Jahren, als die israelischen Sportler 1972 während der Olympiade in München ermordet wurden, ging es mir nicht in den Kopf, wie man die Wettbewerbe mit Begeisterung und Elan fortsetzen konnte. Die Phrasen »Wir ergeben uns nicht dem Bösen. Wir spielen nicht in die Hände des Terrors. Wir lassen unser Leben nicht von den Terroristen bestimmen« verstehe ich, und ich kann mich mit ihnen identifizieren. Aber das Mädchen, das mit drei, vier, fünf Jahren den Worten ihrer Mutter gelauscht hatte, wusste, dass die Grundlagen der Natur und unserer Welt im Bösen und Schrecklichen liegen, nicht in Sonne, Wasser, Luft und Erde. Mir war nicht begreiflich, wie der Himmel nicht zusammenfallen und die Erde sich noch weiterdrehen konnten. Und wenn Feldmarschall Montgomery die Wehrmacht unter Rommel nicht bei El-Alamein aufgehalten hätte, dann wären die Juden in Eretz-Israel auch vernichtet worden. Aber selbst dann stünde die Sonne nicht still über Gibeon und der Mond nicht über dem Tal von Ajalon.[41]

Ich lernte meine verstorbene Familie dank meiner Mutter kennen: einen Großvater und zwei Großmütter, Onkel und Tanten zur Genüge – aber am meisten fühlte ich mich meinen vielen Neffen und Nichten verbunden, die in ihrer Erinnerung für ewig jung geblieben sind. Nachdem Mutter mir von ihnen erzählte hatte und als ich ihre Namen und Geschichten aus ihrem Leben kannte, begann ich mich nach ihnen zu sehnen. Mutter erweckte sie in ihrer Erzählung wieder zum Leben: Sie waren klug, lustig und rechtschaffen, aber auch nervtötend und voller Schwächen. Sie waren Menschen, Blut meines Blutes, und das Gefühl des Verlustes war grenzenlos.

Meine Eltern wurden gerettet. Ich sehe ihre Befreiung vor meinem inneren Auge. Sie kam an einem ziemlich beliebigen Tag im Frühling, oder zumindest scheint es mir so. Ihre Retter fanden sie als Muselmänner vor, krank mit Typhus oder Schwindsucht. Mutter wog damals 28 Kilo und Vater wahrscheinlich nur wenig mehr. Sie konnten kaum sprechen und hätten es auch nicht gewollt. Ihre Gedanken und Gefühle waren ausradiert; sie waren geistig nicht mehr fähig, sich zu freuen. Der ursprünglichste Teil des Gehirns, der nur dem evolutionären Überlebenskampf dient, hatte schon längst Besitz von ihnen ergriffen und führte sie nur noch in Richtung des Kartoffelhaufens, zu dem sie nun endlich gehen konnten.

Verbittert fragte ich mich: Was für eine Rettung oder Erlösung soll das sein? Vielleicht wurden sie gerettet, aber sicher nicht erlöst, dachte ich. Nicht dass ich damals nicht verstanden oder geschätzt hätte, was für einen übermenschlichen Einfallsreichtum, wie viel Klugheit und Mut sie an den Tag legen mussten, um es überhaupt so weit zu schaffen. Aber konnte man wirklich sagen, dass sie im Frühling 1945 noch lebten?

Nicht in jeder Hinsicht.

Und wenn sie lebende Tote waren, was bin dann ich als ihre Tochter? Denn wenn sie gar nicht gerettet wurden oder wenn ihre Rettung willkürlich und unbedeutend gewesen sein sollte, dann bin vielleicht auch ich unbedeutend und unfähig, sie zu heilen oder ihre Rettung im Nachhinein zu rechtfertigen.

Tatsächlich muss ich zugeben, dass der innere Druck, den Toten eine Gedenkkerze zu sein und der Rettung meiner Eltern nachträglich einen Sinn zu geben, einen Drang zur Versöhnung und Weltverbesserung in meiner Schwester und mir erweckte. Die Erde sollte zu einem besseren, lebenswerteren Ort werden.

Der ständige Zwang, diese Aufgabe zu erfüllen – und es doch nie wirklich zu können –, bescherte uns Frustration, Schuldgefühle, Ärger und einen ständigen inneren Konflikt, der mich immer vor der Verantwortung zurückschrecken ließ.

Das ist ein Beispiel für die inneren Reisen, auf die sich viele Kinder aus der zweiten Generation begaben. Sie erlebten die Dinge zweimal: einmal offen und einmal geheim, versteckt vor der Welt und insbesondere vor ihren Eltern. Und manchmal, wie der kleine Momik, dem Helden aus David Grossmans *Stichwort Liebe*, verwandelten sie sich und entfernten sich so weit von der Wirklichkeit, dass sie die seelische Gesundheit ihrer Eltern gefährdeten. Glücklicherweise war ich widerspenstig genug, um mich aus der Verpflichtung gegenüber meinen Eltern zu befreien.

Ich muss betonen, dass ich nie Ängste oder Zweifel hatte. Ich fühlte mich als kleines Mädchen stets geschützt. Zwar sorgte ich mich im Schatten der Depressionen meiner Mutter immer um sie und um ihre Gesundheit, aber gleichzeitig wusste ich auch, dass wir Juden in einem Land leben, das nach den Schrecken entstanden war, dass wir von einer Armee beschützt werden und dass wir Herren unseres eigenen Schicksals sind. Auf der anderen Seite stand eine Art Intuition des Versagens und des Fehlens von Ordnung, Gerechtigkeit und Verantwortung in der Welt.

Und da war noch etwas. In der Grundschule fragte ich mich, warum ich auf der Opferseite der Geschichte geboren sein musste: »Warum ausgerechnet meine Eltern, warum ausgerechnet unsere Familie, warum ausgerechnet wir?« In dieser endlosen Ohnmacht fand ich mich damit ab, dass ich keinen anderen Eltern mehr geboren werden konnte. Das Schicksal war besiegelt.

In den Erzählungen meiner Mutter konnte von ›Shoa und Heldentum‹[42] keine Rede sein. Die vernichtende Niederlage Deutschlands gegenüber den Alliierten und der Selbstmord der Architekten der Endlösung fanden in ihren Geschichten keine Erwähnung. Ich fühlte mich jahrelang gebrandmarkt und gedemütigt. Ich stand meinem Wissen über die wahnsinnige industrielle Gewalt, die man meiner Familie und meinem Volk angetan hatte, machtlos gegenüber.

Ich wachse heran und sehe meine Eltern wie eine Lokomotive auf ihrem Lebensweg – klein und arm an Treibstoff, aber mit schweren Gepäckstücken beladen, jedes ein Berg an Verantwortung. Für Mutter wird das Gepäck manchmal zu schwer, und sie denkt daran, aufzugeben. Vater widmet sich seiner festen, zweckgebundenen Aufgabe, wie er es während seiner Erziehung in der kleinen orthodoxen Gemeinde in Ungarn von seinen verehrten Eltern gelernt hatte. Er strahlt Ehre, Verantwortung, Gewissen, Talent, Ausdauer und vor allem Pflichtgefühl aus.

Irgendwie wissen diese beiden Waisen, die völlig allein und unabhängig voneinander auferstanden waren, was zu tun ist nach Jahren des Hungers und der Kälte, nach Wanderungen und Verfolgungen durch Europa und abgrundtiefer Einsamkeit, bevor die Behörden in Eretz-Israel ihnen endlich Papiere ausstellen konnten. Mutter hatte Glück und stand diese Zeit gemeinsam mit ihrer Cousine Bubu durch, die vier Jahre älter war als sie. Die beiden ließen sich nicht im Stich, weder in den Lagern noch im Europa nach dem Krieg – bis das kommunistische Regime in Rumänien meiner Mutter im Jahre 1951 schließlich erlaubte, nach Israel auszuwandern. Bubu kam im Jahr meiner Geburt, 1962, ins Land. Begleitet wurde sie von ihrer jungen Familie: ihrem Ehemann Mosche, der nach seiner Befreiung aus den ungarischen Arbeitsdiensten vier Jahre in russischer Gefangenschaft verbringen musste und dessen erste Frau und kleine Tochter in den Vernichtungslagern umgekommen waren, und ihrer gemeinsamen Tochter Bella. Die neunzehnjährige Bubu sorgte für meine Mutter – zwei Überlebende, denen man ihre Familien, ihren Besitz und ihr Zuhause entrissen hatte. Mutter erkrankte an der Schwindsucht und schwebte monatelang zwischen Himmel und

Erde, aber Bubu konnte sie mit nichts außer ihrem Rest an Lebenswillen retten.

In meiner Phantasie beobachte ich meine Eltern, wie sie auf dem Deck des Schiffs nach Israel auf- und abgehen, jeder für sich mit einem kleinen Bündel, und schließlich den Hafen von Haifa erspähen, wo sie sich in einigen Jahren kennenlernen werden. Bei diesem Treffen vergleichen sie die ähnlichen Wege, die sie ›dort‹ gegangen waren, und vielleicht kommen sie zu dem Schluss, dass die Vergangenheit ihrem Bund Stabilität verleihen wird. Ich, die erst ein Jahrzehnt nach ihrer Einwanderung in ihr Leben trat, treffe dann bereits auf zwei dem Anschein nach erwachsene israelische Bürger.

Mir, dem Mädchen Rivka, kamen sie nicht wie ›Überlebende‹ vor. Es mag zwar stimmen, dass meine Schwester und ich in den ersten Jahren nicht zu Freude, Lebenslust und einem Sinn von Bedeutsamkeit erzogen wurden, aber unsere Eltern waren auch nur Menschen, die viele Dinge zwar mit Umsicht, aber ohne Verstand taten.

Erst Jahren später, als ich meine Klassenkameraden aus der Grundschule zu Hause besuchte und Eltern kennenlernte, die nicht von ›dort‹ kamen, sollte ich erfahren, dass nur wenige Schritte von meinem Elternhaus entfernt eine andere Welt existierte.

Wenn Vater von der Arbeit nach Hause kommt, isst er, was auch immer Mutter gekocht hat, und lässt nichts auf seinem Teller übrig. Er trinkt mit einem sonderbaren Durst. Jedes Glas Wasser ist wie ein Wunder für ihn. Er spricht mit uns Kindern bei Tisch und noch ein wenig mit Mutter in der Küche, dann duscht er, geht ins Wohnzimmer und setzt sich hin. Das war wichtig: Vater setzte sich hin.

Dahinter verbirgt sich mehr, als man beim ersten Hören vermuten mag. Seine Lage, dort in diesem alten Sessel, konnte man wohl am besten mit seinem Befinden kurz nach der Befreiung vergleichen, als wäre es eine Art Überlebensstrategie, die ihn in der Bahn hält. Das war ein fester Begriff in unserem Leben: ›Vaters Sessel‹ im Wohnzimmer. Auf mich wirkte er groß und prächtig, wie Vater selbst zu jener Zeit. Heute findet man solche Möbel nur noch auf dem Flohmarkt und staunt: Wie kann ein Gegenstand so schwerfällig und gleichzeitig so spartanisch sein? Vater zog es vor, die Abendstunden, im Sommer wie im Winter, in seinem Sessel zu verbringen, obwohl er ein junger, kräftiger und gesunder Mann war. Ich beobachtete ihn als Mädchen. Obwohl sich ihm dort eine ganze Welt des Wissens und der Literatur eröffnete, ist mir besonders seine Regungslosigkeit in Erinnerung geblieben, während das Zimmer von jüdischer Kantoralmusik erfüllt war. Ich hatte es nicht eilig, zu ihm zu gehen und ihn aus seiner Starre zu reißen. In seiner Haltung lag nichts Einladendes, sondern etwas, das mir zurief, ihn in Ruhe zu lassen.

Die Musik jammerte laut in meinen Ohren. Die Stimme des Sängers wand sich und stieg mit einem Schrei zum Himmel auf – sehr zum Verdruss meiner Mutter, die nicht auf diese Weise an das Erbe ihrer ausgelöschten Kindheit erinnert werden wollte. In ihren Ohren klang Vaters Musik wie ein Klagelied auf die Tode ihres Vaters, ihrer fünf Brüder und Schwestern und die vorzeitige Witwenschaft ihrer Mutter, einer feinen und zerbrechlichen Frau, die zeit ihres Lebens mittellos blieb. Für meine Mutter war Kantoralmusik keine Musikrichtung, sondern eine Demütigung und Beleidigung.

Vater dagegen suchte darin, vielleicht unbewusst, eine Möglichkeit, seine zerbrochene Seele zu einen, indem er Schallplatten sammelte und sie mit seiner klaren Stimme fehlerfrei begleitete. Er sah darin die Hymne seines Elternhauses, eines ärmlichen jüdischen Hauses, aber dennoch stolz und energisch. Reb Itzchak Halevi Weiss war ein chassidischer Vater, fromm in seinem Glauben, ein aktiver, geschäftiger und vielseitig begabter Mensch. Er zeugte sechs nicht minder talentierte und vielversprechende Söhne und legte den Grundstein für die Persönlichkeit und Kraft meines Vaters. Seine Frau, Rivka Weiss, war mutig und brillant. Ich fühlte die Blutsverwandtschaft zu all meinen toten Familienangehörigen im Geiste, insbesondere zu den Kindern und Jugendlichen. Sie hätten mir bestimmt gefallen. Der Stolz und die Zuneigung vertieften das Gefühl des Verlustes.

Die Neugier und Intelligenz meines Vaters, die ich schon in meiner Kindheit bewunderte, ermöglichten es ihm, über viele Stunden, Tage und Jahre die Bildung nachzuholen, die ihm in seiner Jugend verweigert wurde. Wenn er nicht gerade las, hörte er begeistert dem hölzernen Radio zu, in das sich einst eine Grille verirrte und laut vor sich hin zirpte, bis Vater kam und das arme Tier aus der Kiste befreite. Er sprach und hörte zu, besann sich und überlegte, verarbeitete und nahm alles in sich auf. Bis heute bin ich eifersüchtig auf diesen Quell des Wissens, der nie einen Tropfen verliert.

Vater pflegte sich hinzusetzen, als ob sein Sessel fliegen und ihn weit ins Reich des Vergessens tragen könnte. Unter seinen nackten Füßen lag ein großer Teppich, ohne einen Tisch oder Sofas in der Nähe, und meine Schwester und ich tollten viel darauf herum. Manchmal willigte Vater ein und spielte mit uns das Kastenspiel, das er uns mitgebracht hatte, aber die meiste Zeit hörte er dem Radio zu. Wenn ich ihn ansah und versuchte, seine Stimmung zu erraten, war er häufig in sich versunken, mit völlig ausdruckslosem Gesicht. Wann würde er endlich aufhören, seine Vergangenheit zu verdrängen? Wie unterdrückte er seine grauenvollen Erinnerungen? Wie verarbeitete er all die Schrecken? Wohin verbannte er sie, dass er weiter ruhig dem Radio zuhören konnte, das mir als Kind wie eine kleine Burg aus Stoff und Holz vorkam?

In den Nächten kamen sie wieder zu ihm zurück.

Jahrelang hörte ich im Halbschlaf seine Schreie. Es waren die Schreie eines gequälten Kindes, die aus dem Halse meines erwachsenen Vaters in die Nacht drangen. Seine Stimme fesselte mich in mein Bett, während Mutter ihm auf der anderen Seite der Wand ihre zarte Hand reichte und ihn aus seinen Albträumen befreite. Sie gab keine Ruhe, bis er vollkommen wach war, ihr von seinen Träumen erzählt hatte und murmelnd wieder einschlief.

In seinem erhabenen Sessel versuchte Vater, den Lärm zu ignorieren, den wir zu seinen Füßen auf dem Teppich veranstalteten. Er wusste, dass es seine Pflicht sei, zumindest seinen Töchtern eine normale Kindheit zu ermöglichen, indem er als Vater den Schein der Normalität nach bestem Wissen und Gewissen aufrechterhielt. Und wieder frage ich mich, wie ein traumatisierter, dreißigjähriger Überlebender es bewerkstelligen konnte, seinen Töchtern eine intakte Kindheit zu ermöglichen? Ein Junge von 15 Jahren, der zusehen musste, wie seine Mutter und seine drei Geschwister in ein Betongebäude gingen und es in Form von Rauch wieder verließen, der den Todesmarsch überlebte und danach wochenlang zwischen Leichen wandelte und der selbst nach der Befreiung noch Zeuge war, wie sein Bruder, an dem er Stunden und Tage hing, starb – wie konnte er wieder zu einem Menschen werden und neue Kinder in die Welt setzen?

In jedem Abschnitt meines Lebens staune ich wieder, wie damals als Kind, über dieses Phänomen, das man bei allen Überlebenden beobachten kann, die sich einen klaren Verstand bewahrten. Und in das Staunen schleicht sich eine Spur von Erbitterung, ja, von Zorn: Warum habt ihr uns auf eine solche Welt gebracht? Warum habt ihr uns diese Last auferlegt? Was habt ihr euch dabei nur gedacht?

Wir tobten fast provokativ vor seinem Sessel herum, vielleicht um ihn zurückzuholen. Er beschwerte sich nicht und versuchte, sich auf seine Beschäftigung zu konzentrieren. Unter dem Druck meiner kreativen Schwester gab er aber schließlich nach und brachte seine einzigartigen Ideen in unser Spiel ein. Nachdem er sich ein Tonbandgerät angeschafft hatte, bat sie ihn, unseren ›Auftritt‹ bei einem staatlichen Gesangswettbewerb aufzunehmen. Vater spielte mit einer ungeahnten Begabung für Unterhaltungskunst und Schauspiel den feierlichen Moderator, der die phantastischen Darbietungen meiner Schwester, der großen Solo-Künstlerin, verkündete. Solche Momente erweichten mein Herz. Ich fühlte förmlich, wie Vater sich für einen Moment über seine entfernte, verschlossene Herkunft erhob, einen Moment, der spätestens in der Nacht wieder vorüber war. In solchen Augenblicken konnte man den Eindruck gewinnen, unsere Eltern wären aus freier Wahl dort in Israel und als hätten sie es fantastisch auf dieser Welt. Und vielleicht glaubten sie auch wirklich, dass das Leben lebenswert sei.

Ein solcher Anflug von Leichtherzigkeit war selten in unserer Familie und in meinen Augen wie ein Wunder. Woher schöpfte mein Vater noch seinen Humor, nachdem ihm sein Lachen auf solch brutale Weise geraubt worden war?

Auch Mutter war, wenn es ihr gutging, eine Spaßmacherin. Je mehr die Jahre vergingen, desto ausgelassener wurde sie. Die Zeit brachte Heilung – aber vertiefte auch die Trauer. Mit fortschreitendem Alter glaubten meine Eltern immer weniger, dass sich alles tatsächlich so ereignet hatte.

Als Vater in einem Alter war, in dem man noch spielen durfte, sah die orthodoxe Gemeinde, vielleicht mit den besten Absichten, das Spielen als ein notwendiges Übel: Es galt vor allem als eine Verschwendung von Zeit, die man dem Studium der Thora widmen könnte. Die Religion hinderte die Jungen bereits früh am Spielen, da man sie im Alter von

13 Jahren mit dem Segen der Gemeinde in ein weit entferntes Dorf ›verbannte‹, um eine Talmudschule zu besuchen. Dort gab es für Vater weder Privatsphäre noch Zuhause – noch nicht einmal eine saubere Ecke, die ihn irgendwie an seine fleißige Mutter Rivka erinnert hätte, die ihre eigenen vier Wände so eifrig pflegte. Auch an seinen Vater erinnerte ihn nichts, der zwar ernsthaft und streng, seiner Familie aber endlos ergeben war. Die älteren Brüder meines Vaters, Schaje und Avraham, glänzende und kreative Köpfe, studierten bereits die Mischna und Gemara und waren als Schriftgelehrte in ganz Ungarn bekannt.

17 Jahre vor meiner Geburt, nur wenige Tage nach der Befreiung, versuchte Vater ein letztes Mal zu spielen. Im Kapitel *Avraham, Avraham* beschreibt er einen fast surrealen, beiläufigen Moment in Bergen-Belsen, wo er auf einem kaputten Traktor im Hof des Lagers ›spielt‹. Was ging diesem Jungen, der aus dem Leben gerissen wurde, durch den Kopf? Diesem alten Kind, dessen Verstand durch Hunger und Schock nur noch darauf programmiert war, den Tod seiner Nächsten auszublenden und wie ein Roboter in der Hölle nach Essensresten zu suchen? Was fühlte er, als er hinter dem Lenkrad dieses Traktors saß und ›spielte‹?

Diese kurze Stelle, die ganz nebensächlich in den Absätzen vor Avrahams Tod im englischen Lazarett steht, war meinem Vater beim Schreiben wohl nicht wichtig, aber traf mich mitten ins Herz. Mein Vater, 15 Jahre alt, der Schatten eines Menschen, ein Roboter ohne Gefühle und ohne Verstand, sieht sich von den Resten seiner kindlichen Neugier zu einem provisorischen Spielzeug gezogen, setzt sich ans Steuer und gibt vielleicht noch summende Motorgeräusche von sich, als ob die Hölle ihn nicht gestreift oder seine Welt zerstört hätte.

Es ist erstaunlich, dass diese Gefühle seiner Autorität als Mann und Vater keinen Abbruch taten. Auch nicht dann, als ich sein Leiden während der Shoa besser und besser zu verstehen lernte. Vater war für mich ein Mensch mit vielseitigen Begabungen, gebildet, schön, stark und mit einer aufrechten Haltung gegenüber dem Leben. Damals wie heute.

Auch Mutter erlebte ich trotz ihrer andauernden Depressionen nie als schwach, obwohl sie die Arbeitswelt verlassen musste, weil sie sich nicht mehr mit ihr auseinandersetzen konnte.

Die Jahre schoben unser kleines Wägelchen nach vorn.

Meiner Rechnung zufolge war ich nicht mehr als zwei oder drei Jahre alt, als ich zum ersten Mal von der Vertreibung ins Ghetto, den Fahrten in den Viehwaggons und dem Leben in den Lagern hörte. Damals galten diese Geschichten hauptsächlich Ilana. Mutter sprach mit ihrer Tochter, als wäre sie mit fünf oder sechs Jahren bereits erwachsen. Wahrscheinlich verspürte sie den Drang zum Erzählen, noch bevor ich geboren wurde. Das Bedürfnis war wohl so gewaltig, dass sie sich gezwungenermaßen an das kleine Mädchen wandte, während mein Vater bis zur Selbstverleugnung schwieg. Ihre Geschichten überstiegen natürlich die emotionale Belastbarkeit kleiner Kinder bei Weitem, aber wir nahmen sie auf wundersame Weise in uns auf. Das Ungeheuerliche an der Shoa und ihre bizarren Ausmaße drangen in unser Unterbewusstsein ein, wurden verarbeitet, abgelegt und ausgeblendet. Bis heute verstehe ich nur wenig mehr als das.

Mutter war in meinem heutigen Alter, als sie die Schrecken der Shoa vor ihren kleinen Töchtern aufrollte. In diesen Stunden verwandelten wir uns: Wir Mädchen – »das gefangene Publikum« – wurden ihr zu erwachsenen Schwestern oder vielleicht sogar zu ihrer eigenen Mutter. Meine heldenhafte Schwester Ilana musste in die Bresche springen, und später stand ich ihr bei.

Die Frage, ob die Kinder der Überlebenden durch die Erzählungen ihrer Eltern zu seelischen Schäden kamen, müssen Fachleute beantworten – ich weiß es nicht. Ich weiß auch nicht, welchen Preis wir für unser Zuhören bezahlen mussten. Mir scheint es jedenfalls so, als sei Schweigen am schädlichsten. Aus eigener Erfahrung kann ich sagen, dass Unausgesprochenes mir Kummer und Angst bereitete, während das Reden und Zuhören eine emotionale Verarbeitung auslöste.

Mutter, Mutter, auch du warst nur ein vierzehnjähriges Mädchen, das nicht wusste, wem sie sein Vertrauen schenken sollte, als du deine schreckliche Vergangenheit in Worte gefasst und vor uns ausgebreitet hast. Etwa deiner Mutter und deinen Schwestern Martha und Tuti? Oder Cousine Bubu und Tante Bertha?

Du führtest beim Putzen der Fenster, Fußböden und Regale lange Monologe, dir selbst nicht sicher, für wessen Ohren sie bestimmt waren. Und wir standen neben dir und bewunderten die Entschlossenheit, mit der du die Sisyphusarbeit verrichtet und dir den Schrecken von der Seele geredet hast.

Interessant ist auch die Tatsache, dass es weder mir noch meiner Schwester in den Sinn kam, ihre langen Monologe über unsere Familiengeschichte zu verdrängen oder uns zu weigern, weiter zuzuhören, nachzufragen, zu verarbeiten und zu verdauen. Erst später erfuhren wir, dass es auch andere Kinder im Block, der Stadt und auf der Welt gab, deren Eltern die Shoa überlebten. Aus Dina Wardis *Siegel der Erinnerung* lernten wir, lange vor dem Zeitalter des Internets, von unserer unfreiwilligen Mitgliedschaft im Club der zweiten Generation und von der Möglichkeit, die Ohren vor den Worten der Überlebenden zu verschließen.

Mutter, wie hätten wir dich bremsen sollen? Dieser Welle der Leiden, die aus dir heraussprudelte, zuzuhören, auch wenn sie uns zu ertränken drohte, war doch das Mindeste, was wir für dich tun konnten. Jahre später fragtest du mich erschrocken, ob ich tatsächlich glaube, dass du zu früh mit deinen Geschichten begonnen hättest, und ich wollte dir nicht antworten, weil ich es selbst nicht wusste. Ich sagte dir, dass es mir wichtig und teuer war, dir damals zuhören zu dürfen, und dass du meiner Meinung nach keine andere Wahl hattest, da du in einem ständigen Kampf mit deiner Zurechnungsfähigkeit standest. Aber davon warst du nicht überzeugt. Du hast mich mit einem skeptischen und schwermütigen Blick angesehen und geschwiegen.

Auch heute, da du nur noch in unserer Erinnerung bist, möchte ich mich wiederholen und dir sagen, dass wir für jede noch so kurze Erleichterung, die wir dir mit unserem Zuhören verschaffen konnten, dankbar sind. Ich kann mich erinnern, dass wir von Zeit zu Zeit weinten, und vielleicht versuchte ich ein wenig, es zu verheimlichen, aber es gelang mir nie. Ich schämte mich ein wenig, weil du nicht auch weintest, aber du weintest durch uns, und das gibt mir heute ein Gefühl der Genugtuung.

Ich denke, dass deine Erzählungen wie in eine Gussform in mich hineinfielen. In meinem Bewusstsein verwandelten sie sich in Bilder, so als ob ich damals dort gewesen wäre.

Mir kam der Gedanke, dass ich nicht gewillt gewesen wäre, in Auschwitz um mein Überleben zu kämpfen, sondern es, ohne zu zögern, vorgezogen hätte, zum elektrischen Zaun zu gehen und mich selbst von dieser Welt zu verabschieden. Heute, da ich selber Mutter bin und meine Rolle im Leben anderer Menschen spüre, denke ich hingegen, dass ich mich am kleinsten bisschen Hoffnung festgeklammert hätte, Stunde um Stunde, Tag für Tag.

Da ich nicht im Namen meiner Schwester reden möchte, kann ich nur sagen, dass ich mich schuldig fühlte, weil Mutter ›dort‹ war und wir nicht: Wir sind dem Schicksal ›ausgewichen‹, dachte ich, und nur kraft des Zufalls, dass wir damals noch nicht auf der Welt waren, mussten wir nicht mit ihr oder Vater leiden. Und dieser Zufall, dieses ›Ausweichen‹, gab mir das Gefühl, dass ich nicht davon befreit wäre, die Shoa mit Mutter zu durchleben.

Hinzu trat noch die Überlebensschuld meiner Mutter, die bereits in mich einsickerte, als ich noch ein Säugling war. Die Schuld ging durch alle Wände, sogar die mit den Hasen, Enten und Küken.

Die Luft in der kleinen Wohnung war von ihr getränkt. Bernice Eisenstein schreibt dazu in ihrem Buch *Ich war das Kind von Holocaust-Überlebenden*: »A steht für Aktion, Anschluss. A steht für Absolution.«

Mit drei oder vier Jahren war die Welt in meinem Bewusstsein in Hölle und Erbarmen gespalten. Die äußeren Einflüsse kämpften um einen Platz in meinem jungen, formbaren Kopf. Aber gleichzeitig denke ich, dass diese unverblümte Sicht auf die Fakten auch zur Versöhnung beider Fronten beigetragen hat. Das wurde mir klar, nachdem ich David Grossmans *Stichwort Liebe* gelesen hatte: Dort wird Momik, ein kleiner Junge aus der zweiten Generation, fast wahnsinnig bei dem Versuch, sich den Ort ›dort‹ vorzustellen, von dem seine schweigsamen Eltern kamen. Auch die hartnäckigen Nachforschungen der Kinder in Amir Gutfreunds *Unser Holocaust* zeigen uns, dass Kinder nicht nur unermüdlich versuchen, sich der Wahrheit zu stellen, egal wie schrecklich sie auch sein mag, sondern auch, dass sie in der Lage sind, sich den dazu nötigen emotionalen Schutz selbst zu schaffen. Sie kommen erst in Gefahr, sobald ihnen die Wahrheit verweigert wird. Wenn sie blind in der gewaltigen Leere der Vergangenheit umherwandern, wo Leid und Unglück herrschen, sind sie nicht vor dem Chaos geschützt.

Vielleicht funktionierte das alles in meinem Fall auch nur deshalb, weil ich, zu meinem großen Glück, gute Eltern hatte. Selbst wenn Mutter ins Reich der Depressionen ›verschwunden‹ war, stand Vater uns immer noch liebevoll mit Rat und Tat zur Seite. Sie konnten nur abwechselnd ›verschwinden‹, jeder an seinen eigenen Zufluchtsort und in der obersten Bürgschaft uns gegenüber.

So habe ich die schwarzen Löcher, die ich bis heute in meiner Seele trage, von meinen Eltern geerbt. Ich spürte sie nur, wenn einer von beiden nicht da war. Es ist schwierig, die Anspannung zu beschreiben, die ich als kleines Mädchen fühlte, wenn Vater mich mit Mutter allein ließ, um zu arbeiten oder die Abendschule zu besuchen. Am schlimmsten waren die Morgenstunden, bevor Ilana aus dem Kindergarten oder aus der Schule zurückkam. Bis zu meinem vierten Lebensjahr konnte sich Mutter nicht von mir ›verabschieden‹, um mich in die Kita zu schicken. Ich kann mich erinnern, wie meine Schwester sie jeden Tag nach der Schule fragte: »Wann wirst du sie denn endlich in den Kindergarten schicken?« Wahrscheinlich spürte sie mit dem Sinn der zweiten Generation, der uns verbindet, dass es meine Rettung wäre. Auch ich sehnte mich schon danach, endlich in den Kindergarten gehen zu dürfen, mit den anderen Kindern zu spielen und mich dem Leben anzuschließen. Obwohl ich zu Hause auf dem Teppich saß und mit all dem Spielzeug spielte, das mir Mutter gab, und nach außen hin wie ein gesundes, neugieriges Kind wirkte, fühlte ich mich in meinem Inneren leer.

Ich kann mich erinnern, wie ich im Wohnzimmer spiele und erwartungsvoll den Kopf zu Mutter wende. Aber sie scheint mir endlos weit entfernt zu sein, wie sie da mit dem Rücken zu mir steht und die Fenster saubermacht. Ich rufe ihr zu, aber sie reagiert nicht mit der warmen Zuwendung, die ich erwarte. Seit einiger Zeit wirkt sie fremd, ungeduldig, und ich sage wütend zu mir selbst: »Das ist ja gar nicht Mutter, das ist Lea« und spiele weiter.

Meine Schwester Ilana, die zu meinem großen Glück vor mir auf die Welt kam und ungeduldig auf meine Geburt wartete, rettete mich jeden Tag aufs Neue. Als ich in ihr Leben trat, war ihre Freude grenzenlos. Sobald ihr blonder Kopf die Schwelle zur Wohnung passiert, stellt sie die Tasche neben der Tür ab, rennt zum Essen in die Küche – und für mich ist die Welt eine Wunde. Sie isst, sie schwatzt und führt uns drei mit Frohsinn zurück ins Leben. Man sieht ihr nicht an, dass es auch ihr schwerfällt. Erst heute weiß ich, dass sie darin schon immer ihre Aufgabe sah.

Sie hatte schon immer einen unerklärlichen, aber wundervollen Drang zum Reden, Lachen, Singen und Spielen. Sie sucht permanent nach Beschäftigung und findet sie auch. Ihr Sinn für Ästhetik war schon in unserer Kindheit unglaublich ausgeprägt: Sie malte Bilder, dekorierte das Haus, kaufte von dem wenigen Geld, das sie hatte, Geschenke und schrieb Karten dazu, die sie stundenlang schmückte. Sie zog unseren Puppen hübsche Kleider an, kämmte ihnen die Haare, und wenn wir mit ihnen spielten, rissen mich ihre Geschichten mit.

Sie gibt mir Lebenskraft und trägt Hoffnung und Sinn in mein Dasein.

Ilana kam im Mai des Jahres 1958 auf die Welt, zwei Jahre nach dem Sinai-Krieg. Vater wurde damals, wie in den Konflikten zuvor und dann später wieder im Sechstagekrieg, an die Front verlegt. Zu dieser Zeit hatte man in Israel weder Respekt vor den gewaltigen Leistungen der jungen Shoa-Überlebenden für die Unabhängigkeit unseres Staates noch vor den Leiden ihrer Vergangenheit. Im Gegenteil, sie ernteten für ihre Taten nichts als Verachtung und Beschimpfungen. In Lizzie Dorons Buch *Warum bist du nicht vor dem Krieg gekommen* kommt Lizzies Mutter, eine Überlebende, der Überheblichkeit der gebürtigen Israelis zuvor, indem sie sich ihnen als ein ›Schaf, das freiwillig zur Schlachtbank geht‹ vorstellt.

Auch Vater beschreibt in seinem Buch, wie er sich während seiner Zeit in der Armee an freien Abenden penibel auf den Ausgang vorbereitete, nur um bald darauf wieder in die Basis zurückzukehren, weil er sich vor seinen israelischen Kameraden schämte, ein Überlebender ohne Familie und Heimat zu sein. Er musste erneut dem Tod gegenüberstehen, so als ob die Shoa nicht genug gewesen wäre – dieses Mal aber im Dienste des Staates. Wie ich meinen Vater verstehe, erfüllte er damit in seinen Augen die Pflicht, sich seine Daseinsberechtigung in Israel zu erkämpfen. Vielleicht war es aber auch ein befreiendes Erlebnis, Soldat in ›unserer‹ Armee zu sein. Mutter, auf der anderen Seite, brach während des Sinai-Krieges zusammen, als sie wochenlang allein und ohne Kontakt zu meinem Vater zu Hause bleiben musste. Von Zeit zu Zeit rannte sie zum Eingang, weil sie glaubte, sie hätte sein Klopfen gehört, und als er dann eines Morgens wirklich in der Tür stand, mit seinem roten Bart und triefenden Augen, dachte sie, sie phantasiere. Vater, der ihren schlechten Zustand erkannte, wäre bereit gewesen, für sie zu desertieren, aber Mutter lehnte heldenhaft ab. Die seelischen Schäden, die sie aus dieser Zeit davongetragen hatte, waren unumkehrbar.

Vater las uns Kindern immer klassische Märchen vor. Wir wuchsen also im völlig unhinterfragten Glauben an den Mythos auf, dass das Gute am Ende immer siegt.

Aber ich fühlte mich belogen, da ich bereits wusste, dass die Welt jahrelang von grausamen Sadisten mit erhobener Hand regiert wurde, die mein Volk mit industrieller Effizienz ermordeten und dabei noch von unzähligen kleineren Staaten Unterstützung bekamen. Und die ›guten‹ Alliierten schritten nicht ein, selbst als sie die Möglichkeit dazu hatten. Ich dachte mir: »Wenn das die Spielregeln sind, dann macht man die Spielzeuge kaputt und spielt nicht mehr.« Ich konnte nicht begreifen, dass die Welt einfach weiterläuft, so als ob nichts geschehen wäre. Große Teile meiner Familie wurden in Minenfelder oder Arbeitslager zum Sterben geschickt oder gemeinsam mit Tausenden anderen industriell erstickt. Viele starben wie Onkel Avraham an Typhus, weit weg von den wenigen Verwandten, die ihnen noch geblieben waren, und nachdem sie die sieben Stufen der Hölle bereits passiert hatten. Und Jahre später wurden in den USA noch Sträflinge zum Tod in der Gaskammer verurteilt, so als ob die Shoa nie passiert wäre.

Vieles deprimierte mich, wenn auch auf unterschiedliche Weise: die Massaker der Türken an den Armeniern, der Japaner an den Chinesen und der Chinesen an den Tibetern. Hinzu traten die Opfer des Stalinismus in Russland und die Morde an Zigeunern, Homosexuellen und Geisteskranken durch die SS und ihre Vollstrecker im Zweiten Weltkrieg.

Mit fortschreitendem Alter fühlte ich mich immer noch nicht bereit, in dieser Weltordnung zu leben, in der ich nie vor die Entscheidung gestellt worden war, geboren zu sein oder nicht. Es war nicht mein Wille, Teil der zweiten Generation dieses Grauens zu sein. Was habe ich hier zu suchen und was für einen fragwürdigen Gefallen habt ihr mir getan, dass ihr mir das Leben schenktet? Ja, ich warf es meinen Eltern vor – und war nicht weniger zornig darüber, dass mich die dicken Seile der Liebe an sie fesselten. Ich betete, dass ich als erwachsene Frau unfruchtbar werde und mich nicht durch den mütterlichen Instinkt dazu verführen lasse, schwanger zu werden. Ich aß kein Fleisch, denn ich wollte keine Kinder auf diese Welt bringen, auf die ich gegen meinen Willen geworfen wurde, und die ich gegen meinen Willen auch wieder verlassen werde – aber erst nachdem ich den Tod meiner Eltern mit ansehen musste.

Wenn man nüchtern darüber nachdenkt, dann ist diese Haltung nicht schwer zu verstehen: Ich bin das Kind einer Mutter, die nicht verstehen konnte, warum ausgerechnet sie überlebte, die Zweifel hatte, ob sie des Lebens überhaupt würdig sei, und die bedauerte, damals nicht das Schicksal ihrer Familie geteilt zu haben. Mutter war zwei Familien treu, und als Mädchen fragte ich mich, zu welcher sie wirklich gehörte. Die existentielle Bedeutungslosigkeit, die sie in dem Zufall sah, der ihr das Leben rettete, färbte auf mich ab. Meine Schwester blieb von diesem Einfluss verschont.

Dieser Dualismus von Leben und Tod entwickelte sich schnell zu einem Teil meiner Identität. Ich musste zwar nie den Tod meiner Großeltern, Onkel und Tanten erleben, die eigentlich auch nie Großeltern, Onkel und Tanten sein durften, aber dafür schwebte die Vorstellung des zukünftigen Todes meiner Eltern wie ein Damoklesschwert über mir. Oft hatte ich das Gefühl, dass meine Mutter mir bald verloren gehen würde wegen ihrer ungebrochenen Zuneigung zu ›Mutter Erde‹, von der sie mit einer Sehnsucht sprach, die mir Angst einjagte und mich zum Widerstand zwang. Vater dagegen gelang es, unseretwegen einen äußeren Schein der ›Normalität‹ zu wahren. Trotzdem merkte er gelegentlich an, dass wir unter seinem Tod nicht allzu sehr leiden würden, da er bereits ›vorbereitet‹ wäre. Ich antwortete ihm, dass er das eigentlich schon seit Avrahams Tod im Jahr 1945 sei.

Nach außen hin wuchs ich wie ein gewöhnliches Mädchen auf, das zur Schule ging, sich in der Jugendbewegung und in diversen Clubs engagierte und seinen Eltern gute Noten nach Hause brachte. Aber in meinen Knochen steckte bei fast jedem Schritt in meinem Leben eine Ambivalenz. Bevor ich selbst Mutter wurde, wusste ich nicht, wie ich zum Geschenk des Lebens stehen sollte. Für Vater bestand kein Zweifel daran, dass er seit seiner Befreiung das Recht besitzt, weiterzuleben. Dass Avraham, seine Zwillingsseele, am Flecktyphus starb, während er überlebte, waren in seinen Augen feste Tatsachen, an die er keinen weiteren Gedanken verschwendete, auch wenn sie damals seinen Geist brachen. In diesem Sinne versteht er sich auch nicht als ›Held‹ und zeigte sich sogar überrascht, als er hörte, dass viele, insbesondere die Jugendlichen auf seinen Reisen nach Polen, ihn als solchen sehen.

Obwohl ich Halt in meiner Gesundheit, meinem Erfolg und meiner von Mutter geerbten Menschenliebe suchte, war meine persönliche Entwicklung in allen Bereichen des Lebens verzögert. Ich dachte noch in meinen zwanziger Jahren, dass keine meiner Taten an die Begabung und Intelligenz der vier Brüder meines Vaters herankommen könnten – und wenn man die Brüder und Schwestern meiner Mutter noch hinzunähme, dann erst recht. Wie könnte ich die Dynastie auf ihrem Niveau fortsetzen?

Meine Lebensaufgabe besteht darin, eine Gedenkkerze zu sein – eine Aufgabe, zu der ich von niemandem gezwungen wurde, beladen mit widersprüchlichen Gedanken und Gefühlen. Selten waren sie erbaulich oder brachten mich vorwärts. Ich fürchtete mich davor, sie zu ergründen und sie den Augen und Ohren meiner näheren Umgebung zu offenbaren, weil sie dort auf Ablehnung stoßen würden. Mir war klar, dass sie vor einer logischen Prüfung keinen Bestand hätten, aber ich bewahrte sie mir in meinem Herzen als real und gültig.

Es war für mich nicht selbstverständlich, im Leben vorwärtszugehen, etwas zu erreichen und es zu genießen. Man könnte sagen, dass ich erst im fünften Jahrzehnt meines Lebens, nach Mutters Tod an Krebs, zu der Einsicht kam, dass ich all diese Dinge wirklich möchte und gleichzeitig an dem festhalten will, was geblieben ist.

Meine Mutter war eine komplizierte Frau, kreativ und lustig. Sie hatte eine theatralische Begabung und zu jedem Anlass Sprüche auf Lager. Die Ärzte in der Abteilung, die sie nicht beim Namen nennen wollte, attestierten ihr eine ›hohe, aber gebrochene Intelligenz‹. Ihre brillante und ausgelassene Natur stand in direkter Beziehung zu ihren Depressionen: Sie war sich ihrer Klugheit nicht bewusst, glaubte nicht an ihre intellektuellen Möglichkeiten, machte keinen Gebrauch von ihrer schnellen Auffassungsgabe. Sie fühlte sich in vielerlei Hinsicht an den Rand des Lebens gedrängt. Dennoch ergötzten sich ihre zahlreichen Freundinnen, Nachbarinnen und ihre Cousine Bubu an ihren Kommentaren oder Beobachtungen und genossen ihre Anwesenheit sehr. Mutter vererbte mir ihre Fähigkeit zum aktiven Zuhören: Sie verschluckte jedes gesagte Wort, verarbeitete es auf der Stelle und gab es wieder zurück, interessant und erleuchtend. Leute saßen oft stundenlang bei ihr und sagten später, dass es ihnen so vorgekommen sei, als hätte Mutters Aufmerksamkeit nur ihnen gegolten.

Auch ich nahm mir häufig einen Holzschemel, stellte ihn in die Küche und saß darauf, während sie mit dem Mittagsessen oder einem Kuchen beschäftigt war und geduldig mit mir über Gott und die Welt redete. Im Verlauf der Jahre sprach sie immer weniger über die Shoa und immer mehr von ›normalen‹ Dingen, die mit zwischenmenschlichen Beziehungen zu tun hatten, wie Bücher, die wir gemeinsam gelesen hatten, oder wie über Freunde und Freundesfreunde. Es war ein Vergnügen, ihr zuzuhören und sich mit ihr auszutauschen. Sie lachte und brachte andere zum Lachen. Trotz ihrer hartnäckigen und rechthaberischen Persönlichkeit ließ sie mir und meinen Gedanken viel Freiraum und verschaffte mir damit ein Gefühl der Bedeutsamkeit, von Können und von Wert. So war sie paradoxerweise diejenige, die mein Selbstbewusstsein zerstört, aber auch wiederaufgebaut hat.

Ich erbte von ihr das Bedürfnis, die Menschen zu verstehen und mich in sie hineinzuversetzen, sowie das Talent, innerhalb kürzester Zeit eine Verbindung zu Fremden herzustellen.

Dass sie diese Eigenschaften besaß, ist unglaublich, denn ihr Glaube an die Menschheit war ernsthaft geschädigt. Sie verspürte den Leuten gegenüber eine gewisse Ablehnung, wodurch es widersprüchlich scheint, dass sie sich gleichzeitig nach ihrer Gegenwart sehnte. Viele Jahre betrachtete sie die Menschen als fremde, bösartige Wesen. Ihre Ärzte betonten hingegen, dass sie verzweifelt Gesellschaft und Nähe suchte. Treffen, Bekanntschaften und Gespräche waren Heilmittel für sie. Dennoch schrieb sie häufig den Leuten, denen wir begegneten, üble und böswillige Absichten zu. So verbrachte sie die meiste Zeit ihres Lebens: Sie suchte die Nähe von Menschen, wo sie auch hinkam, aber musste stets ihre Enttäuschung verstecken. Kurz vor ihrem Tod, als die Ärzte im Krankenhaus sie so liebevoll pflegten, sagte sie einige Male, dass sie nicht wusste, dass es auf der Welt so gute Menschen gäbe.

Die ausgeglichene Einstellung meines Vaters milderte den bipolaren Einfluss meiner Mutter, die sich selbst im Spaß ›Kassandra‹ nannte nach der unheilvollen Prophetin aus der griechischen Mythologie. Aber Vater las Geschichtsbücher und interessierte sich für die echte Welt. Zwischen den Kriegen sagte er immer wieder: »Israel ist nicht verlassen« – trotz allem, was Israel widerfahren war. Mutter versuchte, uns ausgerechnet mit Pessimismus zu schützen, indem sie uns stets die schlimmsten möglichen Situationen ausmalte. Sie sah es als ihre elterliche Pflicht, uns auf die trügerische Welt da draußen ›vorzubereiten‹, eine Welt, in der die Linien zwischen Wahrheit und Lüge unklar und verschwommen sind. Vater legte, im Gegensatz dazu, seltsamerweise einen vorsichtigen Optimismus an den Tag. Im Schatten meiner Mutter war es schwierig, Hoffnung zu schöpfen und Vertrauen in die Wirklichkeit aufzubauen. Aber dafür kann ich ihr keine Vorwürfe machen: Denn wenn die Rabbiner in Ungarn ihre Schafe über die polnischen Vernichtungslager täuschten, während sie ihre eigene Haut retteten; wenn die jüdischen Kapos bereitwillig die Täuschungsindustrie und den Vernichtungskrieg der Nazis unterstützten; wenn die Alliierten vom Massenmord in Auschwitz wussten, aber nichts unternehmen wollten – wie sollte dann ein Mädchen, das kaum die sechste Klasse besucht hatte, aufstehen und der Welt seinen Glauben an das Gute verkünden?

Bis heute sehne ich mich nach Mutters Gesellschaft. Jeden Tag möchte ich ihr von so vielen Dingen erzählen. Sie war der Ursprung der beklemmenden Last, die mich lange Jahre plagte, aber gleichzeitig auch ein Quell der Wärme, Sicherheit, Liebe und Freude. Ich bin stolz darauf, dass sie sich an ihrem Lebensabend bei *Amcha*[43] engagierte und sich dort behandeln ließ. Sie war eine aufgeklärte Frau, die mit einer Psychologin arbeitete, um ihr Selbstverständnis als Mutter und als Mensch zu fördern. Außerdem bin ich stolz darauf, dass sie so mutig war, ihre Lebensgeschichte für das Projekt der Zeugenbefragung von Steven Spielberg aufzunehmen. Es tut mir so leid, dass ich ihr nicht mehr von der Welt zeigen konnte, sie nicht öfters umarmte und nicht mehr auf sie einredete, mit mir nach Paris zu fahren oder auch nur ins Kino zu gehen – meine Bemühungen, ihr kleine Freuden zu bereiten, waren immer mit starken Auseinandersetzungen verbunden. Die Erinnerungen an die wenigen Male, als wir zusammen in einem Caféhaus saßen, behalte ich fest in meinem Herzen.

Mein größter Kummer ist, dass die Entwicklung meiner Unabhängigkeit erst so spät einsetzte, dass sie nicht mehr sehen konnte, wie ich ihren Weg fortsetze. Es ist mein Beruf geworden, Menschen zu helfen, genau wie sie es sich erhoffte hatte.

Mir ist es wichtig zu betonen, dass unsere Genesung als Vertreter der ersten und zweiten Generation viele Jahre andauerte und sich teils gemeinsam, teils getrennt voneinander vollzog. Dieser Prozess fand vor dem Hintergrund unterschiedlicher dramatischer Ereignisse in Israel und der Welt statt. Wie meine Eltern heilten, so heilten auch wir. Und ich nehme an, dass es auch umgekehrt der Fall war: Indem sie unsere Kindheit und Jugend erlebten, sich daran erfreuten, wie wir gesund und natürlich aufwuchsen, unsere gemeinsame Zeit zu schätzen lernten und durch uns die Früchte ihrer guten Bemühungen ernteten, kamen auch sie wieder zur Gesundheit.

Meine Eltern gaben ihre innere Stärke an uns, ihre Kinder, weiter, und sie blieb uns auf wundersame Weise durch alle Veränderungen auf unseren Lebenswegen erhalten. Daneben wurden wir von Vaters Entschlossenheit und seinem Interesse an der Welt beeinflusst und auch von seiner Haltung, dass Israel sein Land, das Land der Väter, sei. Er vermittelte mir den Wert des zionistischen Werkes, obwohl er als Kind in einer kritischen Gemeinde aufgewachsen war. Man hört häufig, dass viele Söhne und Töchter der zweiten Generation Berufe in Kunst und Pflege wählten, und man nennt dieses Phänomen Sublimierung. Interessant ist hierzu das Lied von Yehuda Poliker und Yaakov Gilad, beide Kinder der zweiten Generation:

Wachse heran, wachse heran und werde ein General.
Werde ein Astronaut und fliege ins All.
Du wolltest nicht einmal Soldat werden
Oder einfach so sein wie alle anderen, wenn du erwachsen bist.
Aber niemand fragte dich je nach deiner Meinung.

Wachse heran und verschwinde nicht in der Masse,
sondern schau ihr entspannt von der Seite zu.
Du wolltest doch nicht einmal hier sein.
Sei es drum, niemand fragte dich nach deiner Meinung.
Du bist auf ewig ein Küken, das aus dem Nest fiel.

Die letzte Zeile enthält im Hebräischen eine Doppeldeutigkeit: Gemeint sind die jungen Küken, die von ihren Eltern aus dem Nest geworfen werden, wenn sie stark genug sind, um zu fliegen. Diejenigen, die es nicht schaffen, fallen zu Boden und besiegeln damit ihr Schicksal. Sie werden sich nie wieder erholen. Man kann diese Passage dadurch auch als »Du bist auf ewig jung gefallen« oder sogar »ein hoffnungsloser Fall«

interpretieren. Yaakov Gilad verstand meine Gefühle und die vieler anderer wie mir. Als er diese Zeilen in den 90er Jahren schrieb, konnte man bereits über dieses Thema reden. Aber wenn ich mich in den 70ern und 80ern ähnlich geäußert hätte, wäre ich sowohl bei der ersten Generation als auch bei den gebürtigen Israelis auf Abneigung gestoßen. Die emotionale Reife unserer Gesellschaft, die nach 40 Jahren zu einer Flut von Büchern überlebender Zeugen führte, hatte auch Auswirkungen auf die zweite Generation: Die Legitimation, die Opfer eines späteren, zweiten Traumas zu sein, aus dem wir ›angekratzt davonkamen‹, wurde uns erst nach all diesen Jahren erteilt.

Yaakov Gilad erklärte mir damit nachträglich, warum es ein komplizierter Weg sein musste, der mich zur Rehabilitationspsychologie brachte. Und nachdem ich angekommen war, konnte ich mein endloses Verlangen, den Menschen zu helfen, nicht mehr zügeln. Vielleicht muss ich immer aufs Neue Hoffnung in die Welt tragen, um die chronische Wunde in meinem Inneren zu heilen und mein Dasein wie auch die Rettung meiner Eltern zu rechtfertigen.

»Ich heile, also bin ich.« Vielleicht ist die Rehabilitation in den Händen der Ärzte ja auch ein Instrument zur Heilung ihrer eigenen Wunden.

Menschen am Rande des Zusammenbruchs besitzen oft verborgene Werkzeuge zur Selbsthilfe, die ihnen aber nicht zugänglich sind. Meinen Glauben an die Rehabilitation schöpfe ich aus der Erfahrung im Umgang mit Shoa-Überlebenden wie meinen eigenen Eltern, die immer wieder zu ihrer inneren Stärke zurückfanden, obwohl sie ihnen schon so oft genommen wurde. Ich glaube an den menschlichen Drang zur Selbsterkenntnis. Tief in seinem Inneren will ein jeder leben, lernen, Freunde finden und sich seine Menschlichkeit bewahren.

Ich habe es vermieden, mir die Frage zu stellen »Wie konnte es passieren?«, obwohl Vater sein Buch damit beginnt. Es ist eine Frage, mit der ich aufgewachsen bin, wie auch die Frage, ob der Mensch von Natur aus gut ist. Sie stand mir vor Augen bei den Massakern in Darfur, Ruanda, Kambodscha und zuletzt in Syrien, bei den Morden an den Bosniern, den Kurden, den Indianern und Afrikanern und bei jeder weiteren Bluttat, die im Laufe der Geschichte an den Völkern dieser Welt verübt wurde. Im Gegensatz zu vielen anderen wurde ich schon in der ersten

Klasse mit den technischen, industriellen und zahlenmäßigen Dimensionen der Shoa und ihrer Kaltblütigkeit konfrontiert – und reagierte mit Entsetzen. Darum gilt meine Frage der Beispiellosigkeit der Shoa: Wie waren Menschen imstande, die Endlösung zu planen, vorzubereiten und durchzuführen? Diese Frage kann meiner Meinung nach nicht beantwortet werden; zumindest für mich ist sie zu groß. Soviel ich weiß, findet man auch in den Texten von Aristoteles, Maimonides, Freud oder Rogers keine Erklärung. In der Psychologie stellte ich Nachforschungen über den Konformismus an. Damals suchte ich noch nach einer Antwort in der Hoffnung, eines Tages in einer Welt leben zu können, die ich verstehe. Eine gewisse Zeit lang fand ich darin Trost, aber bald kehrte der leise Wellenschlag immer stärker zurück, der Schock, die Trauer, die Entfremdung gegenüber der Menschheit, und wie ein Echo hallt es wieder in mir: »Wie? … Wie? … Wie? …«

SECHSTER TEIL

Die Enkel

Eran Teicher, 32 Jahre alt, aus der dritten Generation, ältester Sohn von Ilana und Daniel Teicher, erster Enkel von Lea und Shalom Weiss

Ich wurde 1980 in Haifa als ältester Sohn junger Eltern geboren; Vater studierte Medizin, Mutter grafische Gestaltung.

Die Eltern meiner Mutter wurden in Vernichtungslager verschleppt, als sie noch Kinder waren. Sie überlebten die Shoa, aber verloren fast ihre gesamte Familie, ihre Unschuld, ihre Religion, ihren Glauben, ihre Kindheit, ihre Heimat und ihren Seelenfrieden.

Die Mutter meines Vaters konnte nach Palästina flüchten, als sie noch ein junges Mädchen war, kurze Zeit bevor die Nazis die Ermordung der Juden in die Wege leiteten. Aber so verlor auch sie ihre gesamte Familie, ihre Unschuld, ihre Kindheit, ihre Heimat und ihren Seelenfrieden.

Meiner Mutter und meinem Vater waren Eltern voller Trauer und Schmerz ›vergönnt‹. Sie wuchsen unter der schwarzen, schweren und geheimnisvollen Wolke der Vergangenheit auf, einer Vergangenheit, die sie nicht verstehen konnten und niemals verstehen werden, die so schrecklich und fürchterlich ist, dass man nicht über sie redete. Selbst in Israel, wo die Armee unsere Grenzen bewacht, erreicht uns dieser Schatten noch heute und lauert bedrohlich über uns.

Seit ihrer Geburt waren meine Eltern dazu berufen, eine endlose Leere zu füllen. Sie wurden bewusst oder unbewusst dazu auserwählt, ihren eigenen Eltern ein Ersatz zu sein und sie dadurch vor dem inneren Tod zu bewahren.

Meine Großväter und Großmütter waren so tief verletzt, dass meine Eltern fast keine andere Wahl hatten, als sie zu pflegen – das heißt, Kindereltern zu sein. Auch als Erwachsene mussten sie ihren Eltern zur Seite stehen, aber nicht nur aus gewöhnlicher Verpflichtung heraus, sondern auch und insbesondere, weil sie die Shoa überlebten. Kein Wunder also, dass beide, wie auch meine Tante, meine Schwester und ich, später Pflegeberufe wählten: Mein Vater war ein treuer Gemeindearzt, meine Mutter ist Bibliotherapeutin.

Die Eltern meiner Mutter, die selbst keine Söhne hatten, waren begeistert, als ich, ihr erster Enkel, auf die Welt kam. Ich symbolisierte die Erneuerung, die Wiederauferstehung und das Fortbestehen der Familie – ein vernichtender Sieg über die Nazis. Sicher erinnerte ich sie an ihre kleinen Brüder, die in den Lagern umgekommen waren. Ich spürte damals wie heute die Emotionen um mich herum: die Verehrung und Wertschätzung, aber auch hohe Erwartungen und Kritik. Einerseits bekam ich zu hören, wie klug, begabt, schön, verehrt und geliebt ich sei, aber andererseits, dass ich enttäusche, verärgere, frustriere und nicht das Potential nutze, das in mir steckt. Ich denke, dass daher meine Gewohnheit rührt, zu beschwichtigen und zu versöhnen, die es mir später erschwerte, frei, sicher und authentisch gegenüber meinen Altersgenossen aufzutreten.

Meine Großeltern mütterlicherseits liebten mich sehr und verbrachten viel Zeit mit mir als Kind. Großvater nahm mich zu ›Vergnügungstagen‹ in die Stadt: Wir fuhren in der Straßenbahn oder U-Bahn durch die Gegend, pinkelten auf die Gleise, gingen zum Strand, beobachteten Krebse zwischen den Felsen, warfen Steine ins Wasser, drehten Runden mit der Drahtseilbahn und aßen riesige Eisbecher, mit allen Zutaten. Mit Großmutter ging ich meine ersten Schritte, machte meine ersten Spaziergänge in der Siedlung und sprach meine ersten Worte. Als ich groß wurde, erzählte mir Mutter, dass ich mich bei unseren gemeinsamen Spaziergängen auf der Promenade immer hinlegte und wie eine frisch geschlüpfte Schildkröte geradewegs zum Meer kroch. Oma lief immer ängstlich hinter mir her, obwohl die Entfernung zum Wasser noch ziemlich groß war, und Mutter musste sie unter Körpereinsatz bremsen, damit sie mich nicht beim Spielen störte. Ich fühlte mich oft eingeengt und übermäßig behütet.

Obwohl Opa der Familienkoch war, sorgte Oma dafür, dass ich genug aß. In unserer Familie, einer Familie von Shoa-Überlebenden, war das Essen immer von zentraler Bedeutung und manchmal auch emotional beladen. Mutter stillte mich lange – als sie damit aufhörte, konnte ich mich nicht daran gewöhnen und weigerte mich zu essen. Oma war trotz meiner rundlichen Figur und dem kleinen Doppelkinn erschrocken: »Er isst nicht!«, »Er ist zu dünn!«, und bediente sich zahlreicher Tricks, um mich zum Essen zu bringen: In meiner frühesten Erinnerung krabbelte ich auf allen vieren durch die Wohnung, bis ich auf Deckel von Einmachgläsern, voller Schokolade und Rosinen, stieß. Oma hatte sie clever dort platziert, um mich zu verführen. Als ich ein wenig älter wurde, erwartete sie mich und meine Schwester nach dem Kindergarten oder der Schule bereits mit ›Lecsó‹ oder ›Bundáskenyér‹, mit Salat und Schnitzel.[44] Opa kochte samstags immer prächtige Mahlzeiten für die ganze Familie. Er und Oma standen dafür seit Freitagmorgen zusammen in der Küche und neckten sich gegenseitig vergnügt. Die Mahlzeiten zum Schabbat sind mir immer als Freuden in Erinnerung geblieben, humorvoll, fröhlich und intim.

Mutter und Vater kochten hingegen ungern und brachten mir keine ordentlichen Essgewohnheiten bei. Bis heute habe ich Probleme mit Essen: Einerseits esse ich gerne und mit Genuss, besonders wenn das Essen außergewöhnlich und hochwertig ist. Ich bin zwar kein Feinschmecker, aber achte dafür auf gesunde Ernährung. Andererseits vergesse ich oft zu essen, und wenn ich dann dazu komme, schlinge ich es eilig hinunter, als hätte ich Angst, dass man mir etwas wegnimmt oder dass nichts mehr übrigbleibt.

Viele dieser Einstellungen kamen von Oma und Opa, die während der Shoa eine traumatische Beziehung zu Essen entwickelten, weil sie sich im Überlebenskampf permanent damit beschäftigen mussten. Daher rührt wahrscheinlich auch ihre ständige Angst, dass wir nicht genug essen. Meine Eltern, und besonders meine Mutter, beschäftigten sich viel mit der Vergangenheit von Oma und Opa und gaben dadurch ihre Auffassungen an mich weiter. Mutter achtete vielleicht besonders darauf, mich als Kind nicht so zu füttern, wie sie selbst gefüttert worden war. Meine Eltern kümmerten sich nicht immer darum, dass Lebensmittel im Haus waren – vielleicht weil man sie in ihrer Jugend immer bestens versorgt hatte. Sie brachten mir bei, dass es eine Pflicht sei, sein Essen zu teilen. Als ich meine Portion einmal nicht mit den Erwachsenen teilen wollte, wurde ich hart getadelt. Sie waren vielleicht selbst der Auffassung, dass das Teilen von Lebensmitteln in der Shoa Leben rettete und es deshalb eine wichtige Tugend sei, die man den Kindern beibringen müsse. Mutter erbte von ihren Eltern eine unbewusste Gier beim Essen, die sie ihre ›unerfüllbare Sehnsucht‹ nannte; eine Gier, die sagt: Wenn ich jetzt nicht zugreife, und seien es die Reste meiner Kinder, werde ich später nichts mehr haben. Man brachte mir bei, dass wählerisch zu sein eine unerwünschte und sogar unmoralische Eigenschaft sei. Denn in einer Hungersnot überlebt man nicht, wenn man wählerisch ist.

Heute weiß ich, dass dieses ganze Thema bei den Überlebenden infolge ihrer traumatischen Erfahrungen mit Angst und Schrecken verbunden ist. Deshalb können sie nicht an der intensiven andauernden Interaktion zwischen den Generationen beteiligt sein, wo dem Essen eine so zentrale Bedeutung zukommt. Aus diesem Grund ist auch jede Schwierigkeit, welche die dritte Generation mit Essen hat, insbesondere ihre Angst und Gier, zwangsläufig mit dem Trauma der früheren Generationen verbunden.

Ich kann mich als Kind deutlich an die moralische Verpflichtung erinnern, Oma und Opa zu helfen und mich immer um sie zu kümmern – nicht weil sie alt waren oder so nett zu mir oder sogar krank, sondern weil ›sie es verdient hatten‹. Ich lernte, dass ich ihre hartnäckige Weigerung, Hilfe anzunehmen, und ihre Bitte, gleich behandelt zu werden, ignorieren musste, da sie damit nur ihre Unabhängigkeit demonstrieren wollten.

Seit meiner Kindheit hatte ich zu Großmutter eine besonders tiefe Verbindung. Wir redeten stundenlang über das Leben, über Dinge, die mich beschäftigten oder belasteten, und eigentlich über jedes Thema auf der Welt. Manchmal erzählte mir Oma von schmerzlichen Erinnerungen aus der Shoa oder aus ihrer Kindheit: Wie man sie nach dem frühen Tod ihres Vaters zu einem reichen Großvater schickte, um sich bei ihm einzuschmeicheln in der Hoffnung, er würde der armen Familie unter die Arme greifen, wie sie zu seinem eindrucksvollen ›Schloss‹ am Ende des Dorfes spazierte und über die besondere Beziehung zu ihrer Mutter, ihrer großen Schwester Tuti und ihrer jüngeren Schwester Martha, die alle in der Shoa umgekommen waren. Ich litt mit ihr, als sie wehmütig vom Abschied von ihrer Schwester Tuti erzählte, die die meiste Zeit in den Arbeits- und Vernichtungslagern an ihrer Seite stand. Ich trauerte über die vielen herrlichen Verwandten, die ich nie getroffen habe und niemals treffen werde, und ich sehnte mich nach ihnen.

Großvater konnte immer mit spannenden Geschichten über die Bibel, das Judentum oder die hebräische Sprache aufwarten, und ich lernte jedes Mal etwas Neues. Im Gegensatz zu Großmutter erzählte er fast nie von der Shoa, und ich hörte zum ersten Mal von seiner Jugend und seinen Erlebnissen zu dieser Zeit, als ich sein Buch *Einer aus jeder Stadt* lesen durfte.

Nachdem er zu Ende geschrieben hatte, ging ich mit Neugier und Respekt auf ihn zu und las das ganze Manuskript in einem Zug durch. Dabei eröffnete sich mir die Gelegenheit, in Opas Kopf zu schauen, sein früheres Leben zu verstehen und nachzufühlen. Das Buch war spannend und aufregend geschrieben; an manchen Stellen musste ich sogar weinen.

Großvaters Kindheit erschien mir, verglichen mit meiner eigenen Jugend, seltsam und geradezu verzaubert. Sie wirkte anziehend auf mich, fast wie eine andere Welt, die plötzlich für immer zerstört wurde. Die traurigen Zeichnungen verbanden sich mit seiner klaren, aber zurückhaltenden Sprache zu einem schrecklichen und greifbaren Eindruck, wie ich ihn nur aus Horrorfilmen kannte. Ich sah mich selbst in allen Szenen, die Opa skizzierte: Manchmal in standhafter Auseinandersetzung mit dem Bösen, manchmal als überirdischer Held in siegreicher Pose, und manchmal ging mir die Vorstellungskraft aus, sodass mir das Überleben meines Großvaters wie eine lange Kette von Wundern und Heldentaten vorkam.

Obwohl sie Shoa-Überlebende waren, erschienen mir Oma und Opa immer als sehr stark, klug und heldenhaft. Sie zeigten nur selten Schwäche, und wenn sie es taten, waren sie darin äußerst zurückhaltend. Es fiel mir schwer zu verstehen, wie Menschen das heftigste Trauma, das man sich nur vorstellen kann, durchleben und danach noch normal funktionieren konnten. Sie wirkten gesund und fröhlich. Aber je älter ich wurde, desto schärfer sah ich die Wunden, die die Shoa bei ihnen hinterlassen hatte. Erst als Mutter mir sagte, dass Oma unter schweren Depressionen litt, sah auch ich ihre schwermütigen Bewegungen, die Ringe um ihre Augen und die Tränen, die sie sich zu verstecken bemühte. Oma war außergewöhnlich intelligent, und es gab in ihr etwas, das sich verwirklichen wollte. Aber sie verzichtete auf Karriere und Hobbys (außer Lesen) und konzentrierte sich stattdessen mit Freude auf ihre Aufgaben als Ehefrau, Mutter und Oma – so sie denn noch Freude empfinden konnte.

Auch wenn ich Opa heute anschaue und ihn mit dem Opa meiner Kindheit vergleiche, kann ich mich dunkel an Momente erinnern, in denen er plötzlich ärgerlich, unnachgiebig und hart wurde. Diese Erinnerungen passen nicht zum warmen und weichen Opa der letzten Jahre, dessen Herzlichkeit jeder, der ihn trifft, bezeugen kann.

Unser familiärer Zusammenhalt und unsere gegenseitige Abhängigkeit waren uns immer wichtig. Wir standen stets – wenn auch manchmal unfreiwillig – in einer engen Verbindung zueinander, hauptsächlich weil die Shoa uns kaum Verwandte gelassen hatte. Seit meiner Kindheit fühlte ich mich anders als diejenigen, deren Großeltern keine Shoa-Überlebenden waren, weil mir meine Familie immer so klein und nahe vorkam. Manchmal beneidete ich große Familien um ihre Mahlzeiten und Feste: Ich staunte bei ihren Beschneidungsfesten, Konfirmationen und Hochzeiten über all die Verwandten, die man haben kann. Am meisten taten mir meine Mutter und Tante leid, die als Kinder nur ihre seelisch angeschlagenen Eltern hatten. Manchmal war ich auch eifersüchtig auf die Freiheit anderer Kinder, aus dem Haus zu gehen, Streiche zu spielen oder schlichtweg nicht alles ihren Eltern erzählen zu müssen. Ich fand, dass Mutter manchmal zu viel von sich selbst erzählte. Sie erwartete von uns, ihre innersten Geheimnisse in uns aufzunehmen, und war verletzt, wenn wir nicht zuhören wollten. Vielleicht versuchte Mutter dadurch Opas Verschlossenheit wieder auszugleichen. Vielleicht ahmte sie damit aber auch Omas übertriebene Offenheit gegenüber ihr und ihrer Schwester nach.

Oft bedauerte ich, dass es in der Familie nicht genug Raum gab, um Gefühle wie Schmerz, Wut, Trauer oder Deprimiertheit auszudrücken, und sah mich gezwungen, wie ein Held zu sein, der seinen Nächsten in Windeseile mit Rat und Tat zur Seite stehen musste.

Es ist möglich, dass unsere Familie von den negativen Gefühlen aus der Shoa so übersättigt und von ihrer Verarbeitung so müde war, dass kein Platz für neuen Schmerz mehr übrigblieb, als ob man befürchtete, weiter in sich selbst hineinzufallen und verschlungen zu werden. In Opa sah ich ein Vorbild: Auf der einen Seite zeigte er die Stärke, die gewaltigen Verluste in seiner Vergangenheit zu bewältigen, auf der anderen Seite war er ein Beispiel für Schweigsamkeit und Genügsamkeit.

Ich hatte das Privileg, eine liberale und aufgeklärte Erziehung zu genießen. Die Geschichten meiner Großeltern machten mich nachdenklich, und ich beschäftigte mich später viel mit der menschlichen Natur und den Begriffen von Gut und Böse. Während meines Armeedienstes ließ ich mich lange Jahre von den ideologischen Argumenten für Vegetarismus und Rohkosternährung überzeugen, die mit Analogien zwischen der

Fleischindustrie und der Shoa beladen sind. Heute ist meine Auffassung von Gut und Böse und von Moral etwas komplizierter, verhältnismäßiger und offener für andere Meinungen. Ich habe gelernt und lerne noch heute, Menschlichkeit, wo und wie auch immer sie sich zeigt, zu akzeptieren und zu achten. Besonders als Pfleger ist es mir wichtig, aus ganzem Herzen zu verkünden: »Nichts Menschliches ist mir fremd.«

Ich bin sehr stolz auf meine Großeltern, auf ihr grenzenloses Wissen und ihre vielen Begabungen. Bei Opa sind es das Schreiben, Malen, Kochen, Geschichten erzählen und seine Fähigkeit, jedes Gerät zu reparieren, bei Oma waren es ihre Fähigkeit zuzuhören, Empathie zu zeigen, jeden Menschen zu verstehen, mitzufühlen, sich zu begeistern und schließlich auch mit und für ihre Lieben zu leiden.

Ich verehre sie nicht nur, weil sie die Shoa überlebten, sondern auch wegen ihrer Lebenskraft, ihres Humors, ihrer Liebenswürdigkeit und Hingabe, ihrer Neugier und ihres Willens, zu lernen und sich weiterzuentwickeln.

Ich danke euch, Großvater und Großmutter.

Noa Teicher, 29 Jahre alt, aus der dritten Generation, Tochter von Ilana und Daniel Teicher, zweite Enkelin von Lea und Shalom Weiss

Ich wurde als Enkelin von Opa Shalom und Oma Lea geboren. Schon immer waren sie mir nahe, auf eine wunderbare und außergewöhnliche Art und Weise, als liebevolle Großeltern. Seit Eren und ich auf der Welt sind, genießen sie es, Oma und Opa zu sein und sich mit Hingabe um ihre Enkel zu kümmern. Sie behandelten uns liebevoll und spendeten Wärme, Freude, Glück und Lachen. Sie bewunderten uns, fütterten uns, hörten uns zu und erzählten uns Kindergeschichten. Auf uns wirkten sie wie lebensfrohe Erwachsene.

Als ich im Kindergartenalter war, erklärten mir meine Eltern: »Deine Oma und dein Opa sind Engel. Sie sind gute und teure Menschen, die die Shoa überlebten. Ihre Familien wurden in den Konzentrations- und Vernichtungslagern ermordet. Sie mussten sehr leiden. Jetzt sind wir an der Reihe, sie zu lieben und zu pflegen.«

Diese Worte sanken tief in mich ein. Opas Buch war damals schon geschrieben und lag auf seinem Tisch. Ich blätterte darin und betrachtete die beängstigenden Bilder, die er gemalt hatte: ausgemergelte Gesichter mit hervorstechenden und gebrochenen Augen hinter Stacheldraht und Menschen, die aussahen wie Leichen, wandelten wie Leichen und beiläufig aufeinandergestapelt wurden wie Leichen. Als ich lesen und schreiben lernte, hatte ich Angst vor dem Buch und wollte es nicht lesen. Aber ich wusste, dass es ein Teil unserer Familiengeschichte war, zu der auch ich gehöre. So wuchs ich auf, im Wissen, dass diese Menschen, die mir wertvoller sind als alle anderen, viele Jahre vor meiner Geburt in den Konzentrations- und Vernichtungslagern eingesperrt waren. Man trennte sie von ihren Familien und ermordete ihre Lieben. Diese Lager erschienen mir als die Hölle auf Erden.

Ich versuchte sie mir vorzustellen und kam zur Einsicht, dass es auch auf Erden eine Hölle geben kann – und dass es auch möglich ist, aus der Hölle zu fliehen. Mir ging auf, dass man lachen und lieben kann, während man seine schmerzhaften Erinnerungen behält. Der Tod ist grausam, wenn er Eltern und Kinder, Brüder und Schwestern und Liebende voneinander trennt, aber Liebe kann die Schmerzen lindern. So lernte ich, das Leben zu schätzen, was nicht selbstverständlich ist.

Ein starker Glaube entwickelte sich in mir: Wer nicht um sein Leben läuft, ist dem Willen grausamer Menschen ausgeliefert und kann qualvoll sterben.

In der Grundschule hörte ich mehr und mehr Einzelheiten über die Shoa. Oma schilderte gelegentlich Bruchstücke aus ihren Erinnerungen, aber sie erzählte nicht in feierlicher Form, so als ob wir alles über die Shoa wissen müssten. Sie konzentrierte sich stattdessen darauf, sich um uns zu kümmern und für uns zu sorgen, uns Essen zu machen, schlafen zu legen, vom Kindergarten abzuholen, uns Lieder vorzusingen und sich von uns beeindrucken zu lassen. Aber ab und zu erinnerte sie sich. Vielleicht kam es ihr spontan, vielleicht träumte sie in der Nacht davon oder vielleicht fragte ich sie auch.

Sie erzählte von ihrer geliebten Schwester Tuti, die ermordet wurde, vom Zufall, der ihr bei der Selektion das Leben rettete, von ihrer späteren Gleichgültigkeit, von der komplizierten Beziehung zu ihrer geliebten Mutter und deren Tod, von der Fahrt in den Waggons, wo Menschen in ihren eigenen Fäkalien lagen.

Meine Eltern waren der Überzeugung, dass wir, als ihre Enkel, Opas Buch lesen sollten, um zu wissen, was damals geschah. Es scheint, als wollten sie sowohl die Last der Erinnerungen als auch die Verantwortung gegenüber unseren Großeltern mit uns teilen. Ich kann mich noch gut an ihren Gesichtsausdruck erinnern, wenn sie über die Shoa sprachen. Ich hatte den Eindruck, dass man mich so in die Angelegenheiten der Erwachsenen, in die schweren Angelegenheiten des Lebens, einweihen wollte. Wenn man mich daran beteiligte, war ich offensichtlich stark genug, um mich damit auseinanderzusetzen.

Aber was passierte in mir selbst? Im Erwachsenenalter träumte ich von furchtbaren Kriegen, dass ich ein Flüchtling sei, gefangen in einem sinkenden Schiff. Ich träumte von leichenübersäten Feldern und Toten, die an Bäumen hingen. Ich träumte von zusammenstürzenden Gebäuden und wie ich, beim Versuch zu fliehen, auf Leichenberge trat, während um mich herum Menschen um ihr Leben liefen. Später kamen Träume über eine nukleare Katastrophe in Israel hinzu, und als ich aufwachte, hatte ich das starke Gefühl, von hier fliehen zu müssen, um nicht wie ein Schaf zur Schlachtbank geführt zu werden.

Mit zwölf Jahren wurde ich zuerst Vegetarierin und später Veganerin. Auf Bauernhöfen sah ich gefangene Tiere in engen Käfigen, die sich in ihren eigenen Exkrementen wälzten – mit Nummern gekennzeichnet, ausgehungert oder gemästet, bis man sie von ihren Kindern wegreißt und zum Schlachthof führt. Ich sah keinen Unterschied zwischen ihnen und mir. Rasse? Verstand? Das Recht zu leben? Das Recht auf Freiheit? Ich sah – und sehe immer noch – ein Paar Augen, Nase und Mund: ein lebendes und atmendes Geschöpf, das Mutter und Vater hat und Angst kennt. Ich glaube, dass meine Entscheidung, nicht an der täglichen Massenvernichtung dieser Tiere beteiligt zu sein, und mein Verlangen, für ihre Rechte zu kämpfen, tief mit meinem Bewusstsein und meiner Identität in Folge der Shoa verbunden sind.

In meiner Jugend vertieften sich die Gespräche mit meiner Mutter, und sie erzählte mir von ihrer Kindheit. Im Mittelpunkt ihrer Geschichte standen Gefühle der Einsamkeit und der existenziellen Entwurzelung, in der sie aufwuchs: mit einer Mutter, die an schweren Depressionen litt, und einem beherrschten und schweigsamen Vater, der nachts in seinen Albträumen schrie – verwaiste Eltern, ohne Familie, allein auf der Welt. Es schmerzte mich, von der Trauer und Einsamkeit meiner Mutter zu hören. Ich wollte zu diesem Mädchen kommen und sie umarmen, ihr ein Lächeln aufs Gesicht zaubern.

Aber heute weiß ich: Meine Mutter ist eine Frau voller Humor, kreativ und strahlend, die eine Familie gründete und uns stets eine treue Mutter war. Sie meisterte den Tod meines Vaters und fand neuen Sinn im Leben. Ihre Eltern, die die Shoa überlebten, pflegte sie mit der gleichen Hingabe, mit der sie in ihrem Beruf Kinder und Eltern betreut.

Meine Familie ist ein Vorbild für mich, für die Freude am Leben, für Nähe und Liebe. Aber wenn ich heute noch vor dem kollektiven Gedächtnis der Shoa stehe, bin ich wieder ein kleines Mädchen, erstarrt vor Angst und ohnmächtig.

Heute verstehe ich, wie sehr mich meine Zugehörigkeit zur dritten Generation der Shoa beeinflusst hat. Es ist meiner Familiengeschichte zu verdanken, dass ich die Psychologie als Laufbahn gewählt habe. Das Bedürfnis, die Vergangenheit zu verstehen und die Vertreter der ersten und zweiten Generation zu betreuen, führte mich zu der Erkenntnis, dass ich für sie da sein kann. Ich will sie unterstützen, trösten und zu ihrem Heilungsprozess beitragen, auf dass sie das unbegreifliche Leid ihrer Vergangenheit überwinden mögen.

Tamar Werber, 17 Jahre alt, aus der dritten Generation, älteste Tochter von Rivka Weiss
und Marcelo Werber, vierte Enkelin von Lea
und Shalom Weiss

Ich sitze vor meinem Bildschirm und denke schon lange über diese Zeilen nach.

Voriges Jahr, im Alter von 16 Jahren, fuhr ich nach Polen. Ich zog es vor, für mich dorthin zu gehen, ohne Opa, denn es gab Sachen, die ich allein verstehen musste.

Ich habe Opas Buch nicht ganz gelesen, sondern nur einzelne Kapitel.

Ich dachte, dass ich noch nicht reif genug dafür sei, und fühle mich bis heute nicht bereit, es zu lesen.

Ich bin 17 Jahre alt, also nur um wenige Jahre älter, als mein Opa es war, als seine Welt ausgelöscht wurde und alles, was er kannte und liebte, verschwand. Keiner fragte ihn, ob er vorbereitet war, keiner fragte überhaupt irgendetwas, sondern alles hat einfach so stattgefunden. Und als es vorüber war, blieben nur Fragen.

Dieses Buch ist voller Fragen, die an Opa gerichtet sind. Vielleicht ist es richtig, gerade jetzt innezuhalten und zu prüfen, wie der Mensch sich fühlt, wie du, Opa, dich fühlst. Denn ich weiß, dass in der Hölle keiner die Juden wie Menschen behandelt hat; sie waren niedriger als Tiere.

Wir fragten Opa, weil er den Ereignissen ›dort‹ am nächsten steht, wie es geschehen konnte, wie er überlebte und bei klarem Verstand blieb. Er ist ein so kluger Mann, der mehr Erfahrung hat als jeder von uns. Aber ich denke, dass es niemals eine befriedigende Antwort auf die Frage geben wird, wie diese Dinge passieren konnten. Wir werden niemals eine Logik dahinter finden. Wir suchen sie verzweifelt, wir brauchen sie, weil Menschen für eine geordnete Welt Regeln brauchen. Sie wollen nicht begreifen, dass es Dinge gibt, die man nicht erklären kann.

Bevor ich nach Polen fuhr, glaubte ich zu wissen, was dort geschehen war – ich las Bücher, sah Filme, wie sollte ich es nicht wissen? Ich bin die dritte Generation. Ich lebe damit. Ich lebe es.

In Polen wurde mir klar, dass ich keine Ahnung habe – sogar mehr als das, mir wurde klar, dass es niemanden gibt, der eine Ahnung hat. Unsere Welt ist voller Sachen, die uns selbstverständlich erscheinen, wie Gesetze oder Verhaltensregeln. In der Shoa wurde alles ausradiert – die Ordnung der Nazis walzte die bestehende Weltordnung nieder, und nichts blieb von ihr übrig.

Die Shoa hat nicht nur die Geschichtsbücher beeinflusst, das Leben von sechs Millionen Juden grausam beendet und die Überlebenden geprägt, denen die Opfer für immer im Gedächtnis geblieben sind. Die Shoa hat auch die Generationen, die später kamen, beeinflusst – und so wird sie weiter die kommenden Generationen beeinflussen. Ich denke, dass Opas Buch vor allem diese Tatsache verdeutlicht.

Ich wuchs in einer solchen Familie auf, in der die Dinge manchmal laut gesagt und manchmal verschwiegen wurden – in einer Wirklichkeit, in der die Menschen nicht mehr an diese Welt glaubten. Ich verurteilte sie deswegen: wegen der Trauer, der Depression und der Ohnmacht. Wegen ihrer Schwäche und ihres Pessimismus verachtete ich sie. Aber Menschen sind keine einheitlichen Wesen, und jeder reagiert auf Sinnlosigkeit, Grausamkeit und Chaos anders. Einige von ihnen suchen Antworten – und wenn sie sie nicht finden, verlieren sie die Hoffnung.

Ich habe mich entschieden, dieses Leben Schritt für Schritt zu akzeptieren im Wissen, dass in jeder Minute alles in tausend Scherben zerbrechen kann, aber auch, wie glücklich wir uns schätzen dürfen. Ich habe mich entschieden, dem Versuch zu verstehen, ein Ende zu setzen, und einfach die guten Dinge zu würdigen, da die Alternative in meinen Augen weitaus schlimmer ist.

Ich bin zu dem Schluss gekommen, dass man unser Leben nicht immer mit dem Leben der Opfer oder der Überlebenden der Shoa vergleichen kann. Man muss lernen zu unterscheiden und als Individuum zu leben. Wir müssen unser eigenes Leid ertragen, aber dürfen uns auch nicht schämen, uns am Leben zu erfreuen.

Das ist der Grund, warum ich Opa so sehr schätze. Nur Menschen mit außergewöhnlicher innerer Stärke können aus der Hölle entkommen und sich ein neues Leben aufbauen. Natürlich ist niemand vollkommen. Aber meiner Meinung nach sind die, die das Schlimmste gesehen haben und immer noch die schönen Dinge im Leben würdigen können, die stärksten Menschen auf der Welt.

Als wir in Polen Briefe von unseren Eltern bekamen, erlebte ich eine Überraschung: Unter den Briefen von Mutter und Vater war noch ein Brief von Opa.

Darin hat er mich aufgemuntert und mich und meine Freunde darum gebeten, uns zu amüsieren, zu vergnügen und Mut zu fassen, wenn wir nicht in den Konzentrations- und Todeslagern sind. Er schrieb, dass man niemals verzweifeln oder die Hoffnung verlieren darf, was auch geschehen mag. Ich solle mit Blick nach vorn weitermachen und alles in meiner Macht Stehende tun, um das Leben für mich und andere lebenswerter zu machen.

Tatsächlich, Opa, ist das die fundamentale Wahrheit in meinem Leben, obwohl oder vielleicht gerade weil ich Teil der dritten Generation der Shoa bin.

Daniela Werber, 15 Jahre alt, aus der dritten Generation, zweite Tochter von Rivka Weiss und Marcelo Werber, fünfte Enkelin von Lea und Shalom Weiss

Ich kann mich an keinen Zeitpunkt erinnern, an dem ich wirklich begriffen habe, was es bedeutet, der dritten Generation anzugehören. Ich wuchs im Schatten des Wissens auf, dass Oma und Opa die erste Generation sind, da sie ja die Shoa überlebten. Danach kommen ihre Töchter, meine Mutter Rivka und meine Tante Ilana, die zweite Generation, und dann wir Enkel, die dritte Generation.

Dritte Generation zu sein erinnert mich an meine Vergangenheit und die meiner Familie. Es ist eine ehrenvolle, aber traurige Herkunft. Ich trage sie wie einen Titel, und der Umstand, dass wir überhaupt hier sind, ist ein Zeugnis dafür, dass meine Oma und mein Opa um ihr Überleben gekämpft und gewonnen haben. Es ist eine Bezeichnung, durch die ich niemals meine Herkunft vergessen werde. Deswegen wird die Shoa auch immer ein Teil von mir sein, obwohl ich damals noch nicht einmal auf der Welt war.

Meine Großmutter habe ich leider nicht lange gekannt, denn sie starb, als ich fünf Jahre alt war. Sie schien mir immer eine besondere Großmutter zu sein: schön, scharfsinnig, stark und aufmunternd – ein Mensch, der sich nicht unterkriegen lässt. Es mag sich merkwürdig anhören, aber Oma hat mir, trotz meines jungen Alters, viele wichtige Dinge beigebracht, und ein Stück von ihr besteht in mir fort, tief in meinem Herzen.

Mein Opa lebt noch, und es gibt keinen Menschen auf der Welt, der mir mehr zum Vorbild steht. Für mich ist Opa in gewisser Weise immer noch ›dort‹, und er erstaunt mich ständig mit neuen Geschichten aus dieser Zeit. Er ist das Licht in meinem Leben, und ich glaube nicht, dass ich jemals wieder so einen erstaunlichen Menschen kennenlernen werde.

Heute denke ich, dass mir über meine Wurzeln und meine Familie Eigenschaften in die Wiege gelegt wurden, mit denen ich die Herausforderungen des Lebens bewältigen kann – Werkzeuge, die andere Menschen, die keine Nachkommen von Shoa-Überlebenden sind, vielleicht nicht haben. Ich glaube, dass unsere Vergangenheit bestimmt, wer wir sind: So wie meine Großeltern die gewaltigen Hindernisse auf ihrem Weg überwunden und aus eigener Kraft eine kleine, aber starke Familie gegründet haben, so weiß ich, dass mich nichts im Leben aus der Bahn werfen kann, weil es immer einen Weg gibt, stärker wieder zurückzukommen. Oma und Opa haben mich das auf einzigartige Weise gelehrt.

Mein Vater schien mir immer ein kluger und aufgeklärter Mensch zu sein, denn er weiß alles und immer noch etwas mehr. Ich habe ihm schon Fragen zu jedem erdenklichen Thema gestellt, und selbst wenn er keine Antwort wusste, verwies er mich auf hilfreiche Quellen. Im Gegensatz dazu zeichnet sich meine Mutter, die Tochter von Oma und Opa Weiss, eine Frau der zweiten Generation, durch ihre Lebensfreude und Heiterkeit aus. Trotz der tragischen Vergangenheit unserer Familie, die immer präsent ist, bringt sie stets wieder aufs Neue die Kindheit in mein Leben zurück.

Für mich bedeutet dritte Generation zu sein, immer zu wissen, woher du kommst, und dir nie zu erlauben, es auch nur für einen Augenblick zu vergessen. Dritte Generation zu sein bedeutet, Stärke aus dem Wissen zu schöpfen, dass deine Familie eine furchtbare Zeit durchlebt hat, und sie ewig dafür zu ehren. Dritte Generation zu sein bedeutet, niemals Witze über die Shoa zu machen, weil das Thema niemals witzig sein wird. Dritte Generation zu sein bedeutet, jemanden, der dich nervt, einen Nazi zu nennen und es dann zu bedauern, weil man weiß, was sich hinter dem Ausdruck verbirgt. Dritte Generation zu sein bedeutet, immer stolz zu bleiben auf dich selbst, auf deine Herkunft und auf die Menschen, die unter unvorstellbaren Bedingungen überlebt haben, um für uns eine bessere Welt zu schaffen.

Anmerkungen

Anmerkungen zum ersten Teil

1 Cheder ist das hebräische Wort für Zimmer und die Bezeichnung für die traditionellen, religiösen Schulen, wie sie im osteuropäischen Judentum bis zur Shoa üblich waren. In Westeuropa starben die Cheder schon über 100 Jahre vorher aus.

2 Das neologe Judentum ist eine hauptsächlich in Ungarn ansässige Strömung, die zwischen Orthodoxie und liberalem Judentum liegt. Man nimmt die Halacha, das Religionsgesetz, ernst, aber Männer und Frauen sitzen in der Synagoge auf einer Ebene, und weltliche Bildung ist fester Bestandteil der Erziehung.

3 Angehörige anderer Religionen oder Ethnien werden von den Juden Gojim genannt.

4 Exodus 25:8

5 Leviticus 18:3

6 Exodus 19

7 Malbisch Arumim war eine gemeinnützige, jüdische Organisation, die in Osteuropa Hilfe für ärmere Familien bereitstellte. Ihr Name entstammt einer Zeile aus dem Morgengebet.

8 Hier ist Theodor Herzl, der Begründer des modernen, politischen Zionismus, gemeint.

9 Ein Minjan bezeichnet eine jüdische Betgemeinschaft von mindestens zehn im religiösen Sinne mündigen Juden, die für einen Gottesdienst notwendig ist.

10 Hiob 5:1

11 2. Könige 1:8 – Ein Hinweis auf den Propheten Elias.

12 Aus dem Morgengebet.

13 Ein Baigel, manchmal auch Beigel, ist ein handtellergroßes rundes Gebäck aus Hefeteig mit einem Loch in der Mitte. In ihrer modernen Variante sind sie als ›Bagels‹ auf der ganzen Welt bekannt.

14 Aschkenasische Juden sind die größte Gruppe im heutigen Judentum. Sie kommen ursprünglich aus Mittel-, Nord- und Osteuropa. Ihr Name leitet sich vom biblischen Namen Aschkenas ab, mit dem sowohl Personen als auch geographische Gebiete bezeichnet wurden. Bis zu ihrer Vertreibung sprachen die meisten Aschkenasim Jiddisch.

15 Genesis 25

16 Deuteronomium 32:15

17 Sephardische Juden sind die Nachfahren der Juden, die bis zu ihrer Vertreibung auf der Iberischen Halbinsel lebten. Von den Aschkenasim unterscheiden sie sich hauptsächlich durch ihre iberisch geprägte Kultur.

18 Hiob 26

19 Habakuk 1,7
20 Hillel war ein historischer Rabbiner, der im Jahre 9 n. Chr. starb und eine eigene Schule gründete, die man nach ihm benannte: Bet Hillel. Er galt als weitherziger, geduldiger Lehrer, der die Nächstenliebe und Gewaltlosigkeit lehrte und zahlreiche Schüler hatte. Bis heute sind Hillels Worte in der jüdischen Überlieferung von wesentlicher Bedeutung, vor allem in der jüdischen Ethik.
21 Der Schtreimel ist eine jüdische Kopfbedeckung. Er wird heute vor allem, aber nicht ausschließlich, von verheirateten chassidischen Juden als religiöse Festtagskleidung getragen. Der Schtreimel besteht aus einem Stück Samt mit einem breiten Pelzrand.
22 Sprüche 13:24
23 Mikwe bezeichnet im Judentum das Tauchbad, das der rituellen Reinigung von Unreinheit dient, sowohl im buchstäblichen als auch im spirituellen Sinn. Das Wasser einer Mikwe muss lebendiges, also fließendes Wasser sein. Daher gibt es Mikwen, die direkt aus dem Grundwasser gespeist werden, während andere mit Regenwasser gefüllt sind.
24 Kol Nidre ist eine formelhafte Erklärung, die vor dem Abendgebet des Versöhnungstages Jom Kippur ausgesprochen wird. Häufig trägt das gesamte Abendgebet am Jom Kippur diesen Namen.
25 Die Tage zwischen Neujahr (Rosh haShana) und Versöhnungstag (Jom Kippur).
26 Psalm 27:1
27 Segen über den Wein am Schabbat und Festtag.
28 Segensspruch am Schabbatausgang.
29 Kapparot bedeutet auf Hebräisch ›Sühnung‹ und bezeichnet ein Ritual am Vorabend von Jom Kippur. Man nimmt einen Hahn oder eine Henne, je nach dem Geschlecht des ›Sünders‹, dreht diese dreimal über dem Kopf und schlachtet das Huhn danach. Eine schwangere Frau nimmt beides. Weiße Hühner sind als Zeichen von Reinheit bevorzugt, aber nicht notwendig.
30 Psalm 97:11
31 Psalm 119:136
32 Einen wertvollen Schatz muss man schützen. Man kleidet die Thora deshalb in einen Mantel, der sie zieren und gleichzeitig sauber halten soll. Er wird gewöhnlich aus Samt gefertigt und mit goldenen und seidenen Stickereien versehen.
33 Jeschiwas sind Hochschulen, in denen sich männliche, jüdische Schüler mit dem Studium der Thora und insbesondere des Talmuds beschäftigen. Das Niveau der Ausbildung ist ungefähr mit säkularen Universitäten vergleichbar. Viele Jeschiwas stellen heute staatlich anerkannte Abschlüsse aus.
34 Die Gemara ist in der rabbinischen Tradition des Judentums die zweite Schicht des Talmuds. Sie erläutert und ergänzt den Inhalt der Mischna, der mündlichen Überlieferung. Die Mischna ist die erste größere Niederschrift der mündlichen Thora und als solche eine der wichtigsten Sammlungen religionsgesetzlicher Überlieferungen des rabbinischen Judentums. Mischna und Gemara bilden gemeinsam den Talmud.
35 Raschi, ein Akronym für Rabbi Schlomo ben Itzchak, war ein französischer Rabbiner und maßgeblicher Kommentator des Tanach und Talmuds. Er ist einer der bedeutendsten jüdischen Gelehrten des Mittelalters und der bekannteste jüdische Bibelexeget überhaupt. Sein Bibelkommentar wird bis heute studiert und in den meisten jüdischen Bibelausgaben abgedruckt, sein Kommentar des babylonischen Talmuds gilt ebenfalls als einer der wichtigsten und ist in allen gedruckten Ausgaben dessen Text beigefügt. Raschi hat auch christliche Exegeten beeinflusst.

36 Der griechische Ausdruck ›Pentateuch‹ bezeichnet die fünf Bücher Mose.

37 Zärtliche Bezeichnung für Shalom.

38 Ein artesischer Brunnen befindet sich in einer Senke unterhalb des Grundwasserspiegels. Sie sprudeln von selbst und sind häufig in der Gegend der Karpaten zu finden.

39 Exodus 33:11

40 Die Halacha ist die Überlieferung des jüdischen Rechts. Sie umfasst die Gebote, deren spätere Auslegung im Talmud und im rabbinischen Gesetz, sowie die Bräuche und Traditionen, die im Schulchan Aruch zusammengefasst wurden und zusätzliche allgemeine Rechtsgrundsätze. Ihre Interpretation und Anwendung auf das tägliche Leben obliegt den Rabbinern einer Gemeinde.

41 Die Pfeilkreuzler waren die Anhänger einer unter verschiedenen Bezeichnungen von 1935 bis 1945 bestehenden faschistischen und antisemitischen Partei in Ungarn. Mit der Unterstützung des Dritten Reichs errichteten die Pfeilkreuzler vom 16. Oktober bis zum 28. März in den noch nicht von der Roten Armee besetzten Teilen Ungarns eine faschistische Kollaborationsregierung, unter der mehrere zehntausend Menschen ermordet wurden.

42 Chametz bezeichnet alle Speisen und überhaupt unreinen Dinge, die an Pessach nicht gegessen werden oder im Haus sein dürfen.

43 Schabbesgoj nennt man durchaus geschätzte Nichtjuden, die an Samstagen für Juden arbeiten, da es diesen verboten ist, am Schabbat körperliche Tätigkeiten auszuführen.

44 Treife ist alles, was nicht koscher ist.

45 Prediger 11:1

46 Dibbuk ist nach jüdischem Volksglauben ein böser Totengeist. Damit ist gemeint, dass Malchiel Eisner von der fehlenden Ehrerbietung regelrecht verfolgt und besessen war.

47 Deuteronomium 16:20 – Dort steht allerdings: »Gerechtigkeit, Gerechtigkeit sollst du nachjagen …«

48 Bar-Mizwa ist ein männlicher Jude, der das 13. Lebensjahr vollendet hat und verpflichtet ist, sich an die religiösen Vorschriften des Judentums zu halten. Das Wort wird aber auch synonym für die Feier zu diesem Anlass, einer Art jüdischen Konfirmation, verwendet.

49 Esther 6:6

50 In der Diaspora, außerhalb des Heiligen Landes, wird der Sederabend zweimal gefeiert.

51 Chol Hamoed bedeutet wörtlich »der Wochentag der Festtagswoche« und bezeichnet die Zeit zwischen den beiden Festen Pessach und Sukkot. Hoschana Rabba ist der letzte Tag dieser Periode.

52 Eine Gestalt aus dem Buch Esther in der Bibel

53 Psalm 34:20-21

54 Hawdala ist ein Ritual am Ende des Schabbat, das den Beginn einer neuen Woche markiert. Beim sogenannten ›Lichtersegen‹ wird eine Kerze angezündet, dann ein Segen gesprochen, und schließlich löscht man die Kerze wieder mit einem Schluck Wein.

55 Lag baOmer ist ein jüdisches Fest, ein Halbfeiertag zwischen Pessach und Schawuot. Es ist ein fröhliches Fest, bei dem Kinder und Erwachsene Picknicks und Lagerfeuer veranstalten. Auch viele Hochzeiten finden an diesem Tag statt.

56 Genesis 7:11

57 bis 59 Alle drei Bücher entstammen der Kabbala, der mystischen Geheimlehre des Judentums, die auf einer jahrhundertelangen mündlichen Überlieferung basiert.

60 Als Tscholent wird im Ostjiddischen ein Eintopfgericht der aschkenasischen jüdischen Küche für die Mittagsmahlzeit am Schabbat bezeichnet, das am Freitag vor Schabbatbeginn vorbereitet wird. Es gibt unzählige regionale Variationen, aber allen gemein ist die lange Kochdauer, während der nicht umgerührt werden darf, damit die Zutaten nicht zu weich werden.

61 Kugel ist eine typisch ostjüdische Festtagsspeise, die süß oder deftig als Beilage oder Dessert gegessen werden kann.

62 Moses Maimonides war ein mittelalterlicher jüdischer Philosoph, Rechtsgelehrter und Arzt. Er gilt als bedeutender Gelehrter und als einer der wichtigsten jüdischen Denker aller Zeiten. Zu seinen Lebzeiten war sein Schaffen höchst kontrovers. Neben seinem religiösen Werk hinterließ er zahlreiche wissenschaftliche Schriften.

63 *Der Führer der Unschlüssigen* ist das philosophische Hauptwerk des Maimonides. Ziel seiner Argumentation war es, dass die richtige Interpretation des jüdischen Glaubens der Erkenntnis durch Vernunft entspricht.

64 *Mischne Tora* (Wiederholung der Thora) ist eine umfassende, streng logisch gegliederte Sammlung jüdischer Gesetze, ebenfalls von Maimonides. Sie stellt eine einmalige Systematisierung des jüdischen Religionsrecht dar.

65 Levitikus 26:36

66 Richter 14:14

67 Der Sederabend ist der Vorabend und Auftakt von Pessach. An ihm wird im Kreis der Familie und der Gemeinde des Auszugs aus Ägypten gedacht. Dies geschieht nach einer äußeren und spirituellen Ordnung – daher die Bezeichnung ›Seder‹. Es werden Texte über die Gefangenschaft der Israeliten in Ägypten und deren Flucht sowohl vorgelesen als auch gesungen. Die Texte sind biblischen und rabbinischen Ursprungs.

68 Die Haggada ist im religiösen Leben der Juden eine Erzählung und Handlungsanweisung für den Seder am Vorabend des Pessach.

69 Genesis 2:24

70 Genesis 28:12

71 Zizit nennt man die an den vier Ecken eines Schals oder rechteckigen Kleidungsstücks befestigten Fäden. Sie werden am rituellen jüdischen Gebetsmantel Tallit angebracht, der beim Gebet getragen wird, und an einen Leib, der ständig getragen wird.

72 Als Schulchan Aruch wird die im 16. Jahrhundert von Josef Karo verfasste und im Folgenden von mehreren Rabbinergenerationen überarbeitete autoritative Zusammenfassung religiöser Vorschriften des Judentums bezeichnet.

73 Hier liegt eine Anspielung versteckt: ›Isaak‹ ist die christliche Schreibweise des hebräischen Namens ›Itzchak‹, den der Vater des Autors trug, und ›Rebekka‹ entspricht ›Rivka‹, dem Namen seiner Mutter.

74 Sprüche 31:22

75 Chewra Kadischa nennt man die jüdischen Beerdigungsgesellschaften, die sich der rituellen Bestattung Verstorbener widmen. Die Mitglieder der Chewra Kadischa üben ihre Tätigkeit ehrenamtlich aus und werden durch Spenden finanziert. Gelegentlich engagieren sie sich auch in der Wohlfahrt.

76 Eretz-Israel bedeutet wörtlich ›Land Israel‹ und ist die traditionelle, hebräische Bezeichnung für Palästina.

77 Genesis 49:15

78 Psalm 133:3

Anmerkungen zum zweiten Teil

1 Muselmänner wurden in der Lagersprache der Konzentrationslager die Häftlinge genannt, die durch völlige Unterernährung bis auf die Knochen abgemagert waren und hungerbedingt bereits charakteristische Verhaltensänderungen bis hin zur Agonie zeigten.

2 Kapo war die Bezeichnung der Position eines Funktionshäftlings in einem Konzentrationslager in der Zeit des Nationalsozialismus, der andere Häftlinge in Kooperation mit der Lagerleitung beaufsichtigen musste. Ein Kapo musste für die SS die Arbeit der Häftlinge anleiten und war für die Ergebnisse verantwortlich, erhielt andererseits aber auch Vergünstigungen.

3 Gemeint sind die biblischen Propheten Moses, Aaron und Samuel.

4 Aus dem Morgengebet und aus dem Gebet, welches man aufsagt, nachdem man sich nach Verrichtung der Notdurft die Hände gewaschen hat.

5 Ein Tallit ist ein ritueller, weißer Gebetsmantel mit schwarzen oder dunkelblauen Streifen und Fransen am Rand, die für die Gebote und Verbote stehen, an die ein Jude sich halten muss.

6 Siddur nennt man das Gebetbuch für den Schabbat und die täglichen Gebete.

7 Levi Itzhak ben Meir von Berditschew war ein hochangesehener chassidischer Rabbiner.

8 Kaschrut nennt man die jüdischen Speisegesetze, nach denen unter anderem entschieden wird, welche Speisen koscher sind und welche nicht.

9 Die Organisation Todt (OT) war eine paramilitärische Bautruppe im Dritten Reich, die den Namen ihres Führers Fritz Todt trug. Der Autor erzählt seinen Kindern im vierten Teil aber mehr über diese Organisation.

10 Der elfte Monat im religiösen jüdischen Kalender. Er beginnt etwa Mitte Januar und dauert immer 30 Tage.

11 Gehenna ist die altgriechische Bezeichnung für Gehinnom, einer biblischen Stadt, in der Kinder als Opfergaben rituell verbrannt wurden. Der Prophet Jeremia nannte die Schlucht, in der sie sich befand, daher auch ›Mordtal‹. Moderne Ausgrabungen zeigen eine gewaltige Totenstadt an dieser Stelle.

12 Chaim Nachman Bialik gilt als einer der bedeutendsten jüdischen Dichter und Autoren. In Israel sieht man ihn als Nationaldichter an.

13 UNRRA steht für ›United Nations Relief and Rehabilitation Administration‹ und bezeichnet die Nothilfe- und Wiederaufbauverwaltung der Vereinten Nationen. Sie wurde kurze Zeit nach dem Krieg durch eine Nachfolgeorganisation ersetzt.

14 Das *Joint Distribution Committee* ist eine in den USA gegründete, jüdische Hilfsorganisation für ihre Glaubensgenossen auf der ganzen Welt. ›Joint‹ ist eine geläufige Abkürzung.

Anmerkungen zum dritten Teil

1 Die Ustascha war ein kroatischer rechtsextrem-terroristischer Geheimbund, der später zu einer faschistischen politischen Bewegung wurde.

2 In diesem Kontext bedeutet Tschtnik ›antikommunistischer Milizionär‹ und legt eine Kollaboration mit den Nazis nahe.

3 Hapoel Hamisrachi war eine zionistisch-orthodoxe Arbeiterpartei Israels und ein Vorgänger der nationalreligiösen Partei. Damals halfen sie bei der Organisation der Auswanderung nach Israel.

4 Haschomer Hatzair ist eine internationale sozialistisch-zionistische Jugendorganisation, ähnlich den Pfadfindern.

5 Lilith war eine Göttin der sumerischen Mythologie. Ihr Name wird häufig als Bezeichnung für einen weiblichen Dämon verwendet und ist als Beleidigung geläufig.

6 Hiob 39:17

7 Eine Bezeichnung im Jiddischen für Leute, die von der Seite Ratschläge geben.

8 Ein populärer Volkstanz in Israel, der ursprünglich aus den Balkanstaaten stammt.

9 Bne Akiwa ist ein religiös-zionistischer jüdischer Jugendverband. Er ist die weltweit größte Organisation ihrer Art und in über Ländern aktiv.

10 Esther 8:10

11 Genesis 27:28

12 Ein israelischer Dichter, Schriftsteller, Journalist und Dokumentarfilmer.

13 Der Palmach war eine paramilitärische Organisation, die hauptsächlich Jugendliche ausbildete. Sein Zweck war unter anderem die Vorbereitung auf den Dienst in den israelischen Streitkräften.

14 Jischuw nannte man die jüdischen Bewohner Palästinas vor der Staatsgründung Israels.

15 Deuteronomium 23:25

16 Die Givati-Brigade ist eine Infanteriebrigade der israelischen Streitkräfte.

17 Psalm 29:11

18 Der Chamsin ist ein äußerst heißer Wüstenwind im Frühjahr.

19 Das Habimah ist das israelische Nationaltheater in Tel Aviv.

20 Yafa Yarkoni ist eine israelische Sängerin, die auch über die Landesgrenzen hinaus bekannt ist. In der Givati-Brigade diente sie in der Militärkapelle, wo sie bereits viele ihrer später bekannten Lieder schrieb.

21 Kitbag ist das englische Wort für einen großen Soldatenrucksack, der alle zum Überleben im Feld notwendigen Utensilien enthält.

22 Das Kaddisch ist eines der wichtigsten Gebete in der jüdischen Liturgie. Es wird auch als Totengebet benutzt, obwohl im Wortlaut von Trauer keine Rede ist.

23 Der Ausdruck Chuppa bezeichnet den Traubaldachin bei einer jüdischen Hochzeitsfeier sowie im übertragenen Sinne die Ehe selbst.

Anmerkungen zu den Teilen vier bis sechs

1 Deuteronomium 7:26

2 Genesis

3 Genesis 34:27

4 Genesis 20

5 Genesis 25

6 Genesis 36

7 Verkauf bedeutet in diesem Fall der Verkauf an einen Nichtjuden zu einem symbolischen Betrag, wodurch die Lebensmittel nicht mehr dem Juden gehörten und sein Haus somit rein von verbotenen Speisen war.

8 2. Korinther 6:16

9 Exodus 25:8

10 Sprüche 20:29

11 Numeri 5:11

12 Exodus 22:17

13 Deuteronomium 28:69

14 Jesaja 5

15 Herlinge sind schlechte, faule Trauben.

16 Jesaja 5:5

17 Der Midrasch ist die Auslegung religiöser Texte im rabbinischen Judentum.

18 Die Mesusa ist eine an der Tür befestigte Schriftkapsel, die im Judentum religiöse Bedeutung hat. Dies geht auf mehrere Abschnitte in der Thora zurück. Die Mesusa wird an fast jedem Türrahmen eines jeden jüdischen Hauses angebracht, häufig bei der Einweihungsfeier. Gläubige Juden küssen sie beim Betreten eines Raumes.

19 Auszüge aus dem Schacharit, dem jüdischen Morgengebet.

20 Die Zehn Märtyrer sind jüdische Gelehrte, die im ersten und frühen zweiten Jahrhundert nach der Zerstörung des Tempels in Jerusalem und in der Verfolgung unter Kaiser Hadrian getötet wurden.

21 Prediger 7:20

22 Hiob 5:1

23 Psalm 111:1

24 Challa ist ein geflochtenes Weißbrot, das am Schabbat gereicht wird. Äußerlich ähnelt es einem Hefezopf.

25 Itzchak Luria, geboren 1534 in Jerusalem, war Rabbiner und Begründer der neuzeitlichen Kabbala, die nach ihm benannt ist. Man nennt sie daher die lurianische Kabbala.

26 Als Tannaim werden die historischen Gelehrten der später als autoritativ betrachteten, mündlich durch ständige Wiederholung weitergegebenen jüdischen Lehre bezeichnet.

27 Jesaja 1:18

28 Genesis 30:30

29 Psalm 119:104

30 Deuteronomium 5:14

31 Das erste Zitat findet sich in Psalm 94:14, das zweite entstammt der Haggada.

32 Rudolf Kasztner ist eine kontroverse Persönlichkeit, die das jüdische ›Komitee für Hilfe und Rettung‹ in Budapest von 1941 bis 1945 leitete. Im Juni rettete er einen Zug mit Juden vor der Vernichtung.

33 Dieses Zitat stammt aus den ›Sprüchen der Väter‹ im Talmud, daher die Bemerkung des Autors. Es findet sich aber auch in der Bibel in Sprüche 24:17: »Freu dich nicht über den Sturz deines Feindes ...« (Einheitsübersetzung).

34 Jeremia 15:1

35 Psalm 99:6

36 Jeremia 15:2

37 Psalm 91:7-11

38 Psalm 104:24

39 Psalm 104:35

40 Genesis 8:21

41 Joshua 10:12

42 Eine Anspielung auf den israelischen Nationalfeiertag, an dem man einerseits den Opfern der Shoa gedenkt und andererseits das Heldentum der jüdischen Untergrundkämpfer feiert.

43 Amcha bedeutet auf Hebräisch ›eine/einer von uns‹ und ist eine Organisation, die in Jerusalem mit dem Ziel gegründet wurde, Überlebende der Shoa und ihre Familien bei der Bearbeitung ihrer oft schweren Traumata zu unterstützen.

44 Lecsó (zu Deutsch: ›Letscho‹) ist ein ungarisches Schmorgericht aus Speck, Paprika, Tomaten und Zwiebeln. Bundáskenyér sind deftige Arme Ritter.